英汉翻译与英语教学研究

胡印莲 马 颖 宋黄华◎著

时代文艺出版社

图书在版编目（CIP）数据

英汉翻译与英语教学研究 / 胡印莲, 马颖, 宋黄华著. -- 长春 : 时代文艺出版社, 2023.12
ISBN 978-7-5387-7447-4

Ⅰ.①英… Ⅱ.①胡… ②马… ③宋… Ⅲ.①英语－翻译－教学研究 Ⅳ.①H315.9

中国国家版本馆CIP数据核字(2023)第252517号

英汉翻译与英语教学研究
YING HAN FANYI YU YINGYU JIAOXUE YANJIU
胡印莲　马颖　宋黄华　著

出 品 人：吴　刚
责任编辑：曾艳纯
装帧设计：文　树
排版制作：隋淑凤

出版发行：时代文艺出版社
地　　址：长春市福祉大路5788号　龙腾国际大厦A座15层　（130118）
电　　话：0431-81629751（总编办）　0431-81629758（发行部）
官方微博：weibo.com/tlapress
开　　本：710mm×1000mm　1/16
字　　数：393千字
印　　张：26.5
印　　刷：廊坊市广阳区九洲印刷厂
版　　次：2023年12月第1版
印　　次：2023年12月第1次印刷
定　　价：76.00元

图书如有印装错误　请寄回印厂调换

前　言

英文的学习过程相较于我们的母语有所差异，因为其没有直接且真实的环境来支持。然而，通过翻译可以构建连接母语学习和英文学习的纽带。所以，翻译在英语教育过程中占据着关键地位。这有助于让学生深入研究语言的本质，洞察语言规则和构造，理解语言风格，转变他们的思考方式，从而实现对语言更精确的使用和理解。鉴于此，解析现阶段英语教育的状况，探索如何优化英语教育中的翻译课程，提升翻译教学的效果，增强学生的整体英语应用技能等问题，已经成为我们的首要任务。

教师在开展英汉翻译教学活动时，需要在确定明确的教学目标的基础之上，着力培养学生的翻译能力，提升翻译水平，将学生建设成复合型英语学习人才。教师应当通过文化背景的介绍创设良好的学习背景和氛围，调动学生参与英汉翻译学习的积极性。同时以实践为导向，加强翻译方法的指导，尤其要避免学生在委婉语语用方面出现失误，保证英汉翻译活动开展的质量和效果。

本书从英语课程与教学入手，详细地分析了高中英语知识课堂教学与创新、高中英语技能教学与创新，接着重点阐述了翻译的理论概述，并对英汉词汇、句子、篇章翻译，英汉修辞、语用、语义翻译以及英汉数字、色彩词、亲属称谓与翻译等做出重要探讨，最后在英语教学的原则与目的、

21世纪我国英语教学面临的问题以及英语教学与翻译方面做出研究。

　　本书由三位作者编写而成，具体分工如下：

　　胡印莲（临沂第三中学）负责一、二、三章，马颖（北华大学学报编辑部）负责四、五、六、七章，宋黄华（启东中学）负责八、九、十章。

　　本书直接或间接地汲取、借鉴了中外学者们的成功经验与学术成果。在此，我们要对所有为本书提出指引和支持的学者们表示衷心的谢意。由于时限仓促且编写经验不足，书中的出错和遗失是难免的，恳请阅读给与评论和建议。

目 录

第一章 英语课程与教学探索

第一节 英语学科的研究对象及学科性质 …… 001
第二节 英语课程与教学研究的意义及方法 …… 005
第三节 英语课程与教学研究课程设置的目标和任务 …… 009
第四节 普通高中课程改革的背景与课程设计 …… 016
第五节 普通高中英语课程标准的研制与设计 …… 021

第二章 高中英语知识课堂教学与创新

第一节 英语知识教学概述 …… 031
第二节 英语语音课堂教学与创新 …… 033
第三节 英语语法课堂教学与创新 …… 050
第四节 英语词汇课堂教学与创新 …… 069

第三章 高中英语技能教学与创新

第一节 高中英语听力课堂教学与创新 …… 086
第二节 高中英语口语课堂教学与创新 …… 107

第三节 高中英语阅读教学与创新 ·············· 125
第四节 高中英语写作教学与创新 ·············· 158

第四章 翻译的理论概述

第一节 翻译的定义与分类 ·············· 178
第二节 翻译的标准与过程 ·············· 185
第三节 翻译的基本方法 ·············· 191
第四节 双语能力及译者的素质 ·············· 204

第五章 英汉词汇、句子、篇章翻译

第一节 英汉词汇与翻译 ·············· 217
第二节 英汉句子结构与翻译 ·············· 240
第三节 英汉篇章与翻译 ·············· 264

第六章 英汉修辞、语用、语义翻译

第一节 英汉修辞与翻译 ·············· 283
第二节 英汉语用与翻译 ·············· 304
第三节 英汉语义与翻译 ·············· 314

第七章 英汉数字、色彩词、亲属称谓与翻译

第一节 英汉数字与翻译 ·············· 321
第二节 英汉色彩词与翻译 ·············· 337
第三节 英汉亲属称谓与翻译 ·············· 352

第八章 英语教学的原则与目的

第一节 英语教学原则综述 ·············· 364
第二节 翻译与交流是英语学习的目的 ·············· 372
第三节 我国英语教学应遵循的几条原则 ·············· 378

第九章　21世纪我国英语教学面临的问题

第一节　新课程标准下的英语教学的目标与方向　385
第二节　国内英语教学思维变革　390
第三节　21世纪跨文化交际大潮流下的中国英语教学　395

第十章　英语教学与翻译研究

第一节　英语教学内容的更新　400
第二节　英语教学手段的优化　402
第三节　交互式英语教学与翻译　406

参考文献　413

第一章　英语课程与教学探索

学习英语这一语言，我们强调的是知识与文化内涵、实用技能及实际应用之间的平衡。就学生的全方位进步而言，英语教学的主要目标涵盖了语言技巧提升、价值观塑造以及个人成长三大部分。当前，它已成为中国高中教育的核心科目之一，其重要性不容忽视。

第一节　英语学科的研究对象及学科性质

一、英语学科的研究对象

作为一门语言学科，英文起源于19世纪西欧国家，设立目的在于增强各国民众之间的理解及沟通能力。根据《简明新编汉英词典（修订本）》中的定义，"外国人所用的语文叫作'外语'；它可以用来介绍别国的文化和科技成就等信息给人们使用，是一种重要的交际手段"，因此对掌握这门技能的重要性进行了强调说明："熟练地应用这种技巧能有效促进我们国内文化的进步和社会经济的发展，同时也能提高全球民众之间友好关系的可能性"；此外还明确指出，其主要目标就是重点提升学生们的读解力和独立自主地学习初次接触到的那类文字的基本知识，并且通过训练他们的听力、口语、写作、翻译等多方面的综合素质来为其未来职业生涯或者继续深造打下坚实的基础。

我国对于外语学科的学习规定始于1902年《钦定中学堂章程》，其中正式规定中学堂开设外文，所习"以英文为主，法文、日文任择一种兼习"。1903年《奏定中学堂章程》改称外语，以日语、英语为主，兼习俄语、德语。1929年以后，小学不设外语，初中设外语（1940年后的几年曾为选修），高中必修外语，均以英语为主。而由于英语是世界上使用最广泛的语言，因此我国大多数地区的中小学都将英语作为外语的学习科目。

对于英文授课来说，老师必须向学生传授基础知识如听力理解能力等；他们还需对口语表达技巧有深入了解并加以实践练习；阅读写作技能也应被重视且得到充分锻炼；此外还需要教导如何利用所学内容来实现初次对话的目的，并且形成良好学习的态度及行为方式，以便为后续的学习打下坚实的基础，在未来更流利地使用外语与人互动交往。

对于英文这门以语言为主导的学习领域而言，我们不仅需要深入了解所教授的具体内容（也就是"什么是被传授的东西"），还需要探索学习方法及授课技巧（"怎样去学会并向他人展示这些东西？"），同时还需关注到参与学习的个体——包括老师和孩子们的内心世界（"谁是这个过程中的主角？"）。所以说，这是一项涵盖了多领域的复杂任务，其中包含许多相关的支持理念：如语言科学、心智行为分析、教育教学策略和社会文化背景等等都是对这一主题的研究不可或缺的部分。

（一）英语学科与语言学的关系

语言学是研究语言的科学。教授英语的过程就是英语教学论的研究。因此，语言学和英语教学论之间存在着紧密的联系。各种语言学知识从不同的视角和方式提升了人们对语言和教学的理解，推动了英语教学理论和实践的进步。

（二）英语学科与心理学的关系

作为英语教育的核心理论来源之一，心理学同样具有重要的地位。这门学科致力于探索人类思维行为的法则与模式。在教育教学过程中，老师需要理解并尊重学生的身心特性，以确保他们的教导方式能够适应这些特性。教育心理学作为一个关键领域，专注于分析学者的认知发展、学习进程及其环境因素，特别是关注学者个人心智运作的方式如何影响到课程设计。此外，该领域的目标还包括揭示学生道德品质、知识结构、技巧水平、智能表现以及总体个性的塑造和成长趋势等方面。

（三）英语学科与教育学的关系

在教育学的领域里，我们探讨了普遍的教学准则及策略，例如思维品质、知识准确度、体系化学习、强化记忆等等。此外，我们也讨论了如何通过引导式的教导方式、总结法、推理法来实施具体的教学手段，包括课堂讲授与实践训练、定期复习等方式。所有这些教学理念和技巧对于英语教育的实施都有着重要的参考价值。因此，我们可以把英语教学看作对教育理论在英语学科上的应用和拓展。

（四）英语学科与社会学的关系

作为一门探究人与人间关系的学科，社会学致力于揭示社会团体的本质特征及其运作方式。其主要关注点在于分析社会结构、功能及演变趋势。而这一领域的大部分内容都可为英文教育提供有力的指引。例如，以社交网络和人际交往为主题的社会学视角可以引导我们思考如何构建新的教师-学生联系，并确保课堂内的师生和平相处，同时鼓励同学间的友好合作。这些问题都是构成有效学习环境的关键因素。

（五）英语学科与人类学的关系

作为一门探究各种社群内人种团体生活及其相关主题的社会学科，其关联到的就是文化和它的承载者——即语言本身也构成了其中的一部分内容。若要深入领会并熟练运用英文中的词汇，如俚语或成语等这些蕴含着丰富文化底色的表达方式，那么对于美国及英国这种以西方为主导的国家所特有的历史背景和生活习惯有必要具备一定的认识基础才行；而这恰好又因为我们自身的认知局限导致的交流障碍或是沟通失效等问题进一步凸显出来：因此提升我们的跨文化素养便成为外文教育的一项核心任务了！

二、英语学科的学科性质

英语学科作为一门综合性的学科在基础教育中占有很重要的地位，它既是语言工具性学科，也是一门文化学科，受语言学、心理学、教育学、社会学、人类学等多种学科观点支撑与滋养。通过英语学科的教学能够促进学生的全面发展。在传统上，我国一般将英语学科性质定位在语言工具性学科，窄化了该门学科的性质与功能。随着我国教育改革的推进，人们对英语学科的性质与功能有了较为丰富多元的认识，认为英语既有工具性价值，也有人文养成性价值。把握这一定位需要注意以下三个方面。

首先，英文是一门语言类别的课程，我们需要对它的语言特性及作用有全局性的理解。由于其能被用来同其他国家的居民进行交谈并传递信息，所以成为学习的焦点。通过这种方式，我们可以向他们展示我们的文化和接受他们的文化，以此来促进跨越地理界线的合作。因此，"学习一门外语就是学会使用一项工具"已经得到了全球范围内的外语研究者的认同。基于此，我们在教授英语时仍需关注语言技巧和语言知识。通常来说，这些包括听力、口语、阅读和写作能力的整合应用，也包含了发音、词语选择、句法规则、功能性和主题等方面的内容。这是英语教学过程中必须掌握的关键部分，尤其是在那些母语不是英语的国家的学生们看来，它是实现有效语言能力的基础和保障。

其次，英文教育不仅是为了运用这门语言，也是学生未来成长的重要基石。对英文课程的主要目的设定应该是奠定学生未来的基本素质，并着重关注语言技能和人文素养。人文教育的核心在于它重视培养学生的独立学习技巧、团队协作力、研究探索力和沟通交流能力，这些能力对于学生的长期学习至关重要，它们贯穿了整个教育和学习的全过程。

再次，对于英语学习的理解应涵盖其语言构造及功能之间的互动转变和均衡。目标是通过使用母语来构建"言"与"文"的关系并推动学生思考能力的提升。故此,对母语教育的重视不仅体现在对其语法规则的教育上,更侧重于"文"的部分,原因是在学习母语的过程中,学生通常已经具有一定的交流技能。

第二节　英语课程与教学研究的意义及方法

一、英语课程研究的意义

课程这个词语涵盖了很多内容。不同于国内的教育学家们,国外的研究者们对其定义各持己见。他们普遍认同的是,课程是一种经历,一种预期的学习成果,同时还是文化传承的一种方式。美国教育家约翰·杜威(John Dewey)提出了关于课程及教育的体验性的观点,并创建了一种基于此理论的课程模型——经验自然主义课程体系。他所理解的"经验"具有双层含义,一方面指向事物本身,另一方面则关注事件的发生过程。这种经验中存在两个关键元素,一个是积极参与的部分,另一个则是接受影响的结果部分。通过这两者的互动,形成了独特的经验结构。在积极的一面,我们称之为实验;而在消极一面,我们可以将其视为反应。根据杜威的理念,他的课程哲学主要由以下几个核心观念组成:首先,教育即是持续不断地自我更新或者重新塑造;其次,它代表着成长;再次,它是生活的体现;最后,它也反映出社会的进程。由此可见,课程和教学不仅是对经验的描述,更是在实践过程中实现对经验的改进和创新。此外,美国教育家拉尔夫·泰勒(Ralph W.Tyler)提出了一系列构建课程的方法,具体包括设定教育目标、挑选相关知识、安排学习活动以及评估课程效果这四个环节。在美国,人们通常将这些方法统称为"泰勒原则"。泰勒特别重视目标在课程中的重要地位,这也表现出了他在教育领域内强烈的技术倾向。总而言之，泰勒的目标模式揭示了一个事实，那就是教育目标实际上是希望学生能达到的具体学习成果。而另一位来自英国的教育学家丹尼斯·劳顿（Denis Lawton）及其团队则持有不同的看法，他们坚信课程应该看作一次新的文化创作行为。"文化分析"这一教学方法是由劳顿提出的。他主张教育的核心任务是向后代传递被视为最有价值的部分文化内容。然而，鉴于学校的时限和资源约束，我们需要严谨地设计课程，以便准确筛选出最合适的文化元素。

根据中国学者的观点，课程代表了教导的内容、过程与整体规划，同时它也引导着学生获得所有教育性的体验。从教育的角度来看，英语被视为一种课程，这不仅反映出其教育的本质，还体现了它的语言属性。从这个意义上讲，英语课程可以看作一个综合的教育历程，同时也具有活动的性质。

根据英语教学大纲的观点，"英语学习的历程不仅是一个学生逐渐吸收并熟练应用英语知识与技巧的过程，也是他们在锻炼毅力、培养情感、拓宽眼界、增加人生体验、激发思考能力和个性成长的人文修养过程"。由此可见，英语课旨在通过语言互动来提升学生的个人经验。英语课程由三个主要部分构成，即课程目的、课程主题及学习方法，它们共同构成了这个综合性的整体，包括了课程规划、课程规范和教科书等元素。英语课程具备塑造人格的目标导向性、系统的组织架构、作为教育的媒介功能，以及其所含有的语言知识、技术和才能的体系化特性。

四点体现了英语教学研究的重要性：有助于学校达成教育目标；能使老师和学生更好地理解并掌握英语语言的知识体系及技能；有益于学生的成长进步；也有助于提升英语老师的专业素养。英语教学研究和社会的教育需求紧密相关。

第一，英语课程是社会对学生在英语学科能力和经验发展的具体要求的表达。一方面，英语课程系统地表达了社会的需要。另一方面，英语课程又顺应了学生身心发展的基本规律。研究英语课程的社会要求和目标是英语课程建设和发展的需要。研究英语课程与社会的关系是课程研究的重要维度。

第二，对英语课中知识点及技巧的研究，这些点滴累积而成的丰富且深厚的语学知能为英文学习提供了重要的源头活水。首先，由教学内容构成的学生们习得外语的能力被视作一种工具或者前提，保障他们能够获得所需的信息并运用到实际生活中去。其次，这还反映出教育的核心价值观念：基础知识的重要性及其普遍适用度。无论是从教导的角度看或是作为最根本的基础理论来理解，所有的学科都应该提供一套完整的框架网络给学员使用。传统上我们总是强调课堂上的主要任务就是传授各种语法规则等信息。然而在新一代的教育理念下，我们的目标已经不仅仅局限于教授那些固定不变的内容而是更注重培养学生的创新能力和社会责任感等等综合素质的发展。因此我们在设计教材时会更加关注如何让孩子们主动参与其中而不是被动接受灌输式的方法。这种全新的视角使得原本单一的目标变得多元化而且富有深度内涵。比如我们会鼓励孩子积极思考问题，提出自己的见解，并在实践中学会用有条理、有逻辑的方式解决问题。这样一来既提高了孩子的自主意识又增强了他们的自信心，同时也让他们明白做人的道理，懂得尊重他人、关心社会、关爱环境、珍惜资源、珍爱生命、热爱生活、享受人生、追求幸福快乐的生活方式才是最重要的东西！

第三，探讨课程如何影响学生成长的研究构成了英语教育领域的重要一环。中学阶段的学生英语语言能力的提升离不开课程的引导，而课程设计需要遵循学生成长的自然法则及他们的认知水准。学生的学习进步与课程研究互为因果，互相推动并彼此约束。所以，英语教学研究与学生的学习成果和心理健康密不可分。学生的学习状况决定了英语教育的实践效果，深入了解学生英语学习的内在机制及其身体发育的基本原则对于英语课程的规划和构建具有重大意义。学生英语学习和生理健康的原理也会影响到课程的目标设定、教材编写以及课程结构安排等各个环节。

第四，教育内容与老师密切相连。无论是在英文授课过程中，老师们作为学员进步推动者的身份，或者作为教学流程探索家及学习参与者，他们的作用都是不可忽视的。唯有让教学计划转变为实际的学习活动，才能使学生的英文语言经验得到实践，也才有机会建立他们对课程和教材的心智映射。没有老师的支持，英文课程的发展、理解和执行是不可能完成的任务。深入了解英文课程与老师之间的联系，对于设定、理解和实行这些课程具有重要的影响。关于英文课程与老师关系的分析主要包括以下几点：课程实施与教师的专业素质有关联，课程实施与教师的教学能力及其相关的知识也有着紧密联系；课程实施与教师的教学观念和思维方式有着重要关联。换句话说，英文课程的实施与教师的语言专长、一般的教学心理学知识以及学科教学知识程度存在直接的关联。英文课程理论研究涉及的是课程问题，特别是学校的英文课程与学生成长的关系问题。课程问题是指课程领域内出现的、需要揭示和解答的一系列冲突和难题。课程理论则是由众多专家针对一系列关键性的课程问题所做的研究逐渐演变而成。杜威提出了并且研究了孩子和课程的关系，弗兰克·比尔比特讨论了编排课程的方法，约翰·D·泰勒关注的是课程的设计和评估问题，本杰明·S·布卢姆提倡并研究了学科结构问题。就其定义及主题的研究而言，"教导理论"（teaching theory）和"学科领域"（subject area）都属于教育的子类别；同样的，"语言课程设计"（language curriculum design）及其对应于它的实践部分——"课堂授课"（classroom teaching），构成了同一事物中的两面：它们相互补充但各自具有独特的内涵范围和难题。因此，对这两者的探讨也是同等重要的课题。

二、英语学科教学研究的意义

英语教育是教师与学生共同参与的过程，教师的行为能够激励并保持学生的英语学习态度；在这个过程中，学生不仅获得了一些英语知识和技巧，还能促进身心健康以及思想道德的成长。

英文教育探究的主要目标是在揭露英文教授及学习的基础法则，构建英文教育的基石模型，提升英文教授和学习的效率，推动学生的身体和心理成长。英文教授和学习是一个矛盾的结合体，它们的相对性形成了教学流程的核心矛盾活动。英文教学中的众多元素交互作用形成了一个复杂且多元化的教学历程，也展示了矛盾活动的多个层次和维度。每个单独的存在物都只能反映其自身的实际状况和特性。然而，如果一种存在物与其余存在物建立了联系，那么这种存在的含义才会显现出来。这些相互关联的存在物之间的关系就是矛盾运动的关键要素，也是赋予它们意义和价值的重要基础。因此，我们可以得出结论：英文教学的意义主要取决于学生、老师、教材以及环境等各种因素之间关系的生成和交流。深入探讨这些因素间的变迁和演化规律正是英文教学研究所追求的目标。

英语教学的意义表现在教学与课程关系的变化和发展之中。如果说课程是教育内容或教材，那么课程必然是课堂教学的依据。课堂上的教与学是师生对教材系统的表征，课堂英语语言学习是通过教材内容转换为教师课堂教学行为，然后教师的教学行为转换为学生的学习行为而实现的。不管课程作为学科，作为目标和计划，或作为经验和体验，它对于教学过程的影响是深远的和无时不在的。就现代教育意义而言，教学过程不但是课程与教学相互作用的过程，也是课程开发的过程，教师与学生以各自不同的经验参与到教学中，共同建构和创造课程，这也是体验课程、体验教学的过程。英语教学的过程是师生语言交往或交际的过程，通过师生的相互体验获取语言知识和技能，培养语言能力，促进师生的身心发展。

第三节　英语课程与教学研究课程设置的目标和任务

通常理解，课程目标是描述某一时期内学校课程预期效果的期望与构思。它作为一种思想形式，提前出现在教师和学生的思维中，激发他们的教导和学习的行动,并引导或者规范他们的工作方式,以便达成预定的成果。

一、概述英语课程和教学研究的设定目标

英语课程与教学研究课程目标的设置决定着课程的内容,也决定着课程实施的过程。同时,内容与目标是相辅相成的,两者在一定条件下互为因果,有着很高的依存度。英语课程与教学研究课程设置的目标是多维的、多水平的。就课程的要素而言,课程的目标包含师生教育、教学和学习的动机、课程行为、课程手段和课程结果等。因此,英语课程与教学课程所设置的目标就必然具备三大主要功能:激发功能,即激发和维持动机的功能;导向功能,即组织和协调师生行为的功能;标准功能,即检验和评价实际结果的功能。英语课程与教学研究课程目标的设置首先是激发学生的学习动机,保持学习的兴趣。动机和兴趣既是课程教学和学习的动因,又是维持学习过程的动力。教师应从学生课程学习的意义和作用着手,激发学习兴趣,培养课程学习热情。其次,英语课程与教学课程目标的导向功能是指在课程教学过程中规定、组织和协调师生的行为。再次,英语课程与教学研究课程具有标准功能,即课程目标是对课程检查、评估产生的标准作用。也就是说,课程设置的目标是课程评价的标准。一方面,课程目标体系是评估和测量学生学业成果的基础标准。另一方面,课程设计的目标是对课程产品进行审查和评价的基本框架。

从学科内容来看,英语课的教育学研究设定的具体目的首先在于向研究生或者等同于他们的学生传授基础性的学科理论及实例操作技巧,让他们深入领悟到英语课程标准的重要性,并能全面认识和掌握英语语言教育的核心特性;其次,他们也应懂得如何编排教材、设计试验以及运用语言的方法,并且能够通过理论分析来解决英语教学中的实际问题;再次,他们还需熟悉国内外的英语课程及其教学的发展趋势,洞悉学生英语学习的

根本法则，熟知英语听力、口语、阅读、写作四项技能形成的过程以及教学的关键原理；最后，他们需要熟练掌握英语新的课程评估原则和手段，总结出有效的英语教学策略，深化对于自我价值的认知，推动英语老师的职业进步。

二、设定英语课程和教学研究课程的目标

教学研究课程和英语课程都有清晰的目标来源。我们设立的目标主要基于三个方面：（1）英语教师的实践性研究；（2）课程专家对目标设定的理论和建议；（3）对英语课程与教育知识体系的全面研究。

本书主要探讨的是关于中学英语老师的实际操作的研究。这个课题所涉及的教育领域主要是针对中小学生们的英语课，这些老师都具备丰富的英文授课经验并且拥有一定的教育教学知识。第一，他们的教学能力和教研经验构成了此项课程的核心基础，而他们的教学观念及教学策略则是其核心所在。第二，深入研究中学教师发展有助于理解这一职位的基本演变趋势。第三，对于这项课程来说，理论学习的进程同时也是中小学生们英语教育的自我反省和教育思维提升的过程，也就是他们在积极地探索并投入到其中去。没有他们的参与和思考，这种理论性的学习就会显得枯燥乏味。他们的加入会使得整个课堂氛围更为生动有趣。作为一名教师，他既是本课程的目标群体之一，又是我们课程研究的重要合作者。因此，他的实际行动成为我们的教学目标的主要源泉。

依据课程设计者的目标设定观念及指导意见，所有课程目标的设计与执行都离不开科目的专家理论层面的指引。因为科目的专家对于自身领域的认识最为深入，所以他们可以基于此学科的具体内容、教学策略等方面来阐述其对学生的潜在影响。我们在理论文本和专家直观的引导下获得了诸多灵感。这些提议的目的不仅仅局限于课程的基础知识框架、需要学生熟练掌握的核心技巧和行为模式、学科的主要思辨观点和理论架构，还包

括了基础思考路径和研究原则。这一学科的专家提出的目标重要性是不言自明的。因此，当科目的专家提出他们的看法时，就成为制定课程目标的重要参考。

从系统的角度来看，英语课程及教学的研究主要源于对其知识体系的深度探讨。知识的发展和探索是一个持续的过程，而这一过程中的关键步骤就是研究和探寻，这是生成新知识的基本要素，同时也是保持现有知识的关键因素。伴随着英语教育的深化、小学到中学英语科目研究的推进，以及英语教师培训课程的优化，英语课程与教学研究逐渐变得更为科学化，它的知识架构也日益完整，涵盖了更多的学科领域和课程内容。这样一来，使得学习的内容更加全面且有针对性。所以，当我们将英语课程与教学研究作为一种独立的学习方式来考虑时，它自身的知识体系就成为产生这些目标的基础和依据，无须证明即可理解。

三、英语课程与学科教育研究的三个层次目标

所有的课程教学目标都是系统化和分层的，这与学习过程的逐步性相吻合。英语课程及其科目教学研究的目标主要体现在三个方面：知识目标、技能目标以及教育智慧目标。

（一）知识目标

英文课程及教导的研究设定的认知目的可被划分为三类。英文课程及其教导主要以知识体系的形式呈现出来。没有知识，英文课程及教导的发展就无法实现；而缺少课程及教学中的知识，英文课程及学科研究也难以维持。首要的是，进修英文课程及学科教育的研究生或者是在职英文老师需要拥有一定程度的课程及学科知识以便对自我的教学行为进行反省。唯有透过理论知识的学习，他们才能够持续累积并提升自我教学反思的能力和经验。其次，中小学英文老师一般都有着丰富的教学经历和技巧，事实表明，缺乏教学或是教育理论知识会成为制约其职业进步的关键因素。所

以，强化他们的理论基础知识对中小学英文老师的个人成长来说是非常重要的。最后，英文老师的教学研究水准高低直接取决于他们在教学理论知识和语言学理论知识上的基本功底。

根据认知本质来说，"人类天生具有获取知识的能力，这是因为我们可以通过它来理解事物的规律"。胡军指出，仅仅知道事物是什么并不代表拥有了知识，只有了解它的原因才算得上真正的知识。因此，我们不能把感知到的直接经验视为知识，必须经过抽象化和逻辑思考的过程。知识是由人创造出来的，同时也会影响到人们的思维方式并激发更多的学习欲望。基于此观点，知识被视作构建各科目的基石，同时也成为学生们学习的前提。因此，当我们将目标设定为对英语课程及教育的研究时，知识无疑成为我们的核心关注点。

对于中小学校英语老师来说，理解并熟练运用这些相关领域的信息是至关重要的，同时这也是他们的核心能力之一。具体的目标和需求包括以下几点：

1. 探讨英语主流教学理念的基本观点和思想深度、历史起源、教学模式形成的背景和环境，并从中寻找英语教育发展的基本方向。

2. 探讨英语教科书的基本特性、基础理念和系统化的重要性，以提升教学设计的质量。

3. 理解英语教学方法的理论和实际应用，以及这种方法运作的基本特性。

4. 理解基础知识、核心技能以及多媒体在英语教育中的影响，掌握英语基本知识和技术教学的根本法则，并熟悉多媒体使用的步骤。

5. 探讨新英语课程标准的核心理念，理解英语教学的政策方向。

6. 坚实理论基础，探索教学实例，使得英语教学研究与提升教学效果相辅相成。

（二）教学技能和能力目标

对于教育者来说，教导不仅是一个知识点构成的部分，同时还是一种技巧组成部分。同样的道理也适用于中小学生的英文课程学习。这门学科作为一个技术的领域存在着两方面：一方面涉及身体上的操作能力；另一方面则与思维和理解相关联的能力有关。当代的教育理念强调了教育的科技属性及其所具备的美学价值——它是基于其内在逻辑性的理论研究对象，可以通过专门的学习来获取并应用于实践当中去。这种结合使得教育教学成为一门兼具理性和技艺的研究范畴，而其中最顶层的是美学的体现形式。因此，我们可以说，无论是从科研的角度来看待问题或是以实际操练的方式处理事情时都应该考虑到它的综合特性（包括理性思考及实用主义），并且要保持这三者的平衡发展关系，才能达到最佳效果。

通常来说，中学或小学的英语教育者提升其教导能力需经历一系列步骤。这包括以下四个环节：初始学习阶段（即模仿式教学）、自主授课阶段、创新型教学阶段及个性化的教学方式。起初，他们通过对教学技巧的研究来掌握这些技巧，这是一个基础性的阶段，也是英语教学能力和艺术感的萌芽期；而后随着时间的推移，他们的教学技艺逐渐成熟并趋于完善，最终形成了独特的教学风格。这种由基本教学技巧向高级教学艺术转变的过程遵循着一定的逻辑规律，它基于这样一个观念——教学既是一种科学、一种技术，同时又是一门艺术。

英文教育技巧是描述老师如何通过特定的方式高效推动学生的英文学习过程的行为模式。这是一种利用专业的语言学知识与教导理念，根据学习规律和准则来制订教学计划、应用教学工具、编写教学软件、开展教学研究并管理课堂及课外活动的策略。这种行为有时候以实际行动的形式展现出来，而其他时候则是心理上的行动。基于对英文教育技巧的理解及其含义，我们提出以下关于英文教育技巧的研究需求和目的：

1. 理解英语教学技能的形成和发展原因、过程以及可能产生的结果。

2. 掌握英语教学技巧的理论和实践基础，并熟练运用常见的英语教学技巧。

3. 在不同的时间和地点、教学目标和教学工具的条件下，研究英语教学技巧的灵活性与有效性。

4.对英语教学技能的种类和领域进行探讨，同时也要研究其与教学各个元素之间的关联性。

(三) 英语教师教学智慧目标

教师的智力被视为是他们在教导与学习的过程中所展现出的，由他们的文化和经验积累、人生经历和生活素质等多方面的元素构成的一种高级抽象的能力。这种能力的主要体现就是他们具备的知识结构、道德观念、对于学生们的关心和热爱，以及对整个教学过程的高效管理和卓越的教学技能。教师的智能包含了教学策略、知识储备、教学心态、责任感以及关爱等诸多要素。而英文老师教学智能的关键点可以归纳成三部分：第一，教学智能的核心在于激发并启迪学生的思维；第二，教学智能反映出应对课堂上突发事件的敏锐度；第三，教学智能还体现了教师处理问题的方式方法。

教师的教学才华在课堂的组织与管理上得到了体现。

"学"的能力作为英语老师智慧展现的另一重要方面，指的是他们在教育过程中的持续学习与成长，逐步塑造出自己的"学"能力。通过实践我们才能发现自身的局限，只有不断地学习才能够认识到我们的无知。而这种对知识的学习就是教师智慧的核心源泉，同时它也为教师智慧的发展提供了重要的路径。

1.理解和掌握中小学英语教材的核心特征和理论根基。学会精准把握教材的关键点和挑战，灵活选择教材，使得教材的运用与学生的实际需求以及教师自身的教学能力或风格紧密相连。

2.强调对理论与实际经验的学习累积。学习是培养英语老师教育智力的基础。对英语老师来说，不仅要精通本专业的领域知识，还需要了解其他相关的科目内容，持续深入地研究英语教育的难题，提升问题敏感度，发掘出英语教导的重要性。

3.寻找老师在班级课堂学习生活中的教育资源。英语教学的睿智往往来源于对课程和日常生活的深入理解，热爱生活、喜欢上课、热爱学生以及热衷于课程和教育是英语教师教学智慧的根基。

4.掌握如何运用实例。例子不仅是老师在英语课堂上遇到的问题或实例，同时也是他们课堂教学经验的概括。分享、解析和应用优秀的教学案例对于提升英文教师的教学能力无疑至关重要。

第四节　普通高中课程改革的背景与课程设计

一、高中课程改革的背景

教育部2001年6月颁布的《基础教育课程改革纲要（试行）》提出了我国的基础教育课程改革的六个具体目标，即改变课程过于重视知识传授的倾向；改变课程结构过于强调学科本位、科目过多和缺乏整合的现状；改变课程内容"难、繁、偏、旧"和过于注重书本知识的现状；改变课程实施过于强调接受学习、死记硬背机械训练的现状；改变课程评价过分强调甄别与选拔的功能；改变课程管理过于集中的状况。根据这一纲要，基础教育课程改革的重点是要使学生形成积极主动的学习态度，鼓励学生主动参与、乐于探究，培养学生搜集和处理信息的能力、获取新知识的能力、分析和解决问题的能力以及交流与合作的能力。这些都促使我们认真反思我们的教育理念，审视我们的教学方法，重新确定我们的教育教学目标和建立新的教育质量评价机制。

按照《基础教育课程改革纲要》设定的目标，中国普通高中新课程设计小组率先进行了两个前期的研究工作：其一是对国内高中的现有教学情况展开了全面的研究与剖析；其次是针对高中教育的全球化趋势开展了一系列深入的对比研究。这些研究成果对制定高中课程标准起到了关键性的指导作用。

当努力推动基础教育体系变革时，教育部曾针对北京市等十省份中的各类型学校进行了学生的问卷调研工作，并收集到了来自这些地区的各类学校的师生及管理者的反馈的信息，共计一万四千零三十六位同学参与其中；同时还采集了一百五十余位老师与一百八十八名校领导的数据以供研究使用。通过大量、细致的研究后我们发现有五个主要观点值得关注：

1. 尽管学生们对基本知识和技能的掌握相当深厚，但在社会责任感、价值判断力、创新精神、实践技巧以及人生规划意识等方面显得较为欠缺，这一点校长和教师也往往忽视。

2. 虽然大部分教师认为课程内容在某种程度上可以体现社会的进步和科技的发展，但是其内容过于繁杂、难度过高，与学生的实际生活经验存在较大差距的问题依旧相当严重。

3. 虽然大部分学生认为参与综合实践活动对个人成长有益，但他们的参与机会相当稀少；尽管大部分学生期望学校设置选修课程，但普遍情况是学校并未提供。

4. 普遍而言，高中生更偏爱实践操作、交流讨论和探索实验等教学方法，然而在当前的课堂教育环境下，学生们很少有机会主动参与其中，他们的作业大多是以练习、记忆或背诵为主。

5. 学校评估的重点主要是考试，而没有一个全面反映学生成长情况的评价体系；大部分学生认为分数并不能完全揭示他们的发展状态，接近半数的校长觉得公布分数对学生的进步产生了负面影响。

针对中国高中的教育体系优化问题，教育部的相关项目小组进行了深入的研究，对比分析了自1990年以来的全球各地高中教育的改革情况。结果显示，各国的高中教育改革在其教学目标、教材内容及架构、实践操作与管理方式以及评估标准上达成了一定的共识。

二、新课程方案的研发思路

包括目标、结构设计、内容选择、管理方式以及评估等。

（一）课程目标

依据基础教育教学改良计划的理念，全新的高级中学教学系统旨在创建满足全面教育的标准需求，反映出一般高中的特性，并具备时效感、基本特征和可选取特质的新式教科书架构；这个学习框架的目标是尽最大可能地给每位学生提供为其未来生活打下坚实根基的机会。具体的期望如下所述：

1.精心挑选符合时代进步需求的教学内容，强化其与社会发展、科技进步以及学生经历的关联性，以帮助学生建立适应现代社会所必需的基础能力。

2.构建一个注重基础知识、多元化、层次分明和全面性的教学体系，以满足各类学生的学习需求，适应社会发展的多样化需求，并引领学生进行学习规划。

3.构建有助于形成创新学习模式的教学环境，增强学生独立学习、协作沟通、批判性思考以及分析和处理问题的技能。

4.构建一套与新课程相匹配的监督评估体系，主动推动学校内部的流程性评估，纠正只以考试分数来衡量学生的方式，促进学生的身心健康成长。

5.学校的课程自主权为学校创新地执行国家课程、根据地域特性开发课程以及让学生有效地选择课程提供了保障。

（二）课程结构

新的通用高中教学大纲由3个部分构成：教学范畴、教学科目和模块。它们之间的关联可以在图1-1中找到。

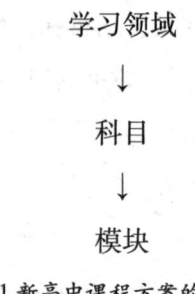

学习领域
↓
科目
↓
模块

图1-1 新高中课程方案的结构关系

教育领域的构建主要基于相关主题的内容相似度而设计。设立教育的目标在于反映现今科技整合的发展方向，同时也期望借助设定教学区域推动整个教课体系的设计及学生的全面发展能力提升。新版的教育系统包含了8种学问类别——语言表达及其文本研究、数理逻辑分析、人类文化和社会行为的研究、自然科学探究方法论、工程技艺应用技巧训练等六大类别的知识技能掌握情况评估标准都包括在了这个框架内。在这6种类别下还细分有具体的知识点，如汉字书写规范化处理方式是"文字"这一类的代表作之一，等等这些细节都是为了让我们的孩子能够更好地理解世界，从而更好地适应未来社会的挑战！通常，每个模块都有36个学时和2个学分；但也可以设置为18个学时和1个学分。

模块化的设计理念被应用于普通高中教育中，其核心在于结合了必须学习的内容（即必修课）及可供选择的学习内容（即选修课）。设立必修课程旨在确保无论学生是否打算进一步深造或进入某个行业工作，他们在完成高中阶段后都能够具备扎实的基础知识、技能和人文素质。而设定选修课程的目标是为了给学生的个人成长创造更多的空间和可能性。根据不同的需要，选修课程可以划分为两大类别：选修Ⅰ和选修Ⅱ。其中，选修Ⅰ主要由全国统一制定的选修课程组成；而选修Ⅱ则是通过区域性和学校自主开发的课程来满足各地区的差异化需求。总体来说，约有62.4%的课程属于必修性质，以便保障所有学生共享的基本知识体系；选修Ⅰ类的课程占比约为29.1%；最后，选修Ⅱ类的课程占据了整个教学计划的8.5%。

（三）课程内容

依据高级中学教育改革的主要理念，我们需要同时确保所有的学生都能获得共同进步的基础，并提供多元化的学习选项，以便反映科技与社会的迅速变迁，推动学生的个性成长及潜力挖掘，从而为培育具有创新精神的人才来满足社会对于各类人才的需求打下坚实的基础。在新课标中，我们在内容的挑选过程中特别注重时代的敏感度、基本素养以及灵活性。

1.在满足社会发展需求的基础上，教学内容应反映出经济社会前进、技术发展以及学科新进展，并且要重视学生的日常经验。

2.选择符合时代需求的基础知识和技能，为学生的一生发展打下坚实的基石。

3.选择性：重视学生的个体差异和发展趋势，根据不同类型和层次设计多元化且可供学生挑选的课程内容。

（四）课程实施与管理

相较于传统教育模式下的教学方法而言，新的教育教学策略在新课改中展现出显著的变化特征。随着新型教育的推广应用，基础学科（必须）加上可供挑选的专业科目使得各学校有了更高的灵活性和个性化的可能：他们能够依据当地环境特点和个人发展需要来决定合适的教科书或制定自编教程以适应不同情况的需求。同时，为了协助学生们做出最符合自身成长需要的决策，老师也应积极引导并在必要时给予必要的建议和服务支持。

另外，新的高中课程采用学分管理方式，这对于学校、教师和学生来说都是一个全新的挑战。我们需要在实际操作中找到最有效的管理策略，并在执行过程中持续积累经验，以便真正利用学分制的管理模式为推动高中生的学习和成长提供更优质的环境。

（五）考试评价制度

新的评估系统与旧有的方法相比，其核心要素已经发生根本性的转变。传统的方法主要侧重于成果，以选择为主导，忽略了学生的学程及情绪体验，更加看重向上的责任，也就是针对上级的教育机构、学校的职责以及父母的义务，然而，测试的成绩往往无法有效地推动教师教改和激发学生学习的积极性。这样的评判模式使得教师和教学活动完全聚焦于考试之上，从而产生了负面的反馈效应。新型的评估机制则着重于进程评估，倡导结合成型和收尾的形式，鼓励多元化的评价者、评价主题和评价手段，同时尊重学生在学习过程中所产生的感情，并全面考虑他们的发展状况。特别是在新课标中，我们强调利用生成性评估来激励学生自主学习，引导教师优化教学，并且促使学校改善课程的管理工作。

（六）新课程的推进策略及取得的成果

在新课程推广的过程中，各省被选定作为试点地区并按照其顺序依次展开工作。每个试验省份都需先确保充足的研究与筹备，然后全面训练所有在职教师，接着由初始班级开始逐级推行。根据当前的情况来看，该项举措进展顺利，数年来我们见证了新课程如何影响着教师的教育方法、学生的学法以及他们的学习能力和进步。与此同时，全国性的大学入学考试也在配合高中课程改革而调整，无论是国家考试委员会或是参与新课程试点的各省市，均深入理解新课程的核心思想及其目标，并在不断研究和讨论中谨慎地推动高等学校试题的变革，力求反映出新课程所倡导的目标和需求，同时也保持社会秩序的稳定。

（七）新课程对教师提出的要求

关键要素是教师来推动教育的变革并提升教学品质。在这个科技及经济发展迅速且教育改革持续深入的时代背景下，我们要明确意识到，教师的言语素养、教学理念、教学理论水准、教学技术能力和自我发展的潜力都对教学的发展产生着限制作用。因此，教师需要强化自我的修养，更新教学思维，增强对于终身学习的重要性及其能力的理解，优化知识体系，提升在教学中发现问题并解决问题的能力，不仅要在教授学生的过程中做到优秀，还要努力把自己打造成一名研究型的教育工作者。

第五节 普通高中英语课程标准的研制与设计

一、国际外语课程改革的主要趋势

信息化的普及及新技术的应用推动着世界的经济发展并促成其一体化的趋势日益明显；各国间的商业交流变得愈发紧密且相互依赖程度不断加深——这使得我们共同生活在一个多元的文化环境下成为可能：这就是所

谓的"地球村庄"现象。在这个关键的历史时期里，各国的政府都在考虑把教育变革纳入到他们的长期规划当中去，以应对未来的挑战。大家开始反思现有的教学模式是否满足社会的需求？怎样才能培育出符合21世纪需求的人才呢？同时，我们也意识到语言学习的真正目的是让我们的后辈们有能力在这充满各种文化和思想的世界立足生根，并在其中茁壮成长，以便更有效地运用现代的信息工具创造更多的智慧成果，从而进一步推进人类社会的进步、和谐，共处共建美好家园！因此学好一种或多种外文已然成为这个时代的必修课而非选修课程。

（一）国内外外语教学研究的发展趋势

在过去的几年中，全球的外语教育发展经历了巨大的转变，主要的变化体现在以下六个方面。

1.在研究的焦点方面，从教授什么到如何教学，从学习内容到如何学习的转变。对于学习方法的研究日益受到关注。

2.教育理念上，从侧重于语言知识的灌输转变为注重语言技能的培养。

3.在教学的综合发展目标上，从单一学科教育转化为全人教学，并且也从升学教育向终身教育进行了改革。

4.教育方式及策略方面，我们已经完成了由传统的教育体系向着更注重学生主动性和实践性的学习环境过渡的过程。这包括鼓励并支持各种类型的互动式课堂练习，例如双人或多人的团队合作任务等，以便让同学们能在尽可能接近实际场景的学习过程中提高他们的交流技巧；同时我们也重视同学们的自主探索能力和对信息的搜集整理工作，通过参加各类课题讨论或者实地考察等方式来提升他们的问题解决技能和社会交往水平。此外，我们的目标是引导大家逐步掌握如何高效、准确地解读文本内容并且能够流利而清晰地说出自己的想法的能力——这种对于阅读写作和口语沟通两方面的平衡发展是我们所追求的目标之一。

5.在课程评估方面，我们已经从单一的总结性考试转向了融合总结和形成的评估方法。这种方式更加重视学生在学习过程中的提升，注重全面公正的评价方式，使得评价对于推动学生学习和教师优化教学有着积极的作用。

6. 教育技术的变革已经从传统的黑板粉笔方式转向了多媒体教学技术的运用。特别是，各国都高度重视信息科技在外语教学中的开发和应用。

（二）对于全球高中外语课程的改革，已经达成了一致的看法

研究团队对全球一些主要国家的高中英语课程改革和教育理念进行了比较分析，结果表明：

1. 教学思想的核心目标是提升语言应用技能和跨文化理解，这已经形成全球外语教育改革发展的战略共识。

2. 在许多国家的高中阶段，课程设置方式是必修和选修相互融合。

3. 课程主题突出了外语学习与其他科目的交互作用。

4. 教育方式强调学生为中心，注重学生的参与，以提升他们各种能力。

5. 强调培育人的感情、态度、价值观以及学习和思考能力等基本素质。

6. 扩大教学资源可以推动教学模式和方法的进步。

7. 评估改革更加强调对语言应用能力的检验，其评价方法将总结性和形成性相融合，以此来推动学生的学习并培育自主学习者为主要目标。

二、我国高中英语教学的现状

自中国开始实行改革开放政策后至今的几十年里，我们国家的中学英文课程已经取得了一项重要的成就——从单纯注重数量向更看重大纲内容转变；特别是在 1993 年后，随着国际交往日益频繁且需求增加、学生需要具备更好的语言沟通技巧以适应社会发展时势的需求下，教育部再次调整教科书的内容及要求标准：首先是针对初中的学习计划进行了修改（发布时间为 1992 年），然后是对高中的学制做了相应的更新（公布时间为 1993 年）"Communication"这个词第一次出现在这两套最新的大纲之中。

虽然现今的高等教育英语学科已取得显著成果，然而随着时代的变迁

和科技的飞速提升，为了能在保护世界和平、推动人道主义进步及经济发展方面发挥重要作用，我们需要积极推进科学技术、商业活动和文化的创新，并持续深化同各国之间的协作与互动。提高国家实力和扩展沟通渠道对于塑造 21 世纪的人才标准和目标产生了更高层次的需求，而高中的学习内容作为个人成长和生活发展的关键环节，有着独特的价值所在。因此，如何让高中课程更加符合时代的变化、个人的需求和社会的要求，也成为此次课程改良的核心议题。

同样，我们不得不指出，伴随着国家、技术和经济社会的飞速前进，我们的英语还未能适合国家经济科技发展以及人才培养的需要。高中英语教育还是面临一些现实问题，这些主要体现在：

1. 许多教师的授课仍然主要集中在传授语言知识上，却忽视了对学生语言应用技能的提升。

2. 学校依照一个教材、一个课程进度、一个目标和一个要求来进行教育，这无法满足学生个性化的发展和多样化的需求。

3. 教师的教育理念、方法和手段仍然过时，不能满足以学生为中心的教育观念和策略的需求，对于提升学生的外语能力并适应他们跨文化意识的发展是不利的。

4. 教材和教学大纲的目标与要求已经无法满足 21 世纪的发展需求。

三、普通高中英语新课程设计思路

英文教学在高中的部分是对初中教育的延续，所以其核心目的是一致的：提升学生的全面语言使用技巧。这种能力是由五项因素组成，包括语言技术、语言理解、情绪态度、学习方法及文化认识，这些元素之间互相影响并互有约束力。高中英语教育应当依据高中生的思考模式与学习需求来深化他们的基本语言应用水平，同时注重增强他们在利用英文收集资讯、解析问题和找出解决方案上的能力，逐渐培育他们以英文方式思考和表述的能力。尤其在这个信息时代，掌握搜集资料和解读信息的技巧、剖析问题和找到答案的能力已经成为每个人必备的素质，高中时期更需重点关注这方面的培训，以便让学生们能终身受惠，为其未来的深入研究和职业生涯奠定坚实的基础。

四、普通高中英语课程的性质

通过学习外语，高中生不仅能提升他们的思维能力、情绪管理、心态及价值观念，同时也能获得全面的人文教育并提高其整体人文修养。此外，他们还能借助这门全球通用的语言来获取海外的文化和科技知识，并在国际交流中发挥作用。所以，高中英语课程兼具人文学特性和实用功能，这对学生的成长有着关键性的影响，同时也对于国家的进步有深远的影响。持续开展高中英语教学有助于提升全民的教育水平，有益于中国向外拓展和国际互动，并且能够强化中国的总体实力。

我们必须清楚地阐明，在高中时期引入英语教学的目标并不仅限于让学生能够流利地说出外文，而是在他们学好英语的过程中推动他们的心理、情绪、观点及价值观念的成长，同时提升其整体的人文修养水平。换句话讲，我们的目标是要利用英语教育去激发学生的感情变化，并且进一步提升他们的综合能力。这正是英语作为一种工具的体现。

五、高中英语教学重点

尽管初等教育与高等教育的英文课在总体设计及具体授课目标方面保持一致，然而其教导的核心点却存在差异。初等教育时期更为注重激发学员对英文学习的热情、增强他们的信心，塑造优秀的学风，掌握有效的技巧，提升他们对于语言的感觉，并重视以实际操作来提高听力、口语、阅读和写作的技术，为使用英文沟通打下基础。而高级教育阶段的目标则是要在深化语言技术、词汇理解、情绪反应、学习方法和文化认识等多方面的全面语言应用能力之上,借助英文的学习,主要强化学生利用英文搜集资讯和管理资讯的能力、解析问题和解决问题的能力,以及思考和表述的能力。

(一)用英语获取信息和处理信息的能力

这个教育核心目标不仅旨在提升学生的用语技巧还致力于培养他们自我学习的本领。学好英文的目标可以分为两个部分:首先是要理解并应用基础知识与技术来构建扎实的学习根基以满足升入大学或找工作的需求及未来持续发展的可能性;其次则是要能灵活地利用这门外语去吸收新知、整理旧识并且有效管理这些资讯以便日后之需——这两项都是每位学子必须习得且不断精进的关键素质,因此应被视为高中的重要课题予以关注并在其间加深研究。21世纪是一个充满创新科技的世界,也是充斥着大量讯息的社会环境,这种转变使得传统的求知模式无法再适用下去。每个人都难以做到无所不知的状态下生活在这个时代中,而新的知识点也在快速更迭之中,所以对个人而言保持终身受教的需求成为一种义务而不是选择题。仅依赖记忆力固然也能应对一些问题,但面对海量的数据时就显得捉襟见肘起来,这就要求我们在未来的生活中拥有从庞杂的数据库筛选出所需资料,然后对其做适当分析解读的能力更好地融入信息化社会的节奏当中,从而发挥更大的作用。

(二)能够运用英语进行问题分析和处理的技巧

理解并处理难题的技能被视为人类成长过程中至关重要的部分,它构成了个人生活的基石。我们的目标在于提升英文水平不仅是为了增强沟通技巧,同时也要借助此机会来强化全面的人文素质及运用英文解析与应对挑战的能力。此外,学英语的过程中也会接触到各式各样的文化观念,因此在教育过程中,老师需要创造出实际的语境,激发学生对日常生活中遇到的问题产生兴趣,鼓励他们经过深思熟虑和团队协作去寻找解决方案,进而提升他们的辨识能力和批判性的思维习惯,这样一来,他们在掌握外语的同时也能培养出适应未来的必备技能。

（三）用英语进行思维和表达的能力

学习英语不应仅仅停留在重复和复述上，要学会用英语进行思维，用英语与人交流，用英语表达情感和思想观点。思维与表达是两个相互依存、相互促进、密不可分的能力。表达是思维的具体体现，如果有思维而没有表达，思维就没有载体，既得不到分享也得不到发展。相反，如果有表达而没有思维，表达只能是重复或复述，不可能有创新和发展。

我们在日常的语言教育过程中往往要求学生反复朗读句型、记忆文章、再现内容等等，这使得他们能流利地记住对话，但在真实的交流场景下无法有效沟通。我们的语言教导过于侧重于语言本身的学习而忽略了思考能力的培育。尽管复习与背诵确实为语言习得尤其是外语学习提供了必不可少的步骤，但是它绝非唯一的环节，也并非语言学的终极目标。高中学生已然拥有了基础的语言理论及技巧，并熟悉了一些学习方法，同时还积累了丰富的多领域知识和技能，理应有能力实现连续性的想法和意见表述。所以，强化学生的英语思维能力和表达力是非常必需且合理的。

六、高中英语课程设计

（一）高中英语的课程结构

基于初中阶段的基础教育英文教学大纲设定的高中英文学科则更加强调自身的特性并采用了等级划分的能力方式来构建新的学习体系。这个新系统是在初中的前五级别基础上扩展至六至九级的学习内容规划方案。然而相较于初级教育的固定模式而言，高级中学对该学科的内容安排被划为了必须学习的核心科目（包括"English 1"，"English 2"，"English 3"）及可选择性的额外补充课目（"English 4"，"English 5"），这些都须满足总计十分的学业成绩需求才算合格，通过考试获得相应的证书，证明已达标完成了相关任务；同时还提供了一些额外的自由度让同学们能够按照个人喜好或实际需要去挑选他们感兴趣或者认为有必要深入研究的部分作为他们的自主拓展选项——比如可以选择阅读更多关于某一主题的文章,或是观看相关的电影等,以此提升他们在日常生活中使用外语沟通交流时的熟练程度,从而增强自身对于各种话题讨论时所需掌握的相关词汇量及其理解力等方面的发展进步情况。

表 1-1 高中英语课程结构表

级别	教学段	必修课(10学分)			选修课程				
					系列Ⅰ顺序选修课程			系列Ⅱ任意选修课程	
		课程名称	周学时	学分	课程名称	周学时	学分		
9级↑8级↑7级↑6级	11				英语			语言知识与技能类	语言应用类	欣赏类
	10				英语					
	9				英语					
	8				英语					
	7				英语					
	6				英语					
	5	英语								
	4	英语								
	3	英语								
	2	英语								
	1	英语								
义务教育阶段 1-5									

参照表格 1-1 的数据,我们可以看到高中时期的英文教育被划分为十一个教学单元,每一个单元持续十周的时间,所有的内容都以模块的形式呈现,每一模块都有两个学分的价值,总计需要花费十周来完成该模块

的学习。从第一到第五是高中的必需课程部分，学生按照次序去学习英文模块一至五，这个过程耗时一年又十周。经过评估后，如果学生的成绩达到了七级标准，也就是满足了高中毕业的基本条件。与此同时，那些具备足够能力的学生也可以同步挑选任何他们感兴趣的选修课程。当这些必要的课程结束以后，高中英语就步入了全选修阶段，包括六到八级的有序选修课程模块，九到十一级的模块化课程，此外还有各种可随意选择的选修课程，让学生能够依据他们的个人喜好、潜力及未来规划，做出是否要进一步深入学习的决策并确定具体的选择方向。

（二）**必修课程**

所有的学生都需要完成英语的基本教育任务，共由五个部分构成，总计十个学分。在进一步提升学生的听力、口语、阅读及写作等基础能力的条件下，我们强调的是以英语为工具来收集并处理信息的技巧，同时也注重他们运用英语思考和表达的方式。此外，我们也重视他们的主动学习精神、良好的学习方法的养成以及对多元文化的理解和掌握。

（三）**选修课程**

高年级英文教学方案向学生们展示了多个主题的选择项目，他们能够依据个人爱好及专才去挑选适合他们的科目。这些选项被划归成两大类别：Series I 和 Series II 分别代表着有序性和随意性的学科设置方式。前者遵循先决条件的先后排列原则来安排学习的进度；而六大单元（Unit 6—11）的总计八周时间里每天四小时授课时长是其基本配置。只要完成了这三个单位的内容理解掌握就能满足第八级的学业需求；若要继续深入探索第九到第十一级的目标内容，则需在接下来的四个学期内逐步推进相关内容的深度研究工作。依照《中国普通高等教育外语课程能力等级》的要求来看，所有的院校都应该确保至少有一部分人能接触并且参与第六至第七级别所涵盖的相关课题的研究活动之中，以实现该标准的最低限度达标率指标值设定任务的需求目的所在。至于说第二种类型的教材编写思路则是基于"任君自取"的原则展开设计的——也就是说，无论你是刚刚步入大学校园的新生，还是已经在此处待过一段时间的老手，都可以自由地按照自己内心的真实想法或者说是内心深处的真正愿望来自由决定是否愿意接受某项特定领域的专门化训练计划，从而使得自己在未来的日子里面拥有更加广阔的人生发展前景！

1.英语学习与技能的课程包括：英文语法和修辞、初级英汉笔译、应用英文写作、阅读英文报纸以及进行英文演讲和辩论等。

2.英语应用课程包括：文秘、科技、社科、旅游、经贸和计算机等领域。

2.课程类型包括：初级英语文学欣赏、影视欣赏、戏剧与表演以及歌曲欣赏等。

第二章　高中英语知识课堂教学与创新

基础理论与基本技巧的学习对于所有科目的教育都是必不可少的，这同样适用于英语教育的范畴。初中阶段的英文学习涵盖了对英语发音、语法及单词的基础理解。依据当前的教育观念，我们需要以活泼且富有内涵的语言素材来教授英语基础课程。除了使学生掌握必要的基本英语知识外，我们的目标还应在于让他们能灵活应用所学的知识，从而提高他们的英语实际操作水平。此处的"英语语言知识"既包含从语言学角度出发的内容，又涉及从教学法视角来看待的问题。本文旨在探讨这两方面的内容。

第一节　英语知识教学概述

作为一门语言，英文同样也具备了知识系统的特征。每种语言都有三个基本特质：首先是"共通性"，这意味着所有人都需要遵循统一的语言规范以确保有效的沟通；其次是"稳定性"，尽管语言会持续演变，但是它的整体结构仍然保持着一定的稳定性；最后是"象征性"，这是因为语言被视为一个符号系统，由诸如发音、词语、意义、句法、主题及功能等多种元素组成，这些元素相互关联并准确描绘出事物的形态、属性和功能，同时也能表达人们的思维与感情。无论如何去理解，这三项特质均反映出了知识的核心本质。

英语语言是知识系统的存在，人是知、情、意的综合存在。也就是说，由于人是知识的存在，知识的表征走进英语学习，知识的建构走进教学才有可能。由此，知识成为英语教学的基础是不难理解的。知识不是英语教学的全部，把教学信息化为学生的知识，再把知识转化为语言的心智技能和智慧才是英语教学和学习的目的所在。

基本英语语言技能构成了复合英语应用能力的一部分。在授课过程里，教师应引导学生理解并熟练操作英语中的固定模式，例如发音准则、拼写规范、句法规律、意义规定及使用方法等基本语言学原理，这对提升英语的学习效果与发展其实践运用技巧是有益的。确保学生具备一定程度的英文基础知识是中小学英语教育的核心任务之一。初、高中生需要了解并且掌握的基础英语知识点包含五大部分：发声、词汇、句型、功能、主题等。这些元素紧密相连且无法分离。新的教材大纲不但对语言学的五大要素设定了等级要求，也提供了关于发声、句法、功能、词语四项具体内容的详尽解释。

然而，我们在教育过程中绝不可以为了教授语言学识就只教授语言学识，需要把其与语言技巧的教育紧密联系起来，以同步提升学生的整体语言应用能力。无论是语言学识还是语言技巧都构成了语言能力的元素，两者间存在着互相作用和推动的影响关系。英语基本原理对发展英语听力、口语、阅读及写作等技能起到了关键的基础作用，所以，语言学识自身也成为语言学的研究对象之一。若缺乏必要的语言学识做支撑，则无法达成口头的或书面的两种沟通方式。不过，语言教育的重点并不仅限于知识的学习和传递。老师应让语言学识融入听力、口语、阅读和写作的实际操作中去，以此来增强听力、口语、阅读和写作的效果。此外，听力、口语、阅读和写作可以成为确保语音、词汇、语法等基本理论教学效果的关键因素。在英语知识教学的过程中，需要注意两个方面：

首先，我们必须坚守英语教育的实用主义理念，避免过于强调对语法和词组理解的教育方式。在初等教育阶段，英语学习应该基于实际应用的活动而非仅仅教授语言理论。老师可以利用提醒、关注并观察、发掘、解析、分类、比较、总结等多种手段进行授课，有意引导学生参加这些步骤，以便他们能在科学思考技巧方面有所提升。对于语言知识的整理或者总结，其范畴、深浅程度、方法和时间都需根据听力、口语、阅读、写作等语言实践活动的需求来决定。我们要通过研究有意义的句型或段落让学生了解音标、词汇、语法规则，让他们能理解单词含义并且熟练运用；熟悉基本语法要点；学会自然的语音节奏。我们的目标是培养学生具备有效的语言技能，也就是在真实的对话场景和书面表达中所使用的语音、语法和词汇使用习惯，同时也要教导他们如何应对现实生活中的交流问题。

其次，避免过分重视复制、记忆与机械练习。我们应以科学的方式规划教育流程，并尽力创造出包含知识内容、技巧应用及适当使用学习方法的教育环境，协助学员从多个途径获得信息，加快知识吸收进程，让他们能在听力、口语、阅读和写作等方面熟练运用知识，把语言知识转变为英语交流的利器。如课程要求的那样，让学生通过英语学习和实践活动逐渐理解和掌握英语知识和技术，提升语言实用能力的水平；同时，也使得英语课程的学习变成对学生的毅力和情感修养、眼界拓宽、人生阅历增加、思考能力和个性塑造、人格培养的一个过程。

第二节　英语语音课堂教学与创新

语言的使用技巧由两大部分构成：一是语言学问，二是语言技术；因此，英语教育的责任也落在教授语言学问与提升语言技术这两个环节上。这其中包含了三项内容：发音、词语及语法。对这些语言学的教导构成了英语教育的关键部分。本章会重点关注英语发音的教育。

从 19 世纪末起，当英式发音标准被首次提出时，我们就开始关注到英语发声教育的重要性。在语言学的领域里，对于语言的学习和教授方式的理解转变引发了 EFL 各个领域的变革，这其中就包含了发声教育的部分。自从 20 世纪 80 年代的中后期开始，伴随着第二语言（非母语）的教育及研究及相关科学的发展，英语发声教育也在其教导理念和技巧方面产生了显著的变化。

一、英语语音教学的意义

基础在于声音的学习对于任何一种语言的教育都至关重要，如果忽略了发音技巧的重要性，那么无论是单词还是句法结构方面的教育都会变得毫无意义。同时，我们必须认识到：掌握正确的发声方式不仅有助于有效地传达或接受讯息，而且它还直接影响到了听力理解力、对话技能、阅读和写作水平的发展过程。在当今世界，许多学者已经开始重视并研究关于"如何更好地运用我们的嗓子"这一课题——这是由于他们认为这是一种最基本且最重要的工具来探索这个复杂的社会世界中的各种奥秘所在。

言辞由发声及含义两部分构成的一个整体单元存在于所有种类的口头交流之中。无论哪一种类型的对话方式，其所使用的音频或者说声音元素通常都有特定的内涵；同时少数的声音元素能够形成大量的信息组块，这正是区分了自然界其他生物发出的大量无特定指向性的噪响的关键因素之一。比如"ai"这一元音可用于表达多种概念：（1）英文字符"i"的名字；（2）"我"，作为主格的人称代词；（3）"眼球"，即英语里的 eye 这个单词；（4）可跟众多其他辅音结合起来构建成新的信息片段，像"/bai/"，"/dai/"，"/fait/"，"/gai/"，"/hai/"，"/hait/"，"/keit/"，"/leit/"，"/mein/"，"/meit/"，"/pei/"，"/rais/"，"/sei/"，"/seit/"，"/spai/"，"/In'veit/"，"/weit/"；所以可见到的是，每个具有实际信息的口语化表述都是对某个与其对应的具体术语的一种反映——尤其是在以拼写为基础构建起来的西方书面沟通体系里更是如此。很多话语形式因朗读时使用不一样的嗓门而产生出迥异的意思效果来——当用 /jʊːz/ 的方式念诵 out 用作行为动作的时候就成了 verb，而若换做 /jʊːs/ 则变成了 noun。故此 out in I use a pen 中需要采用前者，而在 make use of 这句习语当中就要选用后者的版本才行。同样地，contact（"连接点"）当我们把它按 /ˈkɒntækt/ 的形式去理解的话就是一个 noun，但要是按照 /kənˈtækt/ 这种变调后的说法就会变成 verb。

由此可见，发音构成了全部言语体系的核心部分；如果忽视了对基本声音技巧的教育培训，那么学生的识别能力将会受到影响，他们也难以准确模拟并诵读单字词句，更别提把握恰当的声音节奏及口吻。如此一来学英文的过程只会徒劳无功、耗尽精力且毫无意义可谈。再者说来，若缺乏或者没有充足的相关声韵理论理解的话，则会阻碍学生对于新词汇学习的进程：众多文字组合方式及其关联于文法中的变换规律皆深深依赖着这些音频准则的存在。

此外，就沟通本质而言，发音教育也有其关键价值。言语互动被视为人类最主要的社交方式，相较于文字对话，它具备更加便捷、直观且反应迅速的特点。要成功进行言语互动需要考虑多种要素，如参与者对于使用的语言的熟悉程度，他们对谈话主题的认识，以及积极的心态和适宜的环境等等，这些都至关重要。而在所有这些要素中，对语言的熟练度是最为关键的一环。言语互动是以口头的方式进行的，而声音则是口头的基石。精确、自然且明晰的声音能保证他人正确无误并快速理解你的意思，从而促进信息交换，最终达成交流的目标。同时，标准的发音也被视作个人素养的表现，流利且优美的声音不仅有利于人们的相互往来，还能给别人留下深远且美好的印象。

二、英语语音教学的内容和特征

早期对英文声音的教育主要关注的是单个的声音元素即"音素"，也就是我们所说的基本单位或子单元（"Phonemes"）及它们的组合方式，

"Word pronunciation"是其核心部分。然而到了 20 世纪 80 年代以后，由于交流方法的研究与发展使得教育者们开始把焦点转移到更高的层次上——"Suprasectionals sounds"（Segmental and Suprasectionals Sounds），这是一种新的语言学概念包括了诸如"Rhythm""Stress"，"Flow of speech"，"Tone"（Crutten's book on English Pronouncing Dictionary）等因素被认为是最重要的学习目标之一。中国教育部发布的最新版本的国家中学生外语考试大纲已经明确定义并规定这些为基础阶段的学生必须掌握的内容。有些学者强调应该以 suprasectional sound 为中心来教授学生的口语技能比如 Jenkins 的著作中的观点就是如此，而另外一些人则倾向于两者兼顾的方式去传授知识，例如 Murphy 和 Keys 在他们的研究报告里都提倡这种做法。

对于英语发音的学习特性理解，无论是针对老师或学生而言都是非常关键的。教育工作者需要基于自身的深入了解，让每个学生明确掌握这部分语言发音技巧的特点，尤其是第 4 点特质，它对学员的英文能力提升起着决定性的作用。正如 Stern 所言："实践已证实，对发音和声调的重要性认知自身就足以激发学习者积极改进他们的发音和声调。"

三、英语语音的模式选择

许多不同的语言版本存在于世界各地，例如英国式英文、美国的口语和大洋洲式的表达方式等等。那么对于教育工作者来说，他们应该如何决定向他们的学生提供何种标准的语调呢？这个问题由著名的语法书籍 Gimson's Pronunciation of English 的作者之一 Cruttenden 在他的书里给出了答案（Cruttendens，2001：297）他指出，首先需要确定的是学习者的目标声音类型（比如英伦腔还是美洲风味儿），而这个选定的准则应该是普遍接受并广为人知的，同时也是教学教材中频繁出现的且拥有丰富音频资料的声音风格。为了达到这样的要求，他建议使用一种叫作 RP 的声学模型来做参考点；该项技能被掌握得相当熟练之后，可以进一步引入 GA 这个概念，让其更深入地了解另一种流行的方法。这一理论同中国教育部颁布的标准相吻合。

进入 21 世纪后，越来越多的中国英语学习者倾向于模仿美式英语，而非其他类型的英语口语。然而，尽管这些被研究的学生更喜欢使用美式英语，他们实际上却普遍拥有二分之一的 RP 和三分之一的 GA 混合口音，这反映出了他们在发音上更多地受到英国影响。这种现象的原因在于中国的教育资源中绝大部分都是英式的发音材料，同时大多数老师也是用英式发音来教授课程。由此可以看出，目前英式发音在中国依然占据着主要位置。所以，我们应该继续坚持采用 RP 作为我们的基础英语发音教学方式。尤其对于小学生及初中的孩子来说，让他们熟练掌握 RP 的发音技巧更为重要，这样到了高中时期，他们就能更好地适应各种不同的英语口音环境。

四、英语语音教学原则和实践

（一）原则上，单音教学和语流教学应该相互融合

对于提升学生的语言精确程度来说，实施一些特定的声音元素培训是必需的。然而，每个独立的声音都存在在一个特定的话语背景下并且可能根据不同的情况发生转变，这可能会导致缺失声响、融合或连续朗读、无爆发力或者节拍等问题出现。此外，话语的教育主题也包含了重点词及口气等方面的内容，它们需要通过对字汇、片段乃至整句话的学习来展示其重要意义，所以我们应该重视单一音频教育的同时也要将其融入整体口语学习当中去。比如当教师教导如何发出"i："这个音的时候，他们通常会对它是一个长的元音且嘴巴张开较小的特性加以特别说明以便区分其他两个主要元音"i"和"e"。但若是在实际应用场景里边教授该音符则会让学生意识到其实它的表现并没有想象的那样明显，也不够持久；同样道理适用于英语学习的其他方面——无论是针对个别发的音还是整个说话过程都需要注重细节上的处理方式。比如说我们可以用以下几个例证向同学们演

示一下它们的差异所在: an old car, an old doctor, last night 等等以此让他们能够更好地理解这种细微差别的重要性并在实践过程中不断完善自己的技能水平。

(二) 大声朗读与朗读艺术化原则

朗诵是一种古老的教育技巧,它对汉语和外语文本教育有着关键性的影响。根据高霞等人的研究结果显示,朗诵涵盖了语言技能的所有方面,包括声音节奏、词语选择、语法处理能力和整体文本解读的能力。所以,通过正确运用朗诵技术,我们可以在评估外国人语言掌握情况时利用到这个工具。因此,我们应该把朗诵视为一项主要的教学策略,以提升学生的英文口语表现力。尽管老师常常应用朗诵的方式,并且学生也时常参与其中,但是从学生的英语口头表达能力以及相关的研究反映出的问题来看,我们的学生在朗诵过程中存在着许多问题。尽管适度的领读、跟随阅读等方式在教室里是有益的,然而过度依赖这些方式可能会让学生觉得枯燥无趣。首要的是,我们要鼓励学生大胆诵读单词和文章,并确保他们能发出正确的发音。更进一步来说,我们要教授学生如何有效地朗诵。在学习的每个单元的文章中,我们可以指导学生划分段落、确定暂停点以及如何用合适的语气来传达情景意义等等,之后再由教师生动形象地为学生示范,或者让他们聆听课程音频,并引导他们模仿练习。此外,班级内举办朗诵比赛也是个不错的主意,这样能够激起他们的学习兴趣。假如文章的内容是一个故事,那么可以让学生担任不同的角色,同时要注意调整好他们的语音语调与角色特征相匹配。

纪玉华及许其潮提出的"阅读表演课程",可供教育工作者采纳并应用于实践中。他们的观点是:应把对声音间的联系(如跳过某些字母或单词以达到更流畅的效果;连续说话时的一些变化等等),和语言的声音结构规则(例如强调某个词汇的重要性或者调整句子的速度来控制整体感观效果,比如抑扬顿挫或是暂停片刻再继续说下去等方式)的理解和运用放在首位。让他们用英文字幕标注出需要特别注意的地方,包括声强、节拍、断续点,还有口型的变化等方面后,开始大声地念出来并且跟着音乐,这样一来不仅能创造一种氛围,还能激发学生的积极参与度,从而提升学习的热情程度,同时也能通过这个过程改善自己的口语表达能力。此外,也应该适当地加入一些有趣的故事、诗歌诵读、公开讲话、戏剧演出之类的内容,这些都应该是丰富多彩且富有生气的。

(三)大量输入原则和一贯性原则

对于学习英语语音来说,大量的实际声音和视觉资料是必不可少的。鼓励学生聆听或观看各类英文实例,比如歌谣、故事或者英语动画片、电影等等,如果条件允许的话,也可以邀请他们与母语为英语的人交流互动,这样有助于增强他们在英语语音方面的认识。同时,语言学习的质量也会受到老师自身语音素质的影响,作为一名英语教师,拥有标准且优美的发音是非常重要的,这会使其发出的声音变成学生们效仿的目标。所以,除了具备清晰的标准发音外,优秀的英语教师还需擅长使用恰当的声音节奏传达讯息。唯有置身于优质的英语语音氛围中,学生才有可能提升自己的英语语音认知并且掌握流利的发音技巧。

对发音的学习是一个持续性的挑战,我们必须依据学生的实际语言掌握程度来设定特定的发音训练目标。发音练习应当从头到尾地融入英语学习的全过程之中。许多老师误以为初学者才应关注发音问题,这使得他们只教授基本的发音技巧之后便不再理会,剥夺了学生应用这些技能的机会。因此,尽管他们的词汇量和语法水平有所提升,但听力和口语能力的提高却陷入了停滞状态。

(四)演绎法和归纳法相结合的原则

因为学生有一定的理解和总结技巧,在语音教育过程中,我们可以融合演绎法和归纳法。请参考下面的一个关于句子重音的教学实例:

1.以下是一场有关污染的演讲。首先,我们需要学生在各个短语或意群中最关键的词(或音词)上标注某个黑点。这些意群早已被斜线(/)区分开来了。

Let us persist in our discourse on pollution. Yesterday we elucidated it; today, let us explore its far-reaching consequences. Many assume that pollution is solely a concern for scientists, /but it's not just a problem for scientists. /It has an effect on all. The health and economic implications of pollution, as well as its impact on our appreciation for nature, render it an aesthetic problem. This is due to the fact that it has a direct effect on human lives; not everyone perceives this issue in such a way.

2. 接着，听取原始录音，核对自身的标注是否与原始录音相符。

3. 接下来，学生们依照录音进行模仿，特别是句子的重读音节。

4. 小组研究句子的重音特性，思考句子中的重音可能在哪些情境下出现。

5. 学生汇报他们发现的结果，然后由教师来总结。

在这个教学案例中，教师首先让学生接触语篇，并引导他们判断句子的重音。然后根据这段文字的句子重音来识别和概括句子重音的特性，这是归纳法；最终，教师的总结，则是演绎法。

（五）适当使用英汉语音对比的原则

作为一种基本的外部表现形式与传达工具，声音构成了所有语言的核心部分并对其进行了阐述。为了深入理解某一特定语言的关键特性，我们首先需要掌握其发声特征。同样的道理适用于分析两门不同语言间的相似或相异性：只有通过研究它们的各自特色才能得出结论。虽然英文及中文并非亲缘关系密切的一组词汇（分别归为日耳曼族群下的西支——印度-欧洲分支），但在语法结构上有着显著区别；然而这并不影响我们将二者的口语特质作进一步的研究探讨。事实上，无论何种类别的口头交流方式，人们的情感反应大体一致且倾向于使用简单而高效的方法来传递信息。所以像减缓词句速度以达到更清晰的效果或者减少某些字母的使用频率等等都是全球范围内广泛存在的共通点。基于此基础之上我们可以确定的是，无论是哪国人说出的任何话都可以被视为具有可比性的对象，并且这也是我们在做此类工作时所依赖的重要依据之一。

尽管存在一些共同点，比如都包含了元音的声音及辅音的声音，但是大多数情况下两者间的音频特征是不同的。例如某些特定的英文单词拥有中文所缺乏的部分元素，像"double vowels"，它们的产生方式是由第一个到第二个字符逐渐过渡并呈现出一种从前面较长的部分至后面更短且力度分布更为均衡的过程。此外还有些词组只有其中一方具有的特点，比如说"th-cluster"和"eth-cluster"在这两种方言里都是罕见的词汇现象。同时需要注意的是这些特殊的组合可能导致学习者误解或者混淆他们的理解能力，从而影响他们对于其他相关概念的学习效果。因此我们需要强调这种特殊情况的重要性并且采取相应的措施来解决这个问题。

（六）利用教育技术手段的原则

任何时代的教育都存在一个传统手段和现代手段相结合的问题。关键是，要提高继续教育工作的效率和规模，就必须尽可能充分发挥教育技术手段的作用。例如：计算机、网络、多媒体教育技术等手段已广泛运用于英语教学，在教学中使用这些技术作为英语语音教学的辅助手段，可以起到显著的效果。

1. 使用多媒体、网络技术

通过整合文字、图像、动画、静态与动态图片、音频等多样的媒介元素，多媒体技术的应用使得语言学习的场景变得丰富多彩且富有视觉冲击力。经验丰富的教育者可以通过运用如CALL-GEN这样的音视频编辑工具或者多媒体创作平台来创建个性化的语音授课内容，这些课程可能涵盖了诸如语音理论、发声方式、朗诵策略、口语训练、听力拓展阅读资料、朗读实践、测验等多种形式的内容，多种媒介相互配合以实现更高效的学习体验。此外，他们还可以选择并使用已有的语音授课素材及网络资源库作为辅助手段。

在语音教育领域，多媒体语言实验室的应用日益显著，其所配备的音响器材、CD、VCD、DVD光碟及CD-ROM等工具使得课程更加生动有趣且富有互动性。此外,这些设备还为每个学生提供了定制的学习空间,让他们可以自主地进行模拟训练、录制声音,并在需要时向老师寻求协助。这种模式下,学生们可以通过小团队的形式共同解决问题,彼此互助,提高他们的语音水平。而教师则能够借助该系统的功能对学生的发音情况进行实时监控与调整,并对他们进行针对性的辅导或集体测验。

2. 使用 Praat 语音分析软件

使用 Praat 语音分析工具,我们可以研究各种类型的音位特征,包括最低对立体(即音素识别)、词汇重读、暂停、句子重读、语言模式、声调等等。此软件能提供并解析声音特性,比如音节长度、音量大小、停止时间的久暂以及声调的高低程度等。我们也可以借助该软件来实现视觉化的教育方式。对于初学者来说,要正确分辨单元音 /i//i : //e//ɛ//æ/ 可能存在困难。然而,通过运用 Praat 软件计算其持续时间,同时观察这些音的声谱图,就能清楚地看到他们的音程差别。此外,Praat 也适用于音素、单词发音、重点强调、韵律等方面的学习。若教授阅读句子,可以让学生使用 Praat 软件录制自身的发音,接着把自身的声音频谱图跟标准版本做比较,这样就能够找出母语者发音中的停顿位置、句子重读点、哪个音声调较高、发音时间较长的地方以及哪些部分需提升声调。老师可在学生的实践过程中指出问题及不足之处。经过不断地训练,学生会逐步让自己的声谱图趋向于标准版。Praat 软件使得原本复杂难懂的语音教学变为生动具体,从而让他们更加深入理解英语和汉语之间的语音差异。

3. 使用语料库

语料库是用于自然语言处理(NLP)领域的工具,它由大量的口头或书面表达组成,并被计算机系统整理成电子格式。借助这个数据库,我们能更精确、快速地解析自然语言。通过深入挖掘大量实际数据,我们可以从底层推导出各种语言现象的规则。如今,语料库已然成为理论语言学与应用语言学的必备基础资料。

伴随着计算机语料库技术的进步和完善,对于语料库的研究已经扩展到了语言学习和教育领域。然而,在英语教学过程中,将语料库运用于实际教学还不够普遍。在此,我们将探讨如何将语料库应用于英语音频教学。

(1)展示语言知识。利用语料库来展示语音知识,不但能吸引学生的兴趣,还能够增强他们的记忆效果。比如,想要让学习者掌握 -es 的发音技巧,我们应该在某个小型语料库中搜索带有 -es 结尾的词汇,并让学生观察,然后归纳出发音规则。

(2)确定教学的焦点和优先级。以下是通过查阅口语资料库获得的元音和辅音使用频率(由高到低)的排序:

元音使用频率:/ə, i, e, ai, ʌ, ei, iː, əu, æ, ɔ, ɔː, uː, u, ɑː, au, əː, eə, iə, ɔi, uə/。

辅音使用频率:/n, t, d, s, l, ð, r, m, k, w, z, v, b, f, p, h, ŋ, g, ʃ, j, dʒ, tʃ, θ, ʒ/。

尽管"n"和"l"两个音素并未被视为日常语言教育的主要焦点,但它们的使用率非常高。在中国南部的地方话里,普通话里的"n"常常会被读作"l",这使得大部分南部的英文学习者难以分辨这两种音素,他们会把 night(/nait/)误解为 light(/lait/)。所以,我们应该引导学生特别注意这个差异。

(3)通过使用语料库来规划语言学习的课程内容:包括对英语发声单元的学习、重点词句与发声方式的研究等等。比如,当讲解关于声音语调的功能时,我们可以借助那些已经被赋予了声音语调标注的大规模口头对话数据集(如 LLC 和 SEC)。老师可以通过从中筛选出所有的下降趋势案例,然后引导学生们一起探讨并找寻其中的规律。他们可能会观察到,下降的声音通常出现在预备演讲的前段及临时发言中主题转换的地方。

(4)通过使用语料库来解决学习者的发音困扰。我们需要学生录制一段自己的发音,并与语料库中的同族人的发音进行比对,以便找出不同之处。

(七)趣味性原则

教育大师第斯多惠曾指出:"教育的成功在于让学生觉得你教授的内容有吸引力。"学生的热情对于他们的学习至关重要,如果他们能对学英语充满热忱,那么他们的学习就会取得成功。反之,只有当他们在学习上有所成就时,才有可能长期维持这种热情,形成持久的学习乐趣。因此,老师需要在一堂课的前几分钟内,通过创造出能够激起学生想要倾听、说话、行动和学习的语言环境来引导学生全神贯注且积极主动地投入到学习中去。有很多方法可以刺激学生对学习的热爱和渴望,例如,基于学生关注的主题和生活经历来设计引入的活动,让他们直接观察到使用此种语言的所在场景,并将这些情况与他们熟悉的背景相联系,这样就能拉近英语与他们生活的距离,进而引发他们使用英语交流的需求。

1. 英语语音游戏的运用

为了激发学生的语言声音学习的热情和乐趣,我们可以在教学过程中采用更为生动的方式方法,比如英文的声音活动。汉考克(Hancock,1995年)提供了一系列丰富的声调练习示例供参考使用。举个例子来说明:他在 Bingo 的活动中引导学员识别出极小的对比词汇组(即"微型双音")。老师会把预设的一些语句放在一张纸上并将其分成四乘以五或者更高的矩阵形式排列出来;每个单元里都包含了需要被教导的学生们应该掌握的关键字汇。接着由老师们随意抽取其中的某一单位朗读其内容,并且询问同学们是否能正确地找寻到对应的内容所在位置——如果他们成功的话就会得到相应的奖励也就是所谓的"bingo";而一旦有任何一位参与者的答案与整个横向或是纵向上所有的元素相匹配的时候就可以宣布胜利,并对该名获胜的同学提出进一步的要求,让他按照刚刚所描述的方法重复这个过程直到结束为止。这种方式不仅适用于各个阶段的孩子,而且还可以持续不断地反复应用下去。

2. 肢体活动(Kinesthetic activities)的运用

在语音教学中,还可以让学生的肢体动起来以达到强化的作用。例如,在训练多音节词重音和句重音时,在重音的位置(↑)让学生站起来,其他次重音和非重音部分则坐下来,如:tele↑vision, ↑beautiful,

A: Where are you ↑going?

B：To the ↑ zoo．Where are ↑ you going？

运用手势来教导发音，例如在讲话时使用指尖和手腕来显示声调的变化，将指尖放到鼻尖上以感知鼻音，通过拉伸拇指与食指之间的距离来表达元音的长度等。

3.Jazz chants 在英语语音教学中的运用

在美国纽约大学的英文教师 Carollin Graham 1978 年发表于 *Journal of Second Language Writing* 的研究中指出：美国的口语与传统的美洲音乐——即所谓的"jazz"有着极高的关联度；因此她在其教学实践过程中采用了这种方式来设计一种名为"Jazz chanting"的方法并将其应用到她的语言课程之中以观察效果如何。实验的结果显示出该方法对提高学员们尤其是那些初级或中级的学生们的语音能力有显著的效果，特别是单词及句子读法上的掌握程度有了明显的提升。此种 Chanting method 适用于各个年龄段的人群，并且可以根据他们的实际需求调整难度等级，以便更好地满足各类人群的需求。此外，通过使用这个 method 可以让参与其中的所有人都感到在更加轻松愉快而非紧张不安的状态下完成任务，从而激发起更多的积极性和主动性同时也能够让所有的听众都感受到声音带来的愉悦体验，进而使得整个过程变得更为生动有趣且富有活力！

以下是一组以第三人称单数收尾的爵士音乐，其中 s 音调为主要特征。

On the Rocks

You never listen tome.

What did you say？

You never listen tome.

What？

He never listens tome.

He never talks tome.

He just sits around，

and watches TV.

...

Jazz chants 还将语音教学和交际活动相结合。Chants 一般都以听和操练开始，以角色扮演（role-play）结束。朗诵对话和吟唱并不是英语学习的最终目的，主要是让学生通过对话和吟唱来创造自己的对话、短诗和讲故事，同时创造轻松愉快的语言学习氛围。

4. 说唱音乐（Rap music）的运用

歌谣是一种普遍存在于大众文化中的艺术表达方式，既可以单独演唱也可以多人一起合唱。它也是一种戏曲表演手段，费雷勒与金森（Fischler & Jensen, 2005 年）使用了歌谣这种形式教授英文发音，以下是一段关于二元音动词及名词重读规则的说唱歌曲。

The accent of a word is the subject we sing,

The transformation of the action into a thing is occurring.

To produce means we make a little more,

But the produce is

the lettuce we buy at the store.

To insult expresses words ascoldasice,

But an insult is the comment that isn't nice.

To record, we build a CD album creation.

A document of significance, a record is.

Refuse is garbage we throw in the trash,

But to refuse we say "no" to that dirty cash.

An object is something we can feel and see,

To object expresses a feeling that we don't agree.

A desert is a hot place with lots of sand,

With out a helping hand, we abandoned our friends in the desert.

So when the word is a noun, please remember the rule：

The accent's on the first part, so don't be no fool.

When the word is a verb, don't lose your cool,

The second syllable's accent is now known; the rule is clear.

这首歌曲的节奏感十足，不仅可以吸引学生们的兴趣，还能在他们跟随演唱的过程中帮助他们理解动词和名词的重音规律。

五、语音课堂教学的创新视角

随着高中语音课堂教学的发展，越来越多的新内容、新方法在高中语音课堂中运用，本小节将以翻转课堂在高中语音课堂中的运用为例，对语音课堂教学的新视角进行研究。

（一）理论基础

作为一种教育理念，建构主义是在认知主义之后的热门选择，被广泛地运用到实际的教育环境中。根据其对知识理解的方式，它主张知识是由个体与其所处的环境共同构建出来的，因此无法通过教导来传播，只能够让学生自己去建立。这种观点也相应地影响了教育的观念：教育的目标不是简单地把知识灌输给孩子，而是为他们提供有意义的学习经历，让他们在解决问题、参与活动的进程中形成自身的知识体系。这正好符合了翻转式学习的教学方式，因为它的核心思想就是以学生的主动探索为主线，鼓励他们在感兴趣的问题上深入研究，而不是被动接受老师教授的内容。在这个教学模式里，教师会预先准备好课程资料并将其放在在线学习平台供学生参考，然后引导他们自主探究新的知识点和主题，并在课堂时间内组织小组讨论或分享他们的学习心得，以此激发他们的求知欲望，从而实现自我知识的构建。[①]

此外，考虑到情绪元素，我们也可以把语音课程看作翻转式教育模型的一个理想选择。根据美国的心理学、语言学者克拉申提出的"情感滤网

---

① 王娟."翻转课堂"在高中英语教学中的应用问题研究[D].昆明：云南大学，2016.

理论"，只有通过了这个滤网的语言输入才能转化为真正的语言吸收能力。对于语音学习的情绪要素包含有动力、心态、个性（如内向与外向）、压力、信心及自尊、阻碍、同理心、自我认知等等。其中，动力焦虑、自我认识、同理心的影响力最大。而翻转式的教导方法正好能满足这种需求。

首先，利用互联网的多媒介教育平台和多种形式的教育呈现方法能够有效激起学生的求知欲望与学习的动力；同时这种互动式的方式也有助于引发情感共鸣从而提高他们的积极参与度。其次，由于在在线课程中没有直接接触其他同学或老师而产生的社交压力，这使得那些较为害羞或者比较保守的同学更能全身心地投入于知识获取的过程中去，降低他们对自身表现的不安感，以达到最佳的效果，促进其英语能力的提升。

所以，无论是从构建主义的视角还是考虑学生的情绪因素，翻转课堂都比传统的课堂教学更适合英语语音的教育。

（二）高中英语语音翻转课堂教学设计与实施

1.英语语音翻转课堂的实现条件

现在，英语音乐课程的实际状况已经完全满足了进行翻转教学的基本需求。

首先，随着电脑和通信技术的进步，绝大部分高中生已经具备了一定的电脑操作技能，可以通过网络获取各类学习资料。

其次，高中英语教师的信息技术素养显著提升，能够采用先进的教学方法，完成网络资源的创建、管理和分享等任务。

再次，英语音乐课程的教学内容极其适合采用任务驱动式的方法进行教育活动，这有助于组织自我学习和自主探索类型的教育活动。

最后，高中生已经具备了一定的自我学习和控制能力，相信他们可以根据教师的指导进行自主学习。

2.英语语音翻转课堂的教学内容与设计实施

对于英语语音课程来说，采用翻转课堂的方式是十分适宜的，它能有效地满足模仿与实际操作的需求。课后利用微型视频来获取新颖的语音技巧并执行模拟任务，而在上课时由老师指导学习过程，从而使学生的理解能力得到提升。为达成此目的，我们制定了如图 2-1 所示的英语语言课程翻转课堂的教育方式。

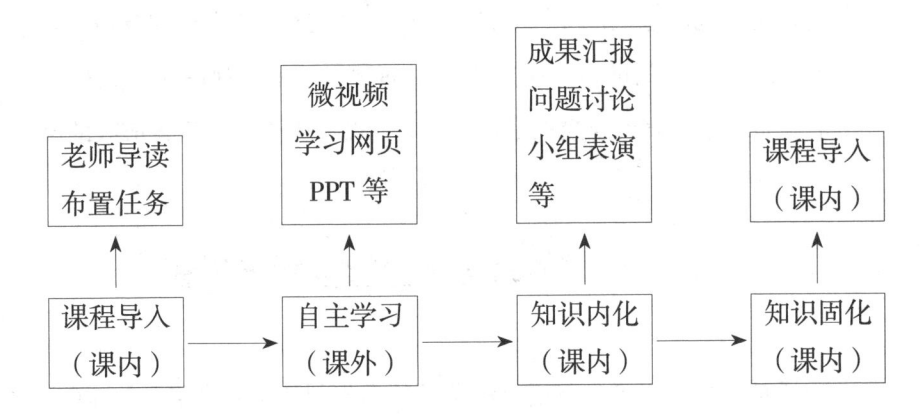

图 2-1　英语语言课翻转课堂教学模式

第一，建立全面的教育框架是必要的。为确保学生的课后自学能够有效实施，教师必须在首次引入课程时向他们阐明英语发音课的内容及其关键点，让他们明白该课程的目标、主题与流程，并按照语言学习的法则来引导他们的自我学习。

第二，每个章节学习之前，需设置课程导入。导入内容可以通过问答题的形式呈现，向学习者提出问题来完成对主要知识点和关键概念的理解与记忆，引导学习者思考激发学习者的内在动机。同时配以短小的语音课前摸底性小测，语音测试要紧密联系当节语音讲的知识点，让学生将所学到的理论知识运用到语音实践中，从而真正体现及提高其语音水平，也有助于教师根据具体情况进行个别辅导。

第三，利用微视频，开展课外自主学习。微视频以本节知识点的讲授为主要目标，通过精练的 PPT 对发音原理及发音方法和要领进行讲解，利用 flash 动画及音素教学视频等视频材料进行发音规律和区别的展示。每个视频都应配套相应的跟读、发音练习，便于学生确认是否掌握了该章节所涉及的全部要点。

第四，利用以学员为核心的授课方式来推动交流与合作，从而促使知识吸收和消化。学者弗雷泽主张在语言教育过程中应倡导以学生为主导的学习策略，借助实际的课题、学生之间的互动和回馈能协助学生发展出独立思考能力，同时也能提升他们自我纠错和对他人的错误识别技巧。

第五，通过课后的练习来加强学生的学习效果。利用知识点和章节小测验，以此巩固并提升学生的学习成果，同时观察他们对教育成效的反馈。

第三节　英语语法课堂教学与创新

对于英语教育来说，英语语法课堂教学与创新是一个备受关注的问题。在中国，长时间以来，受制于传统的语法翻译式教学方法及自身的教学条件，我们过于注重对语法的学习，使得大量的课堂时间与精力都投入到了语法知识的教育上，而忽略了语言实践技巧的培育，这直接影响到学生们的听力、口语、阅读和写作的能力水平。这个问题已在国内的外语领域中得到了高度重视，并且正在逐渐解决。然而，在这个解决问题的过程中，也可能出现另外一种偏激的情况，即完全无视语法教育的存在，只是一味地追求让学生们依靠自然的练习来掌握语言技能。

一、英语语法教学的意义

词汇结构构成了话语组织的法则；它包括了单词形态变换及使用字眼构建文本的原则集合体。这些原则是由大量口语对话和文字记录总结提炼而成的。作为英文学习的核心部分之一，它是听力理解、说话表达、阅读解读和写作创作等多种交流活动的基石。同时也是我们了解并应用各种语言模式的能力基础所在。这是一种包含着所有相关信息的形式系统，是我们能够有效地利用这种工具的关键因素。这是我们在实际操作过程中必须遵循的规定准绳——是对那些规范化或者非标准化的话语行为做出的全面归纳表述。这对我们的日常交际有着直接的影响力：能更好地把握并且灵活运用的语法技巧可以显著提升学生们的整体沟通水平。然而在这个问题上存在争议的地方在于其重要程度及其位置定位的问题之上，无论是赞同还是反对其价值的人都有很多例子可寻觅于历史上各个时期的发展轨迹之中，也曾经历过由尊重至否定直至理性思考的过程转变。但自 21 世纪开始后，越来越多的学者们逐渐认同这样一个观念，即"应把重点放在如何正确处理好这个问题的两面关系"，也就是要在注重教授基本概念的同时也要兼顾其实践效果的重要性这一理念被广泛接纳并在整个教育领域内得到了认可。

二、英语语法教学的内容、目的和目标

（一）英语语法教学的目的

任何任务都需要设定目标，对于语法教学来说也是如此。我们并非仅仅致力于记忆语法的规定，我们的目的是更有效地使用听力、说话、阅读和写作技能。学习英语语法的目标在于提升英语应用的能力，它服务于这个目标，并旨在协助学习者利用语言知识以增强他们的听、说、读、写技巧。教授语法并不是单纯地练习语法，然而有些教师却仅专注于讲解语法而不考虑其与口头表达的关系。实际上，没有一句口语是不含语法成分的。所以，我们要努力把语法教学和口头表达教学融合在一起，而且应该是先注重听力、说话能力的训练，然后再去讲解语法。当学生具备了一定程度的听说能力之后，再开始教授语法。当我们传授语法的时候，要注意引导学生用听、说、读、写的途径来理解和掌握语法规律。弗伦奇（French, F.G.）曾指出："语法的学习需要与谈话和阅读密切配合（Grammar must be closely linked to speaking and reading）。"

语言规则源于实际应用，并能引导其实际运用。(Language rules emerge

out of actual application and can lead to its practical use）我们应该把语言规则视为"助手（assistant）"而非"主宰者（dominant）"。虽然我们要学习和理解这些规则，但是绝不可对其产生过度依赖或崇拜之情（over-reliance or worship for them），而是要把它们当作一种辅助手段来使用。

教授英文语法的目的在于协助学生理解并运用必要的基本句型结构，以奠定他们口头表达技能的基础；同时也旨在提升他们的听力、口语交流及阅读与写作技巧——这意味着其主要任务是作为一种辅助手段而非主宰力量来发挥功效。据哈罗德·史密森（Harold S. Davies）所述："对于我们来说，学习使用这个'警员'或称之为'grammer'的过程实际上是一种开发思维的方式。"他认为"the grammer serves as just another tool like any other good tools in our daily life and learning English Grammars helps us develop intelligence by understanding necessary rules and expanding knowledge through it. It also enhances students' ability in listening, speaking, reading and writing skills"。因此，我们可以得出结论，对任何一门外语的学习都无法脱离对其基本构造的研究——正如警方不能独立于法律法规之外存在一般。

（二）语法教学的目标

语法教育的目的从简单至复杂，逐步提升，可分为"知道""练习"及"能做"等几个步骤。尽管这些步骤存在着逐级发展的关联，但是并非所有人都必须先理解才能做到，有些人可能没有全面了解语法的含义与构造，却能在实际交流中准确使用语法规则。不过，对大部分的外语学习者而言，实现从"知道"到"能做"的过程可能是抵达最终目标的最稳定且有效的路径。实际上，许多人已经达成了母语的高阶语法水平，但只有少数人才有系统性的母语语法知识。这个情况表明，正确地利用语法规则并不需要完整的语法知识体系。因此，交际主义流派相信，这种母语语言直接经验的学习方式可以通过外语学习来模仿，他们偏向于废除语法教育，提倡让学生通过自然的语言交流过程自发地学会外语语法规则，从而达成精确运用语法规则的目的。然而，这种母语语言直接经验的学习方法并不能被外语学习所模拟，而是可以重新建立。在《英语教学环境论》一书中，曾葡初提出这样的观点：用两门语言的相似之处去比较它们，找出它们的差异，以此增强对外语语言规律的认识。老师应该尽可能促成正面转移的发生，同时也应避免负面转移造成的不利影响，以便帮助学生更加快速高效地学习。

显然，英语语法教育的终极目标并非仅仅掌握语法知识本身，而是能否将这些知识在实际英语应用中得到有效运用。

三、英语语法教学原则

（一）连贯性和系统性原则

在教授语法时，我们需要关注语法知识和结构的连贯性以及系统性。同时，我们也需明确主次之分，强调重点和难点。这样才能从浅入深、由表及里地进行学习。英语教材的编写者和教师必须根据英语语言的特点、英语语法知识的内在结构和联系以及语法项目的难易程度等科学合理地选择和安排教学内容，体现语法教学的系统性原则。

（二）循环重复原则

怎样使学生理解并熟练掌握众多且复杂的语法规则呢？中国著名的语言学者王宗炎教授（2003年）曾经提到过："最好的语法教育方法是通过不断循环与反复来实现，同时需要对已学的知识点进行多次回顾，并在每一次回顾过程中融入新元素，利用已经学到的内容去应对新的情景。"这就是所谓的"螺旋式"的大纲设计理念。同样地，艾利斯提倡的"螺旋式"大纲是指在整个课程中不断地重复呈现语法结构。此外，努南还指出，语法学习的核心在于不断地练习，这是由于学生无法仅凭一次就完全掌握某一语法点。因此，在课堂上频繁而有计划性的实践操作及持续出现的语法项目至关重要，这能带来更好的效果，比如在一个语法项目上花费4个课时，每个课时的时长为15分钟，其效果会优于一次性投入1小时的时间。另外,语法项目的再现频率也被视为评估教科书质量的一个关键指标。所以,我们应该重视语法项目的复习,借助已有知识引入新的知识点。例如,当讲解过去进行时时,我们可以先回顾一下一般的过去时态,然后对比这两种句型的异同。这样的比较不仅是对语法点的分析,更重要的是要在实际应用场景下做出比较,重点关注如何正确有效地使用这些语法点。

(三)大量语言输入原则

在《理解第二语言习得》中,埃利斯(R.Ellis)概括出三种关于二语或外语学习中的语言输入的态度,分别是行为主义视角、天赋观及互动式观点。他指出,行为主义理论主要关注外在因素,把语言视为类似于其他行为的人类活动,并且相信语言的学习过程可以通过惯例形成来实现,这依赖于对外部语言信息的接受。这个学说可以用"刺激—回应—增强"这一公式来描述。所以,对于行为主义来说,语言输入是一个必不可少的环节。如果缺乏语言输入,就无法产生响应,那么语言的获取就会变得像空中楼阁一般。与此相对应的是,语言学的天赋观是一种反对行为主义的外界影响力的理论。行为主义者主张外界条件决定语言学习的效果,然而天赋论者却坚信人生来就具备学习语言能力。他们坚持认为:"单纯地接触语言不足以充分说明语言是如何被掌握的,语言信息只是启动内部语言学习机制的关键点。"尽管天赋论是从人体内部分析语言学习的途径,但是语言输入同样也起到了激发语言学习机制的作用。不过,如果没有语言输入,即使存在着语言学习机制也不能发挥效用,从而导致语言学习不会发生。由此可见,根据语言学习天赋论的角度看,语言输入也是至关重要的。所以,成功的英语学习与其说依赖的是质量,不如说是数量,因为我们需要确保学生能够理解或者适应他们的能力范围内的内容。对于学生来说,这意味着要选择那些略高于其现有技能但仍能被理解的内容。这样一来,学生可以利用已有的知识和对外部世界的信息来解读这些信息,从而更好地吸收并理解它们。如果内容的难度过大,那么学生可能会听到杂乱无章的声音,看到无法理解的字母组合;而若过于简单,可能导致学生难以跟上进度或是感到无聊。因此，为了让学生获得更好的进步，老师应当尽量给他们提供更多符合他们能力的语言素材。

(四) 演绎法与归纳法相结合原则

演绎法是一种由普遍至特殊的方法论。即基于现有的理论与实例来展开逻辑推导以获取新观点。在语言教育过程中，使用此种方式教授语法的过程如下：首先，老师阐述并且解释某一语法准则；接着，老师提供案例，引领学生对之进行观测、解析及对比；最后，老师指导学生进行实践操作。巩固和强化语法规则。运用推理方法教授语言规则事实上是被称作PPP（Presentation-practice-production）的一种方式，这种方式注重老师的指导角色，而学生的主动参与和学习热情并未得到充分体现，也无法调动他们对知识的学习欲望。

归纳法是最常用的推理和思考方法，它是从一系列具体的事实总结和概括出一般规律。在语法教学中，采用归纳法进行教学的程序是：第一步，教师提出包含某个语法项目的不同例子，让学生观察和理解例子；第二步，学生在教师的指导下找出不同例子在用法上的异同点；第三步，教师启发学生从例子中提炼和归纳出语法规则，教师再进行总结、修正或补充；第四步，教师组织学生针对语法规则进行操练和巩固。

采用演绎式教育模式下，老师首先阐述某个语言规律，并以实例加以解释，之后引导学生通过实践操作去掌握这个规律。而与此相反的是归纳方式，老师会把语言素材展示给学生，让他们通过观察、解析及整合语言事件，从而总结出反映特定语言行为的规律。两种教导方法各自具有优势和劣势。利用演绎式教授语法，其规则清晰易懂，使学生能够轻松理解规则内容；同时，教师直截了当地传授关键点，节省时间，也为学生留出了更多的实践和应用机会。然而，此种方法过于依赖于老师的指导，可能无法充分激发学生的热情和自主性。因为大部分规则都是由教师"输入"的，所以学生很难深刻记忆这些规则，并且可能会导致学生错误地以为学习语言只是关于规则的学习（Thornbury，2003）。

(五)精讲易懂，突出重点原则

对于语言学的教授来说，关键在于精准讲解而非泛滥无章法的信息输入。有时候老师会从教材或者专门的研究书中摘取大量的优秀示例来反复讲述，但这可能导致信息传递缺乏明确性和针对性的效果，让学员无法分辨出重要的知识点在哪里。因此每堂课都应该有一个清晰的目标去阐述某个特定的语法规律点，并通过精选出的实例加以解释说明其重要意义所在，而不必过量提供各种不同的案例或是过于深入细节化的解析方式。英文教育工作者需要关注的是如何用最简洁的方式向学生传授正确的规则与技巧，避免让过度复杂的内容使他们感到困惑难解。比如传统的语法体系通常会对"V.+ing 结构"做出细致划分成两种类型——动名词及现在分词（present participle），然而这样的分类方法并未真正为实际应用带来便利，甚至可能会增加学习的难度。如果我们能够简单看待这个问题的话，只需了解"V.+ing 格式"在文本表达上的功能即可无须深究它的具体类别名称问题。因为无论它被称为"动名词"还是"现在的部分被动式"（present participle）其实并不妨碍对其含义准确把握的能力提升，反倒有可能徒增困扰而已。例如

1.Reading aloud is helpful.

2.Easy situation is encouraging.

3.The book is interesting.

4.Hearing the news, we all jumped with joy.

根据传统的语言规则来看待这四个例句的结构，首先需要明确"v.+ing 形式"在此类语境下的功能，并且我们通常会把第 1 句里的"v.+ing 形式"视为动名词，而对于第 2、3 和 4 句来说，我们会将其看作现在分词，然后进一步探讨它们在整个句子中的角色。然而，事实上，我们可以忽略这种区分，即它们究竟是动名词或是现在分词，关键在于了解它们的具体用途，这样才能更好地理解这些句子。即便学生已经掌握了这个概念，如果他们不能够明白其在句子中的意义，那么这对理解这些句子并没有实质性的帮

助,这就是学习语法的目的所在。所以,老师只需要教授给学生"v.+ing形式"就足够了,无论是高考或研究生考试都不必去纠结这个问题,而且在日常使用过程中也无须对此有深入了解。

(六)利用图表法原则

英语语法有很多规则。教师在教学中要注意归纳和总结,帮助学生形成语法项目的整体概念或框架。教师也可以要求学生自己归纳和总结语法规则。在归纳和总结语法规则时,可以采用图表法。用图表来概括语法规则既形象直观又有条理性,一目了然,使繁杂的语法条文变得容易理解和记忆,比如英语中的人称代词变格、名词变复数的规则、动词时态的构成以及直接引语变间接引语的变化规律等都可以通过图表的形式进行归纳和总结。

依据学习者的心理特性,通过图表解释英语语法能助力学生迅速掌握所学知识;对于一些基础的语法结构,可以使用简图法。

(七)体现多样性和灵活性的原则

实施多种多样的语法教育实践来提升学生对学语法的热忱度。我们需要理解并重视英文教育的核心部分——不仅仅是对语法学习的认知重要性的了解,还需意识到转变常规教导技巧的需求紧迫感。老师应跳脱固有的思维框架,持续吸纳新颖的教育理念,妥善平衡语法教授及言辞能力发展间的关联程度。我们在前述章节中已阐明了各式各类的语法授课方案,每个模型都具备自身的优势且存在一定限制条件。因此,老师们应当深入研究各个模型的核心要素,汲取众家的优点并将它们融合在一起,以便为特定的学生群体制定最适合他们的课程计划。此外,一旦选定了一个特定的教程结构后,也务必使我们的语法课变得生动有趣而非枯燥无趣。我们要确保依据不同班级规模、主题材料及其具体的目标设定去调整语法讲授的方式,并且将其同口语表达能力和词汇量的发展紧密联系一起;同时还要利用书面或口头的手段巧妙有效地安排一系列互动式的交流场景或者作业项目,从而使得日常生活用词句型能够自然流畅地应用于其中。以往的大多数情况下,都是由主讲师向大家传输某一固定的语法知识点,然后引导同学们做相应的习题巩固记忆力这种单一呆板的方法常常无法激起同学们的求知欲望,所以我们可以尝试着从课文中的某些片段入手,通过创设真实的生活环境模拟真实的社交场合,比如角色表演等方式,鼓励他们积极参与、主动思考,这样一来既能让他们掌握更多的实用规则又能让整个过程充满趣味性和挑战性,对于学生的疑问不必立即给出解答,而是先引导他们展开探讨并总结后得出结论,这有助于构建起由学生主导的教育环境。当引入语料的时候,老师可以选择包含知识点且有趣的内容,如句型或是小文章等,以便他们在掌握语法的过程中也能获取信息并且提升他们的热情度。实际上,如何增强语法学习的吸引力是至关重要的课题之一。很多同学之所以不喜欢研究语法是因为老师的授课方式过于死板,忽视了语法教育同听力理解、口语交流、阅读能力及写作技巧之间的关联,只是单纯地去讲解语法,而不注重其多变的形式及其应用场景。所以我们必须强调的是:讲授语法应关注到学生的主动参与程度,同时也要丰富课程内容,包括多种类型的活动设计等方式,进而激发出同学们的好奇心和求知欲;展示语法规律的过程应当遵循多元化的策略方针,即用生动的实例(比如虚拟的环境)或者是现实中的例子来说明这些规范是如何被制定出来的,如此一来可有效避免语法课变得乏味无趣。

四、语法课堂教学的创新视角

在高中英语课堂教学中,语法是其重点与难点,语法教学起着十分重要的作用。随着高中英语教学改革的推进与深入,英语教学对于听说能力更加重视。基于此,本节以语法故事化教学在高中英语语法教学中的应用为例对英语语法教学的创新进行研究。

(一)语法故事化概要

语法的故事化并不专注于学生考试的高分,而是致力于处理高中阶段学生在语法学习的具体问题；探索语法教育的新方式，全面提高学生的整体素质，激励英语老师持续进步，希望通过革新思维与方法培育更多的创新者。接下来，作者会详细阐述语法故事化的核心意义和理论支持，以提供关于语法故事化教学模式的基础构架和理论支撑。

1.语法故事化的内涵

"语言叙事式教育"即指的是用完整且生动的情节去重新诠释那些典型性的语法规律的教育方式。这种方法强调让学习者的认知过程发生在有剧情的环境下，他们会利用这些戏剧般的场景构建他们的学识并且吸收它们以便形成体系结构。这"讲课型教诲策略"有明显的差异但又存在关联；同时，"讲述式的授课技巧"和"环境型的教授手段"在引入部分表现出最大的优点：引导阶段必须具有针对性和激发潜力的重要性，有趣度也必不可少，新鲜感也是必要的条件之一（简单易懂），快乐的学习体验也很重要（多变灵巧），视觉效果要直接明朗及有一定的艺术美感和欣赏意义等特点都包含其中。然而，"讲解类的引言设计"则满足大部分介绍的需求特征——这是传统英文课程中的常见现象，例如高年级学生的常规语法训练常常显得枯燥无趣，削弱或限制了个体的主动参与程度，使得个体无法充分发挥自己的主观作用力和创造力的开发等等问题依然普遍出现。所以，未来我们应该从这个角度出发寻求解决方案——真正地重视个体的主权意识，并在实践操作上充分展现出来，才能有效激活学生的热情投入到自主探究的过程中，从而促进他们的思考能力和自我解决问题能力的持续发展。在新的课程标准下，我们应该主动使用情境教学方法来进行高中英语语法的课堂教学。这样能够为学生创造一种积极的环境，激发他们的主体能力。这将让课堂教学氛围更为生动活泼，教学方式更具创造性，内容更富有吸引力，使得课堂教学更先进、更合理、更科学且效率更高。[①]

语法的故事化满足了这个需要，它不仅仅体现在教育方式和环境创造

---

① 唐燕.语法故事化在高中英语语法教学中的应用研究[D].聊城：聊城大学，2018.

中的故事应用，也包括用故事来重新组织复杂的语法体系。所以，语法的故事化教法既延续了以往使用故事引入主题并在环境中创建氛围的方法，又通过将其转化为故事的形式，使其成为新的教学资料。这使得学生可以在故事的环境下理解、掌握新知识，从而实现以故事为主题与载体的语言学习的目标。语法的故事化强调无论是教学方法或是教学材料都要建立在故事的基础上，开始于故事，学习于故事，结束于故事，成就于故事。

在叙事环境里，个体能够轻松展现自己，使得角色及情节的发展充满各种可能性。教师和学生在快乐且活跃的学习环境下进行思想交互并激发创新思考，这种方式符合学生的需求，提高了语言构建和语法学习的效果。然而，我们需要注意到，对于语法的故事化教学来说，使用语法故事时应全面考虑到其设计的全局，以充分实现语法故事的教育意义。另外，不可忽视的一点是，制作语法故事具有一定的挑战性，它要求深入理解语法的核心内容，并且只有由专门的教师团队来引领开发才有可能成功。同时，也需要大量实际操作经验丰富的教师参与其中，以便更好地满足学生的需求。

一种不断演进且持续优化的故事编写流程应保持进步而不是停滞不动的状态。这个过程中需要重视的是师生的共同协作思考及其相互影响的过程。这无疑是对教师们的技能提升提出了很高的挑战，同时也能极大地激发同学们的创新能力和想象力的发展，并且对显著促进他们的思想质量和人文素养的增长有着重要的作用和深远的含义。这样可以让同学们不仅仅是在情节环境下去理解新知，而且还可以用这种方式把他们已经学的知识点连接起来，使得课程变得更加有趣味，也让身为主导的学习者们可以真正地享受到英文课，从而让他们更好地把握住新的信息，记忆得更为牢固，应用的时候也会显得更有技巧，会表现出更多的热情来探究发掘，进而能让构建语言规则系统的效率得到更大的改善。

2.语法故事化的作用

语法故事化的作用主要有以下三点：

第一，课程内容丰富多样，能够激发学生的探索欲望，提升教育效果。

第二，在故事模型中建构新知，全面提升学生思维品质。

第三，倡导独特的表达方式，让学生感到成功，推动自我提升。

(二) 语法故事化教学模型构建

从对语法童话故事化教学理论基础的分析可以看出，情景化教学并非是抽象的观念，更关键的是要解释其全局模式展示和执行方式。在此，我们主要从宏观建模、构成元素和微观实践三个角度来阐述故事化教学模型的构建步骤。

1. 宏观建模

对于立体化语法故事教学模型的研究与建构主要涵盖四大部分。接下来，我们将通过图示（见图2-2）详细阐述这四个重点部分。

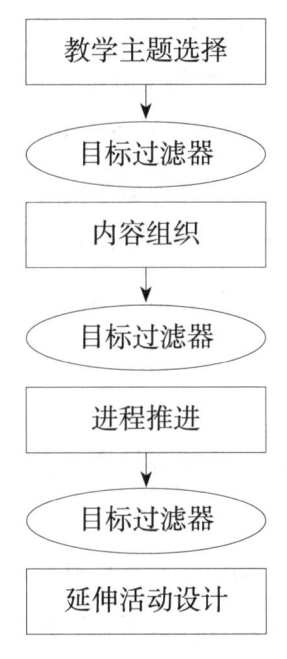

```
教学主题选择
    ↓
 目标过滤器
    ↓
  内容组织
    ↓
 目标过滤器
    ↓
  进程推进
    ↓
 目标过滤器
    ↓
 延伸活动设计
```

示意图2-2展示了语法故事化教学模型的四个主要部分

（1）恰当选择语法故事化教学主题

选定主题对于高中的英语课程中对语法的学习至关重要，它决定了成功与否，影响着效率，也关系到进步。首先，我们必须根据语法知识点的复杂程度、深浅和范围来挑选合适的主题。若语法基础较为简单，那么应该选择更具象化的主题，例如关于分类下的子集话题。接着，我们要考虑到学生的实际需求。唯有基于他们学习和发展的需求所做出的主题选择才具有价值。再者，我们在选择主题的时候也要充分了解他们的能力限制。主题的内容应当符合学生的认知水平，过于困难或是太容易都可能削弱语法学习的效果。最终，我们还需综合考虑语法知识点本身的特点。当涉及的语法知识点比较深入且丰富时，我们就该选择更高层次的主题；反之，若是知识点较为单一，那就选用涵盖面小的主题。另外，教师们在自主创作或指导高中生构建语法故事的过程中，需要注意主题是否能完美地匹配语法知识的问题，并努力保证故事主题的教育意义和艺术吸引力。

（2）语法故事化教学内容组织

为了建立一种语法故事化的教导方式，我们必须清晰地理解二元对立（两个相互排斥的事项）及二元对偶（虽然看似非对抗的关系，实际上却是互补或相克的关系）这两个概念。在故事里，二元对立常常被大量使用，通过人物角色和事件来呈现出那些深藏于内的抽象冲突。选取的故事素材应符合二元对立的标准，并且以此为主线推动故事的发展。因此，利用这个方法可以有效地组织和挑选出合适的语法教学材料。这是实现语法故事化教育内容的成功关键因素。

（3）语法故事化教学进程推进

利用二元对立组织的叙述模式来构建语言教育的素材，以多样化的情节结构作为主导，根据高中生的心理发展需求设计出相应的情景设定。与此同时，把包含了深厚语法知识的教育材料融入教育的内容框架里，成为整合教学资源的最优选择。这种情景展示的新知识点是以具体的问答环节形式出现，从学生的已有认知出发，强调并且鼓励他们去理解和体验故事中的角色。教师与学生之间有效的互动学习方法就是一起探索问题解答的过程。在学习小组寻找问题的解决方案的同时建立起新的知识架构。这个叙述模式为教学带来了创新、实际且富有意义的学习环境。学生可以通过参与故事中自然的角色扮演活动,解决问题并在学习过程中获得乐趣。

(4)利用语法的故事性特征来构建系统扩展活动

扩展课程的目的在于协助大学生深入了解和体会到语言规则的故事线如何持续演进,进一步强化他们对于这些规则的理解深度,提高他们的语言技能水平。这种方法主要依赖于个人经历来作为基础,但在使用语法故事化的教育方式时,我们需要创造出具有延长性和实用性的体验机会。语法故事化的教学策略鼓励学生在课堂上参与语言规则的故事情节,并且能够根据这个原则修改和应用它们。基于此,我们可以依据语法故事的主干线索展开探索式的学习任务,以便更好地记忆和增加体验的感觉。同时,理论上的学习和实际行动相结合可以有效地巩固新的知识点。从观念层面上看,我们要让学生身临其境地感受到语言规则背后的含义,然后引导他们在探讨、辩论和反省的过程中去理解实施的精神和价值观的要求,从而整合和提升个人的经验价值和意义。另外,我们在能力的培训方面要注重学生体验和思考的统一,不仅要在培育他们的问题意识和批判思维的能力上下功夫,还要借助不断的研究、协作、对话和交流来提高他们的团队工作能力和科研素质,以此来提升他们应对挑战和解决问题的能力,最终达到提升他们关键的核心素养的目标。最后,为了扩大学习的范围,我们应该把扩展课程的内容紧密联系到学生日常生活中的实际情况或者面临的学习难题上来,这样既有助于提高他们的综合能力,也能让他们感到自豪和信心满满。

2. 构成要素

(1)教学目标

不论是教育方式或课程材料都要遵循"由情节开始、通过剧情来教授并最终形成结果的过程",这就是我们所谓的语言叙事式教法的基本原则。这种方法需要老师具备高度专业的技能及创新能力,同时也能够有效提升学生的创意与想象力的培养,这对他们的思考能力和文化的理解有着重要的影响。而我们的目的在于鼓励学员不仅仅是在戏剧性的环境下习得新知,还要用类似的故事结构把已学的知识点连贯起来，活跃了教室的学习氛围，让他们能真正地体验到英文语法规律课带来的乐趣而不感到恐惧或者困惑。

（2）生态环境

构建于高中英语老师、高中学生和他们的互动之上的语法课程实质上构成了教室的环境生态系统。这个由社会因素组成的课室环境被视为语法故事式教育的重要元素。这种课堂环境强调的是师生间的协作探索方式。它致力于创建一种以学生为中心、平等且开放的人际沟通环境。其目的是达到课堂生态循环提升至高层次的和谐与均衡状态，从而促进课堂环境和生活世界的资讯交换及公开透明。

作为学习的核心部分，它能起到筛选和推动或者抑制作用，对于语言的学习有着重要的影响。如果学生保持积极的态度，他们就能减少这种筛选过程，并在足够的理解输入下语言能力会得到提升。所以，教育者需要尽力创造一种轻松、自由且友好的教导环境，并积极构建有利于高中英语语法课的环境。

（3）教学材料

对于语法学习来说，学生的体验、他们从探索任务中获取并深入理解的信息，以及他们在执行这些任务的过程中所使用的各种资源都可以被视为语法故事化教学方法中的重要元素。在这个教学策略里，语言规则的设计巧妙地融入了故事情节及研究进程之中。此外，高年级的学生已经积累的个人经历和他们的实践操作也构成了这个教学法的重要部分，这使得这种教学方式区别于其他教学手段。

（4）课堂教学评价

评估高中的英语语法课是一个重要的环节，它构成了语法故事化的教学模式。这个评估需要综合考虑教师自身的反馈、学生的相互反馈和个人反馈等多个维度来完成。具体来说，教师的评估就是一种叙述性的研究方法，涉及课程的设计、授课过程、自我的展示以及对于高中生的整体发展情况的评估。通过这种方式可以找出未能实现的目标的原因，或者重新审查设定这些目标的合理性。而学生方面的评估则包含了自我评估和小组评估两个部分，旨在增强高中生的信心，同时为他们提供一个公正的参照标准，从而促进他们的自我认知的发展。

3. 微观实践

在模型主要板块确立，重要构成要素健全之后，需进一步细化其操作流程，即要跟进此模式在真正进入高中英语语法教学课堂时的实操步骤。

（1）情境创设

通过构建适当的环境，可以迅速地使高中生进入学习的氛围，让他们在不知不觉的状态下掌握知识，并在悄然间接受教育。这有助于激起他们的学习热情，创造出有利于他们成长的学习空间，从而保证了教育的实际效果。真正的语言环境能够把语言的学用结合起来，指导学生准确把握并且深入理解新学的语言资料，同时提升他们的文化修养，达到"教授人性、文化和语言的一体化"的目标。在语法故事化的教学方法里，我们应该更加重视这个部分，因为这是能让高中生置身于虚拟或者现实交流场景的基础，也是引发他们对学习产生兴趣和发挥想象力的重要一步，同样也决定着语法故事化课程能否有效执行的核心因素。

（2）语法故事创编

对于教师来说，实施语法故事化的教育方式需要较高的专业素质，这无疑是一个巨大的挑战。特别是在创建语法故事的过程中，寻找合适的素材是相当困难的。所以，构建语法故事数据库就显得尤为重要了。这个数据库可以利用专业的语言资源库来扩展和补充现有的语法故事内容。教师应该关注多样的故事采集并按照"语法故事主题"和"语法故事种类"进行分类整理。然而，仅仅依靠这些已有的故事素材还不够，教师还需要根据实际情况进行创作和整合，以生成新的、更有价值的语法故事。这样做的目的是让故事的主题能够触及课程的核心内容，使得课堂讨论更加有效率，减少偏离或无用的讨论。另外，我们需要注意的是，所选取的故事主题要有一定的通用性和可转移性，以便高中的学生将其应用到日常生活中去，进而激活他们的实际体验，引导他们进一步深思和研究，推进研讨活动的发展。同样重要的是，我们要保证故事的主线清晰明朗，这样才能方便高中生更好地掌握故事发展的规律，快速领悟和吸收从故事中获得的信息。最后一点就是，选择的故事要适应高中生的认知能力。如果故事过于简单，则可能缺乏吸引力；反之，若过分复杂，可能会导致学生丧失学习的自信心。

对于"语法故事化的教育方式"，不仅重视老师如何创作出有意义的故事来教授英语规则（即老师的角色），还特别看重怎样利用他们的指导及激发学生的思考力去创造自己的剧本；同时鼓励他们以团队协作的形式深度探讨这些语法规则是否符合逻辑且具有说服力和吸引人的特性，如清晰度、鲜明感等特质，并且能够引起人们的兴趣或引发人们深思的问题等方面都应该被考虑进去。在这个过程中可以使用"思维地图"作为辅助工具从而节约时间和精力。这种自我创建和研讨过程有助于深化理解外语法则的学习，也增强了个体的推理能力和口语交际技巧，进而培养出了独立钻研的精神和个人创意精神。

（3）脉络检视

教师需要根据实际的教学情况，对创作的语法故事进行深入的审查，以确定其对于语法课堂教学活动的支持程度。然后，依据实际的需求和教学目标，结合对故事内容资源的分析，对故事文本进行修改。

首先，我们需要审查的是故事是否具有连贯性，即它是否以某个特定主题或核心为基础来构建。其次，我们要评估故事与语言规则之间的匹配程度，看它的结构是否明了且有序。接下来，要检查故事的实际可信度。然后是分析其中的逻辑联系。接着，我们要关注故事所蕴含的文化和教育的价值，并观察它们如何激发学生的思维。最后，我们要审视故事的核心观念能否引发深度思考，以及学生会对这个故事做出怎样的情感回应。

（4）语法故事探讨

①语法故事呈现

就如人类的第一印象一般，语法故事的表现方式对人有着深远的影响力和功效。在讲述语法故事的过程中，老师或者学生应该具备情感渲染能力、言语表达能力和解读能力，逻辑明晰且富有生命力，激发听众的好奇心和思索。特别需要注意的是，它所展现出的自述解说的力量，能够把故事中的语法元素以巧妙而自然的手段传达给观众，并且将其转化为他们的思维延伸点。

②脉络分析

在语法故事化的教室中，我们对高中学生的语法故事进行了深入的研究，也就是对其结构的解析。这种研究方式主要依赖于老师指导下的团队协作探索。老师的任务是把握整体方向，让学生们针对特定的问题提出自己的看法，并且在此基础上做进一步的延伸、转移或改进。这样可以保障高中英语语法课程的学习活动能满足教育目的的要求，防止因为学生理解问题的能力有限导致课堂讨论失去控制、过于随意的情况发生，从而保持课堂的高效性。

结合老师的主导性和学生的参与，我们对语法故事的逻辑结构、科学依据、美学价值及激发思考的能力进行了全方位深层评估和欣赏，这确保了教学过程能够有条理地逐步深入并实现高效率。同时，这种方式也使得教与学能在更为融洽、平等的环境下开展更具趣味性、有深度和系统性的知识构建活动。

③学生经验叙事

根据当代认识心理学的研究者，如格尔和奥苏贝尔等人的发现，我们在获取全新信息的过程中，总是依赖于我们已经理解并拥有的基础知识来吸收它们的内容，并将它们整合到我们的现有思维框架里，以形成全新的思考模式，从而提升至更高的思想层次上。同样地，现今的外语教学专家张士一也强调了要使学生能够从他们的日常生活中获得对所学内容的体验与感悟的重要性。因此可以看出，对于构建新生成的概念来说，个人的经历是不可或缺的关键因素。

对于高中生来说，他们的经验叙事是对他们已有想法的基础上的描述，这是一种对个人经历及思想的表达方式，也是一种自我反思和创新的过程，它代表了他们在重新审视并修改已有的语法故事的过程中的心理旅程。通过这种方法，学生们能够梳理自己的体验，构建个人的知识结构，明晰定义，调整并修正他们的价值观系统。根据实际应用的可能性分析，这个阶段是可以融入线性分析中去的，然而如果我们想要挖掘某一或者多个学生的经验中的语法教学资源，以便让全班同学都能感受到并经历过某种语法问题，那么就需要把它作为一个单独的部分来处理。

通过对上述三层级的研究与解释，我们发现：在高中的英文课程里，采用以语法为核心的故事式教育方式包括了五大环节、四种核心元素及六大重要的实际操作过程。因此，所有的流程图组件和步骤都已经展示出来，并可以绘制完整的构建流程图，例如图3-3所示。

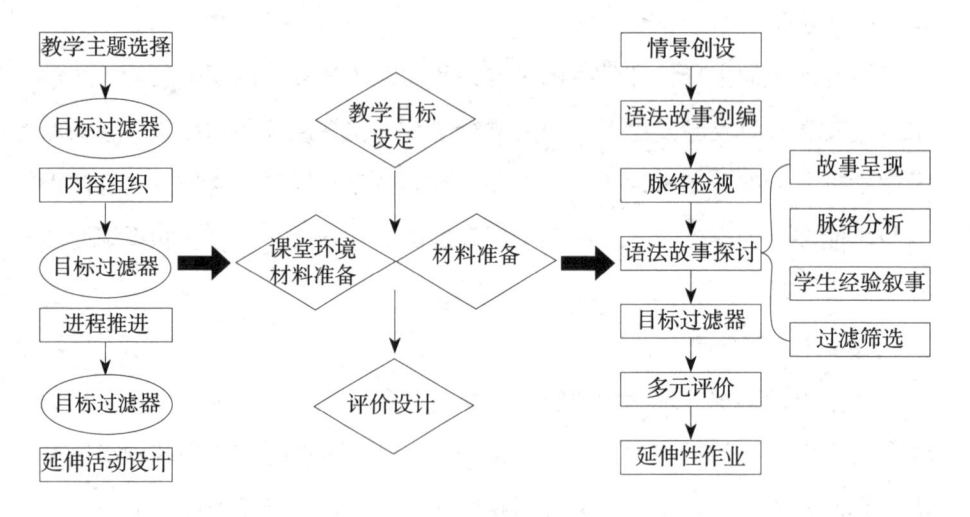

图 2-3　高中语法故事化教学模式构建流程图

第四节　英语词汇课堂教学与创新

作为最基础的人类沟通工具和构成英语等各种语种的基本元素——词库的重要性不容忽视。据英格兰著名的语言研究者 D.A. Wilkins 所述，若无句法规则可供运用以传达大量信息的话，人就难以有效地表意或传情达感；而如果缺少了丰富的单词储备量来支撑其使用与理解能力，那么人的言辞便会变得苍白无力、无所适从。

学习英语单词存在困难的一个主要因素就是其庞大的数量。通常情况下，5—6 岁的母语为英语的孩子已经能够熟练地运用 2000 到 3000 个创造性的词汇，而成年人的母语使用者的词汇量可能达到 17000 个左右（Richards, 1976; Coulden, Nation, Read, 1990.In Hedge, 2002 : 111）。所以，有效地学习和记忆英文单词确实是一项具有挑战性的任务。

一、词汇的定义

词是一种包含了声音、含义及语法特征的三位一体的存在；而词组则是构建语言基本框架的最小元素。一般而言，一句话都是通过一系列的单词来表达的。例如：I went to the cinema yesterday evening. 在这句话里，每个词都有其特定的声韵形态、词汇内涵与语法属性。比如 went 这个词读作 /went/，代表着"去"这一概念，是一个动作词 go 的过去时态表现，在此句子里充当谓语角色。

所有的单词构成了我们所使用的语言的词汇库。据推测，英文的词汇量可能超过了百万之多。英文的词汇主要包括两部分，即本族词（母语词）与借入词（外来词）。其中，本族词代表着英语的核心词汇或者基础词汇。这类词汇涵盖了人们的普遍行为及生活必需的基本观念和场景。他们是最常被用到、日常需求最大、含义最为清晰且具有强大生命力的基本单词集合体。例如：

有关自然现象的词：wind, sun, rain, snow。

有关劳动工具的词：axe, hoe, hammer, spade。

有关植物的词：tree, grass, flower, branch。

有关动物的词：dog, cat, horse, cow。

有关矿物的词：gold, silver, copper, iron。

有关颜色的词：red, yellow, green, purple。

有关动作的词：go, come, run, leave。

除了上述的词汇，关键词还包含助动词、介词、代词和数字等。尽管这些关键词在语言中所占比例并不大，但它们在日常交流中被频繁使用。

对于英语教育来说，词语的学习至关重要，因为它们构成了英语这门语言的三种基本元素之一。如果失去了这些词语，那么所谓的语言就不复存在，就像建造一栋大楼时缺少必要的建材一样，无论地基多么坚实或设计如何精巧，都是空谈。所以，词语就是构成语言的基础，也是其核心部分。只有熟练掌握大量词语，才能保证阅读、译写、听力和口语等各个方面的流畅运作。

基础构成元素为词汇，若缺乏这些要素，则难以有效地开展发音及语法教育。对于词汇的学习和理解是个相当复杂的精神认知历程，我们需要深入探讨其涵盖范围及其深度。通常指的就是学习的词汇总数，也被称为积极词汇或者主动词汇的多少。通过"Vocabulary Levels Test"（简称VLT）设计出的词汇能力测验可以用来评估某个学习者的词汇数量（广度）。然而，仅凭词汇广度无法全面反映出学生对词汇的掌握程度。因此，我们可以进一步探究学生的词汇深层理解情况，比如他们能否完全了解所有已学过的单词。那么，什么是真正掌握了一种单词呢？怎样才能算是真正地掌握单词呢？根据理查兹的理论，这应该包含以下几个方面的内容：该单词的使用频率（是否经常用）；该单词的组合（能够与其相配的其他词汇）；

在不同的语境下恰当使用；该单词的正确运用模式（可以在哪些句式里使用）；该单词的变体（例如 able、unable、ability 和 enable 的区别）；与之相关的其他词汇（例如当你谈论 food 你会想到哪些相关词汇）；以及该单词的一些语言特性（如各种含义）。语言教学中对词汇的广泛性和深度性有着不同的需求。为了理解外语（二语）学习者如何掌握词汇，研究人员进行了大量的研究，提出了相关的理论，并通过实证研究来探讨词汇的学习方法。

二、英语词汇教学的意义

作为语言的三大组成部分之一，词语构成了语言的基础结构。如果没有这些词语，就不会有任何语言存在。因此，对单词的学习被视为英语教育的重要基石。而对于英语学习的核心和基础来说，就是对单词的理解与记忆。学生的词汇水平决定了他们语言能力的提升程度。一般而言，当一个人能熟练地使用更多的英文单词时，他的英语能力也会随之增强。

依据学生的英文单词理解能力，我们可以将其划分为两类：一类为接收型词语（Receptive vocabulary），即那些学生能够听到后识别，但无法在口语与写作中运用的词语；另一类则为输出型词语（Productive vocabulary），这类词语代表着他们已经彻底学到并且精通的、可灵活运用的单词。而对于词汇的学习及教授主要目标在于提升输出型词语的使用频率，同时扩充接收型词语的范围，并在两者之间实现转换。

三、英语词汇教学的内容和目标

（一）英语词汇教学的内容

首先要考虑的是词汇教学的主题，通常来讲，词汇教学包含四个部分：

1. 词汇意义

因为语言和目的语相互之间存有差别，从意思角度看，一个词语的意义无论是内容还是外延都必然会有所不同。教授单词时最重要的任务就是让学生明白他们所学单词的意思。

一个词的意义通常与其所处的环境密切相关，特别是在教材中，它受到上下文的约束。在教学过程中，我们应该采取各种方法来帮助学生理解词义和环境之间的联系。

对于非母语者而言，某些词汇之间的意义差异可能令人相当困惑。因此，解释和阐明这些术语也是语言教育的一部分。例如，fight, struggle, battle, campaign, war, combat 这几个词都具有相似含义，但它们并不完全一致，这对非母语者可能会造成一定程度的困扰。老师需要关注并处理这类同义词或近义词的问题，以便能迅速解答学生的疑问。

2. 词汇场合

词语的使用情境包含其组合方式、惯用表达、固定结构、语言环境和文风等因素，每个词语都有各自适用的场景。比如，一般情况下我们会用"hot"来描述温度高，但在正式写作时则会采用其他表述方法；而在日常对话里，它的含义就会发生转变，如：He's such a hottie！这里的"hottie"指的是一个人的外貌或体形非常有魅力。

3. 词汇信息

语言知识涵盖了单词类型、前缀和后缀、读音及拼写等内容。这些是单词最基础的信息，同时也是学生需要理解的基本知识点。比如"de-""dis-""en-""re-"这几个常见的词根，还有像"-able""-acity""-ment""-ing"这样的常用后缀。

4. 词汇用法

词汇用法指各类词的不同用法，如名词的可数与否，动词的及物与否，及物动词的扩展模式，应接什么样的宾语，不定式还是动名词，能否接从句，能否接复合宾语等等。例如，allow、permit、consider、suggest 等这类动词后只能接动名词而不能接不定式。又如有些是固定搭配，不能混用，"go to school""go to bed"都是可以的，但"go to home"却是错误的。

掌握一个词，并不仅限于理解它的含义，更需要能够灵活地应用。因此，想要真正了解一个单词，除了需要明白其意思外，还必须熟悉该词在各种场合、信息以及使用方法。

（二）英语词汇教学的目标

总的来说，英文词汇掌握涵盖了三大部分：记诵单词、理解其意思以及实际应用。根据广泛的知识学说，英语词汇包含对陈述型与过程型的知识学习。对于陈述型知识的学习，词汇的目标在于处理词汇记忆及理解的问题。例如，教育大纲设定的二级至五级的词汇目标要求：学习关于相应级别主题范畴内的六百至七百个单词并熟悉大约五十种常用习语；认识到每个单词都是由字母组成的；了解到英语词汇有各种不同的形态，比如单个单词、短语、惯用语和固定组合等等；能理解并把握基本词意及其在特定环境下的解释。以上目标都属于词汇知识的学习部分，而词汇学习的核心任务则是有效且准确地使用已知词汇来传达想法、情绪及其他信息；熟练掌握至少三千个单词和四百到五百条常用的惯用语或固定搭配。从第七级目标看，词汇学习不仅限于记住单词和理解它们的意义，更为关键的是，学生可以通过词汇学习达到正确的灵活运用语言的能力以表述自己的思维和感情。

四、词汇教学的原则

（一）教授词汇时必须考虑语境，并与词汇的应用紧密相连。

基础构建元素——词汇必须依附特定的言辞背景而被运用；若无视文本情景来解释其含意则无法准确传达给读者或听众。如果未能使文字内容与其相关联的话，那么对特定字眼的确切意思或者应用方式就会难以把握住。每个单独使用的词汇并非独立存在着：当我们学会某个新词时，也需同时考虑它的实际用途（如何搭配其他名词动词等）；一般情况下我们会按照"词类+短语结构"的方式去教授语法知识，然而这种划分其实并不完全恰当，因为它忽略了一个事实——"词汇语法"不仅是一种理论概念，也是一种实质性的研究领域。从某种程度上说，每一个由多个不同组成的部分所构建成的文章都是基于这些不同的组件之上的，所以我们可以得出这样的结论——"没有足够的词汇储备就没有办法写好一篇文章"；尽管增加我们的词汇库确实很重要且必要，但绝非只是单纯记住一些零散的单词而已！唯有做到既熟知各个常用词汇又能在适当的环境下灵活运用的程度才能算是真正的精通英文呢！所以老师们不仅仅是要引导孩子们识别并且懂得怎样利用各种已知的词汇表达思想感情，还应该教育他们明白哪些常用于口语交际场合的一些固定说法等等之类的细节问题才行，否则即使拥有庞大无比的一堆陌生词汇却依然不知道怎么正确地组织成一段流畅自然的对话就会很尴尬。那么怎么才算掌握了一个单词？把词典上列举的某一个词的所有释义和用法全背下来，是不是就算掌握了？答案显然是否定的。以 set 为例，这个词既是英语中最简单的也是最复杂的词。说其简单，小学生也认识；说其难，大学英语教授也未必能一口气说全它的所有用法，这个词由于有一百二十八种用法而被收入吉尼斯世界纪录。这正应了一位英语界老前辈的话：生词好办，熟词难办。学习词汇的核心是掌握运用中的词汇，所以应该教会学生从词汇本身及其用法入手打好基础。

(二) 使用直接法和间接法学习词汇

对于英文单词的掌握过程中，优秀的学法可以激发学员们对学习的热情并提升他们自主积累新词的力量；而在第二语言（如英语）中的单词记忆方面，学者将其分类为主动式与被动式的记诵方法，即自觉地去背熟或者自然而然就记住了的方式。

间接学习是指让学员执行一系列能够吸引他们注意力的行为与训练，并依据特定的目标来完成相关的语言实践。这种方法强调的是对词汇理解深度的学习，而不仅仅是停留在表面含义上。这包括了解单词的内涵、语法规则、句子结构及其组合方式等方面的内容。经过这样的练习后，学生的词汇能力会经历由浅入深的逐步提升，从而达到既能正确理解又能熟练运用该词的目的。

间接式的词语教授是通过诸如阅读、听力、口语等多种教育手段来提升学生的单词知识。为了让学生能正确掌握并运用这些词汇，老师需要引导他们在交流过程中去学单词，也就是利用非直接的方式来获取新词汇。特别是在学生英语技能逐渐增强时，他们对于词汇的推理能力和从非直接途径中学习英文词汇的能力也在不断增长，例如通过读书或观看影片等方式都可以达到这个目的。然而，这种学习策略主要适用于那些常用的高频率词汇的学习。

不过对于词汇的习得而言，这两种方式应是互相结合在一起的，学习者应该注重和强化词汇信息的输入。当今的语言输入途径较以前多了许多。除了书本以外，还有电影、电视、电脑、网络等媒体。这些现代技术手段增强了学习者学习的主动性并有效地增强了教学内容的针对性，极大地改进了教学方式、教学手段和教学方法，对词汇学习产生积极影响。

(三) 培养学生词汇学习的策略

在语言学习的历程里，我们需要教导学生如何运用各种方法来掌握单词。无论是通过辅助性的方式或是主动的学习途径去记忆词语，都需要采用特定的技巧。因此，对词汇学策略的教育对于提升词汇理解能力有着至关重要的作用。当我们教授这些策略的时候，我们要明白它们并没有绝对的好坏之分；只有在特定环境下被正确且有效地应用才能被称为优质策略。不同语言程度的学生，男女生，个性迥异的学生，兴趣各异的学生可能会采取各自独特的词汇学习策略，无论是否成功，我们都应该支持他们的选择，激励他们在实践中学会总结经验教训，提炼出自己高效记词的方式。

(四) 注意搭配、习语与短语的教学

提升英文词汇教育的目标旨在让学员能在真实的交流环境里运用这些词汇，其中配对关系作为词汇应用的关键要素尤为关键，特别是在口头及书面沟通方面更为显著。若仅理解单个单词的字母组合、发音和含义，但对其如何配合并不清楚，那么他在使用时很可能会出现误解，导致无法准

确传达其想法。这里提到的配对是指广泛定义的概念。过去，在英文词汇教导的过程中，我们往往更注重某些动词组的搭配，却忽略了其他类型的如形容词和名词、动词与副词、名词与介词、动词与介词等等的配对问题，这正是影响我国学生英语表达能力的核心因素之一。所以，在英文授课过程当中应有计划性地进行这类练习。比如，针对初学者，我们可以做以下的训练：从下列单词中找出能跟天气相关的单词，包括 wet, high, big, warm, happy, rainy, dark。另外，关于配对关系的另一个重点就是成语和短语，这是英语课程的核心元素。

（五）使用词块法学习词汇

学习词汇时不但要记住词的发音、拼写、词的派生词，而且要记住词的搭配、词可使用的句式、词的短语、词在不同短语和搭配中的不同意义。词块习得的研究为看待和学习词汇提供了一个新的角度。英语的词汇有其特点，一些词可以与某些词一起使用，一些词只能用于某种句式。词在不同的短语或句式中可有不同的意义，因此，记单词时最好结合词的搭配、词的用法、词的意义、词的短语以及词可使用的句型，就会以词块作为单位，在大脑中提取，更能按英语为本族语者的习惯去使用词汇，也较能保证词汇使用的正确性。可以以某种词块的形式来记住某些语法现象，如用 the -er, the -er；the more _, the more；not so _ as _；as _ as _；-er than _ 等记住比较级的用法等。

（六）注重实践

注重实践，使学生通过大量的语言实践活动掌握词汇，提高学生的词汇使用能力。词汇教学的目的在于帮助学生使用词汇。学生靠死记硬背获得了一定的词汇量，但是不能够充分地运用于对话和写作之中。在阅读中，一些学生只懂得词汇的表面意义，却不理解它在上下文中的作用和意义。因此，教师在词汇教学中，应该把词汇融入语言实践活动之中。

词汇的学习不仅是为了达到教育的目标，同时也在实现教育的过程当中起到重要作用。为了更深入地教授词汇，我们需要从多个角度出发，包括词语的发音、含义、结构特征、用法组合、写作风格等等，通过各种形式的独立或整合的练习来引导学生逐步吸收这些知识。这种方式有助于避免传统机械式的记忆策略，从而激发学生对于词汇学习的热情。选择合适的词汇进行操练的时候，应遵循遗忘曲线原理，合理规划复习时间，以强化学生的记忆能力。教师在授课过程中应该鼓励学生反复诵读新学到的单词，以便更好地记住它们。在解释课文时，可以通过与教材内容的融合，巧妙地再次呈现出这些单词。课后的作业也需包含听力测试、翻译任务、填空题、近义词配对、语音分析、阅读理解等多种题型，以此确保学生能够在不断地重复接触和实际应用中学会并牢固掌握他们已经学过的单词。

五、词汇教学的创新视角

英语词汇教学作为高中英语课堂教学中必不可少的部分，其创新研究也受到更多人的关注，本小节将从英语词汇教学的创新视角——语义场理论出发，进行深入系统的阐述。

（一）语义场理论与词汇教学

若缺乏语法规则，人们的表述内容会大大减少；如果缺失了词汇，他们便无法传达出任何信息。词语在理解、交流、阅读、写作及翻译等方面的重要性不容忽视，因为它们是构成语言能力的关键因素之一。因此，无论是在教材编制方面，或是教育工作者或者研究人员等各种角色的群体，都一直在寻找新的方式来优化英语单词的学习过程，例如通过发音入手的方法，也有人选择以实际应用为出发点，甚至还包括一些关于记忆技巧的研究。总之，英语单词的教育一直是一个备受关注的主题。[1]

语义场理论作为当代语义学的关键进展，其实践可回溯至19世纪的中期，那时由德国语言学者洪堡所创立的基础性的普通语言学。而真正的语

---

[1] 游海燕.浅谈高中英语词汇教学中多元模式的应用[J].科学咨询（教育科研），2020（12）：288.

义场观念则是由20世纪30年代的德瑞两国的部分结构主义语言学者提出的。他们致力于分析语言元素的过程中，倡导采用关联与发展的方式来探索，并强烈关注语言系统的整体一致性及其周围环境对于词汇意义的影响。

语义场论述侧重于词汇间的关联性，其主张若想构建完善的词汇体系，则需确保语言内的词汇在语义上有紧密的联结。而语义场则是单一词汇及全套词汇的实质体现。它既可以看作是完整部分，也具备与单词相似的特点，例如能在语言构造里被整合；此外，它也有着词汇集群的特性，也就是由较小元素构建成的。

因为在一个语义场的词汇含义并非独立存储在人们的记忆里，而是在彼此关联的基础上构成了记忆中的一张联想网，所以一旦想起某个单词，就可能引发或者触发其他词汇。基于这个语义场理论的语义网络特性，很多专家将其视为一项有效的学习词汇方法进行了深入的研究和探讨。

部分西方语言学者及其心理学专家在探讨第二语言词汇掌握的过程中，基于其心理学视角认可了语义场概念对于词汇学习的贡献，并强调人类更偏向使用语义场的方式去记住单词，提倡在词汇教育过程中应用语义场理念和元素分解技巧。英国心理学者怀特的调查揭示，优秀的学生会采用语义链方式记单词，然而记忆表现一般的人们却依赖声韵团组的方式记忆单词。所谓语义链就是一种由语义特性构成、展示单词间的外部联系的链状结构；所谓的声韵团组则是依照类似发音构建的单词群体，他们进行了关于词汇表格和语义场的两种词汇展现手段如何影响词汇记忆的试验对比，最终的结果是，针对英文作为第二或第三语言的学习者（ESL）的中高级阶段，那些采用了语义场策略的学生所记住的词汇量相比采取词汇表格策略的学生多了一倍。这种词汇表格策略是指借助按字母次序编排的英文单词清单实现快速大量地学习词汇，例如利用教材内的单元词汇表和全册词汇表进行词汇学习。而在语义场观念引导下的词汇教学研究领域取得的大量成果证实，自语义场入手，依循词汇语义场关系记忆并逐步扩展单词是一个相当有效的路径。

(二) 通过语义场理论对高中英语教材的词汇教学设计进行分析

根据当前几套现行的高中英语教科书,我们可以看出,词汇教学活动设计的状况主要体现在以下几个方面:

第一,与其他部门相比,词汇教育占有了主要的战略地位。除了传统的单词表之外,单元引入活动、阅读后活动以及单独的词汇教学活动等都包含在内,并且在整本或者整套书中占有很大的篇幅。

第二,各种活动类型繁多。常见的包括与语音有关的训练、词性转换、构造词汇的练习、词义解释、观察图片来写词、查找图像中的单词、搭配词语、组合词语形成句子、替换、问答、分类、列举、选择、修正错误、填空、排序、研究、头脑风暴和完形填空等。

第三,活动展示的辅助手段多样。涵盖了以图像、表格、描绘、线条画法、语境等为主要形式的各种单独或组合方式。

第四,词汇量庞大。在词汇教学过程中,除了选择词表上的词汇外,还增加了许多与主题相关的已掌握词汇。

第五,以主要主题为基础展示单词并执行相关词汇训练。这一策略明显反映了语言场的理念。高中的英文教科书包含大量的词汇,且每个词都有丰富的含义,尽管它的词汇活动的种类或者展现方式可能没有初中学到的那么多样化,但是它对使用词汇的能力要求更高,而且在设计的活动中更加关注到词汇学习范围与深度,因此,语言场的概念在此类教学中具有重要的指导意义。

当前的高级中学英文课本通常采用主题作为主要内容来展示单词的关系,这不仅限制了一些相关的观念并且明确了一个语言领域的边际线,同时也使得对于单词活动的策划更加关注于它们之间相互关系的构建上。这个应该由高级中学校的学生们所要了解到的所有词汇的一个领域设置方法可以把每个教学单位的话题核心用法列入计划性的研究过程当中去。而且这一种设计的实施也可以让学生更容易形成一种"场地"的感觉及认识到它们的差异性和互联性。经过这样一些具体的学习训练后,同学们已经能够清楚地区分出不同场所间的一些差别及其相似之处，也能明白各个地方是如何发生转变或交叉在一起等各种特质的存在情况。因此，当同学按照自己的需求整理他们的知识体系的时候就可以更好地利用那些已有的信息资源，从而有效提升自身的综合素质水平，包括增加其自身拥有的各类文字资料数量；同时，也有助于增强对其内容的深入领悟能力，还有就是加强其实施应用的能力等方面的发展进步程度都将会得到进一步改善。

尽管如此，因为词汇教育是以主题为核心的，这也揭示了一些教科书中词汇规划的问题，例如，过于限制词汇的使用环境导致其教学方案仅停留于表面，难以展示出词汇的多义性。此外，语义场的丰富度不足，比如当前广泛使用的几本初中和高中的课本，从它们的方式来看，对语音和形态相关联的语义场应用不多；从实际操作的角度来说，语义场主要是由名词构成，而忽视了其他词类；从功能角度出发，并未创建一个基于语义场的词汇列表，这使得用户很难有自主构筑自己语义场的想法。最后，一些教材采用主题作为编写教材的基础，当设定每个年级和每章节的主题时，并没有充分考虑这些主题间的连贯性和关系，比如在一个单元里主要讲述校园生活，接下来的单元就谈论航天技术，然后又转到历史，这种方式让各单元主题间、各类别所涉主题间的关联性减弱，从而降低了部分词汇的重复出现频率，学生们更难将已经掌握的词汇与即将或者正处于学习的陌生词汇建立起语义上的联系。

目标在于让学生的单词记忆不仅仅局限于识别、记住与理解词语阶段，更应该让他们能够使用并表达出来。因此，我们不能仅仅满足于扩大他们的词汇量，而必须提升他们在应用所学知识时的流畅度。这同样也是我们在思考如何利用教材资源时需要注意的关键问题。

（三）语义场理论对高中英语词汇教学创新的启示

透过上述解析，我们可以看出，现行的高中英文教材中的词汇教育策略已经在应用语义场的理念，然而仍有改进的空间。因此，如何借助教材所提供的信息，更深入地实现语义场的教学价值呢？基于语义场理论和已有相关的研究成果，我们建议可以通过融合、提取、组合等方式强化其对教学的影响力。需要注意的是，这些语义场的划分方式应根据实际情况调整，有时候他们会互相交叠并补足彼此，但也有时候他们的特性鲜明，需分别处理且灵活使用。

1. 整合

通过多角度展示词汇，使得高中生能够更深入地理解各种位置的词汇的含义，并采用总结和分类的方法重新构建语义场。

当前，我国出版的英语教材大多围绕主题展开，因此导致了大量按照类别划分语言元素来学习单词的情况出现。在此过程中，老师不仅要引导学生学会如何归类，也就是让他们关注到这些被划分的词组是否具有相似的意义要素（即它们共享的语义特性），同时也要依据教育需求灵活运用语义场进行授课，也就是说，他们应该对现有资料进行再度整理和调整。

再者，老师需要充分运用语义场的多元化特性，在教授新单词的过程中，激励并且能够指导学生使用思维风暴的方法，拓展他们的想象力，让他们能将所学的单词放置到各种不同的语义环境下，从而使得这些单词和其他相关词汇产生关联，有助于他们深入地理解词汇含义。例如，在讲授 online 的时候，教师可以通过英文或者汉语的方式来解释，也可以通过构造新的单词来进行授课，但是并不妨碍我们邀请那些对电脑有特长的学生展示其才华，以此激发其余学生的兴趣，有些同学可能会立即想起主导词 computer 和 web，也有的人或许可以用中文描述出有关电脑的一些术语或是功能等等。在此期间，教师不仅应该鼓舞学生积极思考，扩大视野，同时也要及时协助学生克服语言转换等方面的问题。待整个学习流程结束之后，学生们将会意识到，其实他们已经掌握了大量知识，同时也学会了怎样去总结归类，因此找到了大量的相关词汇，形成了多个语义场。

总之，在高中英语词汇课堂教学中教师要引导学生积极思考，这样一方面能够提高词汇的复现率，使单词从短时记忆进入长时记忆，提高记忆效果；另一方面也能够培养学生的联想思维能力。这样，无论是设立新的语义场重新分类，还是补充已有语义场内容，都可以使词汇量增加，使教授的每类词汇的广度和深度方面都会适当拓展与加深。

2. 提炼

将具备某种共性语义特征的词汇提取并总结，以扩大词汇量的范围。

因为主题需求、篇幅约束等多种因素的影响，同属一语义群的单词被分散到不同的章节和课时里，这给高中生带来了一些困扰。因此，为了解决这个问题，我们建议老师能够迅速地提取这些词汇的关键信息，例如为他们提供代表总体观念的高级词汇或者详细描述特定概念的具体词汇，让他们通过实践来理解和体验高低语义群对于词汇学习及应用的重要性，然后鼓励他们在日常生活中主动关注并扩展这一语义群体。

此外，教师能够同时展示具有共性的语义场，帮助学生掌握区分和理解各个基本语义场间的差异。例如，关于表达上下文含义的语义场或表达整个和一部分的语义场，前者应该罗列出表达顺序关系的时间词汇，让学生感受并阐述。

"部分构成全体"这一语义领域也可以通过实际例子来展示，其显著的特点在于：它是由内部相互关联的部分组合而成的一个整体，每个部分都是整个词不能被切割的一部分。一旦学生能识别出这些语义领域的特性，他们的词汇积累将会扩大，并且对语义领域的分类也更加精确和高效。

3. 组配

将含义相似或相对、相反的词汇组合在一起，通过比较来展示差异，从而提升对词汇的理解精度。

对于高中英语教材中的许多单词，我们必须深入理解和学习它们，这不仅包括了解表面含义，还需对这些词进行细致分析。例如，构成同义语义场的词汇尽管在外形、读音、意义及惯用方式上有所差异，但在本质上具有相似之处，可以相互替代使用。然而，有必要提醒学生注意的是，在同义语义场里，完全一致的词并不多见，相反，有很多相近的词存在。

我们需要留意如何恰当地应用这种类型的单词，例如从 cool 到 cold 再到 freezing 的变化过程，它们所传达的情感色彩也有差异，比如对胖子的形容用词 overweight 和 fat 就有所不同。另外，还有一些词语因其语言风格的差别而存在不同的含义，比如 die 和 passaway 这两个词。由于它们的意义受到环境和文化的强烈影响，因此选择这样的词来比较使用不仅能确保正确地解读作者的态度，还能防止读者的错误理解。同时，我们也需要注意这些词的使用方式，像 pretty 这个词只适用于描述女性，而 handsome 则常用于男性，这都是我们在教授过程中应该注意到的细节。掌握了这些词汇的精确区别，并在有意无意间总结出这些词的语义特性，有助于学生更清晰、深入地理解和有效地利用这些词。

我们再次使用对立意义领域作为例子，这是一种由具有相互矛盾且同属相同词汇类型与类别的一系列单词组成的语言学概念。这些单词之间的反对关系可以有效地阐明一些词的确切含义。通常情况下，当谈论到反义词的时候，学生的第一反应往往是形容词或者副词，即对立意义领域的两个极端，例如宽度和狭窄度，柔软和坚硬等等，然而对于其他语义域，比如补充语义域（比如男性女性、已婚未婚等）和关联语义域（比如购买销售、借出借款等）却常常被忽视了，因此教育者应该及时向学生传授可能被遗漏的语义域，激发他们主动思考并归纳总结。

我们可以看出，相较于其他语义领域来说，相似和相反意义的关系更为细致且包含更多的元素；其涵盖了更多关于单词性质及含义间关系的知识，因此对于精确把握这些知识的要求也更高些。所以当我们在教授英文的时候可以利用图像、表格或情景等多种直观的方式去阐述这个概念并对其加以分门别类，以便让中学生的能够更好地掌握学习到的内容。总而言之，就是需要指导我们的学子们如何深入研究这部分的内容，并且对比它们之间的差异，以此提升他们的运用能力和精准度。

另外，除了以上提到的几种语义场之外，英语教学还包含其他类型的语义场，例如在形式上有关联的语义场、同音或不同音的语义场，以及习惯性的搭配语义场等都是我们在学习词汇时需要注意的因素。

总而言之，利用语义场理论来实施初中英语单词教育，对于提升高中生的单词知识储备有着积极的影响，同时也有助于让学生深入理解词义并准确使用它们，从而推动了单词的使用效率。这种方法为建立英语学习的单词系统提供了关键性的实用意义。在单词学习过程中，老师需要主动采用语义场理论以系统化的视角引导学生的单词学习和记忆，协助他们理解并且自觉运用语义场，依据个人的单词认知情况，制定出符合自身记忆模式的语义场，以此增强学习效果。

第三章　高中英语技能教学与创新

长久以来，英语在我们国家的初中教育中的授课重点主要集中于学习单词及其组合、语法构造及课文诵读等内容上。然而，自21世纪开始，随着世界政治经济一体化的发展，中国对外交往的步伐也在不断加快。而对于外国语来说，它的核心价值就在于能够有效沟通，这其中最直接的就是通过听力和口头表达来实现。因此，英语的听力和口语能力受到了空前的关注。就像著名的丹麦语言学者叶斯帕森（O.Jespersen）曾说过："如果我们在任何时候都未能以对话的方式去思考并实践，或者忘记了文字只是用来代替言语的话，那么我们将无法真正领悟到语言本身以及它是如何发展变化的。"在本节中，我们会详细介绍英语听力技巧的教育方法、英语口语教学策略、英语阅读指导理念以及英语写作培训模式，接着会深入探讨这些领域的理论依据，接下来展示一系列现代化的听力和交际能力的教学技术和练习方案，最终给出一个完全符合新课程标准的高级中学英语听说课例，供大家参考。

第一节　高中英语听力课堂教学与创新

一、听力课堂教学的内容和特征

一般来说，高中的听力训练课程应该涵盖以下几个方面：语言练习、听觉技能、听觉感知和逻辑判断等。

（一）高中听力课堂教学的内容

1.语音训练

语言练习涵盖了诸如聆听声音、分组识别和强调重点等方面的工作，其步骤应当由词汇开始逐步过渡至短语与文章。针对可能导致学生难以区分或者易于混合的声音特征需要专门性的锻炼，比如：bed（床）- bad（坏）、copper chip（铜片）- copper cheap（便宜），pin（钉子）- pen（钢笔），ship（船只）- sheep（羊羔），sit（坐着）- seat（座位），等等。这些旨在提升中学生的发声分辨率并为其后续的高级英语学习提供基础支持的能力培养是我们的目标之一。

2.听力技巧

听力技巧涵盖了理解大意、细致观察、获取详细信息以及通过猜测词义等多种方式。这些技巧的训练都包含在听力教学中。在听力考试中，如果能够掌握正确的听力技巧，那么不仅可以提高效率，还能增加答题的准确性。

3.听力理解

对于听力的提升是为了服务于理解能力的提高，这不仅包括了语言和技能的学习，更重要的是需要借助各类活动来锻炼学生对句型和文章内容的解读力，从而让他们的理解从"表层"过渡至"内涵"，最终达到"实际运用"的能力，这样理解程度会逐渐增强。

（1）听力理解的过程

高中生的听力理解能力是在一系列要素的基础上形成并发展的，这些要素包含了目标导向的聆听行为，对于声音及与之相关的视像信息的关注度，以及实时的自我处理、必要的信息推断和决策，最终达到理解的目标，实现有效的沟通。这是一个极为复杂的过程，涵盖了诸如语言、思维、文化和社交知识等多种元素。因为听力过程中存在着隐藏特性，所以对其研究变得困难，特别难于创建理论框架。而听力理解过程相当繁复，既受制于来自听者的内在影响，又被说话人、文章内容、环境等外在条件左右。同时，听力是一种无形的感知活动，这让高中英语老师无法直接洞察学生大脑中的信息处理过程，他们通常只通过学生的听力训练表现来评估他们的听力技能，但这种表面上的正确回答并不能确保真正的理解。

人类对于声音的信息解读主要分为三个阶段：由低至高（text-driven）或者说基于资料驱动的流程；反之亦然的是顶层向下的方式（schema driven）；最后一种就是两者结合的方式被叫作互动模型。第一类方法主张音频解析为核心环节并以此作为基础去构建整体含义，这意味着需要依赖于发音规则及词句结构等方面才能实现有效的聆听体验。第二类的观点则更注重预判能力的重要性并且将其视为验证猜测的关键步骤之一。在这个框架中，使用了诸如文化和社交习惯之类的辅助工具以提高推断准确度并对内容做出进一步解释。不过这两个理论很少单独应用且通常会同时发生影响形成最后的综合结果也就是我们说的三元整合法。这种融合的方法通过让长期储存的大脑数据库参与进来，使得学习者的认知活动更加丰富多样化，同时也提高了他们获取有效资讯的能力，成功实现的聆听解读是由底层与高层两级的信息整合所产生的结果；然而，学生们实际操作时选择哪一种方式则往往受到多方面的影响，包括他们学习的目标、他们的母语能力及特定环境中的情况等等。当有必要明确某些细微之处的时候，人们更倾向使用从底部开始的方式来获取这些数据，比如了解气候状况或飞机行程之类的内容。

安德森的三阶段听觉理解模型主要是通过认知视角来研究听觉学习的意义构建流程。他把听觉理解进程划分为感官处理、解释处理和资源使用这三个紧密相连且不断重复的听觉认知阶段。之后，范格德对此做出了调整，并将其与自底向上的模式、自顶向下的模式、元认知等相关概念融合到同一个结构中。

在感知阶段，听者利用工作记忆，对听到的声音信号进行分析，并试图从语流中切分出音素，以便理解。这一语音解码阶段主要采用自下而上的信息加工模式。学生在这一阶段遇到的困难有：不能识别单词、不能切分语流、注意力难以集中等。语流切分是外语听力学习者所面临的巨大挑战。在阅读材料中，单词之间有空格隔开；而在听到的言语中，相邻单词的界限往往难以区分，听者必须利用自己的语音知识将听到的语流切分成有意义的单位，然后才能获取意义。因此，高中生需要掌握足够的语音知识，并能对常见的语音现象（省音、同化等）做出辨析，这样才能对连续不断的语流进行正确的切分。

在解码处理的过程中，听力学习者尝试拆分单词，并将它们与长期记忆库里的对应物比较，做出决定，构建含义。主要参考的是这些单词所代表的意思，随着语言技能的发展，他们可以更加精确地唤醒可能的选择项。对于虚词和实词来说，听力学习者更容易区分实词。实词是表达句子的关键元素，它能在短时间内触发相关信息存储于脑海之中。通常情况下，实际存在的词会在语音中用重读来开头，而这个重读的节奏同时作为划分单词边界的标记和解读整个句子的重要线索。学生在这个环节可能会面临的问题包括：听到后立即忘记，不能把听到的词在心中建立起意思，未能辨识的部分会导致难以理解接下来的内容等等。所以我们需要了解英语的声音特性，抓住声音划分的指示性因素，把语音分解为或者单独存在或者彼此关联的一系列语言信息单元。

在资源使用环节中，接收方主要依赖从高层次提取的数据以解释含义。这个阶段的听力理解活动就像是解决问题的过程，接受方通过运用他们自身的背景知识和语言技能去解读这样的疑问：如何理解讲话人的目的。高中学生在这个过程中可能会面临一些挑战，例如能够识别词汇却无法理解其中的内容，或者误解了意思，产生了模糊不清的情况。这种瞬息万变的听力数据处理过程包括两个关键因素：一是认知流畅度，指的是接收到的语音信息是否能迅速地被赋予相应的意义；二是注意力管理，也就是实时关注并集中在线性呈现的语音信息上。

成功实现听力理解的关键在于有效平衡两个要素。对于母语者来说，他们的听力理解能力几乎完全自动化，无须刻意去留意每个词汇。但由于学生的语言技能限制，他们难以全面自动处理所有听到的信息。根据各自的语言程度，学习者可能会主动关注某些输入信息，或是掌握如何筛选重要信息（如实义词）。如果有足够的时间，学习者可以把未及时处理的信息与长期记忆中已有的知识相互关联并进入受控加工阶段（与自发加工相反）。这种受控加工方式要求学习者投入更多的精力和注意力，但是因为工作记忆容量不足且新信息的持续涌入会引发听力理解困难，要么无法理解所听内容，要么通过推断、利用背景信息或其他可用资源来弥补无法理解的内容。

理解听力是一个复杂的认知过程，研究人员已经提出了多种模型来阐述这个过程，并且他们在以下几个方面保持了一致性。

首先，只有在高中生将注意力完全集中在输入信息上时，他们才能进行信息的处理。这个处理过程涵盖了大量的解码操作和对信号的分析工作。

其次，新信息的处理依赖于从持久记忆中提炼出的已有知识和模型。

再次，能否有效地处理听力信息取决于对所接收语言信息的处理速度。

因此可以看出，听力理解并非仅仅是单一的线性输入并被动地接受资讯过程，也非仅限于对语言表面讯息的辨识，而是在新的资讯与聆听者的既有知识经历或者背景认知之间相互影响的过程中，通过这种方式，听力学习的参与者能够主动构建含义，从而实现理解及沟通的目标。

（2）听力理解的影响因素

布朗和尤尔指出影响听力理解的因素来自四个方面。

第一，这与讲述者有关。这包括参与者的人数、语速的快慢、谈话内容中重复信息的多少以及是否使用了方言等因素。

第二，与文章的主题有关联。这包括语言要素、文章的结构布局以及所涉及的背景信息等。

第三，与听众有关。这包括他们的动机是否强烈以及他们需要回答的信息的广度等因素。

第四，与听力辅助手段有关。

研究者束定芳和庄智象指出，影响听力理解的重要因素包括听力材料的特征、说话者特征、任务特征、学习者特征和过程特征。① 听力材料的特征指时间变量、语音、词汇和句法，以及视觉上的支持等材料本身的一些特点；说话者特征主要指性别因素；任务特征指的是听力理解的目的和听力学习所涉及的问题类型；学习者特征指学习者的语言水平、记忆力、情感因素和背景知识等；过程特征主要指听力理解的心理过程，如学习者采用的是"自下而上"模式、"自上而下"模式还是互动模式。②

4.逻辑推理训练

在高中英语的听力课程里，学生不仅要练习发音技巧，也需要提升逻辑推理能力和增强自己的语法知识。因为正确掌握并运用语法与逻辑是做出准确判断的关键。

另外，语言的学习需要语感。在听力教育过程中，预测信息的能力是必不可少的。如果我们能够预测即将接收到的信息的范围，那么我们的大脑就会无意识地激活这个知识储备，从而提高听力理解的效率。

（二）听力课堂教学的特征

教授英语听力的教学特性主要体现在四个方面：历史位置、心态机制以及教学过程特点。同时，这也反映了听力在课堂英语教学中的独特地位。

1.听力课堂教学的历史定位

---

① 束定芳，庄智象.外语、第二语言、母语及其他[J].外语教学，1994（2）：15-19.
② 潘婷婷，高中英语听力策略训练的实证研究[D].重庆：西南大学，2020.

在中国英语教育领域，数十年前，我们常常会听到关于听力、口语、阅读、写作及口译等五个方面的技巧。然而随着英语在实际生活中的广泛使用与深入程度的大幅提升，其间翻译的重要性相较之前有所减弱，因此中国的英语教育者们也逐步适应并采纳英语国家的第二外语教育的观点，只关注听、说、读、写四个方面。无论涉及哪一项，听力都是最为基础且关键的能力。这种现象并非巧合，它是对语言活动的自然规律真实准确的表现。

人类的第一种语言行为是聆听。自新生儿诞生那一刹那，他们便不再依赖母亲的身体去感知声音，转而直接利用耳朵接收信息并展开语音交流。经过数月的倾听之后，他们才会开口说话。接着，可能需要几年的时间才能学会阅读，然后才是书写技能的学习。同样地，虽然中国的大部分英语学习者是从阅读入手，但我们也许应该遵循类似的过程来学习外语。

自从中国的经济体制进行了深度变革后，对于英文的使用及其相关的人才的需要量激增，尤其是针对语言交流方面及相应的专业人士更为紧缺。为了适应这种社会的呼声，我国的教育体系逐渐调整方向，以重视听力理解能力和对话技巧的学习为主导内容，而不是以往侧重的阅读写作技能训练。这个转变过程正好符合美国学者 B・L・Brown 于 1983 年的论述：即随着全球化的发展趋势，世界各国都在积极推动着由"书本"向"人际交往"转型的过程。几十年来，我们看到了一场关于外国语文教育的大规模颠覆性的创新运动正在进行——它始发于 20 世纪 70 年代初期的初级阶段时仅是作为一种辅助手段存在并被视为书写能力的补充部分而已，但现在已然成为主流观点的一种共识，就是所有学外文的学生都需要掌握一定的交谈技术，无论他们的主要目标是提高自己的文字表达水平或其他目的！这股潮流不仅使得那些长期困扰我们的问题得以引起更多的注意，同时也促使我们在理念探讨领域内不断深入探索新的解决方案。

中国的英语教育理论领域已经开始探讨与之相关的教导策略的转变理论问题。由刘润清领导的北方英语教育倡导改良传统的阅读和写作主导的教育理念，推广"听力优先，同时重视阅读和写作"的新颖教育准则，以此满足我国对于英语运用能力和英语专门人才的需求变化。然而，南方英语教育的代表人物董亚芬却持相反意见，她认为"中国英语教育应该一直坚持以阅读和写作为主"，并且强调在英语实践过程中，虽然听力及口语的重要程度不可忽视，但这并不影响其在英语教育基本原理中的重要地位。

如今，中国英语教育的各个方面，包括学校英语教学、社会英语教学、个人自学英语、英语出版业、各种大众媒体宣传等，无不把英语口语放在首位，英语听力教学的重要性已经完全确立。如何从教学方法论上对听力教学进行新的探索，为英语听力教学实践提供有益的、可操作的建议和参考已经成为广大英语教师和从事英语教育方面的学者面对的重要课题。

2. 听的心理机制

听力与阅读都是语言理解能力的一部分。聆听的过程中是听众的心智解读行为流程，胡春洞将其划分为三阶段并持续交互进行：解析融合、预判选择及验证调整。从接收到的声音起始，首先是对其进行感官认知，接着对其所知觉到的话音进行辨识，一旦确认了话语后就开始理解它，随后存储该信息的意义并对之前已存入的信息进行整理。尽管这个过程中有明显的开端——对于讲话者发出的声音的接受，但是并没有固定的结束，由于后续收集来的资讯可能需要更新或者再度整合之前的理解结果。

预判选择是在聆听过程中，通过参考前后内容、周围氛围、相关领域知识和其他因素，来推测接下来可能被传达的信息的含义。然后是选择过程，即听取信息后，对于接收到的消息及意义做出必要的选择，重点关注关键点，过滤掉非核心元素，从而使自己的焦点聚焦于关切或者有兴趣的部分。

验证调整是通过对比自身所接收到的信息与预期的信息来实现的，若两者吻合，便会主动记住这些信息，并将之视为后续信息的解读基础；反之，如存在差异，应及时更改之前的预期，然后从头开始新的推测及确认步骤。需要强调的是，听力全过程中包含了接受、解释、预测、确定或否定等多种思维活动，这是一个不断变化的过程，其复杂程度难以详述。尽管如此，目前的认知仍停留在初步阶段，我们尚未能完全掌握脑内发生的事实。

3. 听的过程特征

主要的听觉特征有一致性、短暂性、实时性、即时回应性、双向交流性、环境限制性以及提示帮助性等。

第一，一致性。这一特征表明"听"总是与"说"同时发生，没有"说"就没有"听"，这是听的本质特征之一。听的发生过程一定伴随着说的发生过程，有"听"就有"说"，但有"说"并不一定有"听"。因此，"说"是"听"的前提条件。这一本质特征决定了听力教学必须充分关注"说"，包括说的内容和方式。这一特征说明听力教材在高中英语听力课堂教学中有着至关重要的作用。

第二，这个特性是短暂性的。这意味着当某个人开始讲话时，他们的言辞立刻消失。换句话说，通常来说，如果一个人正在讲的话没有立即被聆听到，那么一旦他们停止了发言，这些话就会完全消失，无论他们是否再次复述之前说过的话，而接收方只能接收到包含相同词汇的新句子。这是听取的一个基本属性。这种特质对于高中英语听力课程的教育意义在于，我们需要让学生们专注于倾听，迅速抓住他们在听的内容，因为如果没有听到任何内容，就无法进行有效的听力理解。

第三，是实时性。这个特性意味着聆听的行为是一种无规划和随意自然的动作流程，通常无法提前准备或者模拟训练。这需要我们在高中的英文听力课上提升学生对突发情况的应对能力，学习如何灵活处理各类问题，并专注于听力行为自身。

第四，即时回应特性。这指的是在常规的人际交流中，对话参与者通常会对听到的事物给予立即响应，例如表明是否能清晰地听取或者无法完全理解，或是同意还是反驳，或者是喜欢还是讨厌，等等。这些回应可以是口头表达，也可以以面部的表情、肢体动作等方式呈现出来。这个特点对于高中的英语听力课程有重要的指导意义，那就是需要培养学生的专注力，迅速抓住讲话者的信息并且快速领会其中的含义，做出相应的回应。这样可以让发言者根据情况来调整自己的言辞，比如再次阐述、详细说明、确认理解、否认误解、提高音量、降低声音、继续讲述、暂停谈论等。

第五，双向交流性。在一般的人际沟通言语过程中，聆听的一方不仅会担任倾听的职责，也会承担发言的责任，这主要是因为一般的言语过程具有互惠的特点。相较于即时回应特性，双向交流特质表示，此时此刻的目的已不在于能听到更多或理解更深，而是为了获取谈论的机会，以阐述个人观点和利用自身的话语来影响之前的发言者。聆听转变成发言，意味着其语言行为的深度超过了仅仅听取的范围，并且已经深入到积极的语言社交互动流程之中。这种高中的英文听力课程教学的含义在于，听力的练习并非完全只是听取，也不应仅限于收听录音带、收听无线电节目或者观看电视剧等单一的听力活动上，我们应该尽量使学生参加对话式、互动型、生动的语言活动，并将听力和讲结合起来，或许这样一种混合型的听力培训方法效果更好且更为高效，能够达到事半功倍的效果。

第六，环境限制因素。"听"通常发生于特定的时段、地点及状况中，这无疑形成了对话的环境背景，这种环境背景中的微妙之处常常影响着言谈内容所传达的信息，并为语言理解提供了多种路径与暗示。掌握这些环境细枝末节，增强对此类环境细枝末节的敏锐度，发掘其中蕴含的路径与暗示，有助于提升聆听者对于语音信息的解读能力。这个特性给高中的英语听力课程带来了启迪：听力练习应该尽量在有明确场景的支持下展开，同时也应当激励和指导学生强化语言环境感知力，以便他们能在实际的语言活动中更好地把握听力技巧。

第七，提示帮助性。这一特征首先与情景制约特征密切相关。在语言活动发生的情景大场中，总有各种各样的细节可能向听话者提供某种提示和线索。同时，说话者说话时的肢体语言（包括表情、眼神、手势、姿势、动作等）都可能向听话者传递某种信息。在高中英语听力课堂教学中，应该鼓励并引导学生观察和注意语言活动情境中的各种细节以及说话者的各种肢体语言。充分利用这些提示帮助，有利于提高学生英语听力的实际应用能力。

毫无疑问，掌握以上的听力过程特性，对于高中英语教师来说，能够更深入地理解听力教学，更有效地处理可能出现的各类听力训练问题，从而更有力地提升学生的英语听力技巧。

4.听在高中课堂英语教学活动中的特殊性

在看似简单却又复杂的高中英语课堂活动中，听力活动相较于其他三种语言技能具有独特性。哈默认为，这些独特性需要我们特别关注以下三个方面：

第一，每个人听到的语音材料都是同一个速度。

第二，许多学生在听力活动中感到了恐惧，因为无法理解某个单词或组合而暂停思考，错过了接下来的部分内容，这最终导致了整个听力活动的失败。

第三，口头表达，尤其是非正式的表达方式，常常存在句子不完整、反复出现、犹豫不决等问题。

高中英语听力教学必须满足这些特性的特别要求。如何根据听力活动的独特性来设计相应的听力训练和任务，以保证高中英语听力教学活动的顺利进行，是理论研究不可避免的问题。

二、高中英语听力课堂教学的现状

训练听力技巧涉及多方面的提升，涵盖了对于句子的解读和整体把握的能力，归纳总结的能力，还有逻辑思考力等，同时也有助于提高语言交流水平。然而，许多学生在学习英语听力时感到恐惧，甚至无法掌握任何听力策略。因此，即使是针对非常基础的听力题目，他们也可能难以适应其节奏，有时候可能会感觉无所适从，这使得老师在授课过程中面临着困难并影响效率。总而言之，目前高中英语听力课程的状况可以简要描述为以下几点：

(一) 学生基础水平较低

因为存在着东方和西方文化的不同，目前的中学生对于英文国家的相关地理历史、社会习俗、思考模式与生活方式等方面知晓甚微，缺少相关的背景信息，他们的单词储备不足，基本技能也较为薄弱。此外，他们并没有形成有效的聆听习惯，并且很少主动去锻炼自己的听力能力，因此他们在发音上可能会有误差。再加上学习英语的环境并不理想，中学生们对于英语的声音、节奏和旋律特性并未具备足够的敏锐感。所有这些都是影响听力训练进程的因素，进而使得中学生产生害怕听的恐惧心理。

(二) 课堂教学模式单一

有时候，老师会忽略了高中的学习者们需要全面掌握语言材料的需求，导致他们把英语课程变成了纯粹的聆听活动，或者变成了一种无意义的播放音频的行为。这种情况下，听力课堂往往陷入一种"只听声音，对照答案，然后由老师讲解"的教育方式。有些老师的听力教育过程中并没有明确的目标，只是随意引导学生去听，一旦学生无法达到预期的结果，就会让他们反复多次去听。这些都反映出老师们缺少必要的指引与监管。

(三) 教师引导缺乏适度

部分老师视英语听说课为应试培训课程而不给予适当指导和引领；他们会立即放映课本里的音频内容而不是先向同学们解释相关词汇及语法结构等信息。由于他们在对话主题上并不了解且缺少必要的预备基础知识支持，这会导致他们的学习信心受到打击并感到沮丧——如果课堂上的准备工作不足或者过于细致的话，那么这些学生的自信心可能会受损甚至完全消失。然而也有一些学校里的一些老师们会在开始之前就把即将被用于练习英文发音的内容详尽地讲解一遍：这样一来即使不用认真倾听也能准确选择答案了！但过度精确的前期介绍使得这项语言技能的学习变得毫无价值可言，并且沦为了一种形式主义的活动方式而已。因此，怎样恰当地处理好前期导入这个步骤是每位教育工作者需要关注的关键点!

（四）教学重点定位不当

部分高级中学英语教育者对解读与掌握课程目标能力不足，他们往往过分重视执行教科书中的听力训练项目。有时候，当教师认为教科书提供的听力素材过于复杂时，会选择将需要全面解答的问题改成单个词语填写的方式，而且这些词语通常是容易识别的信息。实际上，通过完整的句子来完成听力任务的主要目的是提高高中生的综合听力技能（包括收集、解析及管理听力资料全局信息的技巧）以及使用言语总结提炼信息的能力。然而，如果教师将这种练习方式转变为要求学生注意细节的方法，那么学生就不能达到预期的听力学习目的。

三、影响高中听力课堂教学的因素

人类的听觉能力和对信息的解读能力构成了听力的一部分。根据英国语言学者 Mary Underwood 的观点，听力可以被划分为三个主要步骤：首先，声音会经过听觉存储；其次，短期的记忆会对所接收到的声音信息进行处理；最后，理解后的信息会被转移到长时记忆中去。如果这三步中的任意一步出现问题，将会直接影响听力教育的结果。接下来，我们将深入分析一下如何从学生和老师的角度来解决这些限制听力教育的核心要素。

（一）语言的基础

对于基础语言技能如发音、口吻、速度、词语、句式和语法等方面，如果缺乏坚实的理解，无论如何加强练习也难以产生显著的效果。这是由于如果没有这些基本能力作为支撑，听力的提升就像建立在一无所有的基础上一样。当我们在做听力练习时，即使只是一些微小的变量比如轻读、加重、连续语调、意群或标点符号的变化，都会导致原本由同样字母构成的话语具有截然不同的含义。

（二）学生的兴趣

许多高中生并不喜欢英语听力课程，他们的词汇能力和语法基础也相对薄弱。因此，他们在上课时感觉像在聆听无法理解的内容，从而产生了一种反感的心态。这种厌恶反应使得他们在听力练习过程中鲜少主动投入，通常只是被迫完成任务，而非真正地去应对挑战。结果是这种抗拒心态变得越来越强烈，学习的热情逐渐减退，听力能力自然难以提升。有些老师试图通过播放电影来增强学生的兴趣，的确能引起他们对于听力课程的关注，然而如果没有恰当的教育指导，这些课堂可能会变为纯粹的观影活动，最终的效果可能并不会太好。

（三）母语的干扰

作为我们日常使用的母语，汉语对我们的学习过程产生了不可忽视的作用。因此，当我们聆听英文的时候，很可能会受到母语的干扰，导致听力练习无法完全摆脱其影响。当学生们尝试听取英文时，他们往往难以适应使用纯正的英文来思考问题，无法立即把听到的话转换成实际场景中的对话，反而更倾向于按照每个单词、每句话的意思用中文进行解释后再去理解，这无疑降低了他们的听力理解能力及效率。

（四）心理的问题

在教授高中的英文听力的课程中，教师必须鼓励学生主动参与。部分学生听到即将开始听力练习时会产生恐惧感，脑海里瞬间变得空无一物，这正是他们内心恐慌与紧张的表现。还有些学生因为学习成果欠佳而丧失信心，从而滋生了自我否定的心态。这些缺乏信心的学生在听课过程中总会感受到内心的紧绷、担忧和恐惧，害怕被教师点名问答，或者因自己的答案错误遭到老师的责备或同伴的嘲讽；同时，他们对考试充满畏惧，深恐无法通过测试。这样的持续性的紧张状况使得他们的精神压力巨大，心情低落，同时也难以提升英语听力的能力。

（五）重视的程度

虽然许多学生意识到英语听力的比重正在逐渐增加，但在日常学习过程中并未给予足够关注。他们往往误以为只要掌握好语法、写作等基本技能就能获得高分数，部分高中生甚至将其视作阅读理解题目处理，并相信通过推断可能正确回答一部分问题。由于缺乏对于听力重要性的认识，这些高中生的听力教育及测试过程存在着投机取巧的心态，这严重阻碍了他们的听力能力提升。若长期如此，靠运气得分的成功率会降低，进而损害其总体英语表现，最终导致他们在听力方面出现恐慌情绪，造成深重的心理困扰。

（六）听力的习惯

部分高中的学习者并未形成有效的聆听行为模式，他们对听力测试的主要目标并不清楚。他们在听取信息时，无法理解某个单词或短语，常常会停止思考并陷入困惑，这反过来又会影响到后续的信息接收，进而降低听力表现的效果。事实上，听力练习的目标并非要求所有词汇及句子都能完全理解，关键是理解整体的文章主旨与核心观点。即使你能准确听到每句话，也不能保证你对一段话有清晰的了解；同样，如果你能够理解整个段落，却未必可以领悟全文的意思。因此，我们需要让学生深刻理解这个问题的本质，即听力训练更看重的并不是逐个词语的理解，而是掌握文章的主线和重点。

（七）听力的环境

听力环境对听力教学也很重要，有的高中听力设备陈旧老化，教室外有噪声，有的学生离音源过近或过远等，这些因素都会影响到学生的心情、学习的兴趣和信心。英语教师应该尽可能地创造条件，比如去语音室，或者运用多媒体，安排一个良好的听力环境，帮助学生克服心理障碍，提高英语听力教学的水平。

（八）教学的计划

对于听力的教育环节，老师需要为每个学年或学习时期的学生设定合理的且科学的目标，并且制定出系统化的课程设计，以避免在教导过程中的无序与迷失方向。高年级学生的听力技能不仅仅受限于个人条件，还与其老师的授课策略密切相关。如果难度设置得太低或是太高，分配太过零散或集中化，都可能导致学生的注意力减弱及参与度下降，从而削弱了听力教育的质量。

（九）时间的安排

时间安排不合理主要涉及两个方面：一方面是学校对于听力教学不重视，另一方面是教师的时间安排不合理，这两种因素都会导致听力教学的时间安排不充足。如果是学校不重视，那么在做教学计划时，分配给听力课的课时就不充分，也就是说把高中听力教学放在了从属地位，学生的听力也就很难在不充足课时的情况下得到提高。如果教师对听力教学的时间安排不合理，有可能会造成集中训练时间过长，训练模式单一，大多只是听一两遍录音，对对答案而已。互动式教学不突出，课堂气氛不活跃，学生容易产生疲劳感，听力课的效果也会下降。

（十）教材的选择

当选取听力材料的时候，老师需要根据高中的学生的学习水平、课程主题及教学目的做出精确筛选，确保这些资料既能满足他们的需求并提升他们学习的深度，同时也能强化他们的基础知识以实现连贯性和过渡性的效果。此外，对于听力的素材应该具有创新性与多元化的特性，以便吸引各种类型的学生并对他们的喜好有所调整。

四、高中英语听力教学的教学材料

什么材料可以作为高中英语听力课堂教学材料？高中英语听力课堂教学材料如何分类？选择高中听力课堂教学材料的原则是什么？

（一）什么材料可以作为高中英语听力课堂教学材料

对于这个问题的解答，各教育学派持有各自的主张。例如，传统的授课方式如听说法可能会推荐使用标准的音频资料，强调内容的严谨性和结构的一致性；然而，广义上的交流学习模式则可能是，任何日常生活中真实的英文口头互动都能成为听力教育的素材，比如机场播报、餐厅谈话和公司通话记录等等。总的来说，针对高中生听力课程的学习资源，当前英语主导的教育实践更为偏向第二种看法。

尽管日常生活中高中生的英语口语实践机会相对较少，但是若我们将各类人于各种环境下可能会遇到的英语口语场景汇总在一起，便能形成一份详尽的活动目录，其中包含了诸如英语商务通话、英语课堂讲座或者用英语演讲解说、观看英文影片、担任外语导游、参加外国公司招聘面试、欣赏英语歌曲、收听英语新闻播报、观赏英语电视剧集、参与国际商贸交流会议、服务于涉外的旅馆与饭店等等。

现在，互联网上的众多站点，特别是在大型新闻传媒网页上，提供了丰富的英文音频信息，人们能够实时在线聆听。对于英语口头交流的发生地点来说，作为教育资源，高中阶段的英语老师可以选择全球范围内的事件，理论上说，世界上任何角落发生过的英语口头交流都能成为听力课程的学习素材。然而，在实际的高级听力课教室里，选材的问题仍然会遇到如质量、规则、主题和风格等方面具体的困难。长时间以来，一种常见的策略就是以美国及英国的广播电台与电视节目的英语部分为基础，尤其偏向于使用美国 VOA 和英国 BBC 的相关节目内容，这些一直是广受欢迎的听力学习资料。

近些年，中国的英文教育呈现出繁荣景象，涌现了大量优质的英文教科书，许多优秀教材均配有相应的音频资源，甚至有些已经转化为广播或电视上的英文授课内容。同时，伴随着我们国家对改革开放的持续推进，信息的快速传播与广泛应用，更多的外国文化和教育信息被公众所接触到，这当中包括大量的英文音频素材，而且在国内的电视台和电台中，以英文为主导的频道和节目也在逐渐增加，外籍主持人的数量也有所上升，这一切都在无形之中丰富着我们的中文听力的学习资源。

（二）高中英语听力课堂教学材料的分类

对于众多英文听觉教育资源来说，挑选出符合课程目的并适合使用的素材是一个所有高中的英文教育者都需要认真考虑的事项。为方便选取教科书，我们确实应该把那些五花八门且种类丰富的音频学习资料归类整理一下。这些录音的学习内容可以通过多种方式来划分：例如按照交谈的环境可划分为正规与日常对话类型；依据所涵盖的话题范围则可能被分成普通话题和生活主题两部分；而依照讲话节奏又可能会区分开缓慢型及快言快语型的语言样本；另外还能够通过词汇用法的标准度去区分口头交流形式或文字表达模式下的声音记录片段；最后还可以基于发音的地域特色进一步细分到如美式英语、伦敦腔调或者大洋洲土著话等等类别中。

对那些投身于高级中学英文课程教育实施的教育者而言，从理论角度出发，各类听觉素材主要的功能是，他们能够依据学生们的各种需要与教导的目标，依照这些音频资料的类别挑选并安排各式各样的听觉资源，以保证授课内容的多元化。

（三）选择高中英语听力课堂教学材料的原则

在中国的英文教育历程中，曾有老师无须挑选听力教科书的情况出现，可能的原因是听力未纳入到英文教育的范畴内，或者是因为教材全国化、教学方式和测试标准都保持一致等等。令人欣慰的是，这个历史阶段现在已经过去了。目前，对听力和口语的重要性的认可得到了普遍认同，教材也在向着标准化和多元化的方向发展，因此选取合适的教材成为许多高中的英语教师无法避免的工作任务的一部分。面临这个充满信息的英文世界，如何根据一些指导原则来正确地做出选择呢？这个问题已经在理论领域引起了很多讨论，我们可以将其总结成7个主要的原则：难易适度原则、数量越多越好原则、主题适应原则、多样的原则、语言真实原则、学习和实践结合原则以及成功的原则。接下来，将会详细解释这些原则。

1. 难易适度原则

遵循"难易适度"的原则，意味着老师需要在挑选听力教材的时候，确保其难度适合高中生的理解能力，既不过于复杂，又不过于简单。如果内容过于深奥，高中生无法理解，他们可能会感到沮丧和失落，长此以往，这种情绪会导致他们的自信心受损，最终影响到他们对于英语听力学习的热情与积极性；反过来，如果内容过分浅显，高中生能够轻易掌握，这会让他们的学习变得乏味无趣，尽管他们仍然保持着对自己能力的信任，但可能会对老师的组织方式产生怀疑。所以，为了避免这种情况的发生，我们应该让英语听力课程的内容处于合适的难度水平。

2. 多多益善原则

如果我们把视角放在质量上看，那么对于高中的听力课程来说，其教学资料应当符合多多益善的原则；而当我们换个思路来看待问题时，则需要坚持的是大量优质素材的使用才是关键所在。因为学习的本质就是累积的过程——无论是数量还是种类都需要不断增加才能让学生真正地吸收和消化这些信息并将其转化为自己的东西。这种转变并非一蹴而就的事情，而是要经历由少至多、逐步深入的一个复杂且持续不断的阶段：首先要有充足的基础词汇储备作为支撑点，然后逐渐提高对语法结构等方面的认识程度，直至能够熟练使用所学到的内容去表达思想或解决问题为止。根据 Krashen 和 Terrell 提出的关于英语习得理论中"适量"的重要性观点（即合适的困难等级），我们可以看出高质量的信息必须经过大容量的有效接收后才会产生效果，所以在这个过程中唯一能做的就是要尽可能多地获取各种类型的资源，并且不断地重复练习以便最终获得理想的结果。

3. 内容适用原则

应用于内容的准则指的是英语听力资料应满足学生的喜好和需求。唯有当这些素材引起他们的关注、喜爱、感兴趣且具有实用价值，并且符合其当前或者未来的需求时，高中的学生才能更投入地聆听并认真倾听。作者认识到，关于高中听力课程中使用的教材内容是否与高中生的关联度是个极为复杂且敏感的问题，然而从教学策略角度看，过多无意义的信息可能会削弱学生的学习热情。过于机械化地将宏大教育的主题与具体学科学习相结合的方式已不再适应时代的发展，每个学科都有自己的独特性和规律，如果强制要求学科学习承担非学科学习的责任，不仅会增加学科学习的负担，也可能阻碍学科发展的健康进程。

4. 多样性原则

多样性原则指的是高中听力的课程设计应具备多元的特质，这包含了形态的多变性和内容的丰富性。依据前述对听力资料的分级，实际生活场景中的听力任务具有多种不同的方式，而教室里的英文授课也应当体现出现实生活中真实的语言行为。所以，我们需要同时使用单人自言自语式的素材，也要采用双人和多人的交流模式。此外，从内容角度来看，我们也需考虑学生们的各类喜好、兴趣及需求，挑选各色各异的话题和风格类型。

5. 语言真实性原则

遵循语言真实性原则意味着，高中的听力教育课程应尽量选用真实的英文素材，这些素材必须是来自英语母语者的创作，并能反映他们的实际应用情况。这通常被划分为三类：一是由英语母语者撰写；二是针对他们写作；三是适用于日常生活中。然而，关于这个定义引发了广泛的争论，因为有人觉得全然依赖于真实性并不适合高中阶段的英语授课需求。大多数人的观点倾向于逐渐增加非真实性与真实性资料的比例，最终达到全部使用真实性的程度。大家普遍认同的是，初期的高中英语听力学习更适宜利用专为英语学习设计的且编制的教材，以提高教导效果。

6. 学得与习得相结合原则

英语学习中的学得是指有意识的专门的英语学习和训练以及这种学习和训练的结果，而习得是指在生活、工作和学习中无意识地获得英语知识、技能和语感的过程和结果。学得与习得相结合原则要求既要选择供高中生适合学的英语听力课堂教学材料，即含有要求高中生有意专门学习的单词、语法或用法的听力材料，也要选择供高中生习得用的听力材料，即供学生欣赏、消遣或学习其他知识的听力材料。

7. 成功性原则

遵循成功的标准，我们需要挑选那些能为学生带来胜利体验的高级英语听力课程学习资料。不管这些音频素材以何种形式或主题呈现，都应确保他们在聆听的过程中有能力感受到征服某个难题、解决某项挑战或者达成某个目标后的喜悦与自豪。为了实现这个目的，我们就得关注到音源语句难度是否恰当、其美学价值、信息时效性和听力练习中所采用的速度及顺畅度等方面。

尽管上述七项准则仅为理论上应遵守的指导方针，但在现实的教育环境里，老师可能无法完全按照这些标准执行。然而，不管怎样，教育者仍需确保他们挑选的听力资料既符合学生的实际情况，又对他们的长期学习有利。

五、听力课堂教学的创新视角研究

学生在听力学习中熟练掌握各种技能有助于其在应试过程中灵活应对各种听力难题。在听力教学过程中，教师要以创新视角向学生传授一些听力技能。这里笔者主要介绍以下几个常用的创新听力技能：

（一）技能教学法

1. 听前预览

在高中的英语听力课程中，我们通常会在开始每项任务之前让学生阅读所有选择题的选项。这样做的目的是让他们能够有所准备并获取重要线索，比如名字、位置和数字等等，这些都是解答问题的重要依据。因此，在正式聆听试题之前进行这样的预览有助于更高效地完成听力任务，而这需要老师在讲课的过程中教导学生如何运用这种方法来提升他们的听力技能。

2. 猜测词义

猜测词义是听力过程中的一项重要技能，因为绝大多数高中生都不可能完全听懂听力材料中的每一个词。在这个阶段，学生可以运用多种方式来推测单词的含义，例如从语言环境或者与前后句子的关联中去揣摩，这有助于他们更好地吸收听力信息。然而，我们需要提醒学生不要因为遇到陌生词汇而立即停止思考并尝试解读其意义，这样做会影响到他们的听力进程及收效，因此建议他们在确保听力任务能够正常执行的前提下，灵活利用各类词汇解析策略。

3. 注意所提问题

在做出正确的选择之前，首要任务是理解所提问题。如果没有搞清楚这个问题，即便你听懂了内容也无法得到准确答案，因此，理解所提问题在听力训练中至关重要。

4. 留心关键字

对于高中生而言，完全理解一篇听力材料并不现实，也并非必需。更进一步来说，未能理解并不意味着无法回答问题，学生有时只能理解其中的部分内容，但仍然可以正确回答问题，关键词的掌握是至关重要的。因为有些题目主要就是听关键词，抓住了关键词，问题也就迎刃而解。所以，在进行听力教学时，老师需要重视培养学生捕捉关键词的技巧。[1]

5. 边听边记录

对于英语听力考试来说，其试题设计丰富多变，除了检测学生的听力技能之外，也同时评估他们的记忆技巧。尽管有些学生可能已经理解并掌握了部分内容，然而他们可能会因为需要记忆的信息量过大而感到压力和焦虑。因此，教育者有责任指导学生形成一边聆听一边做笔记的学习习惯。这些笔记可以包括数字、关键词或其他相关信息。不过，记笔记时应保持快速且简洁，以避免因过度关注细节而错过后续的部分。

（二）互动教学法

互动教学法是指教师在高中英语听力课堂教学实践过程中，针对听的内容与高中生展开各种交流与探讨。利用交互式学习方法来教授听力课程有着显著的好处，它能有效地激发起学生的热情与主动参与度，提升他们对于英文听力内容的学习及吸收程度，并使他们在聆听过程中形成积极思

---

[1] 艾维维. 基于图式理论的高中英语听力教学案例分析[D]. 贵阳：贵州师范大学，2019.

维的习惯。另外，因听力的来源各异，所以我们可以把交互式学习方式划分为两种类型：一种是当人们讲话的时候，另一种则是听到录音的时候。在听力教育的过程中，许多阶段都可能运用到这种教导模式。比如，在播放录音时，老师就可以使用交互式学习策略。详细来说，这包含了如下几步：

首先，当学生听录音时，教师可以将听力资料分为几个部分。

其次，每当听完部分教学内容后，老师可以通过询问的形式与学生展开互动式沟通，这样便于尽快知道和把握学生对所听课程的认知状况。

再次，教师起着引领的角色，建立了学生和录音资料之间的联系，以促进学生与录音材料的交互。

最后，全部录音材料听完后，教师与学生共同总结，解决遗留问题。

第二节　高中英语口语课堂教学与创新

一、高中口语课堂教学的内容和目标

（一）高中口语课堂教学的内容

高中的口语课程旨在提升学生的交流技巧，教学内容涵盖了音频训练、词汇和语法以及对话技巧等多个方面。接下来将详细解释这些教学主题。

1. 语音训练

在高中口语教学中，首要的任务是确保正确发音和声调，这涉及声调、重读、弱读、连读、意群以及停顿等。不当的语音或变化的声调可能会导致理解上的困难，甚至使听者无法领悟其含义。

2. 词汇和语法

如果想要一个句子表达得精确，就必须使用适当的词汇和正确的语法。如果没有必需的词汇，说话者往往难以准确地阐述自己的观点；如果缺乏

必要的语法知识，说话者可能会言不及义，因此，教授的内容应该包含词汇和语法的教学。

3. 会话技巧

学习语言的目标在于交流，如何在这个过程中实现有效的交流，就需要运用一些技巧。常见的对话技巧包括以下几种：

第一，请求。

A：Are you going out tomorrow？

B：No，not really.

A：Are you using your bike then？

B：No.You want to borrow it？

A：Yes，if you're not using it.

第二，邀请。

A：What are you doing tonight？

B：Nothing important. Why？

A：Come to my place for dinner，then.

第三，宣布。

A：Did you listen to the news last night？

B：No，anything important？

A：Well，an earthquake was reported in...

第四，解释。解释是指在听众无法理解自己的观点或者说话人找不到相应的表达方式时，改变他们的讲述方式，使用同义词或其他解读性语言来进行补充阐明。

第五，避免。避免表达困难的话语，就是说在遇到自己熟悉的对话时选择使用这种方式。避开自身不熟悉的词汇和表述手法，以确保口头交流能够顺畅进行。①

---

① 周明发，浅谈高中英语口语教学的有效开展[J]. 才智，2019（35）：151.

第六,转码。转码是指在说话者面临无法解读的言论且无法避免时,适当地使用其他语言,例如自己的母语。

第七,解惑。如果接收方无法理解说话者的意思,他们可以使用各种方法来寻求解释,以确保对话能够持续下去。解答疑问是一种必要的策略,例如,当你对某个词或短语的意义感到困惑时,你可以提问:"What does ... mean ?""Can you explain to me what... means ?"

如果某些信息无法理解,例如对路线的指引不太清晰,可以询问:"Are you saying I need to go straight ?"或者说"Excuse me, how much farther do I have to travel ?"

解答疑惑的策略是要求对方阐述已经说过的话,或者用提升的音调重复对方曾经说过的话。

(二) 高中口语课堂教学的目标

口头技能的目标被划分为三层级,包括基础水平、高级水平及更高的标准。基础水平的要求是能够在学习过程中的英文沟通,并且可以针对特定议题展开探讨,可以用英文来对日常事务进行交流,经过预备之后可以在熟悉的主题上发表简洁的演讲,表述清晰且发音与语调相对无误;在对话中能够运用一些基本的对话技巧。对于高级水平来说,需要具备以下能力:能够以流畅的方式就一般的或者专业的主题进行对话,能够有效地传达个人的看法、情绪、见解等等,能够大致讲述事实、原因和描绘事件,表达明确,发音和语调也应保持正确的状态。而达到最高标准的标志则是:能够在一般或专门性的主题下进行深度的对话或研讨,能够精练地总结出内容丰富、具有一定语言挑战的文章或演说,并在全球大会和专业场合中朗读研究报告并参与讨论。

课标及要求中对于高中口语课堂教学的目标规定得很清晰,从所规定的口语目标,不难看出,随着学习的深入,目标的难度也在不断加大,深度加深,这不仅需要高中生自身的努力,更离不开教师的引导。因而,高中教师应该不断改进教学模式,同时还要提高自身的教学素质。

二、影响高中口语课堂教学的因素

在高中口语课的教学过程里,教师可以依据各种不同的教育准则和方法来实现有效的高中口语教学目标。但是,影响高中口语教学成果的因素众多。

(一)教师自身的素质

对于高级中学口头表达课来说,老师自身的能力需求非常高,特别是语音方面,由于清晰、标准的语调被视为交流的关键基础。假如老师的说话方式有误差的话,学生们就无法正确学习英文了。此外,当老师们提升他们的声音同时,他们也应该扩大自己掌握词句数量,这样才能根据实际课程情况做出适当扩展或深入讲解来增加学生的单词记忆力。

(二)准确与流利的平衡

教育者需要向高中的学生传递重视精确度和流畅度的均衡观念,这是口头交流学习的关键任务。如果忽略了其中任何一项,都无法被视为实现了高中口头授课的目的。老师可以在课堂里放映标准的英文音频,同时加以指导,让这些学生理解,唯有精准且顺畅的表述才能算作真正地掌握了口头沟通技巧。

(三)课堂气氛的营造

在很大程度上,高中生对外语表达的积极性受到课堂气氛的影响。教师应该激励学生勇于表达,不怕犯错误,并在纠正错误的过程中进步。这种轻松自由的课堂环境有利于学生的参与,使他们能够畅所欲言。

(四)教学观念的影响

传统的英语教学还是习惯把重点放在讲解语法上,仍然采用阅读、背诵、默写的方式,教师担心口语方面花的时间多了,可能会影响笔试成绩。于是,有些教师就对教材中安排的大量口语活动置之不理,结果造成"结巴英语"现象。这种现象不利于英语人才的培养，不利于英语教学，不利于高中生今后的发展。

（五）过度的纠错

对于高中的口头交际课程而言，教师需要根据高中生的实际语言失误程度来判断是否要修正。如果这种失误并不妨碍他们的理解和传达，那么可以在之后的时间里进行更正，这样能避免对他们思考过程的影响。然而，频繁地指正可能会伤害到他们的自信心，因此，学习英语时应该把重点放在意义的传递上，同时也要关注语法结构的准确性。

三、高中口语课堂教学的模式

高中英语口头授课的教育方式有：常规方法、3P策略、项目式学习法和Let's教育理念。这些教导方式都是根据教育的进步逐步发展出来的，因此具备一定的典型意义。

（一）一般模式

通常，一般模式会经历四个步骤，也就是先进行背景的准备（学生听），然后分配任务（教师说），接着执行任务（学生说），最后检查结果（教师说）。接下来我们将详细解释每个步骤的职责和含义。

初始阶段即导入期，此时期可采用多种方式，例如让高年级学生阅览文档或者观察实体和图像等等。对于听力素材的选择并无固定标准，既可以选择由老师诵读的文章或是讲授的故事，也可选择聆听音频文件或视频记录。实际上，不论学生的听取模式如何，也不论他们听到的是什么，目标始终是为了给即将开展的工作营造环境，提供相关背景资讯。

在这个过程中，我们进入了第二个环节——教师分配任务期。这个时期的主要目的在于设定高中生"说话"的目标、制定策略并安排相关活动。尽管这一过程的时间相对较短，但它对后续步骤起到了关键性的作用，为我们成功完成接下来的工作打下了坚实的基础。

在这个过程中,我们进入了第三个阶段:实施计划或任务,也就是所谓的"讲"的部分,这是所有高中口头语言课程的核心部分。在此期间,老师应该尽量避免发言和干涉学生的对话,也不要浪费他们的宝贵时间。关键在于鼓励学生进行口头表达,而非评判其是否正确地说出了几句话。此外,教师还需要适当调整此阶段的活动时长,理想的情况应该是该时段占据总活动的约80%。

在第四阶段,教师的主要职责是对任务的执行进行评估,其核心目标是对高中生的口语活动进行即时的概括,发现并改正活动的缺陷,同时给出必要的建议等。

(二) 3P 模式

除了一般的高中英语口头表达课程设置外,一些研究者还提倡了"3P"方法,也就是"Presentation-Practice-Production"方式。对于这一策略的具体实施流程及其利弊得失,详细阐述如下:

首先,在展示环节,老师利用解说、演示、实例及角色模拟等多种方式来对学生讲解全新的语言主题,涵盖了如语法结构、句型构造、对话技能与功能等多方面知识,确保这些新信息能在富有含义的环境下被传授,而非仅仅是独立于整体背景下的单个词句或者语法规定。在此期间,老师需要吸引学生的专注力,同时确认他们的理解程度以保证学习效果。此外,此阶段的目标设定和课程内容的明确也是必要的任务。

其次,在实践环节中,教育者向高年级的学生提供了多种可能性,让他们通过诸如语法演练等多样化的手段来展现和学习知识。学习的难度逐渐增加,从简单至复杂。同时,教师对于活动过程的指导也开始转向部分自我管理,以提升学生的独立能力。此种受控的学习方式旨在提高学生运用语言的精确度。

再次,在学校教育过程中,老师为学生提供了把他们所学的新的言语技巧与现存的认知相结合的机会,以便他们在自己的词汇水平下能够自如地使用这些工具来交流沟通。这个过程有助于提升他们的自信心并激发他们对于口头表达的学习热情。

此种教育方法旨在增强学生的语言理解和应用技巧，提升他们的口语表达水平，并重视语言的使用精确度及流畅程度。它鼓励学生主动参与讨论和探索，并在各个环节设定清晰的目标。这种方式既关注精准度又突出流畅度的重要性。在实际授课过程中，由于其实用性、有效性以及易于实施的特点，吸引了众多英语老师。但仍有一些人对这个模型持有反对意见，质疑其中不同阶段之间的连贯性，以及从精确到流畅转变的合理性，他们觉得这个模型过于侧重精确度，从而减少了学生大量接触外语的机会，且未能提供真正的交流环境。[1]

（三）任务型教学模式

任务驱动的教学方法主要包括以下四个环节：展示任务—执行任务—报告任务—评估任务。

1. 展示任务

当老师展示课题的时候，会根据高中的生活或者学习的经历来设计具有特定主题的场景，以激起他们的求知欲和学习热情。在这个过程中，老师们提供了相关的话题环境及思考路径，同时也将新的知识点与学生现有的认知体系建立了关联，从而引发学生的表达冲动，让他们充满激情和期望地开启新的课程学习。在此步骤里，教育工作者必须遵守"先输入，再输出"的原则，即在学生掌握了执行任务所需的语言能力和技巧之后才引入任务，这同样也是为了下一阶段做好准备。

2. 执行任务

当分配给高中的学习任务时，他们可以选择通过配成一对或者组成团队的方式自主执行；抑或是让老师设定一系列小型项目形成一条线性的工作流程作为启动方式。这样的搭配模式能确保每个同学都能够有实践英语口头表达的能力，同时也能激发他们的思考能力并在团体互动中学会协作

---

[1] 王红予.高中英语口语教学的有效性探究[J].科技视界，2017（34）：73.

精神。此外，为激励同学们积极投入到这个过程中去，老师们也应该加入学生的队伍里一起行动起来——作为一个成员而非旁观者。在这个阶段，教育工作者应时刻关注进度情况并对学情做出实时反馈以便于灵活调适教导方法从而保障工作的成效度。

3. 报告任务

各个团队会在交流之后派遣一名代表来向全体同学展示他们的学习成果，老师可以选择任命或让团队自行选择代表人。通过老师的决定，能激起学生的研究热情；而当团队自主挑选出代表的时候，则能够提高他们的自尊感，这两种方法都有各自的长处。在学生们分享工作进展的过程中，老师需要提供一些引导和适度的支持，以确保他们表达得清晰且流畅。

4. 评估任务

当所有团队报告完他们的责任时，老师应与整个班级一同对他们的工作做出评估，指明每个团体的优势及缺陷，评选最优秀的团体，使高中的孩子们能在执行了职责以后体验成功的感觉。在这个评分的过程中，教师能指导学生们怎样公正客观地看待自我和他人的工作表现，给那些做得不错的队伍提供心理上的激励或者奖赏。在此阶段里，教育者需要迅速掌握这个反馈的作用来激发学习者的热情，提高小队的竞争力以便推动青少年持续发展。

在新颖的教育体系里，口头课程被转变为了老师提升自己口才的机会，而学生却成为观众，这是与新的教育标准相违背的。然而，任务型的口头课程教学方法是基于学生的需求，采用团队协作的学习策略，并设定明确的目标，从而有效地激起了他们学习英文的兴趣。在这个任务型的口头课程教学法中，老师们会创建场景，尽可能提供真实的问题，引导学生们通过实际操作、亲身经历、协同工作和互动等方式去训练他们的口头能力，以此激发他们的参与欲望，增强他们在使用英语沟通方面的技能。对于高中的学生来说，当有动力驱动时，他们可以把以前的被动和消极心态转换成积极和主动的态度，尤其是在完成了任务之后所感受到的成功喜悦，让他们更加期待下一轮的挑战。此外，老师的教学活动都是根据学生的"学"的需求设计的，这样一来，不管哪个阶段的学生都能保持头脑活跃的状态，而且这个教学模式不仅能让学生掌握到语言知识，还能教给他们如何应用这些知识。随着学习的深入和自身的语言水平的提升，学生也能更有创意地表达出他们的想法。

（四）Let's 教学模式

这个模式主要包括四个核心环节，也就是：首先是激活已有知识，然后有效地引入新的信息；接着是创建情境，进一步探索新的知识；紧接着是聚焦问题，进行处理和加工；最后是深度研究，并进行交流发现。

1. 激活旧知，有效导入

引入新课程时，我们引导高中阶段的学生进入一种全新的认知环境，让他们对于即将学习的内容产生理解的需求。通过有效的授课方式，我们可以立即抓住学生的关注点，激发出他们的学习热情，唤醒他们的探究渴望，促使他们积极地寻求答案和获取信息，进而提升英语课堂的教育效果。常见的引入新课程的方法包括以下几种：直接观察法、主题讨论法、回顾式介绍法、互动型游戏法、歌谣引入法等等。

2. 创设情境，探索新知

美国著名教育学者杜威曾指出，为了引发学生的思考，需要以实质性的环境作为思考的基础环节。在这个步骤里，老师的主要任务就是引导高中的学生去探寻并揭示新的知识。这包括利用各种文本资源，比如听力段落和对话片段，来融合两个大的教学主题，通过一种线索将其连接起来，这个线索可能是一个特定的议题或场景，也可能是一个人物或者一个地方。在此步骤中，关键在于怎样创建多样化的活动，以便使学生能够积极参与其中。因此，我们应该如何培养学生聆听和表达的能力，让他们的大脑和口舌活跃起来呢？在策划这些活动中，我们要遵守以下三条准则：一是紧密贴合学生的现实情况；二是充分考虑他们生活的真实体验；三是确保活动的实施能促进他们的交流互动。

3. 聚焦难点，处理加工

此阶段涉及对课程的关键和复杂部分的抓取，并对其提供的有价值的信息进行独特的处理与改良。从军事策略的角度来看，有些地方并不需要去竞争或占领，放弃这些地方是为了获得更高的成功率。同样的道理也适用于教育领域，我们必须要明确主次、权衡利弊、区分详略及调整节奏。强调关键点和克服困难是提升课堂质量和效益的重要准则。教师在设计课堂时应特别关注技巧的使用效果和创新程度。优秀的教导方式能让学生快速且高效地理解和学习新知，从而充分发挥他们的潜能。这里提供的主要教学策略包括表格比较法、实践总结法、互动游戏法和利用多媒体技术的方法等。

4. 深入探究，交流发现

根据教育大纲的要求，英文教育的目标是为高中的全方位进步及未来生活打下坚实的基础，同时需要老师给学生留出自我探索和互相学习的空间。我们应该激励他们在亲身经历、对话、协作、研究等多种方式的引导下，提升他们的综合语言技巧。此外，我们要设法创建环境，让他们能去探讨自己的问题并且独立解决它们。这意味着我们在英文授课过程中必须设定适当的扩展和深化环节。对于这些活动的策划，应从学生的日常生活和喜好入手，基于当前课程的学习内容，挑选尽可能真实的素材，采取最贴近现实的方法，以便于他们更好地理解英文知识，增强语言技能，进而提升其真正的应用水平。高中阶段的英文教师经常使用的一些英文授课扩展和深化的形式包括：罗列、调研、访谈、讨论、演出、争论、课后活动等等。

四、高中口语课堂教学的原则

（一）以学生为中心原则

实际上，高中的口头表达课程由老师教授与学生的学习共同构成，教师担任着规划及组织的职责，同时也是教学流程中展示和指导的关键人物，而学生则是课堂的核心部分。因此，教师就如同一位导演，学生则充当了主角的角色。为了使学生始终保持高度的热情和主动性，我们需要让他们从一开始直到最后都能积极投入并自我驱动。例如，分发任务的时候，不能仅仅依赖于学生的被动接受，而是应该给他们创造一种环境，利用各种多样的有吸引力的互动环节激发他们的兴趣和活力，然后采用诸如自愿申请、推选或抽签等方式，鼓励他们去争取这些任务。

（二）创造轻松和谐的课堂氛围原则

为了确保高中生能在现有的基础之上顺畅地传达他们的想法，首要任务是教师需去除学生的负面情感，比如不安、畏惧或忧虑等等。大部分高中生都具备用英文表述观点的能力，但许多人并不热衷于参加那些能提升他们口头交流技能的活动，这是因为对众多学生而言，初次尝试用英语讲话时常常会有不适的感觉；绝大多数的学生不喜欢在公众场合犯错误，担心丢脸或者遭受到他人的讥讽。所以，在教授英语的过程中，老师应努力营造宽松愉悦的学习环境，激励他们勇敢开口并积极发言，让高中生在对话过程中有自信感和成功体验。

（三）强调流利，注意准确原则

关于精确性和流畅性的争论在英文教育领域已经存在了很久。回顾一下外语教育的各种技巧的发展历程，我们可以看到一种普遍的现象是，他们逐渐偏离了注重精准，转向重视流畅度。早期的教导方式，比如语法翻译法和听力训练法，主要侧重于语言的精确表达，然而自20世纪70年代起，新的学习策略，例如交流法、全身体验法及任务导向法，都开始更加关心流畅度的提升。这种转变的主要驱动力来自于现代社会快速发展的交通运输设施、繁荣的国际贸易以及文化的全球化进程，这些因素使得对于能说一口流利的外语的人才需求激增，因此，外语文本的学习重点也相应地从文本来到了口语上。一般来说，文本阅读更看重精确性，但对流畅性的要求相对较低。以当前中国的英语教学状况为例，过分追求精确或者过于强调流畅都不合适，我们需要在高中的英语口语课程里先保证流畅度，并兼顾到精确性；同样，在英文写作教学过程中，老师应优先考虑精确性，同时也需留意流畅度；不过，针对中国整体的英语教育情况来说，最理想的状态应该是实现精确性和流畅度的均衡发展。

（四）先听后说原则

听力作为口头交流的基础，其重要性和互补性贯穿于整个沟通过程之中。学生们通过聆听获取新知和丰富的英文词汇，从而激发出他们表达想法的需求。只有具备足够的语料库后，才能实现真正的对话，这是广泛听取的结果体现。由此可得，基于理解去模拟说话，不仅能加速反馈速度，还能提升说的技能。因此，老师应遵从这个准则，可以先让学生预览故事内容，然后把握主要线索并记住细节，接着鼓励学生互相发问、分享观点，最终达成讲述故事的目的。

（五）多使用英语原则

为了增强高中的口头表达技巧，我们必须大量地投入实际的对话训练。所以，对于高中英语老师来说，他们在授课过程中应尽力寻找各种机会让学生能够用英文交流。实现这个目标的关键在于，首先，作为老师的我们要成为示范者，无论是课堂上还是课后都要积极使用英语。其次，我们的设计应该符合学生的语言水准，并努力把他们的兴趣点融入活动之中，以此来创造更多让他们开口说话的环境。

毫无疑问，为确保高中生获得充分的实践经验，教育者必须平衡团队练习和个人练习的使用。团队练习有多种方式如全体练习、小组练习、单人练习、男性练习及女性练习等等。团队练习的主要优势是能提高实际操作次数，让那些内向或害羞的同学也能主动加入到练习当中来。然而，它也有一些缺陷，例如部分同学可能会盲目跟随他人而缺乏思考，同时他们还需要保持一致的声音，这使得他们的发音有时候显得有些机械化。此外，老师很难通过团队的练习观察出学生的语言表达存在的问题。个人练习的形式多样，比如按照座位顺序迅速完成任务；或者由同学们自愿报名，再由老师挑选；也可以直接由老师指派。这种方法有助于克服前述的一些弊端，但它的劣势也很明显：由于只有少数学生有机会参与，所以无法实现大量的练习。并且，如果只是一味地进行单独的练习，那么大部分学生就很有可能变得被动且冷淡，这样一来，效果就会大打折扣。因此，我们应该充分发挥团队活动的优势并利用好个体活动，把二者巧妙融合在一起，既能让更多的学生参与其中，又能保证整体的学习质量。当老师向某个同学提出问题的时候，其余的同学会迅速地准备好他们的解答，以防止他们在课上分心。有时候，为了加快个别训练的速度，老师可以选择按固定的位置排序，从左至右或者自前往后，逐个进行。同时，老师呼唤不同的学生姓名，他们也会起立回应，这能大大减少所需的时间。

（六）循序渐进原则

学习任何知识都必须经过一定的流程。同样，对于英语口头表达能力的提升也需遵循这个原则，从基础开始逐渐深入，先简单后复杂，从初步模拟再到自如应用，一步步推进。比如，在做发声练习的时候，老师应密切观察学生们遇到的问题及其各地区的语言特点，并适时指导他们，激励他们大胆开口讲英语，同时对他们的发音、语调与语法准确度有一定标准，然后再逐级提高难度。值得注意的是，设置的目标应该合理，过高或过低都不利于教学效果。如果设定的目标过于遥远，可能会导致学生丧失积极性；但若目标定得太低，又可能无法达到预期的锻炼成果。

（七）科学纠错原则

语言学习的过程中出现错误是不可避免的，在口语学习中更是如此。教师的任务是为高中生提供连续、完整的交流空间，热情鼓励高中生树立信心，大胆去实践，不怕犯错误，达到口语练习的最大实践量。口语教师的职责在于培养高中生对语言的敏感性以及对自己、他人说话中的语言错误的识别能力。在口语练习中，高中生不可避免地会出现各种各样的错误。有的教师会匆忙打断高中生的思维和交流，去给他们纠错。这种方法实不足取，不仅会破坏学生的思路，还会打击高中生的信心，增强其恐惧心理，导致因害怕出错而丧失说话的勇气。一般是在学生发言之后，教师给予及时的纠正，然而即便是这样，也要讲究策略，教师要对不同的学生犯的不同的错误进行区别对待，根据不同场合及不同性质的错误分别进行处理。在操练语言的场合，可多纠错，但在运用语言交际时，则要少纠错；对学得较好、自信心较强的学生当众纠错会给其心理上的满足和激励，然而对于学习困难较大、自信心较弱的高中生，要尽量避免当众纠错，防止加重其自卑感。

对于修正问题来说，这是一个非常关键的问题，因为它的处置方式会立即影响到教育成果及学生的学习热情。一方面，我们不能赞同无视任何错误或必须发现并改正它；另一方面，我们也反对过于宽松地对待这个问题，把错误看作自然而然的现象而不加以矫正，这可能导致语言变得死板。所以，在高中的口头表达课程里，最理想的方式应该是首先给予肯定与鼓励，然后指出需要改进的地方，同时也要注重维护高中生们的信心并且提供让他们自己去更正的机会。

（八）内外兼顾原则

所谓的内外兼顾指的是同时关注内部（即课堂）和外部（包括课外）的学习过程。课外活动作为课堂教育的延续和扩展，与课堂教育有着密切的关系，因此老师需要不仅仅重视课堂授课，也需同样重视课外的活动。课外活动是对课堂学习的补充，旨在使高中生能够回顾、强化并提升他们已掌握的知识。为了给高中生营造多种语言的环境，我们必须创建使用英语交流的可能性，并且引导他们在不同的场景中应用他们的语言技能，例如举办英语俱乐部或比赛，或是按照自愿的原则组建课外团队来开展活动等等。此外，在布置课后任务时，我们可以把学生分成学习小队，以激发他们讲英语的热情，并在所有可行的机会下加强和提升高中生的口头表达能力。

（九）小组互动原则

王初明教授曾指出，语言使用能力是在互动中发展起来的，离开互动则学不会说话,儿童是这样,成人也是如此,互动中潜藏着语言习得的机理。小组、对子活动可以为高中生提供更多独立说话的机会和时间,使他们克服开口说话的焦虑。通过双人小组或多人小组活动可以提高学习者的动机,还能提升他们选择的能力,培养他们的独立性、创造性以及现实感。另外,通过小组活动,学生能够获得来自同伴的反馈。组织小组活动要注意下列问题:①将任务布置清楚,通过各种形式让学生清楚任务要求。②限定完成任务的时间。③给出明确指导,告诉学生活动结束后预期的结果。

五、口语课堂教学的创新视角

(一)高中英语口语课堂教学基础理论诠释

1.说的含义

说是一种输出活动,它是通过运用语言来表达思想、进行交际的一项技能。相较于书面语来说,说是有声的。

在英语这门语言中,说主要包含以下两个层面:

第一,说的技能。说的技能是从对语言知识的掌握到说的技能形成转变的一个必需环节,简单来说就是口语的实际表达状态。说的技能不断推动和促进高中生说的能力的形成和发展。

第二,说的能力。说的能力制约和调节着说的技能。如果说的能力强,那么说的技能必然好;相反,如果说的能力弱,那么其说的技能必定也差。可以说,说的能力的高低对说的技能好坏起决定作用。

2.影响口语的主要因素

(1)学习动机

对于英语学习的成败来说,学生的学习动力起着至关重要的作用。如果缺乏对英语学习的热情和渴望,那么无论具备多么优秀的天赋条件,也无法实现高效的外语学习。以提高英语口头表达能力为例,学生的目标各异，有些是为了获得老师的赞赏或者同学们的认可，而有些人则希望通过提升英语交流技能来促进国际关系发展。可见，动机有长远、概括和短暂、局部之分，不能笼统地说哪种动机更好。但可以肯定的是，将长远动机与近期动机相结合能极大地提高高中生学习口语的积极性和主动性。

（2）英语基础

对于口头表达能力来说，学习者的英文理解程度有着关键性的影响。从输出语言的角度看，学生必须掌握一定量的语音、单词、语法结构及相关的准则。当他们有交流需求时，会选择适当的词汇并在脑海里按照特定的意义和语法规律进行有序组合，然后利用大脑控制发声器将其转换为声音。这个过程中实际就是讲话人在内心思考如何有效地进行对话的过程。因此，要达到流利且顺畅的谈话效果，讲话人的思维中就需具备丰富的语言知识，这包含了各种语言素材和规定。因此，学习者应努力提高英语综合知识与能力，从而为高效的口语输出打下坚实的基础。

（3）心理素质

由于受我国传统观念影响，学习者过分注重自我形象，错误地认为英语讲得不流利、不准确会遭到教师和同学的耻笑。在这种心理的影响下，高中生往往不敢开口说英语，失去了锻炼口语的机会。可见，心理素质的好坏直接影响到语言输出即外语口语交际的质量。

（二）高中英语口语课堂教学的创新方法

1. 创境教学法

英语学习的最终目的就是交流，而交流发生在一定的情境中，因此英语学习需要一定的情境才能有更好的效果。口语本身就是一种交际活动，教师创造一定的情境对高中生练习口语非常有帮助。因此，教师在高中英语口语课堂教学中采用创境教学法。角色表演和配音活动是两种有效的情境创设方式，这里重点介绍配音活动[①]。

---

① 彭雯.语块教学法在高中英语口语教学中的应用[D].南京：南京师范大学，2018.

在高中口语课堂教学中，配音是一种很好的能帮助高中生提高口语表达能力的教学活动。在配音活动中教师需要注意以下两点：

（1）如何选择配音影片

教师不能只根据自己的喜好盲目选择配音影片，而应结合高中生的兴趣、语言水平以及影片质量等进行选择。换句话说，教师需要留意以下几个方面：第一，电影中的语言发音应该清晰，语速适中，这样高中生就能轻松学习和模仿。有些电影虽然很优秀，但是角色说话语速过快，对观众的英语水平要求较高，高中生在配音时很难跟上，这就很容易打击他们的积极性。所以，在挑选影片时，教师需要充分考虑高中生的英语水平，尽可能选择情节简单且发音清晰的影片供学生配音。第二，电影的语言信息含量要丰富。有些电影尤其是动作片，虽然很好看，高中生也很喜欢，但是这类电影往往语言信息较少，甚至充满暴力，因此不适合进行配音工作。第三，电影最好配有英语字幕，有中英双字幕更好。如果没有字幕，教师可以要求学生提前将台词背下来，如果学生对电影情节比较熟悉，也可以不背。第四，影片内容要尽量贴近生活。由于影片大多和人们的真实生活很贴近，语言也贴近生活，因此配起音来相对容易些，同时能让学生体会学习英语的实用性，促进他们产生学习英语的内在动机，主动练习口语。

（2）如何实施配音活动

配音活动大致按照以下几个步骤实施：

第一，教师挑选一部电影的片段，让学生重温原声对白，在听的过程中，学生可以通过教师的解说来理解其中一些较为困难的语言点。

第二，学生再听两遍原声，在这一过程中，学生要尽量记住影片里的台词。

第三，教师将电影转换为静音，让学生进行模拟配音，这是配音活动的关键环节。

第四，教师对学生的配音表演进行评价，需要注意的是教师要多表扬和鼓励学生，并适时指出学生的错误，督促他们改正。

2.任务教学法

建构主义是任务教学法的理论基石，它主张学生在掌握课本知识时，必须通过自我理解来更有效地完成学习。建构主义理论注重教师和学生之间的互动，并注重在互动过程中激发学生的主观能动性。而发挥主观能动性的过程就是任务完成的过程。在高中口语课堂教学中，教师口语采用任务教学法，按照课前、课中、课后的阶段展开各种教学活动。

（1）课前

就像运动员在运动之前需要热身，英语教学在正式开始前也要展开课前活动，这样才能更顺利地进行课堂教学。尤其是在高中口语课堂教学中，课前热身活动是十分重要的。课前热身时间不必太长，5—10分钟都是可以的，热身的重点在于使高中生充分使用口语，提前进入学习状态，防止在课堂正式开始时因精力不集中而降低学习效率。对于课前热身活动，以下几点是需要教师格外注意的。

第一，课堂时间毕竟是有限的，因此教师一定要把控课前热身活动的时间，如果课前热身花费的时间过长，就会直接导致课堂教学时间被压缩，甚至可能导致完不成教学任务。

第二，预热课程实际上是一个激发学生积极性的步骤，目的是在正式的教学过程中创造出优秀的环境。然而，教师需要警惕，如果高中生过于活跃，他们就很难专注于课堂，最后可能会产生反效果。因此，从这个角度来说，课前热身活动也不宜过久。

第三，课前热身活动不宜太长，在任务的设置上要注意难易程度。教师可以选择英语播报新闻、情境还原、短剧等方式开展相关的课前任务。

（2）课中

任务教学法的核心就是课堂任务过程。在这个过程中，老师需要为学生设定各种具体的目标，通过完成每一项任务，学生可以提升自己相应的技能。建构主义理论认为，学生在互动中可以获得更好的学习体验，因此教师要注意加强师生之间以及学生之间的交流。对此，教师可以对学生进行分组，并制订相关任务。这样，学生一方面可以有效完成任务，另一方面在任务完成的过程中可以与他人进行交流，从而提高口语使用的频率和口语能力。

此外，要想切实提高高中生口语水平，高中生必须克服不敢开口的问题，大胆开口说英语。实际上，高中生之所以不敢开口，很大一部分原因也是怕说错，怕说得多错得多。所以，教育工作者需要主动地利用自身的领导力来创造多种学习环境，并且激励他们大胆使用英文表达自己。对于那些轻微的语言规则失误，我们不需要过分苛求，以避免挫败他们的热情。当学生犯了错误时，我们要采取包容的态度，通过启发式的方法去激发他们修正自己的行为。另外，在课程结束后的反思与评价也是不可或缺的一环，这能为我们后续的教育工作提供有益的建议，进一步提升师生的互动质量。

（3）课后

课后任务阶段也是任务教学法的重要环节。换句话说，教师需要实时记录各个小组完成任务的状况，并对每位高中生的表现进行评估，指出他们的短板，接着分配相应的练习，协助学生加强知识的理解，提升相关知识的掌握程度，以及增强口语运用的熟练性。

第三节　高中英语阅读教学与创新

阅读作为人类获取信息的首要方式，在英语教育过程中起着关键作用，同时它也构成了语言运用的一大重要领域。对许多中国的英语学习者而言，阅读被视为最主要的技能，原因在于他们需要用到英语来查找相关资讯并以此提升他们的专业素养或职业生涯。阅读的关键性不仅表现在其构成语言能力的核心要素上，还反映出它是学好英语的主要手段。借助阅读，学生能得到有效的语言输入，进而增强自身的语言表达力。此外，在阅读过程里，学生能够深化对发音、单词及语法规则的理解，这有助于推动他们在听力、口语和写作方面的进步。所以，阅读教学在全英教导体系中占据了举足轻重的地位。

　　语言教育可以追溯到 19 世纪初期的英国，其时使用的教学方式主要是基于语法的翻译式教导，目的是让学生能读懂并翻译古希腊及古罗马文本。所以，阅读训练一直是外语学习的核心部分。使用此种教学模式，教师会利用文字资料教授语法规则，同时也会引导学生对句子构造进行解析和翻译练习，以此提升他们的阅读技能。这对于后续的外语教学有着重要的影响。随后出现的两种新的教学策略——直接教学法和听说法则，虽然侧重于提高口头表达能力，并未对外语阅读产生根本上的变革。因此，直到 20 世纪 60 年代后期之前，指导外语文本解读的主要理论仍然来自传统语文学领域。这一观点主张：一般情况下，只要了解单词含义就能顺畅理解文章内容。理解的关键在于认识词汇，若连基本词汇都不清楚，更别提去理解全文。依据这个观念，扩大词汇量成为阅读教育的首要任务。然而，该理论过分强调词汇在阅读理解过程中的重要性，忽略了其他相关因素的存在，导致读者过于关注单个字词的解释，被动地接受阅读培训。英文学习的各个方面都凸显出阅读的重要作用。首先，通过阅读能够有效提升我们的语感，这符合外籍人士使用语言的方式，使我们能自然且灵巧地构造词句，从而防止产生那些虽然语法无误却无人理解的普遍问题。其次，阅读有助扩充单词量并促进写作技巧的发展。再者，阅读也是丰富知识和提升英文能力的关键途径。总的说来，当我们具备基础的音韵学、语法理论及语言技能后，进一步提升外语水准的主要手段就是阅读。换句话讲，优秀的外语能力往往是由大量的阅读塑造而成。实际上，一个人的语言能力的高低很大程度依赖于他阅读内容的多少。针对大学生的学习目标，他们不仅需熟练掌握如何以外语交流，更重要的是借助外语获得专业的资讯，以此为自己的工作提供支持。尽管接收信息也可以通过"听"，但是最常用的方式依然是"读"，无论是从互联网上或电子书中或是实体图书中获取信息。因此，在这样一个重视知识创新和科技发展的时代，英语阅读变得尤为关键。

一、阅读的类型和教学模式

据 Phillips 所述，依据读者的需求，可将阅读行为划分为两类：一是为获得资讯的信息阅读；二是以休闲为主导的娱乐阅读。然而这两者并非完全独立存在，有些阅读活动可能只关注信息的收集，也可能是纯粹的消遣方式，甚至有的是同时满足这两个条件。这一分类对阅读教育有着重要的启示作用，因为我们要针对不同的阅读目标制定相应的教导策略。比如，若目的是要获取特定信息，则应重点放在与此相关的详细知识及理解精确度方面。此外，阅读的目的也会影响到读者的阅读流程，如有人出于兴趣选择阅读一份杂志时，可能会首先扫视下期刊的内容概览或文章标题，以此大致掌握书籍的主要主题后，再深入研究个人喜欢的章节。

依据其目标导向性的不同，Reading 被划为两类——深研型及广览式。对于前者而言，通常旨在收集资讯；因此，学习者的任务不仅在于掌握文本中的所有微小元素诸如发音规则、词法构造、语汇表达、整体构架还有言辞意图等等。然而后者更注重的是消遣性质的需求，故无需对每个细部都做深入探究，只需集中注意力于把握全篇文章的主旨即可。基于此观点之上，Grelet 进一步提出两个新的分类方法——扫视（Skimming）和搜查（Scanning）来描述这两种读书模式。所谓的"扫描"就是指用最短的时间去阅览，就像是从高空俯瞰陆地上显著的地标那样，能很快捕捉到整篇文章的核心主题或者主线思路。简要来说，"搜索"是一种挑选式的阅读策略，允许忽略一些次级的信息点以便更好地抓取关键的内容并提高效率。这种速读技巧适用于多种需求场景，无论是为了获得知识还是休闲放松都可以使用它。比如在看杂志的时候，你可以仅通过查看每页的文章题目和大致意思、图片注释部分的前几行文字或是开头结尾的几组字符就能大致明白这篇文章所传达的意思了。比如，当我们通过词典来寻求某个词汇时，首先必须识别出所需查询的内容，这其中包含了寻读这个过程。寻读是一种我们在日常生活里经常使用的阅读方式，如：从新闻报道中找出特定节目播放的时间表或天气状况等详细资讯，从电话本中定位到目标人物的联系方式，或是从中筛选出各类广告中的有用信息等。

依据实际的外语学者的需求及阅读的心智历程，我们可以把外文阅读划归为两类：分析性和整合性的阅读。在执行分析型阅读任务的时候，我们必须全方位解析阅读资料并可能运用到翻译工具以逻辑的方式去解读书面信息。分析型的阅读对外语教育有着关键的作用，特别是在初学者身上更为明显，由于他们无法立即领悟出字面意思，因此需借助语言的形式分析来获取含义。此外，分析型阅读也有利于深化与稳固词汇、语法和发音等方面的认知，提升相关技巧。然而，如果学生的语言能力已经达到高级水准，那么分析式的阅读依然是必需的，但此时分析的目标已不在于单词或语法层面，也不会过度依赖翻译工具，更侧重于文章架构的研究，同时可以用目标语言阐述。此种类型的阅读方式，从实践方法及其在教导中的角色来看，可视为现今外语教学常提到的深度阅读。在实施分析式阅读过程中应留意的一点是，分析仅是一个手段而不是终极目标，主要目的是培养无须翻译即可流利阅读理解的高级技能。至于整合型阅读则是一项期望无须翻译便可以直接理解的阅读行为，即便面临某一语言障碍，也能够快速进行内在的（默念的）分析或者翻译，如有需要也可参考词典，但依旧保持着顺畅的阅读理解状态。尽管二者各自具有独特的特性，但它们之间的关联不容忽视：首先，分析性的学习为综合性的学习奠定了基石；其次，反过来，综合性的学习则是对分析性学习的深化与补充。所以，我们必须同时重视这两种方法的学习并将其结合起来。学生的整体理解能力并非一日之功，而是通过持续不断的练习逐步提升的过程。

奥苏贝尔（Ausubel 1968）系统性的认识论观点认为：文章并非自身拥有意义；相反，它们仅仅作为获取特定内容的媒介向观众呈现出来。对于观众是否能正确领会这些内容来说，他们的先验学识起着关键作用——即他们关于该主题的相关领域内的掌握情况。如果缺乏这方面的基本概念或深度不足的话，那么人们很难真正去把握这篇文章的内容。此外，由于预设前提与实际接收的数据之间的混淆可能导致曲解或者困惑的情况发生，因此提升人们的学科素养可以有效提高他们在面对这类问题时的应对水平及准确度。同样重要的是要强调学习中的两种核心要素的重要性——一部分是对文字材料的学习吸收的能力，另一部分则包括了对其深层次内涵及其内在逻辑关系的深刻洞察力。依据阅读理解模式理论，我们可以把阅读教育的方式划归成三个主要类型："从底层开始"的方法（"bottom-up approach"）、"由顶部向下"的方法（"top-down approach"）及互动式补偿型方法（"interactive-compensatory approach"）。这三种方式都为阅读技巧的研究和学习提供了一个稳固的基础。通过长时间的研究和实际应用，我们已经达成了关于阅读教育的普遍认识：（1）阅读是一种读者与文本之间相互作用的过程。（2）阅读是具有目标导向的行为，因为人们出于各种原因如获得资讯或休闲娱乐来选择阅读内容，这种行为的目标直接影响了他们选取的文章种类。（3）读者必须运用各类知识、技巧及策略来完成他们的阅读任务，这些主要是指：语言掌握力（linguistic competence），包含了对文字系统各组成元素如单词和语法规则的识别能力；语篇掌控力（discourse competence），涉及语篇指示词的使用及其如何使文章段落间的连接形成连续性的了解；社交语言使用能力（sociolinguistic competence），涵盖了对于不同类型文档构造和内容的信息获取；策略应用能力（strategic competence）和有效运用多种读解方法以深入理解文本的内容。此外，我们还需注意的是，阅读教育应为学生准备真实的多类型的语言素材，让他们能从实际操作中学会必要的知识、技术和策略；最后，阅读教育也应该与知识吸收紧密结合在一起。

二、英语阅读技巧

英语教师始终重视阅读技巧这个教学主题，本文将分享三种观点。

(一) Spratt 强调微观阅读的阅读技巧

1.辨识字母；2.通过阅读字母串来认识单词；3.掌握标点符号的使用方法；4.对词汇含义有深入了解；5.理解句子构造；6.明确主句及从句的关系；7.领悟文章的整体风格；8.洞察文本架构；9.运用逻辑思维；10.深度研读较长的文章；11.快速扫描关键信息；12.粗略地阅览相关部分；13.仔细研究整篇文章。这个阅读技能表罗列了从字母到单词，然后是标点符号，接着是对词组、单句等基础语言元素的认知和解读策略，这反映出作者强调提升学生的细部阅读能力和坚实的基础知识理念。

(二) Greenwood 偏重宏观阅读的阅读技巧

1.预判情境与主题；2.理解关键点；3.分辨并回想细微之处；4.关注重点与其详细阐述的关系；5.了解发展的主线，例如事件、指示或证明过程等；6.基于文本内容进行逻辑推断；7.形成结论；8.明晰作家的创作目的及主要立场。这个阅读策略列表所关注的主要是广义上的阅读技能，比如首项规定是读者的阅读资料内容的预期判断，而次项则是对阅读素材全面性的理解。这种阅读技术反映了作家注重运用读者的现有知识，激励他们积极主动地构建阅读资料的内容含义，这是一种向下的思维方式。

(三) Munby 倾向于互动互补理论的阅读技巧

1.识别文字形态；2.推断生词的意义和用法；3.理解显性信息；4.理解隐性信息；5.理解概念意义；6.理解语句的交际意义；7.理解句子内部的联系；8.通过词汇的内在联系理解语篇各个部分之间的关系；9.通过语法的内在联系理解语篇各个部分之间的关系；10.超越语篇自身以便更好地去理解语篇；11.掌握语篇中的指示词；12.掌握要点或重要信息；13.区分要点与支撑要点的具体内容；14.概括重点；15.从语篇中提取相关内容；16.基本的推理技巧；17.浏览要点；18.扫读相关内容；19.将语篇信息图示化。与前两个阅读技巧清单相比，这个清单更具有综合性，既包含了上行理论强调的阅读技巧，如第1、2、3条，也包含了下行理论更为关注的阅读技巧，如第4、5、6、10条。此外，还包括了后阅读技巧，如第19条。

总结前述三份列表涵盖的阅读技能，我们可以发现它们主要源于母语环境下的实践经验，并且在实际运用过程中具有自发性、无意识性和合理性。然而，如何将其从母语转移至第二语言（如英语）仍需进一步探讨。这涉及的是人类思考过程的核心问题，即逻辑思维的形式化表达方式，且只有一种普遍适用的方式。换言之，不论是在何种语言体系中展现出的形式，它们的本质规律和原则应保持一致。同样地，在中文或英文的环境中运作的逻辑思维规则也应当是一致的。所以，那些在我们日常生活中频繁使用的阅读技巧有可能毫无障碍地转变为英语阅读技巧。若此假设得以验证，那么我们就无须过分关注成人在英语教育中对阅读技巧的培训，因为这是对宝贵资源的不必要的消耗。不过，适当的英语阅读技巧练习能增强学生对于阅读技巧的认识，从而提升他们的英语阅读水平，这是一个无法否认的事实。

三、英语阅读教学的目标和内容

阅读行为是积极主动地对知识进行思索、解读与接纳的一个过程，同时也是一种高度复杂的精神操作。这个过程中包括了两个主要的发展步骤：首先是对文本中字母或单词识别的感觉认知阶段；其次是在此基础上进一步深入了解其含义、吸取其中的资讯、运用创新性的思维方式对其进行解码，形成理性认知阶段。英文阅读教育的核心目标在于塑造有效的沟通式阅读技能，能够高效地从书面上提取信息，并对这些信息进行解析、逻辑推演及评估，从而达到交流的目标。

（一）阅读教学的目标

而根据教育部发布的《英语课程标准》与《大学英语课程教学要求》，对于阅读课的目标设定有着明确的规定，详细信息如下：

二级：能够理解所学的词汇；根据拼读法则，可以识别出基础单词；能够领会课本中简洁的规定或命令；能看懂贺卡等传达的基本信息；能通过图画来理解简单的童话故事或小文章，并培养按照意群读写的良好习惯；能正确地朗诵所学的故事或短篇。

第五等级要求学生能够通过上下文及词汇构造规则来解读并领悟新单词的意思；他们需要理解段落间的连贯性和逻辑关联；可以识别文章的主旨，深入了解故事的剧情走向，并对未来可能发生的故事发展做出预判；对于常见的文学形式有足够的阅读能力；可以通过不同的方式使用基本的学习策略以满足各种阅读需求；并且能够借助辞典或其他辅助资料进行自学；总计需完成超过十五万词汇数的额外阅读任务。

对于第八级的标准来说，学生能够解读各种文章中的立场与看法；辨识出各类写作风格的特点；透过解析句子构造来理解复杂及冗长的语句；借助老师的指导去品味简单的文学佳作；依据学习的需求，他们可以自如地从电子书籍或者互联网资源中提取所需的信息并且对其进行整理；除了课本之外，他们的总读书数量应该超过了三十六万的词汇数。

通常对大学的语言课程有以下期望标准：能够大致解读普通主题的文章内容；其速率应达标为每一分钟七十个单词（即一天四百二十页）或更高水平——当面对更长的且稍微简单的资料的时候可以实现这一目标；（通过寻找关键词等技巧来提高效率）；可以通过查阅字典的方式去学习与自己领域相关的专业书籍及熟悉的内容并把握住核心要点及其相关的事实信息；对于工作中或者日常生活中的常见文件类型也能看明白并且运用有效的读书方式。

对于大学英语的更高标准是：能够理解一些有挑战性的文章，掌握其核心思想和细节。同时，也要能阅读国外的英文报纸杂志，并且可以比较流畅地查找自己所学专业的英文资料。

教师应依据特定的教学目标，在实际教学中理解教育的主旨，调整教学内容，并在此基础上进行适当的扩展和延伸。

（二）阅读教学的内容

学生在阅读课程中的学习内容涵盖了多种阅读能力的发展，这可以概括为如下几个层面：第一是识别词汇的能力；第二是对未知词汇的预测和解读;第三是把握句子的逻辑结构;第四是领会语言交流的目的;第五是掌握标示文本段落的关键词;第六是从连接词的角度去理解各个章节间的含义关联;第七是在支持性的细微之处洞察主旨;第八是对信息的整理归纳;第九步则是明确文章的核心论点或者关键信息;第十步则涉及对文章核心内容的提炼;第十一步旨在提升基础的推断能力;第十二步着眼于提高快速浏览的能力。

四、英语阅读教学活动与任务

各类以提升英语阅读技巧为核心的课程实践和任务,其核心部分与听力教育的相关工作有着相似性和一致性。两者均关注语言信息的吸收,并作为一种语言解读的能力被使用。因此,许多在听力教育的篇章里提出的听力相关的工作,也适用于阅读的教育环境。为了方便各位学习者了解,我们提供了一个关于英文阅读活动的详细目录(详见表3-1)。图表展示了一些常见的英文阅读活动及其特点,具体的实施形式、细节及流程可能会有多种变化,不必拘泥于固定模式。只要老师能够把握这些基本的活动特性,充分发挥他们的创意和创新力,他们就能制定出符合自身实际情况且多样化的英文阅读活动。表单上的活动遵循的是"先读书再行动"的原则,例如 Read and debate,它首先会给学生呈现一些文本资料,之后将其分为几个持有不同观点的小团队进行讨论;又或者是在阅读的同时完成某项动作,例如 Listen and draw,即让学生在阅读的过程中同时绘制图像或制作线路图等等。图表3-1中列出的 Read and transfer(TD)是一个非常实用的阅读任务。通常情况下,这项任务会让学生先去阅读一段文本,然后再让他们根据阅读的内容创建表格、绘画或是采用其他表达方式来再次阐释其中的关键信息。这实际上就是一个阅读理解的过程。相较于其他教学方法,Jigsaw reading 是一种独特的模式,它把文本分成若干块,并让班级里的同学根据这些碎片形成多个小团队。每个团队负责解读一部分内容,接着他们会重新组合为新的小组来执行某个特定的任务。然而，这个任务只有当所有团队都理解了所有的文本时才能顺利完成。所以，第一步就是需要仔细研读，第二步是和别的团队分享所学到的知识，从而获取完整的资料。这种互动过程使得阅读和其他语言能力得到了融合，这正是运用信息沟理论的一个典型的例子。

表 3-1　阅读活动集

1.Read and predict	11.Read and tick	21.Read and infer
2.Read and guess	12.Read and match	22.Read and transfer(TD)
3.Read and speak	13.Read and fill	23.Read and comment
4.Read and listen	14.Read and draw	24.Skimming
5.Read and write	15.Read and choose	25.Scanning
6.Read and act	16.Read and sequence	26.Read for everything
7.Read and show	17.Read and complete	27.Read for nothing
8.Read and answer	18.Read and summarize	28.Read for appreciation
9.Read and discuss	19.Read and play	29.Read for entertainment
10.Read and debate	20.Read and do	30.Jigsaw reading

需要强调的是，图表 3-1 展示的是各种类型的阅读行为，其中部分类别存在相互交织或者涵盖的情况。而具体到实际的阅读操作，则应被视为英语教育者的设计领域。接下来，我们引用了哈默（Harmer）（2000：77-78）提出的九种特定的阅读任务作为示例，希望对读者有所启发：先是阅读关于度假、社交互动、出售商品等方面的简短公告，做出选择后进一步详述其内容；接着阅读混乱排序的指导手册（例如公共电话的使用流程），随后将其重新整理成正确的次序；再次阅读一份烹饪指南，之后与其图片匹配，最终要求学生依据此指南制作食物；观看一段戏剧或影片节选并参与演出；由老师向学生提供一部分文章中的词句，让他们据此推断文章的主旨，然后引导他们阅读原文，验证他们的预判是否准确；阅读杂乱无章的主题句和段落，进而对其进行组合；阅读全文，提出一系列人物名字，猜想作者身份；阅读未完结的故事，要求学生分组探讨，为之编写新的结局；阅读某个国家的、一种族群的、一部设备的、一套程序等特定信息的细节

描述，然后通过表格的形式把它们一一罗列出来。

对于学习的抵触和疲惫是最主要的学习障碍之一。为了防止学生因常规学习而感到疲乏，我们必须采取各种创新且吸引人的学习方式。这不仅包括选择激发他们好奇心的读物，还需确保我们的阅读课程能持续提供多种形式的活动。为达到教育目标，我们要制定出各类具有挑战性和独特性的阅读项目，以防长期使用单一模式。同时，我们可以尝试混合运用这些活动并按照随机的方式重新排列它们，这样可以保证学生们总能在新的环境中感受到新鲜感和探索欲望。

五、英语阅读教学的现状

（一）教学观念、教学模式、教学方法以及课程设置存在问题

众多教育工作者过分关注知识的传递，却忽视了对于阅读理解技巧的发展。他们在教授阅读的过程中，通常会详细解释词汇，并逐字逐句地解析文本内容，最后给出解答。然而，这种方式并未有效提升学生的阅读理解水平。实际上，阅读是一种重要的语言技能，它能增强学生解读和思考的能力，扩大他们的眼界，激发他们的好奇心，从而进一步提高其文化修养和人文素质，最终助力于全面提升学生的整体语言应用能力。因此，我们必须对此问题给予足够的关注。

两类主导性的英文阅读教育策略被广泛应用于高等院校的教育环境当中。其一是以单词及规则为核心的教授法则，该理论主张课堂上应专注于解读文本并获取必要的知识点如生词与惯用短语等等。教师只需参考教材或查阅辞书就能全面把握整篇文章的内容及其关键点（包括含义）从而达到高效备考的目的。但此一授课理念仅关注到部分的文章元素而非全部内容——例如全文架构、作者的主旨思想或者中心议题等方面均未涉及其中。另外这一传统式的传授手段往往无法激发学员们的创新思考能力并且难以提升他们的主动参与度。另类的做法是基于上下文中寻找实际运用场景来培养读者们分析问题、解决问题的能力和开阔视野，而不局限于基础知识，比如常用术语或是特定构架之类的细节处理方面。在此背景之下老师们会鼓励同学们迅速浏览课文之后再针对话题内涵、交流目标还有章节构造等问题展开深入探讨。不过这个过程并未包含任何关于初级文字技能方面的培训工作。但是许多高校都注意到了一些同学存在着诸如错别字或者是误用的标点符号之类的问题，这表明他们并没有真正打好自己的外语根基。显然，两种主要的英文阅读方式均具有显著的不足之处。为了实现对学生的英语基础技巧（如语言结构）的提升，并增强他们在文本理解与情景解读方面的掌握力和欣赏力，我们必须引入一种新的、可以有效融合语言结构解析与情景剖析的新颖教导式阅读方法。

  目前的教学方法没有很好地体现英语课程标准，突出学生的主体作用，使得学生没有参与的热情，很难使学生形成良好的阅读习惯。尤其是在学校教研氛围不浓的老师，对阅读教学研究不够，实践也不多，很难形成科学有效、易操作的教学方法。总的说来，由于教学方法单一陈旧，很难激发学生的阅读兴趣，于是学生的阅读能力也很难得到提高。

  尽管阅读构成英语教育的一个部分，但无论是在教科书或课程设计方面均面临挑战。小学生课本更注重单词学习，初中生则倾向于语法讲解，而大学生的教材主要关注阅读技巧培训。这些不同层次的教育都有各自的焦点，但是教材之间的连续性和衔接并未得到充分体现，而且缺失必要的中转环节。此外，阅读教育的实施并没有清晰的目标与规划，同时在课节分配、教师配置及课堂管理等方面也无法获得足够的保障，进而削弱了阅读教育的成效。

（二）阅读量太小，"精读"与"泛读"界限不分明

  "广度阅读"的重要性日益凸显于当今英文教育中，它强调的是提升学生的全面语言运用技能和理解力。然而现状却是：课堂上的广泛阅读课程并未得到足够的重视；文章的长度也相对较小，且数量不足以满足需求——这些都无法有效训练出优秀的读者。尽管如此，"宽范围阅读"的时

间受限使得其难以实现大量阅览的目标,因此有必要从其他途径寻找时间和空间来扩大他们的读书体验。此外,鼓励他们在没有负担的状态下去网络或者期刊等平台自由挑选自己喜欢的内容并享受其中也是一种有效的策略,不仅能激发对书籍的好奇心还能增强自身的阅读技巧与水平。

"精读"指的是深入理解和学习的过程,需要学生大声地朗诵并多次记忆,同时对老师来说,准备工作必须充足且详细。然而,对于"泛读"而言,我们应该广泛、大量、快速地去阅读,以提升我们的语言感知能力。但目前的问题是,"精读"往往过于简单化了,而"泛读"却太过复杂。这导致了"精读"没有达到其应有的深度,而"泛读"也没有实现它的广度,使得这两种课程之间的核心差异消失不见,从而严重损害了阅读的效果。

(三)学生自身不良的阅读习惯

一些学生尽管已经理解并掌握了一篇文章的内容,但他们仍执着于对句子的细分拆析至各式各类的专业名词上。他们的失误是未能充分认识到语法对于外语习得的重要性及功能所在;忽略的是学好语法仅为手段而并非终极目的——目的是更有效率地学习运用所学的知识技能来交流沟通。当他们在读书的时候,往往会把文章逐字转换回自己的第一种文字(即普通话),这样做不但降低了自己的速读能力,还会导致陷入一种认知偏差之中:由于两种语文之间的词意并不是完全一致,且受制约因素众多,如政治体制与民情传统等等的影响下形成各自独特的表达形式,所以我们必须培养出能适应英美文化的思考方法才行!另外,老师还可以通过开展快阅览练习的方式协助这些同学改掉这个坏毛病,原因很简单,就是选择适合其水平并且需要限时完稿的作品让他们没空再三思量而是要尽快做出反应,从而逐步养成直接应用外文的习惯。

众多的阅读者往往倾向于缓慢且指尖触碰文本的方式来阅读,或者默诵而不出声音,但实际上内心也在发音。他们误认为这种方式能够让他们更好地吸收和理解文章内容,然而事实上并非如此。通过一项试验观察一段文章(无论是英文还是中文皆可),我们就能看出,迅速且不出声的阅读模式更加有利于捕捉到文章的核心思想并掌握其中的关键信息，相反，那些以慢速朗读配合声音的形式存在的问题会妨碍读者对于文章内容的深入理解，原因在于过于依赖语言表达而不是实际意义，这对于提升阅读效果来说是非常有害的。

六、高中英语阅读能力的方法与途径

"热爱是最有效的导师。"当学生们喜欢英语时，他们的学习主动性和自我驱动就会增强。所以，我们需要持续地激起他们对英语的喜爱。教育者应该运用各种各样的活泼和吸引人的教导方法来刺激学生的英语学习欲望，并始终以英语作为课程的主要媒介，使用悦耳的声音和节奏影响学生，利用诙谐和机智的话语引导学生，选择实用的、生动的、引人入胜的例子，让学生能在愉快的氛围下获取知识，并且尽量多提供给学生实际操作英语的机会。

（一）重视学生的阅读速度练习，提高学生的语篇分析能力

两个关键要素决定了读者的阅读效果：一是对文本的解读深度，二是阅读速率。为了提升学习者们的阅读效能，我们需要从两方面入手：首先，强化他们对于迅速阅读的学习；其次，教育工作者应该全方位教导并培训他们的阅读技艺与策略，激励他们在阅读时使用预判、想象、归纳及应用语言规律来揣摩文字含义，从而让学习者们能够通过已学的知识去解析和解决问题。

英文学习包含两个核心部分——基础知识与应用技术。这些包括了单词记忆、惯例使用方式及其规则了解等等。唯有当我们将这一些理论融入实际操作如朗读写作听力口语时才能够真正获得这种能力的提升。所以为了确保我们的学员具备足够的实力去应对各种挑战，我们需要让他们打下坚实牢固且能活学善变的技术根基。对于任何一门外语来说，积累大量的常用短语或者熟知各类规范都是非常重要的前提工作，而这也是决定着我

们在面对不同类型的题目时的解题效率的关键所在。

（二）端正阅读目的，培养学生的英语文化基础

目标是个人参与读书活动的预期成果。它是激发学习动力的关键因素，决定着学习的成效。在指导阅读的过程中，需要关注学生的阅读偏好和习惯，适时调整他们对阅读的目标设定，通过各种方式引领他们由追求装饰性的、好奇心驱使的、休闲式的阅读转向寻求知识、提升素养、深入探究的学习式阅读，以实现良好的阅读效果。没有随意的阅读存在。无论是否愿意接受，每个人在阅读某物时都有一种潜在或者明显的目标。可能是为了放松心情、享受乐趣，也可能是在寻找某种问题的解答，但没人会仅仅因为看书就去阅读。然而，我们在教授英文阅读课程的时候，确实发现了一些没有明确目标、目标模糊不清甚至错误的学生。这些没有目标的阅读者通常是被动地阅读，他们在阅读过程中的主要目的是走过场，只为了完成任务。这些人虽然看起来在看书，实际上内心已经跑到其他地方去了，所以当然无法回答问题了。如果没有足够的文化和历史背景知识作为支撑，即便能够识别每个词语，也不能保证准确理解文本的意思。

（三）引导学生猜测词义

大量的文本资料涵盖了广泛的内容，其中不可避免地会出现一些生僻单词。若学生经常依赖于查询字典，这不仅会拖慢他们的阅读节奏，打断信息传递与思考过程，还会对阅读造成负面影响。所以，为了提升学生的词汇能力并减少阅读阻碍，我们需要教导他们运用构词规则及上下文线索去推测新词的意思。

首要的是运用造词技巧推断词汇含义。学生可以借助造词技巧，如使用前置词、后续词或者组合等方式去解析新单词的构造、特性及其所表达的意思，从而能够在阅读过程中预测和解读出新单词的具体意思。此外，也可以依靠语言环境推导词汇含义。每个词都有其特定的含义，这是由语言环境决定的，所以学生能根据语言环境或前后句子的暗示来推理或领悟到新单词的确切含义。

(四) 掌握阅读技巧提高阅读能力

读取信息并将其传递至脑中,进而对之进行存储、解析及做出决策的过程就是阅读。这不仅仅涉及学生的基本知识掌握,更要求他们要以积极探究与评价的心态去学习,通过深思熟虑后形成个人观点。所以,阅读并非仅仅是一种被动的接受方式,而是一个充满活力的创新活动。完成这样一个繁复任务,学生必须熟练使用各类必要技巧和策略。

(五) 指导学生课外阅读

对于一些同学来说,他们在英文学习的进步并不显著且他们的阅读水平也未达到预期标准的原因在于他们接触到的书籍或文章过少。只有当大量的文字被反复呈现时,我们才能够更深入了解并记住这些词句;而这需要我们在日常生活中多读书以提高我们的知识储备与语言技能。因此,老师应当针对每个学员的具体情况制定合适的课程安排来引导同学们去广泛涉猎各类图书资料。同时也要注意挑选难度适中的文本以便让读者既能保持浓厚的兴致又不会感到过于吃力。此外,定期向大家展示来自英国及美国的经典文学作品,经过影视化处理后的影片或者视频也是一种有效的方法:它可以激发起大家的求知欲望,并且鼓励更多的自主式的学习行为,从而使人们更加深刻地领会到剧情的内容并对某些特定的术语产生更好的认知度。事实表明,那些从深度阅览中获得的新认识往往要优于单凭死背硬记的效果。

七、阅读课堂教学的创新视角研究

高中英语阅读课堂教学中有众多创新发展,下面将以图式理论为例,具体阐述图式理论在高中英语阅读课堂教学中的创新视角。

(一) 理论研究基础在高校英语阅读教学中的应用是图式理论研究

1.语言习得理论

其中一种关于任务型语言教学的理论基础源于对于语言获得的研究。

然而，什么是语言获取呢？依照《朗文语言教学及其应用语言学词典》的解释，它是指个人的语言学习和进步过程。首要语言或者最初语言的学会被称为第一语言获取，而次要语言或者外来语言的学会则称为第二语言获取。有时候，语言获取被视为与行为主义学习理论相关联。基于语言获取的原则，我们了解到，仅仅记住语法知识并不足以确保正确的语言使用，需要大量的语言输入以使学生能够熟练地掌握他们所学的语言。努南主张，即使一个人可以理解某一语法规则，但这并不意味着他已经将其内化并在实际操作中加以利用。事实上，人们真正需求的是：不仅要在各种情况下多次遇到包含该语法规则的情况，而且还要在多种环境下、用不同的方式去使用这些固定的表达方法，这样才有可能逐步完善他们的语言体系。[1]

根据威利斯的研究观点来看，"熟练带来技巧"这一俗话并不总是适用于英语教育中对语法的学习过程。尽管通过大量的重复性的训练可以使学生的注意力和精力主要放在特定的语法规则之上并看似能够短暂理解这些内容，但如果要求他们在实际应用过程中使用这种技能来沟通的话，由于其关注点会转移到词汇含义而非仅仅是语法的形式上面，所以依然无法达到正确的表述效果。为了验证这个假设是否成立，蒙哥马利与艾森斯坦进行了这样一个试验：分两个小组分别接受不同的指导方式——其中一组被教授如何运用已学到的语法规律并在适当的时候给予实操机会（即所谓的"经验法则"）；另一组则是直接向学员传授有关语法的内容而不涉及任何具体的操作步骤或方法（也就是我们通常说的理论派）。最终的结果显示，前者对于口语能力的提升更为显著，且表现出了较好的应试水平，从而证实了一个新的论断"比起单一强调语法知识点的教育模式来说，结合实用性和互动环节的方式更有利于增强外语流畅度及精准把握各种复杂语法现象的能力"。

2. 建构主义学习理论

建构主义最早由瑞士心理学家皮亚杰提出并创立。他从内外因相互作

---

[1] 聂英.语篇分析在高中英语阅读教学中的应用研究[D].延安：延安大学，2020.

用的角度来研究儿童认知发展,即"认知结构说",他认为儿童自身认知结构的丰富和发展是与周围环境同化、顺应和平衡的相互作用的结果,而图式在此过程中构成。在皮亚杰的认知理论基础上,后继者从各种不同角度对建构主义进行了发展与完善。其中,维果茨基提出了"最近发展区"理论,并区分个体发展的两种水平:一种是现实发展水平和潜在发展水平。现实发展水平指个体独立活动可达到的水平。另一种是潜在发展水平,是指个体在成人或其他成熟个体帮助下所能达到的活动水平,而两种水平间的区域,就是"最近发展区"。斯滕伯格和卡茨的研究则强调建构认知过程中社会文化历史背景和个体主动性所起的关键作用。

张庆宗认为,"在外语学习过程中,教师是语言学习的设计者、组织者和指导者;学习者是语言知识的建构者和实践者"。建构主义学习理论认为,人脑不是一个简单的存储容器,它可以对所输入信息进行积极建构、主动筛选和存储知识,并最终转化为自己的信息。建构主义学习理论强调学生学习的主动性,主张"以学生为中心",学生在学习过程中始终处于主体地位,是教学活动的主要参与者和积极建构者,教师是学生意义建构行为中的指导者和推动者,而非知识的灌输者,在应对学生所提出的问题时予以解答,引导学生获取知识信息,帮助学生主动完成有效的意义建构。

里弗主张,学生的关注点应该在于用言语传达和接收真实的信息上,这就是交互,至少有三个方面可以被认为是交互的作用。

首先,通过模拟现实中的交流场景来让学生参与到语言实践当中去。所谓的"任务"是指日常生活中最常见的需求。当学生们能够在语言练习中逐步模仿出生活中的社交行为,他们在实际交往过程中就能运用这些技巧和必要的沟通工具、表达方法等等。

其次,交互能提升学生们对于词汇输入和输出的数量。教育者常常面临的问题是如何在有限的时间内确保充足的活动度。根据克拉申的研究,学习语言的关键在于大量且易于理解的信息输入,也就是听力阅读的大量接触。然而,斯温更深入地指出:"我们需要的不仅仅只是容易理解的内容输入，还需要'可以理解的内容输出'。"在执行任务式英语教育的情境中，学生会被分配到团队或者配对来完成各项任务。这种方式使得他们的语言活动量大幅度地提高。同时，任务式的英语教学的一个显著特点就是大范围的双人合作及团体活动。因此，我们可以看出，交互和沟通的重要性并不只停留在简单的反复训练上。

再次，通过互动方式，学生能够掌握如何创新性地运用语言技能。这意味着他们能对已学的词语、语法构造及惯常的应用模式进行再度整合，以传达前未曾表述过的新意。当他们在团队中执行任务时，为达到目标，他们必须灵活运用过往学习的语法规则、单词与句式，比如得出某个观点后展开研究，制定策略，提问并记录所需的数据等等。

心理语言学的研究揭示，人类通过交互来掌握语言。外语教育也证实了学习者的语言体系是在有目标的沟通中形成的。能否顺利进行语言学习，很大程度上取决于老师是否能够在课堂上为学生创造足够多的互动机会。

教育的关键在于个体的发展。虽然是以学生为主导，但这并不代表着老师无事可做。老师的首要职责就是激发学生的内部认知体系，洞察他们的个性特质与需求，协助他们领悟任务的目标及含义，营造适合的外语学习氛围，并助力他们提升自控能力的养成。潘玉进强调，构建式教学给予学生独立思考的机会，让他们自主整理知识，因此按照理论推断，这种教学模式相较于传统的教学方式能更好地培育出学生的自学能力，也能使他们在面对迅速变化的世界时更为灵活应变。

根据社会建构主义理论，我们倡导任务型的语言教育模式，强调学生学习的真实含义和个人体验，并期望老师能引导学生的全方位成长、技能提升、积极情绪及健康的个性塑造。此外，该观点还对老师的自我学习提出新标准，建议高中英语教师通过实际操作和反省来构建他们对于学习和教育的理解和信念，以便指导他们的教学行动。

(二)图式理论对高中英语阅读教学产生的积极作用

1. 符合高中生阅读心理

对于高中英语阅读理解教育来说,图形模型发挥着关键作用。依据图形学说,读者的实际任务是在构造适当的模式后,补充新的数据以使得其更具实体感的过程。这种补全的数据既可能是直观理解的新知识也可能来自于逻辑推理的结果。一旦所有的主要空白位置都被填满了,这篇文章就被完全理解了。若要应用此理论于高中的英文阅读学习,则能显著提升学生们的阅读理解能力。在教授英语阅读教材的过程中,我们需要让教材变得有条理性,并将教材的核心内容按级别整合至学生的脑海里,逐步构成一个具备阶级层次的网络系统,这有助于加快他们对教材内容的理解速度。比如,通常情况下,解释性文章可划分为两种类型,一种是以问题为中心的问题解说文,另一种则是基于事物的描述性解说文。前者往往包含事实、问题及解决方法;而后者常常涉及定义、组件、类别和功能等方面。假如学生们能够熟练掌握这类图形模式,他们在阅读的时候,他们的思维会自动调用已经储存好的关于阅读类型的图形模式,然后利用这个模式来解读阅读资料的信息并在阅读过程中不断地充实、推演并生成新的模式,最后实现对文章的高深度理解。所以,引入图形的观念进入高中英语阅读课程的学习是有利于满足学生的认知需求的。

根据心理学的研究成果显示,对于文本内容的理解主要依赖于读者的思维模式即图式,一旦这些图式被文中提供的线索所触发,它们便能把其中的变量转化为具体的实质内容,进而利用这个过程来吸收或调整已有的知识,以此完成对新信息的接受和自发的知识构造。鉴于高中生的已有经验和能力足以支持他们的独立思考和自我更新,他们在面对学习任务时往往表现出积极的态度和行动力。所以,老师在教授的过程中需要采用各种教育方法引导学生建立和激发相应的图式,同时也鼓励他们应用现有的图式来创建新的图式,以便在阅读中学生们可以更有效地自行构建和使用图式。

2. 提高英语阅读效率

根据图式理论，学生不能正确理解阅读材料的原因可能在于学生缺乏适合于该阅读材料的图式。鲁梅尔哈特对读者为什么不能理解一篇文章，提出了三种可能性：读者不具备适当的图式，无法理解文章表达的意思；读者或许具备适当的图式，只是文章的作者未能提供充分的线索，使读者的图式发生作用；读者自以为读懂了文章，但其理解并非作者的表达意图，即未理解作者的真正意图。

在中国，我们发现高中生的英语阅读技巧教育相对薄弱，这可能是因为他们没有足够的阅读策略模式来支持他们的阅读能力。然而，阅读课程并不仅仅局限于强调单词、短语和句子的解读。实际上，阅读是一种由读者通过其语言能力和图式知识共同参与的过程，以实现对文章深度理解的目的。为了准确把握文章的内涵，明确作者的创作目的，需要有相应的主题图式作为基础。同时，高中阶段的学生已经掌握的一些形式图式也会对其阅读理解产生重要影响。例如，当学生熟知各类文章类型（如叙事类、论证型、解说性和描述性的文章）的基本框架，并且能识别出段落的特点与信息的分布方式时，他们在阅读过程中的预判能力就会得到提升，进而增强阅读效果。正如上述讨论，学生阅读能力的欠缺可能是阻碍他们提高阅读效率的关键问题之一。很多学生过于关注词汇和语法规则的学习，却忽视了图式知识体系的构建。再者，因为缺少老师的阅读方法引导，使得学生过度专注于语言表面的形式元素（如积极探索词语和句子构造），而不善于利用自身已有知识或者经历（也就是相关的图式）去阅读，因此也无法做出恰当的文章理解。由此可见，若仅把阅读视为语言符号层面上的活动，则学习者难以全面深入地领悟到文章的真正含义。例如，苏教版牛津新教材强调以学生为中心的新理念，因此教师也要转变观念，重视学生阅读方式与策略的培养。在阅读教学过程中，教师应注重培养学生图式的建构意识，提高学生对自身阅读的监控与调节，从而真正促进学生阅读理解能力的提高。

3. 语言图式在高中英语阅读教学中的作用

外语阅读过程中，语言知识发挥了关键性的功能，它作为理解的基础，如果缺乏与之相关的语言模式知识，那么就无法实现对于输入信息的语言解读，也无法利用文章的上下文信息触发脑海里的内容模型和修辞模型，进而导致无法正确理解文章含义。只有坚实的语法基础才能为阅读提供保障。通常来说，学习英语初期，当面对关于中国习俗的文章时，即使你对文章主题及格式非常了解，但由于你的头脑里没有足够多的英语语言模式，词汇量不足，且不理解语法规则和句子构造，所以很难全面领悟文章意义。因此，在开始学习的时候，为了提升阅读能力，需要积累丰富的事物知识，深层次地研究这种语言的构架原则也就是句法，以便于激发想象力。到了高年级，在阅读前，老师应不仅给出单词释义和重要短语的使用方法，还要对文章中结构繁复的句子做解析，以此消除阅读过程中的阻碍。

4. 在高中英语阅读教学过程中，内容图式的重要性

随着当代社会的快速演进和科技的持续创新，如果不紧随其脚步，那么对于一些与之相关的文章内容的理解将会产生困难。比如，许多高考试题都涵盖了关于当今生活的各种议题，包括家庭教育的挑战、社会科学的研究、计算机网络的使用、人文学及地理学领域的信息、环保问题的探讨等等。一旦学生们经常接触到这类话题并且拥有相应的背景信息，他们就能通过推断文章的主要论述或者中心思想来预测大致的文章内容。

一旦学生的语言技能达到一定的水准，他们的语言模式的影响力会开始降低，相反，内容的理解和应用则会在此阶段变得更为显著。在这个过程中，内容的理解与运用相对于语言能力的提升显得尤为关键。如果阅读素材中的文本晦涩难懂，使得学生难以通过"自下而上"的学习方法获取信息，那么他们只能选择"自上而下"的方法进行学习。这种情况下，内容理解的重要性就会凸显出来。因此，一些研究者主张，对于语言基础薄弱的学生来说，内容理解可能更有助于他们克服语言障碍。内容理解能够协助这些学生填补他们在语言表达方面的欠缺。这部分学生在解析文本信

息及对话交流方面相对较为困难，他们往往需要借助内容理解的力量来预判或推测隐藏在文本背后的意思。

5.形式图的作用

当学生的语文能力较弱且对于课文内容并不熟知的时候，他们在阅读过程中会遭遇巨大的困难。若他们具备关于形式图的认知，能深入理解小说、人物传记、活动记录、科学散文及各种实用文本，比如书信、邀请卡、公告、便签、表格、图形、标识等等，也能够掌握寓言、戏剧、诗篇等多种文学体的构造与特性，这样就能协助他们根据不同类型的文章和构架来解读其中的含义。例如，广告这个主题有着它特有的特征，用词简洁明了，而且常使用短句表达，并且频繁地运用到一些省略手法。

对于各类模式而言，其于读取过程中发挥的关键角色不容忽视。三类主要模型（即文字结构）如何同原文本里的词汇构造及主题框架相协调并产生互动关系直接影响到我们对其内容的解读深度。其中，语法规则作为基础构成了这两种其他类型的学习方式：一是通过学习者自身已知的概念体系去推断出未知部分；二是根据作者意图或预设情景做出判断，以消除可能存在的误解，并对后续段落做出合理猜测，以便更好地领会全文含义。同样重要的是这些其他两种认知策略——也就是关于本文的核心思想及其表达手法等方面的认识也十分关键，因为这是评价我们的思考能力的指标之一。首先，这种基于已有经验而产生的期望能引导我们在处理新问题前先做些准备工作，如分析背景环境避免混淆不清的情况发生，并且能够提前思考一下接下来的发展趋势，以此为我们正确解析整篇文章打下一个坚实的基础；其次，这个期待还能帮我们将注意力集中在我们觉得有价值的部分上，然后把那些经过筛选后的有用资料存储起来方便日后查阅；再者，模式对于记忆有着整理的功能，而理解和记忆是紧密相连的。通常来说，被理解的事物更容易被牢记并且能够长期保存。当我们在理解的时候，我们总是在尝试使用自己的过往经历来诠释它，因此，如果读者的脑海里拥有丰富的模式，这将会有助于他们更好地理解和整理新模式，进而有利于他们在阅读过程中维持记忆。

（三）在高中英语阅读教学中，图式理论的执行原则

依据图式理论，学生在阅读理解的过程中，需要掌握如何运用图式来阐述阅读材料。这个过程涉及学生对新旧知识进行比较和推导的能力。那么，教师在实际课堂中应该如何执行图式教学呢？教师应在充分尊重高中生心理发展规律的基础上贯彻以下七种原则。

1. 循序渐进原则

鉴于其覆盖范围广阔，构建学生的阅读图式并非一蹴而就的过程，而是逐步提升并呈螺旋状发展的历程。首先，老师应协助学生建立基础性的语言图式，例如词组图式、语法结构图式及段落组合图式等等。这是因为图式存在着阶梯化的特性，即高阶图式的理解与应用需基于对基本图式的熟练掌握。其次，阅读图式所包含的信息量大且复杂，所以我们应该引导学生拓展他们的阅读领域，这样他们才能获取更全面深入的图式信息。这表明，在教育过程中，教师须依据学生的认知成长轨迹来实施教导，制定有条理的教育方案，同时注重教材内容的连续性和新的知识点之间的关联。不仅是在课程学习上需要按照顺序逐渐展开，课后的练习任务、复习工作以及测试安排，还有阅读资料的选择都应当是有序进行的。

2. 学生主体性原则

教育过程中要始终坚持让学员成为主角而非由老师或教科书来主宰一切的原则。为了实现这一目标，老师们需要深入研究课程内容并且利用图像模式理念去解读它；他们可以采取诸如"引入相关信息—唤醒已有的认知结构—引出文本"等多个步骤有效地管理课本里的篇章。另外，各个模块不同的焦点有助于建立及强化学员们关于读物的各类理解方式。身为教育的领导人兼策划师，我们应该充分发挥书籍的作用力且巧妙运用仅有的一点儿授课工具：借助多元化的教授策略使课堂更具活力，吸引更多人的注意力，从而提高他们的求知欲望。与此同时，我们要尽可能多地激励大家参与到探索中，并在其自主领悟的过程中形成新的认识体系，对现存的

信息加深记忆，这对于提升我们的读书技巧具有重要作用。

3. 基础性原则

因其具备阶梯结构特性，高等级的学习需要基于较低级别的学习成果来实现，因此教育工作者有责任协助学生构建扎实的基本词汇和语法架构（例如单词构架、短文构造及段落组合）。此外，扩大学生的读物范围并建立稳固的专业基础知识也是必要的步骤之一。原因在于已知的事实对个体能领悟新事物的可能性的影响至关重要；当他们接触到更多的信息并且深入地分析时，就有更大的机会形成丰富的且细致入微的心智模型。

4. 程序性原则

在实施图式阅读教育时，老师应注重图式的生成过程，切勿错置其优先级或跨越发展阶段。他们需要依据图式教育的内部逻辑，按照"构建图式—激发图式—修饰图式"的步骤来进行严谨且精确的教育培训。

5. 激活图式（阅读前）

激活图式是教师在开始阅读教育之前使用的一些有效策略，以唤起学生脑海中的现有知识，也就是已经形成的图式。卡雷尔认为，可能不是读者的图式不够准确导致他们的阅读理解受阻，而可能是由于这些图式没有得到激活。因此，老师需要引导学生意识到激活图式的必要性。如果学生明白到这一点，他们在阅读过程中就会主动且有意地寻找方法来激活相关的图式。尽管他们回忆起来的图式可能会不完全或错误，但是由于它们是一个完整的体系，学生仍然可以从这个基础上发展其他新的图式。此外，在英文阅读课程中，教师也应该利用各种吸引学生的工具和技巧来激发他们的现存图式，这样可以让他们的阅读过程更加顺畅。

在英文阅读课程中，图形化模式的启动具有重要影响。其有效性和无效性对于教育成果的影响很深。通过创新的方式激活这种模式不仅能够吸引学生的注意力并为他们提供必要的心理和知识上的预备工作，同时也能增强他们的学习动力，引导他们步入理想的学习环境，进一步激发出他们的探索热情和求知渴望，让他们专注于新知识点的学习，进而提升授课质量。相反，若未能充分激活现有的模式，会导致学生无法理解，导致疲劳感和负面情绪，这会严重削弱课堂教育的品质。因此，在高中的英语阅读课之前，我们必须重视对现有模式的激活这一重要的教学步骤。在阅读前的阶段，可以通过回顾学生过去学习的关于文章构造的信息，依据文章题目及每段开头或者结尾的关键词来推测文章类别或是主题。而在阅读的过程中，利用文本映射技巧有助于学生连接文章内的观点。此种方法包含选择文章的核心信息，以其他形式重新展示它，这样可以让核心信息的关联更加明显。所谓的"读前活动"指的是学生在开始阅读文章之前的行动，这类动作应该是简洁而高效的，主要目的是为阅读活动做好充分准备。在这个过程中，学生们与文章主题相关的知识和经验将被唤醒。换句话说，学生们的思维模式将被激发出来。因此，阅读前的活动能够有效地引发学生对文章主题的兴趣。

6. 建立新图式（阅读中）

在语文教育过程中，老师需要重视引导学生构建文章的篇章模式，这样做不但有助于学生全面掌握课文的核心信息（因为文章可以通过表格的方式呈现出来，使得学生能够更加深入地理解篇章），同时也可以让学生长期记住这些信息。比如，论述型文章常常包含主旨段落、副题段落及具体细节等元素。所以在教授这类文章的时候，老师应该指导学生去寻找和划分它们。又比如，故事型的写作一般包括开头、剧情进展、高潮与结局等四个阶段。而针对描述类文章，我们可以通过分析文中所介绍事物的特征来梳理其逻辑关系，比如历史类的文章很可能就是依照时间的先后顺序推进的，而关于物品使用方法的文章则可能依据平行关系的原理展示其功能等等。由此可见，在学习的过程中形成文章的篇章模式，既有利于读者预测和总结文章的深度意义，提高他们的推断能力和判断力，同时也利于新词汇和未知短语的吸收，进而为后续的新语言知识和体系搭建提供基础。

7. 巩固新图式（阅读后）

当学生们经过阅读活动的梳理后，他们已经能够清晰地掌握文章的架构。此时，老师应依据文章内容适时提出需猜想与归纳的问题，以便提升他们的逻辑思维及综合分析技能。此外，也应当给学生留出在课上重复朗读或者交流探讨的空间，这样可以强化他们在新构建的知识体系上的稳固程度。为了激发学生的创新联想，我们必须基于他们的理解力和记忆力出发，并且借此机会锻炼他们的自主思辨技巧，最终实现提高他们使用英文能力的目标。

（四）在高校英语阅读教学中，图式理论的应用方法

1. 取舍增补法

现阶段的问题在于部分教学材料的内容已经过时且缺乏活力，这不仅影响到学生活跃的学习热情并降低他们的读书数量、文化和学科理解深度，还大大妨碍着他们学习技巧的发展。所以我们需要采取措施来激发学生的求知欲望：首先是挑选更具吸引力的教科书素材；其次是在确保符合实际需求的前提下，敢于剔除那些过于古老或乏味的主题篇章，而代之以能引起学生浓厚兴趣的新鲜元素——比如中国的体育赛事（比如篮球）或者流行的影视作品等等。这样一来可以有效地提升学生的主动学习意愿度，从而实现由被动接触向主动探究转化的目标。在这个过程中，对于喜欢看书的学生来说，他们在获取新知的速度上会比其他同学更快些。通过这样的方式，这些热爱书籍的同学能够获得更多有趣的信息并且扩大自己的认知范围，同时也提高了自身的表达能力和思维敏捷程度。此外，我们也注意到了各个层次的需求差异问题，所以在设计题目的时候我们会根据内容的难易情况分别设置简单或是繁复的形式以便满足各种类型学生的要求。

2. 课前预习法

图式知识的多寡及熟练程度直接影响到阅读理解的速度快慢与准确性。广博的知识结构是提高阅读能力的基础。据此，笔者提前一周布置阅读课文预习任务，预习不是对课文内容的浏览，而是就课文内容的相关话题让学生在课前进行大量阅读，可以帮助学生以原课文为中心对课文内容进行扩充，扩大背景知识，从而增加和丰富学生的内容图式和语言图式。同时，带动修辞图式的发展，这样有利于学生阅读理解能力的提高和发展。阅读材料可以采用教师指定和学生自选两种方式。课前预习不能放任自流，教师要求学生做好摘抄上交，以便教师检查。同时，教师还要求学生写好故事的大纲及评论，以备课上发言，谈谈对该内容的看法。可见，课前预习与课文阅读相结合更有利于学生建立大量的图式。实践证明，"课下预习—课前检测—课堂阅读课文—课后阅读"有利于帮助学生迅速地拓展知识面，为学生创造一个全方位的阅读环境。在阅读教学中，高中英语教师应从提高学生的内容图式着手，扩大学生的知识面，从而进一步发展形式图式和语言图式，最终达到培养学生阅读能力的目的。

3. 直接理解法

当学生的背景知识与文章的背景知识不能吻合时，学生就很难进入作者的世界，也就不能按照作者的意图去理解文章的含义，所以导致阅读理解受阻。这时，外语阅读课教师应该向学生传授恰当的文化内容和获取文化背景知识。阅读前导对读者的英语阅读理解起着巨大的作用。在学生阅读前，根据学生的需要有目的地注入一些学生所缺乏的与课文内容及词汇方面相关的背景知识，帮助学生增加内容图式，填补信息差。此外，在阅读教学活动中，教师还要注重加强对不同文化、价值观、道德观的比较和分析，告诉学生中西方的不同习俗；采用对比法帮助学生建立内容图式，有着强烈的对比效果，能在学生的大脑中留下深刻的印象。与此同时，还可以结合所学文章，向学生介绍该文章的结构特点，教授有关文章体裁方面的知识，让学生了解如故事、寓言、说明文和议论文等体裁的结构，告诉他们故事都有开头、结尾，中间有各种情节，情节又有开始、发展和结局等，如议论文有论点、论据和论证。这样，学生对文章结构就比较熟悉。在阅读时，若碰到类似的文章，学生就越能对文章的思路、层次、特定框架结构和各段落的组织排列及文章的逻辑关系等有一个清楚的了解，从而帮助他们理解文章。

4.关键词语法

有效的阅读方式是成功阅读的关键因素，这又依赖于教师为学生提供正确的阅读方法引导。当前的高年级学生已经掌握了一定的社会、文化及科技领域的背景知识与实践经历，因此他们能够理解这些领域的话题文章。然而，尽管他们的脑海里已经有相关的概念框架，但他们并不清楚怎样有效地运用它。在阅读教育过程中，教师不仅仅是传递知识，还需要给予学生关于正确阅读技巧的教育，让他们能依据文本内容来唤醒大脑内的现有知识体系，从而更易于理解和接受新的信息，并将它们融入现存的概念框架中，形成新的认知架构。唯有如此，才能实现"授人以鱼不如授人以渔"的目标，让学生真正掌握自我学习的能力。通常情况下，教师应教导学生如何借助文章关键字词提供的线索来激发其内在的相关概念框架，同时也教授他们如何使用这种策略来解读文章的信息，包括文章的组织结构、深度含义、逻辑联系、主旨观点和作者的目的等等。这样可以帮助他们在深入理解文章的同时，也能预判接下来的阅读内容，做出推测和验证。

（五）建立高等院校英语阅读教学系统模式的流程，建立图式理论研究

1.系统模式教学目标的确立

为了建立有效的高中英语阅读教育体系，首先我们必须确定阅读教育的核心教学目标。这是由于教学目标直接影响了教学方式，而后者又是为了实现这些目标服务的。因此，普通高中的英语课程应该基于初中英语课程的基础来提升学生的语言技能，以满足他们的未来求学、职业生涯和个人学习的需求。此外，高中英语课程还需依据高中生的学习特性与需求，除了继续增强其基本语言技能外，更侧重于培养他们使用英文收集、解析和解决问题的能力，从而为其后续学习提供必要的前提条件。特别是在阅读能力的培养方面，英语课程标准已经做了详细的等级划分，其中包括高中阶段的第六、第七和第八级别。

对于六级的阅读能力要求包括以下几点：能够从中立的文章内容里抽取关键的信息与观点；可以依据语境及句子的构造来揣摩单词的意思；可

以通过对上下文的分析去推断或预知故事的走向；可以在明确了阅读的目的后选择适当的阅读方法；也可以借助各种途径寻找所需要的信息；除了教科书之外，总共需读完一万词汇量的额外书籍以满足课外的阅读需求。而针对七级的阅读能力标准则是这样的：有能力从中找到主题思想和作者的主张；具备提炼出重要信息的能力，并且能够整理归纳这些信息；能在解读时运用到上下文的关键提示；也能领会和赏析部分简单的英文诗篇；除此之外，还需要完成三十万词汇量的额外的读书任务。

对于第八级的阅读能力要求包括：能够解读各类文章中的各种观点与立场；辨识出各式文本的特点；透过解析句子构造来掌握复杂及冗长的语句；借助老师的指导去赏析简单的文学作品；依据学习的需求，利用电子书籍或者互联网工具收集资料并且对其进行整理和处理；此外，除了教科书之外，学生的总阅读量应该超过三十六万个词。

总结上述各阶段阅读能力的教育目的，其核心涵盖了三点：一是对清晰表达的文章内容的掌握，主要是指学生的基本语言解读能力，也就是表面上的理解；二是深度理解力，包括从文本中挖掘潜在信息的技能，这是通过逻辑思考来实现的，也就是深入理解；三是欣赏能力，是指学生能领会作者的主张、情感与观点，这就是评价性的理解。因此，教师应把提升这三方面的理解水平作为阅读教育的重点，而不是仅仅关注词句及语法的学习。

2. 系统模式阅读能力的组成及测试

对于高中英语课程中的阅读部分，我们需要理解其教学目的并探究它们如何通过考试得到验证。舒运祥教授在他所著的《外语测试的理论与方法》一书中，深入探讨了外语阅读测验的目的和意义。

第一，辨识词汇。在语境中理解单词和短语的含义。

第二，要理解句子结构的含义。强调的是句子结构所代表的意思，而非句子本身的形式。

第三，要理解文章中的代词含义。在书面表达中，代词频繁出现，能够准确地指明代词所代表的句子元素或者它所象征的意思，这有助于精确评估学生对文章结构和意义的掌握程度。识别文章主题主要是为了测试学生对文章主旨的把握水平。

第四，掌握文章的构架结构。学生需要理解文章的整体布局以及论点与论点之间的联系。

第五，我们需要理解作品的主旨。学生在阅读完整篇文章后，应该能够明确指出作品的主旨，这是一个高标准。作者并不会直接阐述一篇文章的主旨，而是完全依赖于读者自己去感受和领悟。

第六，推测词义。利用上下文信息和词汇构造的知识来推测词义。

第七，逻辑推理技巧。理解文字中隐藏的深意，运用现有的文字线索或者作者未明确表达的信息。

第八，提炼总结的能力。通过解读、整合和精炼文章的核心思想，理解文章标题的含义。

第九，预测技巧。在阅读过程中，通过分析上下文内容和语言知识来推测下一步的发展。

第十，策略调整。根据阅读目标的差异，可以随时修改阅读方式。能够依据文章的阅读需求或在阅读过程中遇到的问题，及时选择或调整阅读速度和阅读策略。

显然，阅读测试的目标决定了教学内容和模式，因此，教师在进行阅读课时应以上述要求为教学内容，这样可以有效地提升阅读能力并实现测试目标。

(六) 图式理论对高中英语阅读教学的有益启示

1. 积累语言模式并不是一蹴而就的事情，需要从日常生活开始

作为成功的阅读基础及保证，语言图式具有无法被其他要素取代的重要地位。为确保学生能高效且迅速地解读文本内容，老师首先要协助他们消除语言上的阻碍，包括解释其中的新单词、含糊不清的字眼、近似的意思等等，同时也要深入解析文章的长篇大论，并在其间穿插语法的学习。

在这个过程里，我们需要提醒自己不要误解了阅读教育就是机械性的词汇和语法传授，这样会给学生带来额外的压力和反感，而是要把语言图式的累积融入每日的教育活动中去，从小开始培养，使学生有系统的途径来掌握和记住词汇和短语，逐步帮他们构筑出语法框架，使得这些语言图式能在不知不觉中变成固定的知识储备，并且随时可以供学生提取使用。如果这种学习和积累成为他们的生活方式，那么学生就会很自然地克服语言难题，其他技能也将会随之提升和发展。

2.引导学生形成积累内容图式的好习惯

一篇文章与其作者所处的社会文化背景是紧密相连的。有的时候，一篇文章就是一个时代、一种文化、一类社会、一派思潮的真实写照。因此，学生对这些文化背景知识是否了解与他们是否能成功阅读也是息息相关的，能够有效地避免一些语言障碍对学生理解的影响。在英语阅读中，有的学生从小对西方文化、经济社会感兴趣，或者阅读了很多相关书籍，他们就更容易把握相关的主题。如果有些学生的相关知识比较匮乏，那么他们阅读的障碍就会较大。因此，在阅读一篇文章之前，教师需要给学生提供一定的背景知识，同时引导学生结合背景知识进行学习，让其头脑中的知识库不断地丰盈和充实，并使其知识趋于稳定。值得指出的是，内容图式应该成为学生日常学习中的一种良好的学习习惯，每当阅读某一个话题前，都应该先对其写作背景进行查阅与了解。随着阅读量的增加，不断完善头脑中的内容图式的积累。这样，学生头脑中的背景知识不断地丰盈，就能形成良好的知识结构体系，即使文章中有些生词，学生也能顺利、有效地阅读。

3.注重激活学生头脑中的已有图式

根据"模型论"，重点在于强调其重要性的概念，"教育者应该把更多时间放在激发学生的现有认知结构而非创建全新的认识框架上面来"，"如果能成功唤醒或利用现存的学生'心智模具'，那么他们在学习过程中的主动性和参与度将会大大提高"，"当读者能够把自己的想法逐渐贴近到创作者所想传达的信息时,这有助于全面掌握文本的核心观点及领悟作家的创作目的;同时也能通过对比自身观念跟作家想要阐述的内容来自我反思从而产生独特的思辨能力","这种对读者的引导可以让他们更深入了解作品背后的含义而不是仅仅停留在表面文字层面上"。

4.灵活运用多种阅读教学策略丰富学生图式

阅读进程一般包括快速阅读、仔细阅读和读后活动三个阶段。经历上述三步骤的学生才能全面且深入地解读文本的内容与细微之处。在此期间内运用速览(skimming)或跳跃式浏览(jumping reading)作为主要的学习方法能有效提高学习效率。前者需要读者迅速扫视全篇内容而无须关注晦涩难懂的部分,从而获取主旨及其各章节的主要观点;而在第二者的应用下则需专注于特定的关键信息点,以便更准确无遗漏地领会其含义。这些技巧不仅有利于提升对于整个作品架构的主干脉络,还有助于捕捉到个别关键片段的信息进而深化对其内容的认识深度。初始环节即为速度快慢决定着能否顺利完成任务的重要一步骤——通过细致入微的方式去探究每一处文字所传达出的意义,同时还要明确作者的核心观念与其创作动机所在。此过程可以通过设计诸如多选题、判断题目或者提问等等的形式让老师检查他们的进度情况。最后的一环就是当他们已经完全明晰全部的文章主线并且也已熟练掌控各个具体要素时就应由教师指导他们在结束之前再度回味原文,然后尝试用自己的语言重新阐释一遍,这样就能进一步巩固自己对此部作品的精神实质和他人的表达意愿的深刻印象。与此同时,我们还需要特别强调那些文中反复出现的特殊字眼儿或是常用句型,使同学们更加牢固记住它们的存在,并对相关概念有着更为透彻、清晰的认知。

总的来说,阅读不仅是语言学习的关键环节,也是语言运用的核心部分。只有通过严格的基础语言训练,将学生带入真实的英语环境,让他们掌握真正的阅读技巧,他们脑海中重构的文本意义才能完全或更贴近作者的初衷。

第四节　高中英语写作教学与创新

　　人与人之间沟通的方式主要分为口头的和书面的两类，所以文字表达技能被视为社交技巧的关键构成元素。在中国英语学习的五个方面——听力、说话、阅读、书写及翻译的过程中，其中最难以掌握的就是写作技能。尽管老师和学生们付出了巨大的努力，然而其成效往往并不尽如人意。即便是英语为母语的人群，他们的写作水平也不像语言交流一样能够通过母语的学习自发地提升，而是必须接受专业的培训才有可能获得优秀的写作能力。写作技能对英语学习者而言有着极大的价值。写作教育拥有深厚的历史渊源，从西方学术传统的视角出发，我们可以追踪到古代希腊时代就开始的研究探讨。早期的雄辩术发展到了由苏格拉底、柏拉图和亚里士多德所推动的经典修辞学阶段；再往后则是在古罗马时期，经由西塞罗（Cicero）和昆体良（Quintilian）的精细化加工和升级，最终构建出了一套适用于演说稿创作流程的"五步法"训练体系。从写作自身的功能看，它是一种必要的社会交往工具，书面交流能突破时间空间的界限，实现作者与读者的互动。尽管如今科技已经高度发达，我们也可以利用各类通信设备来进行语音对话，但在许多情况下仍然需要用书面形式去完成一些交际任务。此外，站在英语学习者的立场上，写作也是英语学习过程中的关键环节。以提升大学生的实际且有效的英文写作技巧为目标。通过增强写作技能，可进一步推动听力、说话及阅读理解能力的进步，这四者紧密关联于语言学习的全过程。同时，写作练习对于上述三个领域的技能发展起着互补的作用，因此强化写作能力的培育能够助力这些能力的提升。随着英语写作被视为传递信息的首要途径和手段，其重要性日益凸显。然而，我们观察到许多学生并没有深入研究英语写作的基本特征并且积极投入实践，而是抱怨不已，流露出无法应对的态度。在英语的学习进程中，写作是一个重要的实践行为，它能在塑造学生的沟通能力方面发挥关键角色。此外，写作也有助于深化从阅读和聆听所获取的语言素材，从而实现语言知识的内化，进而优化语言的使用效果，同时也奠定了口头表达能力的坚实基础。

一、什么是写作

创作是寻找最佳表达方式以实现情感与思考互动的一个持续流程。众多学者主张，创作是一项将思绪转换为文字的文章制作过程，这包含了各种解决问题的技巧和认知行为。为了深入理解这些隐蔽的心智历程，研究人员使用了如声音思考、观察记录以及后续采访等方式。同样，创作也代表着对语言控制力和艺术性的掌握。此外，它是人与人之间传递想法的关键途径和工具。无论是运用本国语言或其他语言来撰写文章，其难度都是巨大的。声音思考的方法源于认知心理学，需要参与者描述他们在创作过程中内心的心理活动。借助这种研究手法，研究员构建了一系列关于创作过程的模型，尤其是由弗劳尔和海伊斯提出并被广泛认可的创作模型。创作是一种涵盖多种元素且极为复杂的精神劳作，它需要创作者具备深厚的语言能力和宽泛的知识面，而创作对象并非仅限于个人事件或者物品，还应包括整个世界的事件和物质。从宏观的天文地理到微小的植物生物，所有这些都是创作应该反映的现实存在，这个模型分为三部分：作者的长久记忆（即他们对主题和读者的认识以及存储的写作规划模板）、任务背景（指的是写作的主题、目标阅读群体以及写作的要求和已完成的内容）以及实际的创作进程。创作流程包含了规划（构思想法、设定目的并安排结构）、以文字形式阐述思考及审查（这涵盖了阅读和改正的部分）等三部分。当作家的语言技能愈发精湛，他们在撰写文章时的便利度也会相应提高；他们的日常经验积淀得越多，他们完成任务的能力就会更强。因而，要想文采飞扬、一气呵成，作家们不能忽视诸如词语学、修辞学、语法学、语言学、通用的写作原则以及各类写作策略等各个方面的学习。相关研究显示，写作并非一条直线的进程，它并不总是遵循预先设定的步骤，即计划—初稿—修改这样的模式，很多时候，作者会在这些环节中反复徘徊。作者自身的内在资源和外部的环境在写作期间会交互影响，使整个创作历程呈现出多元化的特点；对于作品成果及其形成过程的两套观念对写作教育产生了重大影响。基于此产生的"结果导向型教学方法"和"过程导向型教学方法"一直以来都是过去几十年里写作教育的核心内容。在中国，英文写作教育同样经历了漫长的发展道路。中国的英语教育向来注重读写结合的教育理念，众多老师都会视之为英语学习的基石。故而在写作过程中，作者需全面运用其思维能力、生活体验、语言素养、写作技艺等多种要素。然而，尽管我们强调读写结合的重要性，但常常忽略了写作教学这一重要领域。

二、写作课在英语教学中的地位

现今已是信息时代，文化科技以前所未有的大规模及高速率来传递，这对书写能力，特别是英文书写能力提出了更高要求，传统的语法翻译教育模式把重点放在了文字的学习上，试图通过理解语法规则、扩大词汇量以及运用翻译技巧来提升读写能力和翻译技能。然而，后续的直接教导方式和听闻式教学则更为重视口头表达力的培育，从而使写作课程的重要性有所减弱。此外，在外语教学中，写作课主要是依赖本族语文学的理念和策略。随着第二语言学习的理论研究日益深入，外语写作教学开始逐步引起关注，并在写作教学的研究历史里，研究人员从语言学、思维和社会的角度出发，全面探讨了写作过程的多方面内容，提出各种理论观点，并对英语写作教学产生不同程度的影响。所以，现代通信技术的进步及其普及并未削弱写作的重要性，相反地，它还对写作提出了更高层次的需求。当前全球一体化，英语写作占据着至关重要的角色，这使它成为所有英语教育项目中的核心部分。在这其中最具吸引力的论点是有关成功及历程之间的差异看法。"Writing"这一词汇不仅代表着创作流程本身，还包含著作的结果——也就是成品。所以我们能够从两个角度来看待"Write"：一是将其视作一项产出；二是把它看成是一个活动步骤。根据资料显示，中国有一半以上的工程师们在工作过程中必须或者亟须使用到英语书写能力。如果我们将文书理解为产品的话，那么我们的关注焦点就会集中在这个产品的质量，如长度反映学生表达流畅性的水平，语法运用是否精确无误等等方面。现阶段，互联网的使用率高，通讯方式变得更加快捷方便，商务沟通需求增多，促生大量的外语文档编纂任务，对外汉语书面材料的要求日益增强。若专业技术人员缺乏满足社会需求的英文写作技巧，他们将无法有效地适应职场需求，从而在社会发展过程中陷入被动。

三、英语写作教学的内容

一篇优秀的文章应该具备完整的框架、流利的语言表达，统一的总体布局和协调连续的内容，同时也要求其内容丰富而简洁。因此，写作教学的主题应涵盖如何建立句子结构、选择合适的单词、拼写及其标点符号等各个方面。

（一）构思

设计（planning）作为创作教育的关键部分被广泛讨论。海伊斯与纳什在1996年提出了一种全面且综合的写作策划框架。目前，许多学习者面临的主要挑战在于"没有东西要写"或"无法找到合适的词汇去表达"。他们强调，策划应分成两个阶段：一个是流程策划，即关注作者是如何实现他们的写作目标的过程；另一个则是文字策划，它涉及内容的构成、形态以及对读者产生的影响。通过实施写作策划的教育，能够协助他们处理"该写些什么，怎样书写，选择何种语句方式"这些难题。一般而言，策划会采用两类方法来激起思考：一种是头脑风暴法（Brainstorming），另一种是自由写作法（Free-Writing）。而策划则包含了英文教材所述的"梳理思想、构建材料、安排章节布局、制定大纲"等等写作步骤、技巧和环节。第一种是指针对特定主题尽量展开关联想象，不受约束地寻找相关资料，使相关的细微之处、感受、实例、见解、观念如同狂风般在脑海里涌现出来，并将其转化为书面形式；第二种是指完全放松、没有任何限制地撰写。

1. 谋篇布局

预先构思和规划文本框架是在开始创作前的重要步骤，同时需要依据目标来挑选合适的拓展方式。就整体架构而言，一般包括引入部分－支持部分－结尾部分；而在具体段落层面则可以理解为主旨句－详细解释－总结的部分。然而，针对不同的内容类型与形式，具体的组织策略可能有所差异。英文写作是一种对全面语言技能的反映，因此必须具备坚实的语言基本功底。通过深入研究英文作品中的写作特性，你可以获得许多有益的见解。例如，在描述性的文章里，主题句的主要任务在于揭示主题，扩展句的责任在于按照时间线或者重要程度展开详述以深化主题，最后的结论句则是对主题及补充信息的再次强调。至于讨论性质的作品，主题句的功能在于提出读者的正确看法，扩展句的工作重点在于用逻辑的方式提供更多证据去证明这个看法，最后结论句的目的主要在于归纳或重复论点。

2. 完整统一

写作过程中，我们可能会遇到按照时间或地理区域（地点）来组织的文章需求，而更多的时候是根据逻辑关联进行安排，这意味着我们的描述应该遵循事物内部的联系和法则，并适应科研探索及人类对世界的理解方式。换句话说，所有的事实、案例、解释等等都需要紧密围绕着主旨开展，保证内容的准确性和相关性，对于无关的内容要坚决剔除，并且注意到每个部分的完备度。无论情况如何，我们都需坚持合理且有条理地叙述，保持整体架构的完善。所谓构思布局，就是考虑文章分成几个大部分，每个大部分又分几个小部分，几个小部分形成什么逻辑关系，这些要思考周到。在训练过程中，可以通过专门设计的练习题，例如创建包含无关细节的段落，并组织学生进行修改等方式，来提升学生在这方面的技能，从而增强他们的意识。特别是大部分与大部分之间，小部分与小部分之间，大部分与小部分之间，以及全文的逻辑结构，都要完整统一。

3. 和谐连贯

文章中的句序和思维布局需要具备逻辑性，各句之间的关系应紧密相连，内容的展开应该顺畅且连续，使得整个段落形成一个协调统一的整体。值得注意的是，过渡词汇不能被忽略也不能过量使用，我们期望看到清晰明了的文章构造，以防止烦琐冗长的描述出现。对过渡词汇的选择可以通过"短文填空"的方式来做专门练习。通过运用适当的衔接词汇或者组合，我们可以让句子间的关联更加紧密，从而保证文章的流畅通达，同时也能引领读者的思绪跟随作者的想法一起探索。

（二）拼写和符号

这里主要关注的是学生的基本知识，包括词汇的拼写和标点符号的正确性。尽管这涉及细节问题，但它仍然是写作教育中不可或缺的一环。

（三）句式

老师可以通过"示例"与"探讨"的策略来教授写作技巧，以此协助学员理解并应用恰当的表述方法，提升他们对于句型结构的理解深度。重视写作能力的提高、加强这方面的实践也是真正掌握一门外语的必由之路。在英语中，我们经常会遇到强调、倒装和省略等句型，然而这些句型又有许多不同的变化，因此，学生需要对其进行更多的练习。

（四）选词

选择词汇是个人兴趣和个人独特性的反映，它涉及对词汇使用是否精准恰当、清晰明了、简洁有力且富有生命力的问题。然而，因为它是作者与读者沟通的一个重要途径，所以在挑选词汇时需要考虑到语言环境的影响。鉴于学习的需求和时间的限制，我们提倡"全面提升，重点突出"的原则，既减少对外语运用能力的期望，又更注重理解能力和阅读技能的培养。例如，对于正式或非正式词汇的选择、积极或消极词汇的选择等，还需要结合角色特点及目标受众来做决定。

(五) 修改

根据过程教学法，写作是一个非线性的、循环往复的交互过程，各个写作环节在写作过程中互相交织、相互渗透。修改的技巧是写作教学的另一重要内容。修改既包括对已写好的文字的修改，也包括在构思和表达阶段对未成文的思想和观点进行修正。写作者在这种循环过程中进行思维创作，达到提高认知能力、思维能力、交互能力和书面表达能力的目的。修改活动可以在写作内容生成之后，也可以在写作者表达形成之后。

四、英语写作教学方法

(一) 写作综合教学法

尽管传统的方法并未完全重视学生的理解历程，但其对于基础词汇的学习及使用典型例句来展示各类文字形式及其技巧的确是可取之处。"Process teaching methodology"，强调思考内容的研究并尊重学员的主导作用，体现了人性的关怀并且有助于提升作家的解析力和推理技能。除去少数英文功底深厚且具备出色表述能力的学子外，老师的焦点应不仅局限于纠正他们的用词错误或拼写失误上（Dana，2004）。关于常出现的错漏种类，二外的或非母语者的作品中的常见毛病可能不同于本土生长的孩子的习作。此外，"Process-Genre Approach" 融合以上三种方法的长处提出了一套新的教育理念——"Process Genre Learning Strategy"。认为这种综合教学方法值得借鉴研究揭示，外语学习者常犯的错误类型并无固定模式，这与学生所处的具体学习环境（例如教师的教学方式、学生接触英语的频率等）有着密切的联系。

(二) 读写译写的结合教学法

通过实施 "Read-Write Integrated Teaching Method"，我们可以在提升语言技能的同时获得多种效益：一方面利用阅读指导创作；另一方面借助创作为读者带来更丰富的体验和启发思考的能力。依据 Krashen 在 1984 年提出并被广泛接受的学习理论——"Comprehensible Oral Language Model（COML）"，他强调了大量的目的语文本对于有效掌握第二种语言的重要性。然而在中国的大部分教育环境下，课堂时间有限且每个班的学生数量庞大，无法单独开设专门针对英文作文的教育项目。所以要大幅度增强中国的学子们运用母语法文书写的技巧，最有效的策略便是采用 Read-Write Translation 的综合式授课方法。这种方式不仅可以借由深度解读文章内容从而丰富我们的知识储备量（尤其是关于如何用词遣句等），还能激发我们在实际应用中的创造力及思维活跃程度。此外，我们也应注意到情绪状态往往会影响学习的效率甚至结果，有些同学可能因担心交流失败而不敢尝试开口说话或动笔书写的情况也时有发生。

　　创作是一项繁复的心智活动，涵盖了各个领域的学识及技能的使用，同时也会受到情绪状态的影响。在这个互联网的环境里，我们可以利用它来减轻学生的创作压力。当学生们的词库更大时，他们能够写的素材会更多，篇幅更长，这有助于深入探讨主题并提升作品的品质。这里的重点是批判性的阅读（Critical Reading）。大量阅读不仅能让学生扩展词汇量，还能让他们透过上下文理解单词的确切含义和语法规则。因为学生们能在互联网上直接向老师或者同伴寻求指导和协助，所以他们获得的教育资源要远超过传统的课堂教育方式。此外，阅读不同类型的文字材料，如小说、散文等等，可以增进学生对文化的认识和广博的常识，从而提高他们的思考能力和洞察力。最后，阅读也能训练学生细心观察语言结构、做出预测、总结分析、证实猜想等逻辑思维技巧。另外，通过阅读，学生还可以了解到标准的英文书写风格，防止他们在撰写过程中把正式英语和日常对话混合在一起。这样的教学方法是以人为主导，体现了以学生为核心的教学理念。学生可以选择适合自己程度的学习起点和关注点，实行个性化的教学和同步式的教学。若能够融合写作与阅读，便可实现对文章架构解析、语言知识教授及写作能力的提升，形成互补共生的整合体，达成促进写作和提高阅读的效果。教育方式可以通过多元化的方式来实施，包括运用各类写作教导策略，例如：成品法、范文法、过程法和体裁法等。这不仅有助于更深层地解读阅读资料，也使得每篇文章都成为学生创作的优秀示范，确保他们在大量的阅读中获得充足的写作实践练习。"读写结合"强调了语言的完整性，拉近了语言知识运用的实际操作间的差距。简言之，通过阅读，学生们可以更好地理解作者的观点情感，同时也可以学到写作技巧，积累写作经验，深化认识，获取信息，进而引发他们思考、感触，拓宽思维视角。"教学之道在于灵活变通"，试图找到一劳永逸的方法是不可行的。具体的教学手段应由老师依据实际情况决定，比如学生的英文程度、班内人数、学生的年龄、他们的母语水准、知识体系和生活背景等等因素都会影响选择哪种教学方法。

目前，英语教育工作者对于写作教育的理解已经有所提升，但这并未完全反映到实际的课堂操作过程中。尽管阅读活动能够提高思考能力和语言技能，包括语法规则的学习和运用，但是它也为写作提供了自然的动力来源，从而减轻了学生们对写作的恐惧感和消极情绪。许多老师并没有充分重视对学生英语思维能力的全方位和多元化的锻炼，也没有采用多种策略来激发他们的创新精神和广泛视角。阅读不仅有助于增强语感，还能够促进篇章构建能力的提升。依据建构主义语言学的观点，学习者需要在交流中把握语言规律并建立自己的语言系统，同时也需学会使用这些资源构造对话内容。当学生对英文写作的特点和技巧有基本了解以后，让他们大量地参与写作练习，例如撰写读后感、笔记或者概述阅读的文章大纲等。

将写作过程看作社交活动，强调对思想内容的探索和学生主导性的写作能力，有助于提升他们的分析技巧和逻辑推理能力。能充分发挥学生的写作热情"Read-Write Integration"的教导策略适用于那些时间有限且未单独设置英文创作课的学生群体——即并非专门学习外文的专业生们。随着全球经济的发展及对外交际需求不断增加，我们已经进行了多次修改优化，但是对于提升运用能力的进步仍然缓慢的问题并未得到彻底解决。因为无论是思考还是言说都是一种文字行为，因此我们的思想习惯会影响词句的选择及其组织的方式。中文的影响导致了许多中国人写的英文有错误的原因在于他们的中式思路主宰了一切。但在现实的教育环境里，老师未能充分理解这一观点并将它融入作文教育当中去，就会产生为了完成任务而不顾一切的结果发生。虽然无法完全消除这种困扰的存在，我们也应该积极寻找办法来引导这些问题朝正面的方面转变：让我们意识到这两种文化之间的不同之处并且有意图地避开它们带来的不利因素。这样一来，可能会引起一些人过于注重课文内容的讲解，而不是鼓励他们发挥自己的创意，从而让他们变得更加被动地担忧情况的发生。不过经过大量的试验证实，通过多样化的译作训练能有效促进人们深入了解双语文本间的异同点，进而加强自身的感知能力和辨识力，同时也能更深刻掌握两者的语法特点和构架风格。

（三）结果与过程教学法

传统的写作教学大都是采用结果教学法（product approach），以传统技巧的讲授和作品为中心，强调正确的语言用法和形式，强调文章的传统修辞模式，如记叙文、描写文、说明文、论说文或诗歌等。写作的过程教学法（Process Approach or Writing）开始于20世纪中叶美国的第一语言教学，它是在发生认识论、信息论、控制论以及各种语言理论和教学法的影响之下所形成的一种写作教学方法。这种教学法的理论基础是行为主义理论，该理论认为教学过程就是教师给予刺激、学生做出反应的过程。因此，教师在训练学生的写作技巧和技能的过程中，往往侧重于引导学生观察和思考自己所写的结果，而忽视了如何培养和提高学生语言思维的能力。经过教学法专家的探索和实践，特别是经过美国写作协会（National Writing Projects）的大力推广后，过程教学法一度成为最有影响的教学方法。在这个过程中，学生的学习被迫吸收知识，缺乏自主创新与探究精神，导致教育方式过于依赖老师的主导地位。Rodrigues曾经提到过，有些人在使用这个教法时表现出"过度尊敬"和"热情"的态度。第一步，老师们会教授诸如修辞手段、语法规范、文章构造及写作技巧等课程。接着，他们会展示一份示范文本并对其进行详细解析，主要关注其选择的修辞格式和结构模型。最终，他们会给出一项写作任务，让学生按照示例的方式来撰写相似的专业水平的作品。所有的这些步骤都是由老师主导的，完全剥夺了学生自我创作的机会，使得写作变成了一种无趣且机械的过程。

自 20 世纪 80 年代起，一些致力于二语教学的研究者们把"过程法"运用到二语写作的教育实践当中。根据理论观点，过程教学法重视思考在写作活动中的重要性，同时也强调作者的主观性和积极参与。然而，这一策略产生的后果却是：学生只是为了满足老师的需求去写作，他们的注意力集中在了形式而不是内容上，因此所写的作品要么做作，要么枯燥无味。此外，许多写作任务都偏离实际生活场景，未考虑学生作为写作者的交流需求，这让他们失去了自信心。同时，这也阻碍了学生创意思维的发展和写作能力的提升。而在实践上，它改变了以往的写作教学片面强调语法结构、修辞手法和机械模仿的倾向，把实际交际能力和智能的培养放到首位，因而它强调的是写作过程，提倡学习者的合作。人们逐渐认识到这种传统写作教学法的弱点。同时，很多研究表明：语法掌握得好坏和写作能力之间并没有必然的联系。针对这种教学法的不足，写作教学的研究者和教师们纷纷从多层面探索写作教学的新方法和新路子。

结果教学法是我国目前使用最为广泛的一种英语写作教学方法，国内许多的英语写作教材也是按这种教学法设计的。于是，各种教学法应运而生，如"过程法""环境法""范文法""体裁法""社会文化法""认知法""功能法""评论法"等等。结果教学法在具体实施中存在着很大的差异，总体来讲，这种教学法注重语言知识的运用，强调文章中要使用适当的词、句法和衔接手段。影响较大的有 20 世纪中叶开始出现的写作过程教学法（Process Approach）和近几年出现的体裁教学法（Genre Approach）。就段落来讲，强调主题句、段落的组织与结构，即通过所谓的模式来展开段落，常见的模式有：事情发展过程、对比与比较、因果关系、分类、下定义等。其次，有些教学法在国外效果很好，但在我国不一定行得通，与我国国情、教情和学情不符。

通常，结果教学法将写作划分为四个步骤。

1.熟练掌握范文：教师挑选一篇示例进行解析，研究其修辞选择和结构模式，阐述其修辞特性和语言特性。

2.控制性练习（Controlled Writing）：在教师的引导下，学生需要根据范文中的相关常见句型进行替换练习，逐步过渡到段落写作。

3.导向性训练（指南）：学生们通过模仿示范文章，运用已经训练过的句型，试图创作出类似的文章。

4.自由撰写（Free Writing）：学生能够自由地展示他们的写作技巧，并将其融入实际的写作过程中。

采用过程教学方法时，我们更加注重利用言语来激发创新思考，同时通过言语实现交流目标。然而，以成果为导向的方法忽略了写作流程中的多样性和挑战，因此无法理解或识别学生在写的过程中可能遭遇的问题，并且他们的写作任务是在教师严格监管下的全部操作。在修订与审查环节中，伙伴间的互相评估被视为过程写作教育方式中最常用的合作学习工具。如果缺少自我发挥的机会，那么学生只会关注成绩的好坏，他们撰写的作品往往会显得内容贫乏、构架僵化且表述平庸无力。

采用过程式教导方法时，会按照规划阶段（planning stage）到第一份草案（first-draft phase）再至同学间的评估与修正环节（peer review and revision），最后由老师对作品做总结评价并完成最终版本这一系列详细操作来引导学生的创作进程。这种方式基于的行为学原理指出所有的学习行动均包括三个要素——触发事件、响应动作及奖励结果，所以它也影响到了听说的教育模式，尤其是在重视重复练习方面表现得尤为突出。这就导致我们在撰文过程中过分关注于剖析文字元素及其组织架构的形式上，却忽略掉了作家的思考历程和他们的交流实践的重要性。然而在这个流线型的教育策略之下，无论是教授还是学员都会全程投入进这个创造性的任务里去，并且因为我们加入了一个多元化的回馈系统使得学生能积极地主动介入每一个部分的工作当中,从而使他们在"不仅是一个作家也是一位阅读人","不仅仅是一位受批评的人更是一名提出意见之人","不仅是接受信息的一方更是提供信息的个体"这样的角色之间切换自如而不感到困惑迷茫或者无所适从的状态之中。大约六七十年前,一种名为发生式的理解理念开始逐步发展成形,并在其基础上形成了新的关于语词习得的研究框架体系。根据认知理论,创新性的思维模式被视为学习过程中主要的力量,这意味着学习的目标不仅限于获取一项技能,更是一种高层次的心智行为。因此,该理论反驳学生应以消极且被动的态度来接收知识,提倡他们应该积极主动地探寻基本原则。此种教育方法打破了学生在传统的结果导向型教法中学到的"一次性完成"的态度,促使他们的作品经由反复修正后逐渐趋向完善。基于认知理论的教育理念,过程式教法视作文创作为一种发掘、适应和整合的过程,鼓励学生自主思考、搜集资料、整理素材,并将这些内容内化吸收,进而找出其中的规律和原理。此外,在传统的教室环境里,作文教学常常显得单调无趣,但采用过程式教法则能将其转变为学生间、教师间的自由自然的资讯交流和资讯传输的活动。这样的做法有助于提高学生在写作过程中的主动性和独立思考的能力。唯有如此,才能让他们有效地利用语言知识,产出优秀的作品。除认知理论外,沟通教学法同样对过程式教法产生正面影响。它扩展了作文教学涵盖的范围,包括语意、风格、语境等多个方面,并且相较于传统的结果导向型教法,其最大的特点是重视学生的主体地位。借助团队研讨的方式鼓励了学生的主动参与与互动,并由老师针对学生的草稿、第一版到最终版本进行了多轮评估修改,这有助于老师的监督和师生之间的深入沟通。写作者需要具备两方面的技能:一是用英语有效地表述自己的想法;二是理解社交场合、读者的情绪需求以及目标结果和影响因素。此外,过程教育方法也重视文章的核心目的是交流,旨在提高实操性的对话技巧,所以我们应尽力让教学流程更具活力、更加真实,以便营造适宜且自然的环境来促进有效的交流。因此,老师是否有计划地引导或怎样指导学生开展团体讨论,又或者怎评价他们的作品都是决定过程中教育方式能否成功的要素。

(四) 体裁教学法

根据体裁教学法理论，写作教育的主要目标在于提升学生的体裁认知能力和理解与之紧密关联的修辞构造及语言特性。这种观点与结果教学法有部分共通点，二者均重视语言运用技能的培育。在写作教育的实施过程中，体裁教学法与结果教学法存在一定的相近性。它们皆视作以语言为核心的行为过程。然而，两者的差异在于，体裁教学更加强调社会背景对于写作的影响。另一方面，体裁教学法主张由于社会语境的变化导致写作内容的多样化，并鼓励学生广泛涉猎各种体裁。支持体裁教学法的人士指出，交流的目的才是影响体裁的关键因素，各类体裁（例如求职信、致歉函、发票、法律法规文件等等）都是为了达到特定目的所使用的方法。受制于沟通内容、形式、渠道以及读者的多方面因素。此外，它也成功解决了写作任务需要解答的三项关键问题：（1）明确被某一主题限制的内容；（2）选取合适的表述方式；（3）采用何种修辞策略来组织已挑选出的内容及其表述方式。体裁教学法关注语境和写作意图，增强学生对多种体裁语义架构的了解，掌握撰写各类型文章的能力以及全面的写作技巧。虽然体裁教学法能够弥补部分过程法的问题，但是它自身也存在明显的缺点：首先，过于严格的体裁规定可能会使学习变得单调乏味且缺乏创意；其次，这种方法易于让课堂教学过分关注语言文本而忽视学生的创作实践；再次，因为有太多不同的体裁类型，很难确保所有类型的都涵盖到课堂中去；最后，对于写作技能的培养并未得到足够的重视。

(五) 学生作文的评阅教学法

当前的主流看法认为，语言失误主要体现在词语选择、句子结构和由语法规律引发的词语变动等领域，它们可能与母语者的语言感知产生偏差。然而，风格指的是那些既未触犯上述标准且阅读体验较为顺畅的表述方式。按照二语学习的理论视角，学生的书面作品中的错误被视为合理存在，即便是对高阶英语学习者而言，期望其毫无瑕疵也并非易事。因此，对学生写作任务的评估应持宽容态度。

对于教育视角下的写作学习来说,老师更倾向于关注作品的结果或是创作过程中所经历的事,这会直接影响他们如何评价和评估学生的作文。以成果为导向的教育方式强调一次性完成的作品质量,通常字数较少且需保证用词精准无误、语法正确无瑕疵。这种情况下,教师可在学生提交终稿之前及之后的时间段内对其进行评审。若是在教室中进行写作训练,教师可走近学生并给予其支持与鼓励,亦可通过面对面交流的方式提供反馈建议。与此相反的是,以过程为主导的学习模式倡导学生反复修正同一份文本,鼓励他们自由发挥想象力去书写,同时重视内容的丰富度。此外,不同类型的写作教学理念也会导致老师们在给出评论时采取不同的立场。此时无须过分细致地审查细节,而是需要引导学生重点关注关键点。待学生提交完他们的作业后,若有空闲时间,我们应深入研究他们在文字表述和语言使用上的不足之处。假如选择结果导向的方法,教师将会以一种指导性的甚至裁决式的态度对待学生的作品;然而,如果是基于过程的原则,那么教师首先要以一位读者的身份审视学生的习作。对于学生的文章评价应该尽早完成。例如,当他们交出之前的写作作业并等待老师批改的时候,老师需要在下节课开始之前完成这个任务,并在课堂中返还他们的文稿。这样可以使他们在还未遗忘初稿的内容之时,仔细观察老师的修订方式。

教育者能够通过提问的方式提供最好的反应来应对他们无法理解的内容,这会促发学习者的自我修整以解决特定的问题点。然而需要注意的是,当提问的时候要尊重他们的想法并鼓励自主思考——这是他们在创作过程中想要传达的信息,不是被强制要求去完成任务的结果。混杂无序的文章往往会影响到整个作品的效果,从而违背了创作者原本的目的;相反,有序且精确的设计通常能让读者更加感兴趣并且具有更大的影响力。关于如何评价一篇习作的过程里,我们应该决定是否要把所有可能出现的错误或不足之处全部列举出来的方式方法是一个难题。教师可以通过考虑课程设置的需求和个人学习的实际状况来自由挑选哪些地方值得关注或批评。因

第三章 高中英语技能教学与创新

为大多数的学生已经接受了一段时间的专业中文书写培训，所以在内容的质量上或者组织的逻辑上面基本不会出现太严重的影响因素，即使出现了也能很快得到改善。但是词汇运用上的精准度还有恰当地使用词句的能力是最难掌握也是耗时间最多的环节。比如教授时间概念的使用规则时，可以专门挑取那些在这块儿出了问题的作业给予指导意见。此外，依据每个个体的具体表现特点，找准一些关键性的易于忽略或是常反复发生的情况予以提醒也很重要。这样做既可以让老师减少工作量，同时也有助于降低学员的精神紧张程度。所谓的"正确"，意味着必须防止像单词的选择搭配不当、动宾关系失调等等这类常见的语法毛病的发生，一旦发现就能马上自己修改过来。不过涉及文字风格或者是遣词造句等方面的小细节则就需要老师的帮忙才能解决了。尽管无法逐一纠正文章中的每个模糊点及修辞不当处，但老师仍需决定如何着手评估学生的作品并给予反馈。然而一项调研结果显示很多同学并不喜欢这样的评价方法——他们的期望是在老师的指导下能识别出全部错误或不足。过于详尽地列举各种问题的做法可能导致教育目标变得不够明确且容易削弱孩子们的创作信心。我们的目的在于通过文字交流实现有效沟通，所以我们需要先关注到：作者是否有清晰准确的信息传递？如果有疑问的话可以直接在此部分做出调整或者给出提示供其重新思考；另外一种常见的情况就是对于错别字或是其他明显文法失当的部分要予以重视，并在批注里加以说明，以便于孩子们理解自己的疏漏所在。此外，值得注意的一项挑战是如何正确归纳各类犯规行为类型，比如是以大类的角度去看待诸如词汇运用上的偏差（例如有无正确的过去式形式）；又或者是细化至小类别层面像时间状语位置不对等问题。经过深入的研究后得出了结论：大部分人倾向接受老师们针对他们在行文风格方面的点评建议，而不是单纯只看标点的规范程度之类的细节处理 [参考文献 Hedgcock&Lefkowitz, （1994）]。特别是那些即将面临大型测试的孩子尤其需要注意及时改正显眼的文章表述瑕疵，譬如拼写的谬误，冠词的选择规则还有句子的逻辑结构等方面存在的不合理情况。关于"什么是语言错误"

这一问题在批改文章时引发了广泛的争议，焦点在于是否应该视作错漏的是那些不符合母语者表达习惯的学生写作手法，或者这些差异只是他们过渡阶段的中介语发展的正常现象？这实际上是在探讨一种语言的风格和表现形式。

五、英语写作教学的创新方法

（一）语块教学法

利用语块进行教学是教师在写作教学中可以采取的有效方法。相关研究表明，英语中存在词汇程式现象，也就是成串的语言结构，这些词汇组合就被称为语块。通过利用这个策略，老师可以在教导学生的过程中引入关于语块的基础信息，例如定义和类别等等，使他们理解到语块对于提升语言技能的关键作用。一旦学生意识到语块的价值所在，他们在学习过程中的持续累积和主动应用就变得更加重要，这有助于他们创作出更具吸引力和准确性的文章。具体来说，英语教师可以通过以下两个方面展开语块教学法。[①]

1.建构相关的话语范围知识

关联性的言辞领域知识主要是指和话题有关的社会学识和文化学识。然而，这个部分通常被忽视了，这其实是在传统作文教育中的第一步。在这个过程中，老师有必要在这几项上付出更多精力：首先是教授与谈论范畴相连的知识给学生并且协助他们理解；其次是对与讨论范畴相关的二语对比分析，特别关注其差异性和相似性，以深入理解它们背后蕴含的文化和历史背景及其如何影响到我们的言论方式；最后，要梳理出与议题相关的词语和表述方法。具体的操作步骤包括：

第一，教师预先为学生准备一些与话题内容有关的文章，让他们对这

---

① 王晨溪，浅谈同伴互评在高中英语写作教学中的应用[J].海外英语，2020（21）：60-61+66.

些文章进行比较和研究，以便于学生找出不同语言的差异和相似之处。

第二，在教室里，教师会引导学生分享他们的经历，例如旅行经验，让他们描述自己曾经游览过的地方和使用的交通工具等。

第三，教师指导学生准备一些与主题相关的物品，例如实体、照片和视频等。

第四，老师有能力引领学员从写作的角度深入阅读作品，并对其中的语言符号和意义等方面有所理解。

第五，教师可以组织学生参加与主题相关的活动，如讨论购物主题时可以让学生亲自去超市购物等。这些活动可以让学生对主题有深刻的感受。

第六，学生在阅读文章时，会对自己遇到的新词进行总结和归纳，并将这些新词与已掌握的知识点相关联。

2.建立相关语类的语篇模式

构建语言类型的文章模式的主要目标涵盖以下几个方面：（1）使学生能够清晰地理解和掌握语言类别及其相关主题的文章。（2）让学生对语言类型的结构和潜在的结构有深入的理解。（3）使学生能够明确地理解文章的语境。（4）让学生对交际目的、交际功能有清楚的了解。具体来说，教师在这一阶段可以安排如下几种具体的活动：

首先，老师会给学生朗读一次文章。其次，老师将会同学生共同阅读这篇文章。详细地说，这可能包括老师带头朗读或分配学生依次朗读。接着，老师会指导学生依据文章的内容来猜想其背景信息，例如社会时期、文化和作者的目的等等。然后，老师会让学生回顾他们之前学习过的一些相似的文章，并且鼓励他们组成小团队分享文章的主旨和大意。接下来，老师会带领学生解析文章的构造及布局，比如文章是由几部分组成，它们是怎样连接在一起的等等。之后，老师可能会选择一篇文章作为例子，以此方式教授如何运用语言类别的方法。最后，老师会利用语言类别的基础，教导学生去总结和概括一些常见的语法规则。

（二）过程教学法

过程教学法，顾名思义就是注重学生写作过程与写作技巧的教学方法。过程教学法是相对结果教学法而言的，后者在教学过程中存在严重的弊端，学生是在完全被动的情况下完成英语写作任务的。过程教学法将重点放到学生的写作过程上，将写作看作一种社会交际活动，旨在调动学生的主观能动性，进而锻炼学生的综合素质。

1.过程教学法的实施步骤

过程教学法重点关注学生的写作过程，并将写作过程划分为六个阶段，这也是过程教学法的实施步骤。

1.准备

准备阶段是重要的基础性工作，学生在明确写作立意后，要有充分的时间进行独立思考。教师还可以将学生分成小组，组织讨论，让学生分享各自的看法。最后，教师要给学生提供相关资料，以确定写作方向。

2.起草

在起草阶段，学生需要整理出写作素材，然后设置写作框架。此外，在这一阶段，学生要注意清晰表达自己的观点，把主要精力放在写作上。

3.互评

学生完成写作后，教师制订一定的标准，组织学生互评，也可以分组，让小组间进行互评。

4.修改

在这一阶段，学生根据互评结果，对自己的写作进行适当修改。需要注意的是，学生如果认为自己的观点是正确的，可以坚持自己的观点，但要注意保证相关语法或句式的正确性。

5.反馈

在回馈阶段，教师需要对学生修改后的作文进行审阅。一般来说，教师可以进行口头反馈，也可以进行书面反馈，无论采用哪种方式，教师都要注意多鼓励学生，以免打击其写作热情。

6.定稿

在这一阶段,学生根据教师的反馈意见进行最后修改,确定终稿

2.实施过程教学法需要注意的问题

教师在实施过程教学法时需要注意以下几个问题:

1.充分发挥教师的指导作用

在过程教学法中,尽管教师不再拥有绝对的主导权,但他们仍然扮演着关键的角色。比如,教师需要指导学生做好预备工作,对学生进行适当的分组,设定评价准则,并对学生的写作提供反馈建议等。总之,教师的这一系列工作对于学生顺利完成写作任务是非常重要的。

2.重视准备工作

准备工作是英语写作的关键环节,教师对此要给予充分重视。经过精心准备,学生们不仅能提升自信心,缓解写作的压力;同时也能深度探索题目的主旨,拓宽他们的写作思维。

3.建立科学的互评机制

在互评阶段,学生面对同伴的习作,往往不知如何评价。对此,教师根据学生的写作水平,将语言表达、文章结构、标点符号的运用等纳入评价体系,制定科学、合理的评判标准。同时,教师要确保评价机制的科学性。

第四章 翻译的理论概述

伴随着经济全球化持续发展,各个国家和区域间的互动和连接逐渐加深,协作范围也日益扩展。在此进程中,语言转换作为一个关键环节起到了至关重要的角色。在本章中,我们将探讨关于语言转换的问题,主要涵盖其含义、类型、准则、流程及其基础的语言转换技巧等方面。

第一节 翻译的定义与分类

一、翻译的定义

"翻译"既可以指一种技能、一门学科,也可以指一种职业、一项活动,还可以指经由翻译活动而自动生成的产品。由于"翻译"一词含义众多,因此对于翻译的具体定义长期以来一直众说纷纭。国内外的许多学者都对翻译下过定义,下面就简单列举一些。

(一)国外学者对翻译的界定

著名的英语语言学者及翻译理论家卡特福德(J.C. Catford)阐述了他的观点,他把翻译视为是用另外的语言来替换源语言中的话语资料的过程。

根据这个定义，翻译主要有两个方面，一个是源文本也就是输出文本，另一个则是目标文本也就是输入文本。

根据美国的语言学家和翻译学者 Eugene A. Nida 的观点，翻译的过程包括了从原文意义向目标语言转换的过程中使用尽可能贴切且自然的方式来表达原始信息。

根据韦努提（Venuti）的研究观点，他强调了翻译过程中译者的任务是在目标语言中寻找并替换原文本中的能指链，以形成新的能指链。这意味着他反对传统上基于"对等"概念的定义方式，也不同意结构主义理论中所主张的能指、所指之间的固定联系，而是相信能指和所指可以独立存在，并且符号和其含义可能并不完全匹配。所以，对于韦努提来说，翻译过程就是使用一层表面结构来取代另一层表面结构。

费道罗夫，一位苏联语言学派的翻译理论家，主张通过使用一种语言来准确且完整地表达另一种语言在内容和形式上无法分割的统一所呈现出的信息。

The art of translation is the endeavor to substitute a written message and/or statement in one language with its counterpart in another. This process involves translating the meaning of text into a different tongue, as intended by the author (Peter Newmark).

（二）国内学者对翻译的界定

谭载喜主张，翻译是一个将某种话语文本的含义用另一种语言表达出来的过程，这不仅是一门技术，也包括许多艺术性质，例如其创新特点。然而，它并非科学方法。他强调了翻译的技术和艺术属性。

王宏印的观点是，翻译实际上就是一种创新思维活动，由译者主导并通过语言进行转化。所谓的翻译，其本质在于将原文以不同的语言准确且全面地再现出来，从而使得译作具有与原文相等的文献或艺术价值。

沈苏儒的观点是，译文就是尽量地将一种语言（文本）或者具备特定背景的传送者所传达的信息，以便更好、高效地被另一种语言（文本）和背景的接收者理解。

冯庆华的观点是，语言翻译实际上也是一种语言教学活动，它通过使用特定的话语形态来再现其他话语形态中的信息。汉语翻译被视为一门艺术，是对语言艺术进行重新创造的方法。

张培基的观点是，语言翻译就是用某种词语将另一种词语所传达的思想内涵精确且全面地重新呈现过来的一项话语活动。

无论是在国际上还是在国内，对翻译的研究都被视为是一种语言间的转化过程。我们有必要明确指出，译者的职责仅限于转变语言而非更改其含义。也就是说，译者需严格遵守作者的意图，选择的词汇与语法构造应真实反映原始作品的精神，以确保译文的精确度。

二、翻译的分类

优秀的翻译人员需要能依据各种需求调整自己的工作方式，灵活地为每个项目定制合适的方案，因此对翻译类型的探讨不仅必要且富有深意。

（一）不同学者的分类

1. 卡特福德的分类

卡特福德依据翻译的领域、级别和层次对翻译进行了划分。

（1）依据翻译的内容深度，我们可以把其划分为全面翻译与局部翻译。全面翻译的要求是源语文本的所有元素都需要被译入语文本的对应内容所替换。而局部翻译则指的是源语文本的部分或者一些部分不需要翻译，只需要简单地复制粘贴至译入语文本就可以。需要强调的一点是，局部翻译并不等同于摘要翻译，是因为有些词汇由于多种因素无法翻译或是不能翻译，所以只能够保持原文不变地放入译文中。

（2）按照语言层级的划分，包括词素、词汇、短语或者意群、分句乃至整个句子，可以对翻译方式做出分类：如逐词翻译（word-for-word translation）、直接翻译（literal translation）及自由翻译（free translation）。其中，逐词翻译基于单个单词间的对应关系；而自由翻译则没有固定规则，可在不同级别间灵活调整，并倾向于向上升级到更高的级别。至于直接翻译，它处于逐词翻译与自由翻译两者中间的位置。

（3）按照翻译的深度（如语法、词汇、发音、形态等方面），我们可以把翻译划分为全量型翻译（Total Translation）与限制型翻译（Restricted Translation）。全量型翻译意味着原始语言中的语法结构和词汇内容会被同等对应的译入语言中相应的语法和词汇取代；而限制型翻译则是说原始语言的信息只会在某一层面上被同等对应的译出信息替代。

2. 雅各布逊的分类

在其著作《论翻译的语言学问题》中，罗曼·雅各布逊（Roman Jaeobson）通过符号学的视角对翻译进行了分类，将其划分为三类：

（1）内部翻译。这个词汇是指在同一种语言中对不同的语言形式进行转换，例如把地方话改写成普通话或者将古英语变为现代英语等。

（2）语际翻译。语际翻译是指在各种语言间进行的翻译活动，例如英汉对照等。

（3）符际翻译是一种通过非语言的标志系统来解释其他语言标志，或者说用这种话语标志去诠释一些非语言标志。比如，能够使用图形、手势、艺术作品、影视或歌曲等方式表达文字字符，也能够将旗帜或动作转化为口头表达形式等。

虽然这三个翻译实际已经出现了，但是雅各布逊从符号学的独特视角对其做出了深度总结，使得这一分类方式获得了理论界的赞同。

3. 纽马克的分类

于1981年的著作 *Approaches to Translation* 中，纽马克首次提出了语言学上的两种译法：即意义转换和交流式转述。

在译者的词语和句子构成许可的前提下，我们应尽量精确地重现原文的以上文含义。交际翻译则是指译作对观众产生的深远影响要与原作相当。

最大的差异存在于语义翻译和交际翻译之间，主要体现在它们的焦点各异。语义翻译的目标是维持原始作品的语言特性及表现手法，努力还原其审美价值，因此在整个架构和词汇排列方面更接近原始文本。而交际翻译则是通过适应目标语言及其文化的表达方式来传达原文中的具有民族特色的部分，并更多地关注目标读者的心情体验。

尽管语义翻译和沟通译文存在差异，但它们在实践中是互补、相辅相成的。

4.韦努提的分类

1995年的著作《译者的隐身》中，作者韦努提基于译者在处理文本时的文化立场差异，提出并区分了两类翻译策略，即归化法与异化法。

归化法是一种通过使用流畅的文字风格来减轻目标语言中的异域特色的翻译方法；而异化法则是在一定程度上，通过消除目标语言的语言规范，保留源语言中的异域性质的翻译方法。

选择归化法还是异化法主要取决于翻译者的动机。如果翻译目标是为了吸引目标语言读者，并保持目标语言的文化特色，那么可以选择归化法；反之，如果翻译目标是为了维护源语言的文化特色，实现文化的传播和渗透，那么就可以使用异化法。

"异化和归化"及"直译和意译"这两个词汇所涵盖的内容并非绝对一致。它们主要关注的是如何解决语言的形式和含义问题，然而，"异化和归化"超越了单纯的语言范畴，将其视线扩展至更广泛的语言、文化以及审美等方面。

（二）不同角度的分类

1.以对译文的要求为标准

根据翻译文本的需求，我们可以将其划分为四个类别。

（1）全译是指将原作的所有部分都完整地翻译，保留其中的主要内容。对于一本科学名著、经典作品或者重要文献来说，这种方式是必不可少的。

（2）翻译（edited translation）是在对原文进行编辑后的一种过程，这个过程包括选择、整合、调整顺序、添加或删除等步骤。翻译的主题可能包含一篇文章或一部作品，也可以包含多篇文章或多部作品。

（3）节译（Abridged Translation）是指从原文中挑选一部分内容进行翻译，这可以包括主要的信息，也可能包含读者可能感兴趣的信息。其核心理念在于根据读者需求，准确传达出所选内容的原始意义，使得译文简明扼要。

（4）选择性翻译（Selected Translation）。这种方法是从一篇文章的某些部分或片段中挑选出内容进行翻译，保留原文的核心信息，剔除那些次要的信息。因此，选择性翻译并不需要像编辑翻译那样对多个文献进行处理和加工。

节译的目的是满足特定需求，而机械性地、僵化地进行删减，而选择性翻译则侧重于对全文内容进行关键性的选择。

2. 以原文种类为标准

根据原始文本类型来划分，我们可以把翻译划归到"普通语料翻译""文学作品翻译"与"专业技术（科学技术）"这三个类别中。

除了文学和专业知识（技术）的译文，通常语言材料的译文还包括报纸文字以及各类应用文等。

对文学作品的翻译过程被称作"文学翻译"，它拥有诸如"长""突""高""大""雅""创""灵"等特性，这需要译者有足够的文学知识储备。

专业（科技）翻译包括科技翻译、商务翻译、外交翻译、军事翻译、法律文件翻译、马恩经典著作翻译等。我国译界从前把"专业翻译"通称为"科技翻译"，但随着社会的进步，专业翻译的范围越来越广，因此将其名称修改为"专业（科技）翻译"。

3. 以翻译手段为标准

根据翻译方式的不同，我们可以将翻译分成两类：笔译（Written Translation）和口译（Oral Translation）。

翻译中，笔译是最常见的方式。根据其操作方式的差异，口译可以被划分为几个类别。

（1）持续口译（Consecutive Interpretation）。

（2）同声传译（Simultaneous Interpretation）。

（3）耳语口译（Whispering Interpretation）。

（4）视阅口译（Sight Interpretation）。

（5）联络口译（Liaison Interpretation）。

（6）接力口译（Relay Interpretation）。

在这六种口译方式里，最常见的是连续口译和同声传译。

4. 以工作主体为标准

根据工作的主要执行者来划分，我们可以把翻译划归到"人工翻译"和"机器翻译"这两种类型中。

"人工翻译"这一概念是在机器翻译问世后才被创造出来的，因为它需要借助设备或者软件才能完成任务，因此有可能部分替代人类翻译的工作。而在此之前的时代里，并没有所谓的"人工翻译"。到了20世纪70年代，随着机器翻译技术的诞生，为了区分两者，翻译领域的专家们开始采用"人工翻译"作为其对立面——机器翻译的称呼。

5. 以翻译方向为标准

翻译可以根据译出语和译入语的不同来进行分类。译出意味着将本民族的语言转化为外国语言，而译入则是将外国语言转化为本民族的语言。

翻译出和翻译入是两个相对的观念，根据翻译者的母语差异而有所区别。比如，同样是汉语翻译英文，如果翻译者的母语为汉语，那么他们将会把汉语翻译成英文；但若翻译者的母语为英语，那么他们将会把英语翻译成汉语，这就是他们的翻译入。

第二节 翻译的标准与过程

一、翻译的标准

翻译规范是衡量翻译效果的标准,也是全体翻译任务的导向。对于这个关键议题,来自古今中外的语言学家和翻译专家们提出了各式各样的观点。接下来我们将介绍一些具有影响力的看法。

(一)外国关于翻译标准的理论

1. 泰特勒的"翻译三原则"

英国爱丁堡大学教授、英国学者、翻译理论家泰特勒(Alexander Fraser Tytler)在《论翻译的原则》一书中提出,翻译必须遵循以下三个原则:

(1) A full transcription of the concepts of the original work should be provided in a translation.

(2) The original composition should be rendered with all the ease of a translation.

(3) The writing should be of the same caliber as the source material, with a Chinese flair and a unique style.

毫无疑问,泰特勒的三项翻译准则分别从理念内核、表述成果和写作风格这三个维度突显出对于原始内容的忠诚度,同时也在坚持把"忠诚"当作翻译主要标准的立场上,进一步凸显出了译本的表现力。

2. 费道罗夫的"等值论"

作为首位尝试以语言学的视角来全面审视翻译理论并对传统翻译理论的研究提出质疑的专家,费道罗夫在1953年发行了他著名的作品《翻译理论概要》。这本书被认为是苏联首次由语言学视角探讨翻译理论的专业书籍,其中最核心的观点便是"等值论"或者说等值翻译。在这本著作中,他引入了"等值"这一词汇,旨在清晰阐明以下观念:一是保持原文的功能一致性(即表达上的等值);二是选择适当的语言素材的一致性(也就是语言和文体层面的等值)。

费道罗夫坚信翻译文本和原文完全可以建立准确的等级关系,他的理论在我国的翻译学界产生了深远影响。

3. 奈达的"动态对等"

基于其著作《翻译科学探究》中的观点,奈达于1964年提出了一种名为"形式对应"及"动力相应"的双层概念模型来解释两门不同的语言之间的关系及其转换过程。他指出:如果我们试图通过完全的形式匹配方式实现准确无误地表达源语文本的信息内容的话,那么这种方法可能存在一定的局限性和挑战;因此更适合的方式是利用一种被称作"动能相对应"(dynamic equivalence)的方法去处理这个问题——确保目标读者能够理解并做出相应的反馈行为时所产生的结果尽可能接近原始接收方的行为模式(也就是所谓的"受众回应")或者说是一种"函数相符"的标准。

(二)中国关于翻译标准的理论

1. 严复的"信、达、雅"

最具有影响力的是中国清朝晚期的翻译大师严复在1898年的著作《天演论》中的"信、达、雅"(faithfulness, expressiveness and elegance)这一著名的三个词语的标准。

"信"指的是对原文内容的理解与把握,允许适当调整或添加词语以保持其原始意义,而无须过于关注词汇及排序的一致性。然而,仅有"信"是不足够的,"达"的重要性不容忽视:如果只是"信"却无法"达",那么翻译就如同未曾翻译一样。唯有实现"达",才有可能达成"信"的目标。"达"意味着译者需要先全面阅读文章并且对其内容有了深入了解后方能着手翻译。至于"雅",则强调"古典优雅",即译文应具备这种特质,不然无人愿意阅读。这个准则简洁明了且条理清晰,适用于各种情况,因此得到了大众的支持和接纳,并在中国使用了一百多年。

"信、达、雅"这个词汇被不断重新定义以适应时代的发展。比如,"雅"已经从过去的"古雅"演变为现在的"审美价值",它代表了译文中应具有的美学品质,能够给予阅读者一种艺术体验并带来内心的充实感。总而言之,"信、达、雅"作为中国翻译标准的核心部分,对于我们的翻译理念产生了深远的影响,直到现在还有许多人在谈论时会提到这三个词语。

2. 鲁迅的"信"和"顺"

于20世纪30年代期间,"信""顺"这一概念由鲁迅首次提出并阐述在了他的著作《且介亭杂文二集》中;他主张任何形式的翻译都应同时考虑两个方面——一方面要尽可能地让读者理解原文的意思,另一方面也要尽量保持原始作品的精神风貌。这种观点强调了对两种方法(即直接或间接)之间的平衡处理以达到既能保证信息准确传达又能让文章风格得以体现的目标。

3. 林语堂的"忠实、通顺、美"

在1937年的某一天,林语堂为了给吴曙天的著作《翻译论》写序而提出了"忠实、通顺、美"的翻译准则。他的观点是,不仅需要准确传达原文的意思,而且还要追求对原文的精神和含蓄意义的传递。这其实是在延续并扩展严复提出的标准,把"美"替换掉了"雅"。

另外,一些有影响力的译文准则还包括了傅雷提出的"神似说"、钱锺书阐述的"化境观"和许渊冲倡导的"三美原则:意义之美、声音之美与形式之美"等等。

上述提及的研究人员对翻译标准的讨论涵盖多个视角并深入探讨他们的见解,每个都有各自合理的部分但也有缺陷存在。当前被广泛接受的是"忠诚且流畅"的原则作为翻译准则。所谓的"忠诚",意味着需要完全并且精确无误地传达原文内容,不能出现修改、扭曲或者省略的情况。至于"流利",是要求文章要简洁明晰,遵循规则同时避免生搬硬套或是随意添加删除的行为发生。张培基明确解释过关于两者的关系——即两者互为补充。如果只有其中之一却缺失另一个的话,那么阅读理解就会变得困难从而无法达到真正的目标（如保持真实）；反之亦然，若只关注文字是否畅通却不考虑内容的真实性也会导致失去意义（比如偏离原始作品的核心思想及其特有的写作方式）。

二、翻译的过程

译者是翻译过程的主导者，他们需要以正确地了解原文为基础，并通过使用另一套语句来重现原文中的人物情感、思维和作风等元素。因此，翻译可以被划分为了解、表达和审查三个步骤。

（一）理解阶段

理解是翻译过程的首要步骤，正确且深入地领会原文意义，是使译文准确呈现原文的必备条件。对原文的理解主要包含语言表达和背景信息两个方面。

1.理解语言现象

（1）理解词汇含义

在英语里，词义多样性是常见的现象。同一个词在不同的语境下可能会有不同的解释。因此，在翻译时，除了要关注单词的基本含义，还需要考虑其在特定情境中的拓展意义。例如：

The window's sunbeam illuminates fine grains of dust, glinting like gold.

阳光照射窗户，微小的灰尘如同闪耀的金子一般熠熠生辉。

原文中的 fine 一词不能译为其字面意义"好的"，而应理解为"纤细""微小"。

（2）理解句法结构

句子作为完整的且独立的言辞单元，它是由特定的语法构造、发音模式及词义组合而成的一个整体。尽管英语与汉语都存在着单句和复句等不同类型的划分，但是它们之间仍有显著差异。所以，翻译人员需要深度解析并理解原始文本，明确其语义重点及其各部分之间的逻辑联系，分辨出主要内容和事件的先后顺序，然后依据英文和中文各自独特的语言习性和思考方法来构建句子架构，这样才能够精确地传达出原句的信息和逻辑。比如：

There was no living in the island.

那岛不能居住。

要精确地对原始文本进行转述，我们必须深入了解英文中的"there is no...+动名词"结构所代表的含义，这其实等同于"we cannot+动词原形"或者"it is impossible to do..."，所以把原文直接翻成"that island has not any living things"是错误的。

（3）理解逻辑关系

有时，原文中的单词、词组或句型可以含有多种不同的含义。翻译需要通过表面的语言去探索其后面隐藏的逻辑结构，通过分析上下文内容之间的连贯性、预设性、呼应性和总结等逻辑关系，以确定哪一种是准确的翻译方式。例如：

It is good for him to do that.

译文1：这样做对他有好处。

译文2：他这样做是件好事。

这句话包含上述两个层面，两种翻译都是准确的。在这个时候，翻译者需要根据上下文进行推断，选择一种符合逻辑的翻译方式。

2. 理解背景信息

解读文章相关的背景信息应从以下几个方向着手。

（1）了解作者的个人生活、年代背景、政治立场、社会环境和写作风格等，对于全面领略文章具有重要意义。

（2）理解作品。掌握作品的创作背景和目标，以及作品内容所揭示的时代环境，还有作品出版后的传播状况，例如版本、注释、译文以及社会影响等，都能帮助我们客观且真实地呈现文章的原始风貌。

（3）理解文章的主旨。每一部作品都包含其独特的主题，它们直接或间接地反映了作者的创作意图,例如赞美与嘲讽、支持与反对、赞美与贬低等。只有掌握全篇文章的主旨,我们才能避免在翻译过程中出现方向性错误。

(4)理解语言。各国因为自然、历史文化脉络和地理环境的差别,产生了独特的文化风格,这包括在语言文化中使用的词汇、比喻等常见表达方式。所以,在翻译过程中应该明确历史文化背景的具体含义,例如故事、传说、名称的来源等,避免盲目模仿。

(5)理解原文所包含的专业知识。若文章涉及某些特定领域,例如医学、生物、法律等,译者需要掌握和了解一些相关的专业知识,增添相关词汇和专业术语,并熟悉行业环境。

(二)表达阶段

理解为基础,而表达则作为其目标与成果。表达的目标在于通过使用母语来再现作者自原文所得的信息。表现质量的高低很大程度上依赖于对于原文理解程度及运用母语的能力,这涵盖了如译者的语言技能、翻译技巧以及修辞策略等多种要素。只有准确且适当地表现才能达到翻译的核心目标。

在阐述过程中,需要妥善应对以下两个问题。

(1)正确处理内容和形式之间的关系至关重要。每一篇文章都由内容和形式共同构成,而内容的传达依赖于某种形式的支持,特殊的格式通常用于传递特殊的信息。因此,翻译人员必须能够熟练运用目标语言来准确呈现原始文本的内容,同时尽量保持其原本的形式元素,例如逻辑结构、整体布局、创作类型、修辞技巧等等,以便实现内容和形式的和谐一致。

(2)正确理解并运用直接翻译(直译)和间接翻译(意译)之间的关系是至关重要的。两者都是翻译过程中不可或缺的重要手段,但关于哪个更为优越的问题一直存在争论。直译的支持者主张使用直译,而意译的支持者则偏向于选择意译。然而,事实证明,二者之间并不存在孰优孰劣的问题,并且直至今日,翻译领域已达成普遍认同:应同时应用直译和意译以互补彼此不足之处。换句话说,决定是否采取直译或是意译取决于句子的风格、目标读者的需求、目的语言环境等多种因素，而不应拘泥于某一种方式。实际操作上，许多时候我们会结合直译和意译两者的优点，形成一种混合式的翻译策略。

（三）审校阶段

审校阶段是对理解能力和表述的加深，就是对原文内涵进行更精确的证实或者对译文语言的再次检验，这是编译流程中的最后步骤。审校并非无关紧要的环节，而是相当重要的。具体来说，审校应从以下几点出发。

1.核查翻译文章中的段落、句子或关键词是否有遗漏。

2.核查翻译文本在人名、地名、时间、位置和数值等方面是否有遗漏。

3.对成语和其他已经固定的表达模式进行检查，包括各种修辞技巧和习惯等方面是否存在遗漏。

4.检查译文的逻辑关系是否清晰。

5.检查译文的风格是否与原文的风格一致。

6.确保译文中不存在生僻或者陈腐的词汇，以及确保标点符号的使用正确无误。

第三节　翻译的基本方法

一、音译法

当翻译某些专门指代名词或者包含丰富民族文化元素的词汇时，为了维持原词的异国风情并防止在翻译过程中出现意义丧失，通常会选择保留原词发音特性的翻译方式，也就是所谓的音译法。这种翻译方式的应用范围相对较广，经常出现在以下领域。

1.科技领域。例如：

AIDS 艾滋

hacker 黑客

mousse 摩丝

nylon 尼龙

radar 雷达

2. 医药领域。例如：

vitamin 维他命

hormone 荷尔蒙

aspirin 阿司匹林

gene 基因

3. 商标领域。例如：

Rolex 劳力士（手表）

Nokia 诺基亚（手机）

Sony 索尼（电子产品）

4. 文化领域。例如：

waltz 华尔兹（舞）

ballet 芭蕾

golf 高尔夫

marathon 马拉松

guitar 吉他

5. 生活领域。例如：

chocolate 巧克力

whisky 威士忌

miniskirt 迷你裙

carnation 康乃馨

二、直译法

直接转换方式指的是一种对原始信息保持准确并考虑到其结构的翻译技巧。这种方式注重"形态相似",就是说要按照原文的方式一一转述,这使得经过直接转换后的翻译结果清晰易懂。

Exploring the city by bicycle in the afternoon is a fun activity, especially since adults and children can rent bikes for free! Velogate, owned by the Swiss National Museum, offers bicycles year-round, as well as from outside Globus City to the Opera House and Oerlikon hotel.

你可以选择于傍晚时分以自行车的形式探索这座城市的每个角落——这是一种完全无偿且适用于成年人和孩子的交通工具的选择使得这个旅行体验变得更为生动!位于瑞士国立博物馆周边区域内的福尔摩斯大门全天候为市民提供了共享单车出租的服务;从五月份至十月份这段时期内,您还可以在前卫的城市广场(Graubünden)、音乐厅或者奥利华·苏黎世大饭店的外部找到这些车辆供借出使用。

原文主要描述了在瑞士租自行车游览城市的一些情况,但由于原文并未涉及到富含文化内涵的元素,因此译文选择了直接翻译的方式来将原文的信息完整地呈现出来。

可以看出,采用直接翻译的方式并不影响原始语言的外观,也不会对其内涵产生任何变化,而是在尽可能地保持原文中的单词顺序、语法构造、词汇含义、修辞技巧、文章风格、地区特征及文化特性的前提下,使得翻译后的作品能够与原本的文章在外形和内质方面达到统一或者大同小异的效果。

三、意译法

虽然中文词库庞大，但在发音及形态表现上难以与字母文字相匹配，因此需要采用意译策略。所谓的意译，是指通过对一门语言中的含义使用另一门语言来提供诠释性的解读。这种方法注重"精神相似"，也就是根据原始文本内容，以灵活的方式将其翻译成新的文本。举例来说：

From the moment of her birth, she was bestowed with a silver spoon in her mouth; believing that she could do whatever she desired.

她生活在富足的家庭生活中，相信一切都能随心所欲。

这句话中的"bestowed with a silver spoon in her mouth"代表着尊贵身份，而"do whatever she desired"暗示她因出身优越而不受约束。所以，译者把它们翻成了"富贵之家"与"随心所欲"，这不仅精确地传递了原文的信息，也满足了中文的表述方式。

在商业领域，为了缩短与消费者的距离，商家在广告翻译过程中也经常采用意译方法。比如：

Laurent Beaute cordially invites you to explore his new selection of hues : delicate corals, pinks and peaches for lips; matte, muted earthy neutrals for eyes.

劳伦美人邀请您欣赏一系列色彩丰富多样的新品：优雅口红包括红珊瑚、粉红和桃红等颜色；非彩眼妆则是暗淡且柔和的自然色调。

对于原文中出现的 Laurent Beaute, corals, pinks, peaches 这些词汇，译者采用了意译的方式进行了处理，它们被转换为了"劳伦美人""红珊瑚色""粉红色"和"桃红色"，这样可以方便读者更好地理解其含义。这种方式也同样适用于其他许多情况。例如：

UPS. On time, every time.

UPS——准时的典范。（UPS 快递广告）

The Color of Success！

让你的工作更加丰富多彩。（美能达复印机广告）

四、归化法

采用归化法（Domestication Adaption）是译者在处理源语文本中的语言结构、惯例及文化背景的过程中，使用与目标语言相符且自然的"最接近自然对应"理念来替代翻译，以期更有效地达成动态对应或者功能对应的目标。这种方法的主要优势在于其生动的表达方式使得阅读体验更加流畅，有助于一般读者更好地领会原始内容，减少误解，最终达成了真正的文化交融效果。举个例子来说明：

A true contradiction, he is at home benevolent and affectionate; yet in the business world, his values are utterly absent.

他真是个双重性格的人：在家里温和亲切，但在商业场合，他完全不讲道德。

"Jekyll and Hyde"，这个词语源自在19世纪末由罗伯特·路易斯·史密斯创作的一部名为 *Dr Jekyll & Mr Hyde* 的经典作品中的人物角色名称。故事讲述了一个名叫杰基尔和海德的主角通过自我试验而引发的精神状态分离现象：他白天的身份是一位正直、友善且富有同情心的医生——约翰·亨利克夫，而在夜幕低垂时则变身为一位冷酷无情的罪犯——理查德·威廉姆斯。中文翻译采用了本土化的方法将其命名为"双重个性"（即英文中的"double personality"）并放弃了解释单词本身的意思以保持它的真正意义不变。

Julia：...Best sing it to the tune of *light of love*.

Jucetta：It is too heavy for so light a tune.

(The Two Gentlemen of Verona, Act I)

茱莉雅：……可是你要唱就按《爱的清光》那个调子去唱吧。

露西塔：这首歌实在太过沉重了，与那种轻狂的节奏完全不相符。

（朱生豪译）

原文的多义词构成了双关，其中包含两层意思；而在翻译过程中，"清光"（qing guang）和"轻狂"（qing kuang）这两个词汇既发音类似，又符合原文隐含的意思，这样的转换方式成功地传达出源语言里双关语想要阐述的信息。

习语的翻译也可以借助归化法来实现。例如：

as poor as a church mouse 穷得像叫花子

fish in troubled waters 浑水摸鱼

Make hay while the sun shines. 趁热打铁。

There is no smoke without fire. 无风不起浪。

Search for a needle among the hay bundles.

hold a wolf by the ears 骑虎难下

teach fish to swim 班门弄斧

Two heads are better than one. 三个臭皮匠，顶个诸葛亮。

我们需要强调的是，当翻译使用归化方法的时候，要避免过于"本土化"的情况发生，比如把 to volunteer one's service 翻成"毛遂自荐"，或者把 at the beginning of one's career 翻成"初出茅庐"等等这样的做法，这不仅可能损害了原文作品的国际风味，还可能会对目标语言的阅读者产生"文化的误解"。

五、异化法

采用异化法（Alienation/Foreignization）是译者在翻译过程中有意无视目标读者对文本理解的能力，从而使得译品能够保持其原始语言的特性、文化和艺术特征。根据韦努提在《翻译的策略》中的解释，异化翻译可以被视为："脱离本地的主流价值观念，同时维持原文的语言与文化的多样性。"举例来说：

Did they tell you to leave and cease ? What can a pig do but grunt ? They are far from being sophisticated, as you should have noticed.

他们就这么命令你离开，把你赶出去，是吗？算了吧，你还期待猪能说出什么有趣的话来吗？他们绝对不是你曾经见过的那种有教养的人。

而非采用"狗嘴里吐不出象牙来"这种归化式的翻译方式，该译文选择的是一种异化的处理方法，从而保持了原始语句的形式与颜色。

他们在讨价还价时灵活的应对方式、行走过程中寻找捷径的行为和摆出一副高傲姿态的方式，无不在提醒他们曾经的辉煌岁月，并且以此来轻视后来者。这是来自老舍所著的小说《骆驼祥子》中的描绘。

Their pulling stance, their shrewd bargaining, and the cunning utilization of shortcuts or convoluted paths are enough to bring back memories of past triumphs and turn away from the younger generation.

上述翻译案例成功地维持了原始语句的形式构造，并通过运用两者的共同象征词汇来传达其意义，实现了对原文形式及精神的高度模仿。

异化法也适用于习语的翻译。例如：

Trojan horse 特洛伊木马

soap opera 肥皂剧

dark horse 黑马

Pandora's box 潘多拉的盒子

铁饭碗 the iron rice-bowl

半边天 half the sky

暴发户 instant rich

纸老虎 paper tiger

需要特别强调的是，异化法存在两个极限：一是翻译语言文化的局限性，二是翻译读者的理解能力的局限性。也就是说，当翻译者采用异化翻译策略时，既不能超越翻译语言文化的规定范围，也不能超出翻译读者的接受范围。

六、合译法

合并式翻译是将多个词语或者短句融合为一组的翻译方式，也包括了将平行复句和主要附属复句整合到一起的翻译技巧。这种策略能够使得翻译后的文章更加简洁明了且主题鲜明。然而，使用此种方法需要全面思考整个翻译过程，以防止遗漏信息的可能性。通常情况下，该技术适合于如下场景：

1.将两个或更多的简单句子合并成一个独立句子。比如：

In the north of Italy, close to the sea, his father ran a modest enterprise in Pisa.

他的父亲在比萨附近的意大利海岸线上经营小店。

In April 1945, the Second World War was drawing to a close.

1945年的4月份，第二次世界大战已经临近尾声。

The wretched youth was destitute, bereft of funds. His savings had been stolen.

这个青年人的处境十分艰难，因为他的全部储蓄都被盗走了。

2.将复合句译为简单句。例如：

We are not simply being courteous when we laud the Chinese leadership and populace.

我们对中国领导人和中国民众的赞美不只是出于礼节。

The beauty of the flower is beyond description.

我无法用语言来形容这朵花的美丽。

It turned out to be that our team had won the championship.

结果我们队赢得了冠军。

3.例如，将两个或更多的复合句翻译为一个单词。

He felt free to do what he wished. Can you take what he has done?

他的决定就是他的选择，你能接受他的所有行为吗？

The blazing sun scorched the repair section as it operated in mid-July.

在炎热的七月中旬，维修团队的成员们正忙着工作。

At times, she endeavored to persuade her spouse to cease his abuse of her son; yet, at other occasions, she too wielded the paddle.

她有时候试图劝说丈夫不要对孩子过于严厉，但也会偶尔自己动手打人。

七、增减译法

（一）增译法

增译法是指在翻译过程中添加必要的语言元素，以确保译文的句型结构完整，并且在文化背景或修辞技巧上与原文一致。通常，这种方法会在以下三个场合使用。

1.语法方面的增译

英汉两种语言在词汇使用和句子结构上有显著的不同，所以在翻译过程中，通常需要依据语法规则，对各类词汇或特殊的句型进行扩充翻译。例如：

She is not born for wearing and mothering.

她并非适合做一个贤妻良母。（增加了名词）

A full man is formed through reading; a ready one is created by conference; and an exact man is formed through writing.

阅读能使人富有知识，交流能提升智慧，而写作则能确保准确性。（增加动词）

"Army will make a man of him." said his father.

他的父辈表示："部队将会使他成为一位英勇无畏的男人。"

The hungry boy is wolfing down his dinner.

那个饥饿的小男孩儿正在快速地进食晚餐。（添加了副词）

In recent years, auto companies have been forming cross-border alliances to share technology that has become more intricate and costly to create.

在最近几年里，各大汽车制造商都在积极构建跨国联盟来共享技术，因为技术开发的复杂性和成本的增加使得这一过程变得越来越困难。

Astonishingly, his smile widened, revealing a dazzling array of pristine white teeth.

他突然笑了出来，露出一口洁白的牙齿。（增加量词）

The field's laborious day having been done, the worker bees returned to their hive. After depositing their evening harvest, they took up their stand and began fanning with their wings.

在野外辛勤劳作了一整天后，工蜂们都相继回到蜂房，将早晚收集的物资妥善放置好。然后它们各自挥动着翅膀。（这里增加了复数概念的词汇）

It seemed to me that the gesture was not just a show of fondness, but rather an attempt to ensure that the lamb was truly her own by inhaling its scent.

我曾经认为这只不过是一种亲近的表达，然而现在我认识到，它其实是通过嗅一嗅羊羔的气味来判断它是否是自己生的。（增加了表示时态的词）

To nearly all, she was a beautiful and picturesque countryside maiden; yet, that is no longer the case.

然而，在大部分人眼中，她只是一个美丽如画的乡村女子。

（增加语气助词）

2. 修辞方面的增译

从修辞学的角度来看，增译是指能够实现原文的修辞效应，对于译文中的比喻词、名言、歇后语和双关语进行适当地添加或者复制性地修改。例如：

The crocodile tears.

猫哭耗子，假慈悲。

It catered to large appetites and modest purses.

它迎合胃口大而钱囊羞涩的食客。

Blindness is worse than seeing falsely, and speaking false is more detrimental to one's mental health than silence.

若所见不真实，仍比盲人更为无知；若所言不准确，也不如哑巴更为无知。

3.文化方面的增译

阅读语言作为一种人类社会文化的综合载体，各国或地区都有其特定的文化背景。因此，尽管某些信息在某个国家被广泛接受，但对于其他国家的读者来说可能难以理解。这时，翻译人员需要对那些富含深厚社会文化和历史背景的信息进行必要的补充阐述。例如：

路左有一巨石，石上原有苏东坡手书"云外流春"四个大字。

To his left, a rock once adorned with four grand Chinese characters – Yun Wai Liu Chun（beyond clouds flows spring）– was crafted by Su Dongpo, the most versatile poet of the Northern Song Dynasty（960-1127）.

通过使用"beyond clouds flows spring"这句短语，可以有效地协助读者深入了解"云外流春"的意思。同时，我们还为苏东坡的角色定位、时代背景和他所在的历史时期提供了额外的解释，这对于提升读者的阅读体验是极为有益的。

（二）减译法

因为英汉语言的连贯性存在差异，一旦完全照搬原文译本，通常会造成译者冗长和混乱。所以，基于对原文意义的忠实度，适当地运用减译技巧可以使译文简洁明了，流畅无阻。一般来说，减译方法适合以下三种情况。

1.语法方面的减译

英汉两种语言在词汇组合、句型构造以及表达顺序等方面存在显著差

异,因此,为了让句子的含义明确并符合译入语的习惯,可根据语法规则对原文进行缩减翻译。比如:

A square has four equal sides.

正方形的四条边相等。(删减动词)

Heat treatment renders metals far more robust and enduring.

热处理使得金属的强度增加,更具耐用性。(删除名词)

The girl standing at the window is my sister.

我姐姐站在窗户旁边。(删除标点符号)

Her hand, tenderly resting on his arm, seemed to be a token of appreciation for the gesture.

她轻轻地将手放在他的手臂上,仿佛是在表达感激之情。(删除代词)

Rising and going to bed early is the path to healthfulness and wisdom.

早睡早起使人健康聪明。(删减连词)

Smoking is prohibited in public places.

公共场所禁止吸烟。(删减介词)

2. 修辞方面的减译

在英语中,重复的词汇经常并行使用。为了让翻译文字更加简洁、层次清晰,我们在翻译过程中不必完全翻译原文,而是可以剔除一些复杂的词汇,这样能够达到较好的修辞效果。例如:

Living with optimism, dreaming boldly, and empowering ourselves to live life fully – these are the steps that will bring back our joy.

只要我们保持积极乐观的心态,勇敢追求梦想,过上充实的生活,那么我们就能再次感受到幸福。

我们的工厂能够制造出上千种各式各样的纽扣,用于大衣、西装、时尚服饰、衬衫、毛衣等多种类型的服装。这些产品规格齐全,种类繁多,设计独特。(某纽扣生产商的广告)

Thousands of designs for coats, suits, fashions, shirts and sweaters can be created by the factory through its production of various new types of buttons.

翻译过程中把"种类丰富、样式繁多、设计独特"等元素融合成diverse novel styles，不仅准确地传递出原始文本的全部资讯，还使得表达更加简洁明晰。

3. 文化方面的减译

英语句式构架严整、思维缜密、行文流畅、用词简单。然而，汉语的表达方式不仅注意工整对偶、节奏铿锵，还习惯于引用古诗名句，如果直译为英语，就会显得过长。因此，为了避免译文累赘，也为了避免不必要的理解误差，翻译时可以将不符合目的语思维习惯、语言习惯和表达方式的字词予以删减。例如：

"烟波浩渺、月光朦胧，渔船傍晚停靠于栈桥之西。人们常常选择在日落之后来此消暑纳凉，倚着栏杆欣赏那潮汐拍打河岸的美景。"这正是古代诗人对青岛海洋美景的歌颂。作为一座美丽的沿海城市，青岛四季分明，夏季气候宜人而冬季温暖适度。从位于胶州湾入口处的大团岛到东部崂山风景名胜区的下清宫，长达八十余公里的海滩构成了壮丽缤纷的美丽画卷。

Qinqdao, a picturesque coastal city, is not sweltering in summer nor frigid during winter. Its 40-km scenic route commences at Tuan Island on the west and terminates at Xiaqing Gong of Mount Lao on the east.

"青岛是一座美丽的海滨城市"，这句描述简明扼要地总结了古典诗歌的内容，尽管翻译完全省略了诗词内容而不予翻译，却并不妨碍读者领会到原始信息的其他部分。

在江边，五彩斑斓的楼阁林立，灯火辉煌，旗帜飘扬，展现出一幅热闹欢快的节日画卷。形态各异的彩龙在江面上游荡，展示着它们优雅的姿态，有的摇曳生姿，神采飞扬；有的喷射火焰，威严无比。

The river banks are lined with high-rise buildings, festooned with vivid lanterns and vibrant banners. Dragonshaped boats, adorned in their own unique style, await the challenge of their opponents; some wag their tails, others blaze with fire and water.

在原始文本里,那些有装饰作用的形容词,例如"彩"展示了一种充"满欢乐氛围的节庆场景","各种形态各异的","优雅的姿态",和"英勇无畏"等等词汇都没有被翻译出来,取而代之的是用实际描述让读者感受到这种氛围,这与英语更注重事实表达的特点相符。

第四节 双语能力及译者的素质

有些人误以为,一旦掌握并理解了某门语言,那做翻译就会变得轻而易举。然而事实是,拥有扎实的语言基本功仅仅是一个成功译员所需的一个重要因素,而不是全部。语言能力仅为这个职业的基础部分。现今各个领域的翻译工作需要我们广大的译者具备相关的专业知识,即使不能做到完全精通,也必须对其有所认识和了解。另外,不同的行业对翻译的需求也有所差异,译者还需熟悉该行业的写作风格、翻译标准等相应信息。总而言之,完成高质量的翻译绝非一蹴而就的事情,只有通过持续不断地付出努力才有可能实现这一目标。接下来,我们将从以下四点出发,简单阐述提升自我素养以成就一位卓越译员的方法。

一、具有较高的语言素质

对于任何一位想要准确传达不同语言内容的人来说,他们需要熟练掌握两种语言的能力。而这种能力的强弱会决定其作品的品质。所以,译者应该有优秀的语言基础。他们的目标是在使用正确的、标准的语言来清晰地传递信息。茅盾曾经说过"对母语及被翻译的语言达到精通程度是成为一名合格翻译的基本要求",这句话绝对正确无误。作为翻译人员,我们需要的语言素养可以分为两大类:一是母语的语言素养,二是外文的语言素养。无论学习何种语言，只有通过深入研究并理解它，才有可能真正地学会这门语言。

关于英文表达的需求，首当其冲的是需要有坚实的英语基本功，尤其是强大的阅读与欣赏技巧。译者的水准主要由他们对原文的解读深度决定。为有效提升英语读解能力，我们应重点关注以下三点：一、需拥有丰富的英语单词储备，若缺乏足够数量的词汇，无法脱离词典独立完成任务，这无疑会大大影响翻译质量；二、系统学习语法规则，保证语法无误或错误率极低；三、持续广泛地阅读英语原版书籍，以此充实自身语言知识并增强语言感知度。例如，"All that glitters is not gold" 并不是指 "all brilliant things are non-gold"，而是表示 "not all shining objects can be golden"；"He sleeps late" 的正确解释是 "he gets up very early"；"I shall not expect you until I see you" 并不意味着 "I don't wait for your arrival"，而是暗示 "you may come whenever you want to"。事实表明，仅仅依赖有限的语言知识及零星片段的语言观念，总是依赖于词典，并将"每个字都一一对应"作为翻译的主要手段，这是难以胜任翻译工作的。优秀的译者必须具有卓越的理解能力，正如余光中教授所言，能洞察到原文的奥秘之处。

再次强调的是，译者需要拥有深厚的中文根基，尤其是在提升自身的中文学术语言运用上要多加努力。通常而言，译者的中文学识程度直接影响着其翻译作品的品质。然而，与英文相比，翻译过程中对中文的需求更注重书面表达，而不是单纯地理解和阅读。接下来，我们将通过一个实例来阐述这一观点。

His deportment was dignified, having abandoned his roughness, though too stern for poise.

译文1：他的行为举止极其庄严，没有一丝粗鲁之气，然而严肃得不够文雅。

译文2：他的行为非常庄重，没有一丝粗鲁，但是过于严肃。

译文3：他的行为举止非常庄严，没有一丝粗鲁，但是太过严肃了

(以至于）不够文明。

这些翻译语言均准确地传达了原文含义，然而仍感觉有些不足。因此，有些人开始质疑是否存在中文更佳的方式去诠释英文构造"too...for..."。这种疑虑源自于对母语理解不够深入。由于该英文片段的形式已固定了思考模式，人们可能会感到中文里找不到合适的词汇来描述其意义。实际上，我们应该超越单词本身的定义，先理解整个句子的含义，然后不是直接"直译"，而是选择"意译"或"改译"，即以中文重新表述此句，这时考验的就是我们的中文基础了。如果一位具备优秀中文文学素养的译者，他将会这样做：

他的行为极其庄重：没有一丝粗鲁，但是严谨得多，缺乏文雅。

这种转换方式较为贴合中文表述的习惯。在这例子里头，其他几种版本并没有明显的语法错误或误解之处，但其传达的信息并非精确无遗漏，读起来感觉不像是一般的普通话口语化描述，这也再一次证实了我们希望英文到中文之间的转化的过程中能够保持良好的口语文本风格的需求较高。因此，如果想要提升自己的双边交流技巧的话，就必须要大量地阅览中国古典文学著作并频繁实践书写工作以使得自身的书面文字功底到达熟练掌握的状态。值得一提的地方在于：虽然我们在评估外语人士是否具备优秀的沟通技能的时候会考虑他们的第一手资料编写的质量，但实际上他们能否胜任这个角色更多取决于他们在面对原文时的模仿或者复制能力的强弱程度（也就是所谓的"仿真"），而不是直接依赖他们本身的第一手的原创力去完成任务的情况更为常见一些。换句话来说，就是顶级小说的作者未必就能变成一名顶尖的外交人员。从这一点可以看出，我们的目标主要是如何通过适当的方式把源自西方文化背景下的文章用一种既不过分生涩又不会显得过于随意的中国话的形式呈现出来，并且同时还要保证它们的基本结构与逻辑关系都得以维持不变。

二、要有良好的文化素养

谈到言辞表达时，我们不能忽略它所代表的深层含义和文化底蕴。众所周知，我们在阅读散文、故事或者商业宣传材料的过程中，常常能接触到具有丰富文化的词汇。这些"文化词汇"是指那些拥有特定文化和深度意义的字眼，它们可能包含了某些特定的历史时期积累起来的成语、寓言故事、独特人物名字等等，也可能是当前流行的俗话、惯用语。这类词汇可以被称为富有文化内涵的词汇，因为在对这类词汇进行翻译时，尽管只涉及个别单词，但需要深入理解它的背后文化因素。正如王佐良曾经提到的那样，对于译者来说，他们的工作主要集中于个别词汇上，然而实际上是在两个庞大的文化领域内工作。因此，如果译者的文化理解出现错误，那么他们的翻译作品很可能产生"文化误解"，进而带来严重的影响。对于翻译文化词汇来说，最重要的是观察译者是否有深厚的目标语言文化的理解力，并具备强烈的文化敏感度。

作为文化的成果与承载体，语言与其紧密相连且无法分离。没有任何一种语言能脱离其所处的特定文化独立生存，每种语言均蕴含着人类活动留下的印记。语言不仅仅反映出某族群的生态环境、历史根基、民俗风情及习俗惯例，还深藏着这个群体的宗教信仰、文化心理、思考模式和价值观等诸多元素。语言与文化和解并互为影响，对语言的学习需要深入理解文化，同样地，对于文化的认知也需要透彻掌握语言。例如，"afterlife"这一词汇就包含丰富的文化意义。在英文词典里，它表示"来世"之意，但实际上，此概念在中国话语体系中与英文并不完全一致。据 Collins 释义，"afterlife"意味着"life after death"，即死亡之后的生命状态。正如电影《人鬼情未了》(Ghost) 的主演 Sam 在去世之后仍然守护着 Molly，这便是"life after death"的表现形式。然而，中国话语里的"来世"则是指人在逝去后再次投生为人或其他生物的过程，这是与"life after death"截然不同的概念。对于这两个词汇存在着许多争议，一些来自香港的研究者将其解释为"后来的生命"；而由上海发行的《英汉大词典》则把这个单词理解成"死后的生活"（即指的是人的精神或意识状态）。笔者认为，《英汉大词典》所给出的定义更为贴近英语本意。当我们需要翻译这类词汇时，不能仅仅依赖于中文中的某个看似相似的字眼来直接使用，而是要深入研究两种语言文化的内涵，以确保能精确还原原始含义。

在语言里，我们能看到各种形式的文化差异，这不仅仅体现在宗教信仰方面，而是深入到了所有文化和领域的每个角落。这些差异包含有各式各样的历史环境、固有的观点和习俗，还有那些独特的语言表现手法。因此，译者需要具备对文化的理解力，也就是他们应该意识到翻译不仅仅是跨越语言界限，更是跨越文化边界的沟通行为，并且文化的差别与语言的差别同样有可能造成信息传递的阻碍。如果译者没有足够的文化认知能力，他可能会过于关注文字层面的转化，忽略掉隐藏在其中的文化问题，只会想着从中文中找出"地道的"对应词汇，这样就容易产生错误的翻译。

在我们的日常生活里，如果我们愿意投入精力去观察和思考，就能获取许多有关不同国家文化的理解。一种简单的方法是阅读各种类型的文学作品，特别是那些讲述传说的故事或描绘神话的作品，同时也要大量阅读外文原著，这样既能丰富自己的知识库，也能提升外语水平。此外，我们可以从各类新闻报道、期刊文章、电视节目及广告中了解到西方各国的政治、文化和经济发展状况，以此拓宽眼界并积极参与相关活动以增进认知。唯有具备深厚的双语文化底蕴后，才能在处理"文化词汇""文化现象"时，精确无误地传递出原文的信息，生成令人惊艳的翻译成果。

三、有广博的知识

首先译者应该具备广阔的知识面。翻译是传播文化知识的媒介，因而译者的知识结构应该是越广博越好。当然，样样精通肯定是做不到的，但是，要求译者至少在一两个领域当中要做到比较精通，正所谓"译一行要精一行"。译者必须掌握一定的专门知识，否则在翻译中常常会受到理解上的限制。如果连中文自己都搞不清楚是什么，译出来的英文读者更不会明白是怎么回事。所以，掌握相关领域的知识非常重要。比如翻译科技著作，就必须掌握相关的科技知识，翻译社科文章的就必须懂得相关的社科知识，翻译文学作品，就必须具备一定的文学素养……鉴于各门知识都有彼此交叉、触类旁通的特点，译者还要广泛掌握与自己的专长有密切联系的相关知识，比如翻译哲学类的需要丰富的文史知识，甚至要懂得一些自然科学；翻译医学类的至少要懂一些生物学与化学，甚至还要掌握一些心理学知识。除了专门知识外，从事英汉翻译工作的人还需要了解英美各国的历史、地理、政治、经济、外交、科学技术、风俗习惯、宗教信仰、民族心理、文化传统等方面的"百科知识"；光是了解英美各国的"百科知识"还不够，同时还要通晓本国的"百科知识"。如此一来，我们就能在翻译过程中精确无误，游刃有余，避免出现错误的翻译，引发尴尬。

毫无疑问，无论选择何种类型的翻译任务或学习哪个特定主题的相关知识，都需要逐步累积经验。所以，译者无须焦虑，无须试图全面了解所有领域的信息，而是应首先明确自身擅长的、兴趣所在的领域，并逐渐增加该领域的知识储备，同时也能通过翻译过程来获取新的知识。在翻译过程中，对于模糊不清的部分必须弄懂，无论是查找参考文献或是向别人寻求解答，最后的目标是准确无误地表达出原文的内容。

四、要懂得编译

实际上，那些投身于翻译工作的人深知，这项任务并不仅仅是逐个单词或词组地转述原文，也并非是按照语句顺序来处理文本。有时候，为了适应具体的情况，我们需要对其进行改写和重新组织。在这个充满信息的当代社会中，改写已成为翻译人员不可忽视的一项技巧，它的重要性不容小觑。

所谓编译，实际上是一种融合了编辑和翻译的活动。它是一个由编辑到翻译的流程，其目的是满足特定翻译任务的需求而对原始材料进行修改和调整之后再进行翻译的工作过程。使用编译技巧可以有效地协助翻译者快速处理海量数据，防止他们在不同语言的信息海洋里无谓消耗时间和精力。尽管从表面看，编译可能对原始素材做了较大程度的改动甚至颠覆，然而作为一个实用性的翻译工具或者技术，它的应用正在被越来越多的人接受并喜爱，许多翻译从业者也积极投入到了编译工作中。相比较传统的翻译方式，编译具有两个显著优势：首先，它是适合用于翻译各类主题、类型和风格的文章；其次，对于阅读者而言，编译的作品通常更为简明扼要，更具时效性和针对性。

编译技术在当今翻译领域有着极高的使用率。大部分来自国外的新闻评论都是通过编译的方式引入国内的。它们作为新闻类杂志、广播及电视等信息渠道的核心与精神支柱，也是推动并引领公众意见的关键工具。不过，新闻翻译并不完全等同于文学翻译。其关键区别在于，新闻写作所使用的语言与文学创作有很大的差别。新闻文本强调"精确度"，而文学表达更注重"艺术感"。基于这个基础，我们不能简单地把新闻翻译和文学翻译相提并论。此外，由于新闻具有实时性和快速传达重要信息的特性，因此译者需运用灵活多样的方法，突破原文的形式限制进行重新解读。这种方式无法直接实现，只能依赖于编译技术的支持。这也是为何相同的消息会在多个平台上呈现出不一样的版本。编译员会对新闻按照个人理解和需求进行适当调整，以便更好地服务特定受众群体。

确实如此，除去记者行业中的翻译经常使用编译方法外，在我们处理技术的时候也可能会用到这个方式。例如对产品手册的转化。没经验的人们或许会认为科学的文章无法被改写，但实际上并非如斯。公司的大部分的手册是由研究员自行撰写的，他们有时并不知道读者的偏爱和需求，所以他们的作品很可能缺乏焦点、冗长无趣或者完全无法满足客户的需求。

这时，如果我们要做这个工作的话就必须要事前修改它一点儿，首要的就是翻译人员必须对与该商品相关特定的领域知识有一定程度上的理解，只有充分把握住这些基本信息，方能较好地修订。有了一定的专业基础之后，翻译人的任务便是将文本调整至适合阅读且符合翻译条件的地步，这虽然看似简单，却是一项极具挑战性的职责。

对于众多公司所提供的商品，我们都需对其产品说明书进行翻译。翻译产品的总目标在于提升其易懂度、便利性和实际应用价值。在此前，我们需要首先掌握如何解读并解析产品英语版的使用指南，包括了解潜在的目标受众群体、文本特性以及译者的主导地位。作为译者，我们应该深入研究该产品，以解决问题为主线，采用任务导向型的写作方法。为了更好地接近消费者，我们可以选择用第一人称来讲述故事，并在阐述操作流程时采取命令式的口吻。同时，我们也应当尽可能地选用简单明了且精确的词句、较小的段落长度以及清晰的表格，以便让信息传递更加直观。以上提到的所有问题都应该是我们在翻译产品说明书过程中必须要重点关注的核心点。

有些人误以为用户指南只是一份专业技术文件，只需遵循一般的技术英文翻译规则就可以完成其翻译工作了。然而事实并非如此。由于阅读这类文章的人群主要是研究人员或者熟悉该主题的专业人士，所以他们可以用一些行业内的词汇或是专门名词；但是对于大多数初次接触产品的新手来说，他们的知识水平与理解力各有差异，所以在撰写并修改这些指导书的时候需要考虑到这部分人群的需求，尽量采用通俗易懂的方式表达内容，而不去过多地运用专业的语言描述方式。

当前，我国产品的操作指南更注重阐述其特性，涵盖了设备的工作机制、作用和应用技巧等方面内容。然而，大多数消费者购买商品之后并不认真研读相关指导，直至出现问题时才开始查找解决方案。许多指南会在附录中列出一些常见的技术难题处理方式，但针对那些较为复杂的产品，这些简化的策略往往无法有效解决问题。所以，常常会有顾客对这种类型的指南表示不满。

　　换句话说，作为翻译工作者，我们在此刻又该承担何种责任？答案就是执行一种基于任务型的模块化写作式的翻译方式。我们将根据用户的使用需要来构建手册的框架，剔除那些对他们来说并不重要的技术原理等相关细节。毕竟，用户关心的主要是怎样去运用这个工具，而并非深入理解其运作机制。一般情况下，若用户希望获取更多关于技术的详细信息，制造商会为每款产品附带一份详尽的技术说明书。所以，在用户手册里，常常会对一些非关键性的概念及技术信息进行简化处理。我们在撰写过程中，可以利用标题或者小节的形式突出用户期望实现的目标，尽量把所有的关联信息整合到同一页面上，这意味着文本解释必须简洁明了，同时借助表格等方式让读者能够快速地掌握所需的信息。假如有多个模块共享相同的内容，则需避免出现跨页引用的现象。这是由于频繁的页面切换可能会影响读者的阅读体验。为了解决问题，我们可以选择多次复述相关的信息。这一类型的写作方法需要我们具备对产品的深度理解能力，更重要的是要充分把握住顾客的需求，擅长概括提炼，并且能主动同研发团队沟通交流，以便更好地满足他们的操作便利度。

　　经过编辑和构建整体结构后，翻译人员才能开始执行翻译任务。在此阶段，需选择易于理解且简洁的词汇，通常情况下，产品的说明书具有中等程度的翻译挑战。需要注意的是，不要过多地运用专业术语。当引入新的术语时，需要对其做出解释。对于中文手册中的术语，不能仅根据字面的含义来直接翻译。应该大量查阅英语的技术文献，寻找全球公认的表述方法，这样的话，如果外国客户无法理解，那么这样的翻译工作就是白费力气。

　　虽然完成编译任务并不容易，但经过前述关于新闻和产品手册编译情况的简要阐述，相信各位已经对此有所认识了。此种技巧现今对于从事翻译工作的专家来说至关重要。当翻译爱好者已掌握其他技术时，不妨花些时间来熟练这一领域。

五、学会利用电子工具

如今的译者任务要求我们运用许多先进的技术方法,这并不意味着仅仅通过逐字逐句的方式去理解文章并缓慢地将其转化为另一种语言。这种方式无法达到当前社会的期望值。随着信息技术的进步,我们可以采用各种电子设备来提高我们的翻译效果。这些设备涵盖了所有以数字形态存在且可以通过电脑搜索和阅览的资料库,如网络、电子词典、电子参考书籍等等。相较于传统的手工操作,电子设备有其独特的优势,尤其适合翻译人员使用。

尽管传统的纸制书籍和参考文献也能提供便捷的查找方式,但是优秀的出版品通常会包含详细的目录以供查询,然而这与电子工具相比仍存在显著的时间差距。对大量非标准化的文本而言,要从海量的信息中找到某个词汇或短语就像在大海里寻找一根针一样困难,翻译人员对此感到无能为力。而电子工具则突破了传统工具书的限制,能够实现全面搜索,使得一般的在线内容也有可能被用作有效的参考素材。此外,电子工具还具备诸如实时更新的特性、庞大的存储量等其他优势。

使用电子设备能提升翻译品质。理解的基础在于知识储备,而借助这些设备能够协助译者迅速熟悉所需的专业词汇,为其精确翻译提供支持。无论何种专业领域的信息需要深入研究,单靠一知半解是不够的。译者常常遭遇未知的知识点,特别是各行业的专有名词,此时他们会认真做好预备工作,熟稔相关学科的知识,并寻找合适的表述方法,然后才开始翻译,而非随意按照自己的想法去翻译。电子设备涵盖了各种信息,查询相关专业资料也相对便捷。因此,通过互联网获取相关专业知识,对于提升翻译水平是有益的。翻译的结果往往表现为书面文字,若译者在表达上存在困难,可以通过网络或电子辞典搜寻目标语言的相关文献,借鉴其表达技巧与语言风格,进而优化输出效果。此外,电子设备也能加快翻译进程。正如前面提到的，纸质版的参考书籍查找起来较为烦琐，解决问题时可能会涉及多种工具书、多次往返于不同地点，耗费数个小时乃至更长的时间。然而，在强调效能的时代背景下，译者很难完成这样的任务；但若是采用电子词典或是搜索引擎，只需输入关键字便可获得大量的外部资源，处理此类问题通常花费较少的时间。

互联网上的翻译相关资料繁多无尽。有些站点专为翻译者们交换心得和共享资源而设，例如各类翻译社区；尽管并非特意针对翻译人员设计，但它们能给翻译人员带来巨大的方便，比如谷歌和维基百科等等。接下来，我们将会对一些实用的翻译网页做详细说明。

最常见的一个就是 Google。它基本上算是家喻户晓的翻译搜索工具。它之所以流行，主要是它的使用方法比较简单，搜索结果相关性比较高。用户只需要把一个或者数个关键词输入搜索框就可以找到有用的资料。Google 不仅可以用于一般信息的搜索，还可以用于协助翻译。它可以用来查询译者需要的背景知识、专业术语、人名地名等专有名词的译法，查找国内外重要的法律文书的译文或者原文，检验词语的意思和用法等。相信不少译者已经在使用 Google 帮助翻译了，但根据笔者的观察，大多数人还没有把 Google 的作用发挥到极致。这里向读者介绍使用 Google 的一些诀窍。

当我们使用 Google 对中文与英文同时进行检索时，我们可以看到包含中文及英文的信息，这些信息通常是经过从其他语言转化的内容，其中混入了一些英语词汇。这对理解原文作者所处的背景环境并寻找相关主题的关键概念非常有利。举例来说，假设我们要翻译一部涉及社会福利领域的研究报告，忽然碰到了一个陌生的词汇"impossibility theorem"，这时候，我们就应该利用 Google 来实现以下操作：首先，在 Google 上以"impossibility theorem 社会福利"为关键词进行搜索；其次，我们会得到一系列的中英对照材料，这有助于我们更深入地理解这一领域的基本理念，从而使我们的翻译工作变得更加轻松。

再一次地，我们的主要参考来源为维基百科这一平台。它被视为一部公开式的综合信息库，涵盖了多种如汉语及英语等不同类型的文字内容。其"开源化"特性允许所有用户都能对相关主题做出贡献或修正更新；同时所有的更改都会受到公众监督以确保内容的准确性和完整度。这使得它的数据量持续增长且误差率逐渐降低。此外，此站点包含各个领域的资讯，对于那些涉及领域较广的项目来说是个极佳的信息获取与对比资源。当我们在处理跨学科的文章的时候，可以利用这些网络上的材料来了解特定行业的详细情况，并且可以通过比较原文的中英版本来掌握专业的词汇及其使用方法。值得注意的一点是在理解某个单词或者短句的意思的过程中，从上下文中得到的结果往往要优于单纯查阅辞海所给出的解释，这是由于后者的释意并未提供具体的情景环境导致读者难以判断出具体的使用方式。

再者，通过访问网站来获取所需信息也是可行的选择之一。这是一个优秀的在线资源平台，它汇集了各种类型的辞海与专业的词汇表述库。如同大多数网络应用程序那样，此站同样具备全面的信息检索功能——只需单次搜索即可从多个可靠源中提取相关定义，例如 Britannica Concise Encyclopedia，Columbia Encyclopedia 和 Food & Culture Encyclopedia 等 等。根据其官方描述，该网的数据库存储着超过四百万篇内容记录，是寻找详细资讯及精确术语的重要参考依据。此外还有一些专为用户服务的线上社区存在，其中涵盖了一系列双向字典，覆盖诸如英语、法语、意大利语、西欧拉丁文字母使用者的对话交流等方面；同时也囊括了一些小部分的中－英文学作品中的单词对照情况。对于中文到英文的转换来说，最实用的莫过于这些含有大量例句并能展示出不同释义方式的"English to English" dictionary and "Chinese to Chinese" dictionary。前一种类型会用相似意义的相关短语去阐明每个含义点的同时，还会绘制一幅反映上下层级关系的分支结构图像以便于理解更为概况性的概念及其具体化形式的关系；而后种则会在给出对应关系的基础上进一步列举一些相关的例子，从而使得读者能够更好地掌握这种跨文化的沟通技巧。

上面所列举的网站知识也只是利用电子工具的一个小小的例子，除了利用网站，我们当然也可以用许多词典，比如 Google 在线翻译、金山词霸、有道桌面翻译词典、灵格斯翻译家、柯林斯电子词典等等。我们所提供的只是冰山一角，希望能够起到一些引导作用，在科技发达的今天，翻译的方法也能够不断与时俱进。总之，我们应该学会利用现代化手段来提高翻译的质量和效率。

第五章　英汉词汇、句子、篇章翻译

第一节　英汉词汇与翻译

一、英汉词性对比

英文与中文各有其独特的特性：英文是典型的状态语言，它极少通过动词表达行动的概念；而中文则是状态语言的代表，大多数的行为意涵都由动词体现出来。这种静态与动态之间的差别在英文和中文的词汇类型上有更为明显的表现。接下来我们将对此做进一步的比较分析。

（一）名词主导与动词主导

所谓的名词主导，指的是在英语中名词的使用频率远远高于其他词。英语中的名词有很多都来源于动词，这些动词可以用于表示动作、行为、状态以及某种情感等。英语中的谓语动词有形态变化，且每个英语句子中都只含有一个谓语动词。因此，名词在英语中的使用非常广泛。而相对于英语而言，汉语中的名词的使用则没有那么多，汉语不同于英语，其属于逻辑性语言，动词不受形态的约束，因此在句子中使用动词较多，有时一个句子中会连续使用多个动词。名词主导和动词主导是英汉词汇在词性上的最大区别。例如：

Gaining insight into the composition and past of Chinese can be advantageous for your exploration of the language.

了解汉字的构造和发展历程对于大家学习汉语非常有帮助。

There is no shortcut to the mastery of English.

掌握英语无捷径。

Should the textbooks be delayed in their delivery, our teaching plan will be disrupted.

如果教材没有及时送达，我们的授课计划就会被打乱。

The living standard's enhancement has caused people to place great significance on health.

随着生活水平的提高，人们都很重视健康。

The foreign visitors expressed their desire to return to China in the future.

外国人表示希望未来能再次访问中国。

（二）介词对比

因为英语主要依赖于名词来构建词汇和表达意义，因此其名词用法较为普遍，这导致了大量英文介词被频繁运用。根据著名的英国语言学者寇姆的研究，英语中有超过280种不同的介词。这些介词可以大致划分为四个类别：基本介词，比如 in、on、by、from 等等；复合介词，像 from under、from behind、along by 等等；合成介词，比如 without、upon、outside 等等；还有一些是固定短语介词，比如 in spite of、in front of、on behalf of 等等。相比之下，中文介词的种类相对较少，许多中文介词实际上是由动词演变而来。举例来说：

I know him quite well, for we are in the same office.

我非常了解他，因为我们在同一个办公室工作。

Smith, the professor, shied away from flying due to his fear of a heart attack.

由于对突发心脏病的恐惧，史密斯教授没有选择乘坐飞机进行旅行。

Now, in the same position, we must rely on and bolster one another.

我们目前正在一起奋斗，因此需要互相扶持和依赖。

With the bus drivers on strike, we'll have to walk to our workplace.

我们被迫步行前往上班，这是因为公共汽车的司机罢工了。

Up the street I ventured, passing small stores and a butcher's, past a post office, until I eventually discovered a flower shop.

我在街头漫步，穿过了许多小商铺和一个肉类市场，又走进了一家邮局，最后找到了一家花店。

（三）形容词对比

在英语里，形容词可以作为定语、表示、补充宾语和状态等的角色。它们展现出鲜明的动态特性，而在汉语里，形容词的功能并不如英语那样广泛，通常用来修饰名词，作为定语。例如：

The Vietnam War has been a stain on the honor of American veterans.

美国退伍军人对于自己在越南所做的一切深感内疚。

The questionnaire was quickly concluded due to the students' eagerness to cooperate in that school.

因为那所学校的学生们协作得非常出色，所以我们很快就完成了问卷调查。

（四）副词对比

在英文里，不仅仅描述词有动态意义，许多副词也具备这样的特性。而在汉语中，副词通常只被用来表示描述词或者谓语。例如：

When Mom left home, she let me promise not to let stranger in.

当妈妈离开时，她要求我不能让陌生人进入。

He was up with the sick child all night.

他陪伴着生病的孩子彻夜未眠。

Despite his return for over a month, I have yet to witness him.

虽然他已经返回一个月以上，但我还没有见过他。

After a week of slumber, he is now rousing himself.

他在床上躺了一周后，现在已经有能力起来活动了。

His presidency is up next year.

他的主席任期明年期满。

二、英汉词形对比

词形主要是指词的形状和构造，这个概念主要包括书写方式和词素。接下来我们将对英汉词汇的词形进行深入探讨。

（一）书写形式对比

英文隶属于印欧语系，由文字组成，而汉语则是汉藏语系的一部分，其书写方式为方块字。从本质上来说，英文和汉语的书写形态存在明显差异。

基于发音理论来看，英文为"原始辅助系统"，而中文则是"调节声音系统的代表"；每个英文字符构成单个音素单位；由于没有明确区分出单独的一个或多个音单元组成了整个词汇或者短句等语言元素之间的边际线，所以我们在写的时候会发现这些不同的部分被连接在了一起而不是分开来写的。相反地，对于中国来说情况就完全不同了：虽然我们能很明显地区分各个独立的声音片段但它们很难形成有规律、固定不变的形式结构——这就是为什么当我们用笔写字时候所有的内容都是紧密相接而不留任何空白的原因所在。

（二）词素对比

"Morpheme"，即英文里的"word element"（也被称为"element of form"）被翻译成中文时可分别称之为"词素""sememe"或是"form-particle"等名称；在此统一用作对它的简称——也就是我们所说的"词素"。这个概念简单来说是指组成单个词的核心元素，它既包含了声音又包括其含义并能独立存在于口语表达之中。而如果按照词汇学的专业视角来看待的话，那么每个单独存在的、具有明确意思的部分都可以视为最基本的有意义单元，且不能够再次拆解开来成为更细微的形式部分。一般来说，所有的英文字都至少是由一种或者是多种这样的形式部件组合而成的一个整体结构。这些形态成分大致上也可以划归到两个主要类别：一个是能够自主形成新词并且没有固定搭配规则的自立型构件（"free morphemes"）；另一个则是需要与其他元音/辅音相连才能产生完整的新词，并对它们有一定的限制作用，但本身无法生成新的实体的粘附式构造块儿（"bound morphemes"）

"自由形式"也被称为"自由词素"，它代表了那些能够独立作为单字并具备语言定义的元素。一般情况下，这些自由词素就是单一的字眼，即我们常提及的词根。然而并非所有词根都能独自存在，例如 tele- 与 communic- 就不能独用，它们需要结合其他词素形成新的词汇，这类词根就被称为"黏附词根"。

"黏附形式"是黏着词素的别名，它指的是必须与其他词素结合才能形成词汇的词素。尽管黏着词素具备一定含义，但不能独立成词。这就是我们常提到的构建新词的词缀。

在构造英语词汇的过程中，其结构是相对稳定的，不能随意更改。比如：

aqua, di, fer, herb, hypno-, journ, liber, memor, phan, reg, soci-

fleeing, fighting, receiving, covering, gnawing, lapping, planting, pounding, quitting, calculating, and acting.

然而，在汉语中，词素的位置变动相对较大，其含义的传达几乎不受其影响。比如：

动词：

欢喜—喜欢 叫喊—喊叫 应答—答应 往来—来往

补贴—贴补 演讲—讲演 问讯—讯问 替代—代替

名词：

兄弟—弟兄 力气—气力 感情—情感 式样—样式

互相—相互 语言—言语 士兵—兵士 监牢—牢监

形容词：

健康—康健 直率—率直 感伤—伤感 光荣—荣光

地道—道地 整齐—齐整 笨拙—拙笨 洁白—白洁

变更这些双音节词的词素顺序，其含义并未改变或只有微小的调整。在汉语中，成语的排列方式更具弹性。比如：

苦口良药—良药苦口 千山万水—万水千山 泰然处之—处之泰然

胸有成竹—成竹在胸 海角天涯—天涯海角 单枪匹马—匹马单枪

在某些四字成语里，每个词内部的元素都可以被重新排序。比如：

自我贬低—贬低自我 天翻地覆—地覆天翻 国泰民安—民安国泰。

然而，汉语中的一些词汇变动也会导致词汇的含义和性质发生改变。比如：

心中—中心 故事—事故 法家—家法 人家—家人

法国—国法 平生—生平 火柴—柴火 房门—门房

基地—地基 会议—议会 进攻—攻进 到达—达到

送葬—葬送 开挖—挖开 卖出—出卖

在上述例子中，词素的排列顺序改变后，它们的词性也有所转变，一些由名词变为了动词，而另一些则从动词转变为名词。

提前—前提 报警—警报 分工—工分 实现—现实

法办—办法 论理—理论

在前面的例子里，这些词汇的顺序发生了改变，动词转变为静态词，或者静态词转变为动态词。

在位置稳定性方面，英文和汉语的词素存在明显差别。大部分英文词素无法加入其他元素，而汉语中能够在两种词素间穿插其他成分。

三、英汉词义对比

由于受到文化、思维模式等多种因素的影响，英汉语言中的词汇意义有着显著的差异，同一个词在不同的语境下可能会让人产生不同的联想。本章主要比较了英汉词汇的词义数量和范围。

（一）词语义项对比

在词汇含义方面，英汉语言存在显著的差异。在英语中，词汇的含义较为丰富，而在汉语中，这种区别则相对较小。在英语中，一个单词通常有多种解释，其确切含义需要依赖于其所处的语境。例如：

husband：丈夫、老伴、相公、老公、爱人

uncle：叔叔、伯父、伯伯、舅父、姨父、姑父

take：拿、取、采取、吃、接受

president：总统、董事长、校长、会长、社长

在英语中，多义词的含义不仅取决于具体的使用环境，也可以依据其搭配方式进行判断。

"run"一词和主语搭配时，其意思如下。

The road runs continuously.（伸展）

The play runs for a week.（演出）

The river runs quietly.（流）

The color runs easily.（脱落）

The vine runs quickly.（蔓延）

"run"和宾语搭配时。其意思如下。

run an engine（发动）

run drugs（偷运）

run fingers（移动）

run a race（参加）

· 223 ·

run the water（注水）

上述内容是对动词 run 的解释，从这些实例中我们可以观察到，当一个单词与其他词组搭配使用时，其含义也会有所改变。在英语环境下，要想确切理解词汇的具体意义，就必须依赖语境。

词汇在汉语中的使用方式也是如此，确定词义的过程也取决于词汇的组合，也就是说，我们可以通过分析不同词汇的用法来判断其含义。对于各种词汇，要想准确地判断其含义，就需要考虑它们的配套成分。

在汉语中，词语的后面往往会附加宾语来形成动宾结构，因此一个动词的意义与其后所用宾语的含义具有密切联系。比如：

他们在打毛衣（编织）

他们在打电话（互通）

他们在打包裹（捆绑）

他们在打官司（交涉）

通常，名词需要定语来进行修饰，因此其意义的确定取决于它所使用的定语。例如：

中国的艺术（如文学、绘画、舞蹈、音乐等）

唐诗的艺术（创作表现技巧）

领导的艺术（创造性方法方式）

名词的修饰主要由形容词来完成，因此确定形容词的含义需依赖于其所修饰的名词。比如：

老朋友（时间长的）

老地方（原来的）

老兵（有经验的）

我国的学者高远在对 15 个英语名称、动词和描述词进行了比较后发现，它们与汉语中最常用的名称、动词和描述词相比，其含义明显不同。具体情况可参见表 5-1。

表 5-1　英汉常用词义项统计

	英语	汉语
名词	man, book, water, tree, room	人、书、水、树、屋
动词	eat, sleep, speak, love, give	吃、睡、说、爱、给
形容词	good, hot, deep, thick, ugly	好、热、深、厚、丑
总共 15 词词义	178（Collins，1979）	83（《现代汉语词典》）
平均每词词义	11.9	5.5

根据表 5-1，我们可以发现，英语词汇的含义比汉语更丰富，并且具有更高的灵活性。

（二）词语含义范围对比

尽管英语中的许多单词具有多种含义，但它们的解释通常较为精确且具象化。相比之下，英语中有大量专有名词，它们仅能传达某一种特质，缺乏广泛性和抽象度，这使得英语更倾向于详尽地描绘各种事物。

在英语中，存在众多的外来词汇，这些词汇也使得英语的含义更加精确。随着社会进步，一些多义词逐渐消失，转变为几个独立的单义词，有些词汇的意义也在社会进步中持续改变，最后形成了新的词汇。比如：

urban（城市的）–urbane（有礼貌的）

travel（旅行）–travail（艰苦努力）

gentle（礼貌）–genteel（有道德教养）–gentile（非犹太人的）

curtsey（女子的屈膝礼）–courtesy（礼貌）

比起英语，汉语词汇的含义更加丰富多样。在汉语中，通常会用同一个词来描述不同的意思，而确定其具体含义则取决于使用这个词所处的语境。因此，汉语词汇相对于英语词汇有着更强的概括能力。

"空"这个词在英文中有许多不同的含义：它可以指代"内部无实体"的 empty，也可以代表"缺乏物品"的 bare，还可以象征"当前未被占领"的 vacant，或者描述"内有空间"的 hollow。然而，所有这些意义都可以通过中文的一个词"空"来概括和诠释。

"问题"这个词汇在汉语中的解释非常广泛，它可以表示为"需要解答的问题""待处理和解决的问题""议题"或者"突发事件或困扰性的难题"。然而，英文对这四个概念都有各自对应的单词，如 question、problem、issue 和 trouble 等等。举例来说：

世界上一些国家发生问题，从根本上来说，都是因为经济上不去。
The economy's lack of growth is, essentially, the root cause of social unrest in certain nations.

汉语中的"问题"是指出现的麻烦或动乱，英语中则用 trouble 或 unrest 来表示。

"经验"这个词在中文里是一个抽象的概念，它的含义较为宽泛，既可指代从实际操作中学到的知识、技能和教训，也可以代表个人的生活体验。然而，英文对这一主题有各种不同的方式表述，如：

改革开放是一项新的尝试，没有任何现成的经历可以直接重复。
No precedent exists for us to rely upon, as reform and opening are novel endeavors.

这是中国从几十年的建设中得出的经验。
In the decades of economic development, we have acquired that experience.
我们应该从这里学习到一个教训，那就是不要被虚假的表象所迷惑。
We should draw a lesson here: Don't be misled by false appearances.

四、英汉构词对比

词汇的构成在英汉之间各有其特性，同时也存在一些相似之处。对比这些词汇的构造能够帮助我们在翻译过程中根据它们来判断词义。

（一）派生法对比

派生方法是指通过运用词根或词缀（包括前缀与后缀）的方式构建新

单词的过程。作为一种黏着型语言，英语拥有丰富的词缀资源。这些词缀可大致划分为两类：前缀和后缀。在前缀的使用过程中，它们通常更改了单词的意思，但对词性的转变相对较少；相反地，后缀的作用主要是调整词性，同时对单词意思的变化程度较低。英语的前缀可以通过它们的意义变化被分类为如下几种类型。

1. 表否定的前缀：a-，dis-，in-（变体il-，ir-，im-），un-，non-。

2. 反向前缀：de-，dis-，un-。

3. 表贬义前缀：mal-，mis-，pseudo-。

4. 表示程度前缀：arch-，co-，extra-，hyper-，macro-，micro-，mini-，out-，over-，sub-，super-，sur-，ultra- 和 under-。

5. 表方向态度前缀：anti-，contra-，counter-，out-。

6. 表示方位的前缀：extra-，fore-，inter-，intra-，super-，tele-，trans-。

7. 表时间前缀：ex-，fore-，post-，pre-，re-。

8. 表示数值前缀：bi-，di-，multi-，semi-，demi-，hemi-，tri-，uni- 和 mono-。

9. 其他前缀：auto-，neo-，pan-，proto-，vice-。

虽然英语的前缀主要是用来改变词义，而非对其性质产生影响，但这并不意味着所有的前缀都会导致词性发生改变。例如，a-、be- 和 en- 在构造单词时就可以实现对词性的调整。

在构建词汇时，汉语也会采用派生法，因此汉语中也存在词缀的概念。在汉语中，前缀主要可以分为以下几类。

严格前缀：阿、老、第、初。

新兴前缀：不、单、多、泛、准、伪、无、亲、反。

结合面宽的前缀：禁、可、好、难、自。

套语前缀：家、舍、先、亡、敝、贱、拙、贵、尊、令。

汉语中的前缀主要用于调整词性，这与英语的前缀有着本质的不同，其作用和英语的后缀相似。在汉语里，前缀的含义并不明确，一些前缀甚至没有具体的意思，它们的功能仅限于构造词汇。

在英文里，能够通过使用前缀如 in-，dis-，en-，em- 和 de- 等来将名词转化为实际行动的名词。例如：

inflame 使燃烧

interlace 使交织

enable 使能够

embarrass 使为难

在汉语中要想达到同样的效果就必须要在词语前加"使／令／让……"结构来完成。

在英语中，后缀的主要作用是改变词汇的性质，而对于单词的含义并无影响。因此，我们可以根据它们对词汇性质的决定性影响将英语中的后缀分为几种类型。

1. 名词后缀。这些后缀只构成名词。

加在名词后表示"人"或"物"：-eer，-er，-ess，-ette，-let，-ster。

加在动词后表示"人"或"物"：-ant，-ee，-ent，-er。

被附加到名词后面以表达"人类，种族"或者"言语，信念"的含义时，可以使用 -ese，-an，-ist 和 -ite 等词缀。

被附加到词语之后以表达其特性或状况的词汇有以下几种形式：-age，-dom，-ery（-ry），-ful，-hood，-ing，-ism 和 -ship 等。

加在动词后表示"性质、状态"：-age，-al，-ance，-ation，-ence，-ing，-ment。

加在形容词后表示"性质、状态"：-ity，-ness。

2. 形容词后缀。只用于构成形容词。

在名词之后，加入了 -ed，-ful，-ish，-less，-like，-ly，-y，-al（-ial，-ieal），-es，-que，-ic，-ous（-eous，-ious，-hous）。

加在动词后：-able（-ible），-ative（-ive，-sive）。

3. 副词后缀。只用于构成副词。

加在形容词后：-ly。

加在名词或形容词后：-ward（-wards）。

加在名词后：-wise。

4. 一般来说，谓语后缀是加在宾语和描述词之后构建的。

-ate，-en，-ify，-ize（-ise）。

在汉语里，有很多后缀。这些后缀的主要职能是改变单词的性质，但与英文不同的地方在于，当构建新的单词时，通常以名称为主，因此其功能并没有像英文那样宽泛。在汉语中，字词的后缀一般包括如下几个类型。

1. 表格中的数值单位后缀包括：亩、斤、两、口、群、匹、辆、支、项、件、张、间、座、朵、粒、本、幅、卷、册等。

2. 指代"流程、技巧、理论、属性、状况、深度、信念"这些抽象观念的尾部词汇包括：分支、策略、转化、思想、学科、研究、特性、范围等。

3. 表人的后缀主要有三种。

职位和角色：工匠、学徒、家庭成员、教师、士兵、农夫、长者等。

表示亲属关系：爷、父、子、亲、夫、人等。

表示其他的人：郎、属、鬼、棍、头、者、士、生、汉、丁、迷、徒、贩、人、子、员、犯、分子等。

4. 表示地点的后缀包括：车站、停车场、办公室、厂房、图书室、诊所等。

5. 表示物品的后缀：仪、品、器、机等。

6. 词性后缀。这些后缀并无实质性含义，仅适用于构造词语。

-儿：影儿、盖儿、信儿、馅儿、头儿、画儿等。

-子：鼻子、孩子、鞋子、裤子、脑子等。

-头：馒头、奔头、石头、骨头、盼头、苦头等。

-然：猝然、断然、安然、瀺然、勃然、公然等。

由于其强大的构词潜力，派生法在英文单词构建方面表现出色。这主要归功于大量的英文单词和一个词根能够与各种词缀结合形成新词，而且同一个词根也可以被多种词缀所修饰，这种多样化使得英文具有丰富的词汇创造力。然而，相较而言，中文的词缀数量远不及英文丰富，并且对词义影响甚微；此外，通常情况下，每个词根只能接受一种词缀。

（二）复合法对比

英文中所谓的"合成方法"，是指把至少两到三个词汇结合起来形成新字的技术手段。这类构词手法的形式各异，一般是由多个独立词汇组成的新单个文字；为了展示这种构造特性，部分合成的词汇之间可能需要使用分隔号来划分界限或者可以直接以单一形式呈现出来。无论采用哪种表达模式都不会对该语言含义产生任何变化。而常见的英式拼音混合体则可分为如下几种类型：

1. 复合名词。例如：

A lifeboat, a cupboard, keyboards, doors bells, fireplaces, farms, hometowns and salesgirls。

动名词+名词：workbook, workplace, workshop, newspaper, gatekeeper, gateman, daytime, lunchtime, lifetime 等。

形容词+名词：goodbye, blackboard, greenhouse 等。

动名词+名词：washing-room, dinning-hall 等。

动词+名词：chopsticks, checkout 等。

2. 复合形容词。例如：

将形容词和名词结合在一起，例如 kind-hearted 和 glass-topped 等。

形容词+现在分词：good-looking, handwriting 等。

副词+现在分词：hard-working 等。

名词和现在分词的结合，如英文-speaking 等。

名词+过去分词：man-made, self-made 等。

副词+过去分词：well-known 等。

形容词+名词：mideast, round-trip 等。

在英语的复合词中，形容词和名词所占比例相当大，因此我们将只对这两种类型进行阐述。

在汉语里，有许多复合词汇，这些词汇根据特定的规则和构造结合起来形成了新的词组。比如：

1. 在联合结构的复合词中，两个元素是平行的，其构造方式相当丰富。

n.+ n. 形式：笔墨、模范、鱼肉等。

a. + a. 的形态包括：大小、数量、价值、距离、松弛、破损、危险性和焦虑等。

v.+ v. 形态：收支、进退、指导、哭泣、连贯性、依赖、借贷等。

2. 在汉语中，动宾复合词的使用较为广泛。这些复合词包括两个部分：一是动词，也就是说施行动作的人；另一个是宾语，即接受动作的对象。因此，它们通常以 v.+n. 的形式出现。例如，可能会有骂人、打球、喝茶、唱歌、吃力、贴心、抱歉和结局等表达方式。

3. 在主谓关系的复合词中，有两个元素构成，其中一个是动作的执行者，另一个是动词。因此，这类复合词都具有 n. + v. 的结构形式。

4. 正偏：在正偏复合词中，一个单词用于修饰另一个单词，被修改的名词位于后面，前者对应后者。汉语里，正偏结构的复合词最为常见，其形式丰富且相当复杂。

v.+ n. 形式：奖状、敬意等。

n.+ n. 形式：汽车、油画、蜡笔、金鱼等。

a.+ n. 形式：高原、高档、温泉、红娘、赤字等。

a. + v. 表现形式：内部冲突、古董收藏、冷战等。

v.+ v. 形式：通知、顾问等。

a.+ a. 形式：平方、净重等。

所有这些词语都是汉语中的重复词，其结构与英文中的重复词相似。然而，在汉语里，重叠词是独特的一种构造方式。所说的重叠词，就是指两种词素组成了词语，主要包括以下几类形态。

a.+ a. 表达方式：明显、暗淡、稀少、宝贝、乖巧、紧张不安、疯狂等。

num.+ num. 形式：万万、斤斤、个个、件件等。

n.+ n. 形态：如祖父、祖母、父亲、母亲、叔叔和伯伯等。

v.+ v. 形态：闪烁不定、观察、闲谈、跌宕起伏、纠缠不休等。

（三）缩略法对比

英文中的词汇是由简化方式构建而成的是简称（即"缩略词"），这种类型的名称有很多不同的类型和类别：首先是一种叫作"首个子母"的方式，它通过抽取每个单个名词的第一位字符并将其连接起来以创建出全新的名字；其次就是所谓的"混成型"，这是指把至少两到三个单独的文字经过特定的方法整合一起产生的新名次；再者有一种叫作"省略模式"，这类称呼主要是在去除某个完整的文本的一部分后生成它的缩短版本；最后的也是最常见的一种则是被称为"数码"的短句构造，根据该语言单位的具体形态或是发声特征同某些特定的阿拉伯数字相结合所产生的结果。

（1）首字母缩写词汇在英语中非常普遍，并且它们在各个领域的使用也十分广泛。比如：

EECT ← European Economic Community 欧洲经济共同体

OAU ← Organization of African Unity 非洲统一组织

UN ← United Nations 联合国

The Organization of Petroleum Exporting Countries，or OPEC. 石油输出国组织

TV ← Television 电视

CAD ← Computer Assisted Dsign 计算机辅助设计

DNA ← Deoxyribonucleic acid 脱氧核糖核酸

AP ← Associated Press 美联社

（2）四种主要的形式可以构成混合型缩写。

① A 头 +B 尾。例如：

autocide ← automobile+suicide 撞车自杀

bit ← binary+digit 二进制数

chocoholic ← chocolate+alcoholic 巧克力迷

② A 头 +B 头。例如：

hi-fi ← high+fidelity 高保真

sitcom ← situation+comedy 情景喜剧

telex ← teleprinter+exchange 电传

③ A 头 +B。例如：

medicare ← medical + care 对老年人的医疗护理方案

telequiz ← telephone+quiz 电话测试

autocamp ← automobile+camp 汽车野营

④ A+B 尾。例如：

tourmobile ← tour+automobile 游览车

newscast ← news+broadcast 电视广播

（3）主要有三种类型的节略式缩略词。

①去头取尾。例如：

phone ← telephone 电话

quake ← earthquake 地震

②去尾取头。例如：

exec ← executive 执行官

memo ← memorandum 备忘录

Weds ← Wednesday 星期三

zoo ← zoological garden 动物园

③去头尾取中间。例如：

scrip ← prescription 处方

tec ← detective 侦探

（4）两种主要的数字式缩略词形式。

①从词语中提取出相关的字母，然后在它们之前添加对应的数值。

比如：

Copper，Corn 和 Cotton 这三个大宗商品被称为"三 C"

阅读、写作和数学运算是教育的基础技能。

②代表性的词前面加数字。例如：

four 元素包括风、水和火四个主要因素。

seven' sins ← anger, avarice, envy, gluttony, lust, pride, sloth 七大罪行（怒、贪、妒、馋、欲、骄、懒）

four 最后的事情（死亡、审判、天堂、地狱）

Seven virtues: faith, hope, charity, justice, fortitude and prudence.

七大美德包括信任、希望、慈爱、公正、坚毅、小心和气度。

在汉语的词汇构造方式中，有很多词汇是通过缩写形式创建的。这种缩写方式与英语的缩写方式相似，主要可以被划分为四个类别。

（1）缩写方式的一种是从名称中选择一个具有代表性的词来替换原名。这种方法有两种可能。

①截取首词。例如：

同济——同济大学

复旦——复旦大学

广西——广西壮族自治区

②截取尾词。例如：

收音机——半导体收音机

志愿军——中国人民志愿军

长城——万里长城

（2）选择方式。从全称中挑选出较为代表性的词汇来组成新的词语。

①取每个词的首字。例如：

文教——文化教育

科研——科学研究

②采用一个词的开头和另一个词的结尾来创建新词。比如：

整风——整顿作风

战犯——战争罪犯

③取每个词的首字和全称的尾字。例如：

文工团——文艺工作团

执委会——执行委员会

④取全称中具有代表性的两个字。例如：

左联——中国左翼作家联盟

政协——中国人民政治协商会议

⑤取全称中的每个词的首字。例如：

上下——上头、下头

（3）取得公因式。这个过程是指从整体名称中提炼出相同的元素，然后用剩余的部分来构建新的词汇。例如：

中小学——中学、小学

工农业——工业、农业

进出口——进口、出口

离退休人员——离休人员、退休人员

（4）数字总结。在中文里，数字总结与英文的大致相同。

①从相同的部分中抽取出来，然后用数值对剩余的部分进行总结。比如：

三好——学习好、工作好、身体好

四会——会听、会说、会读、会写

四大发展现代化——工业、农村、军事和科技的现代化发展

②依据词汇的特性，提炼出一个可以概括这些特征的抽象表达，接着在其后添加数字。例如：

四季——春、夏、秋、冬

三皇——伏羲、燧人、神农

五脏——心、肝、脾、肺、肾

五谷——稻、黍、稷、麦、豆

五、词汇翻译的技巧

在英语和汉语中，词汇的含义有很多种，同一个词在不同的句子和环境下可能会产生不同的解释。因此，要想准确地翻译英语和汉语词汇，就必须掌握一些翻译技巧。本节将对这些翻译技巧进行深入探讨。

（一）找对等词

一种翻译英汉词汇的技巧是寻找对等词，这里所说的对等词就是在目标语言中找到与源语原意一致或近似的词。定义对等词在某种程度上会受环境的负面影响，因为在截然不同的环境下，同一个词的意义会有所变化。比如：

Luck befell us, for no one was injured in the mishap.

幸运的是，在事故中没有人受伤。

As lucky would have it, we were caught in the rain.

真倒霉，我们挨雨淋了。

上述例子展示了两种不同的译文方式，但它们都是基于原文"as lucky would have it"而来。之所以产生这样的差异，主要是因为上下文中所传达的信息有所区别。第一个句子表达了一种积极的结果，所以用"幸运的是"来描述更为贴切；然而第二个句子传递出一种消极的结果，故而在翻译过程中使用"真是糟糕透顶"更合适。再比如：

请让我自己介绍一下。

Let me introduce myself.

请你介绍一下经验好吗？

Would you please share your experience with us?

同样的词汇"介绍"在此案例里被转换为英语后却选择了两种截然不同的动词，这正是受了语言环境的制约。

（二）拆译

对于那些难以准确翻译的词汇，我们通常会选择将其"拆分"出来，作为原文中的附加部分或者移至目标语言中。比如：

The chance of it all had always been there, and it was that opportunity which had captivated and deceived the minds of numerous European despots.

尽管有许多机会可以利用，但这也正是欧洲大陆上不止一位野心勃勃的君主想要尝试，对我们产生强烈的好奇心的原因。（高健译）

British motorists will emphatically attest that the police are most unjustly utilizing radar to apprehend drivers who, in a moment of inadvertent speed, exceed the limit.

英国的每一位驾驶员都明白，警方利用雷达来追踪那些只是偶尔超速行驶的人，这种做法实在是不公正。

在这个例子中，unjustly 的译法并未找到适当的解释，因此，将其单独处理更为合适。

（三）词性转换

通过前述的单词比较已揭示了英文和中文常用字性的差异情况；从上述对照可以看出，中国话里常常出现的是动作形态描述符号（即"动词"）的使用频率较高，而在西方文化背景下的书面表达方式——也就是我们所说的"英语"当中这种类型的文字相对较为稀缺一些，他们更倾向于采用那些表示事物的名称或性质特征之类的概念来表意（比如"noun"）或者说成是用来描绘事物状态的一些属性标识等等（如"adjective"）的形式表现出来。举个例子来说明一下吧！

不久之后，吉米·卡特的顾问专家们提出了减少征税和增加政府部门支出的提议。

Following Jimmy Carter's election as President, his advisors were reported to have advocated for a decrease in taxes and an augmentation of government spending.

你熟悉这种晶体管放大器的性能吗？

Are you familiar with the performance of this transistor amplifier?

在设计过程中,他经常借鉴参考书籍并查阅相关数据。

He often referred to handbooks for some data when designing.

并非所有的动词在翻译过程中都必须被转换为英语的名词,汉语中也会使用一些名词。这些名词在翻译时应该被译为动词,同时也需要进行适当的词性变化。比如:

他的态度极其镇静。

He behaved with great composure.

本篇文章的目标是探讨元件材料和元件技术的最新进展。

The purpose of this piece is to explore the latest advances in component materials and methods.

在英文中,词语的应用频度较高。然而,介词在英文里能够描述汉语中的动态、行为或者解释某个地点的状况特点。因此,当进行英文翻译时,通常会将介词转化为动词、名称和形容词等。例如:

A survey conducted recently revealed that 43% of the university's students are prepared to accept part-time positions during their summer vacation, a 5% increase from last year.

最新的研究数据显示,这所大学43%的学生愿意在暑期进行兼职以增加他们的工作经验,相比去年,这个比例提高了5%。

Carlise Street, winding westward, traverses a colossal ebony bridge, descends a hill and then rises again, passing small stores and grocery stores, past single-story dwellings, until it abruptly terminates against a broad verdant lawn.

卡莱尔大街向西延伸,穿越一座黑色的桥梁,然后下山再上山,途经许多小店和杂货铺,又经过了一些平房,最终在一片绿草地上停下来。

Estimates of the global left-handed population have been around 350 million, and this figure is steadily climbing.

据统计数据显示,全球的左撇子人口已经超过了3.5亿,并且这个数字还在持续上升。

根据上述词性对比，我们可以发现英语中的某些形容词其实是汉语动词的表达方式。因此，在翻译英文时，应将代表动词含义的形容词转化为动词。例如：

Every day, over a million individuals from outside London journey to the city's core, desiring a public transport system that is reliable, dependable, economical and environmentally conscious – a wish shared by both those who inhabit London and its inhabitants.

伦敦的公共交通系统每日都有大量人群涌向城市中心，这些人和居住在伦敦的人一样期望它能够保证安全、稳定、环保，并且运营频次高，票价合理。

I am resolute in my conviction that, with a less obligatory educational system, students would be more imaginative and cooperative with adults.

我深信，如果我们的教育制度能够更为开放，学生们将会更富有创新精神，更乐于与成年人合作。

（四）融合

融合是指在翻译过程中，完全超越了源语的含义限制，把原句中的词汇意思融入整个句子里。融合翻译法主要关注将句子中的词汇含义翻译出来，而不是对句子形状的一致性进行严格要求。例如：

He had to relinquish his efforts when all the counsel he imparted was nothing but idle chatter, which can be attributed to his rationale.

从客观的角度看，他只能选择放弃，因为每当他向她提出建议时，她总是会回应。

Sweden, by the 1960s, had adopted a throw away lifestyle that mirrored the American way of squandering resources.

到了20世纪60年代，瑞典已经模仿美国的做法，演变成一个挥霍无度、浪费成为一种风气的社会。

（五）释义

释义是对原文中的词汇进行解读性的翻译，它能协助译者理解源语的含义和原作的意图。如果译入的语言中缺乏相应的词汇，可以利用释义法来完成翻译。例如：

Enrolling students pre-assigned to specific posts or areas is the purpose of 定向招生

下岗工人 laid-off workers

Urban dwellers of low means are being provided with an housing scheme 安居工程

于是，他们继续说："你怎么能得不到任何一半的文凭呢？"（鲁迅《孔乙己》）

"How," they would persist, "did you not even reach the lowest grade ?"（杨宪益、戴乃迭译）

official examination 正式考试

第二节　英汉句子结构与翻译

词汇与短语组合构成了句子，它们是能够传达完整意义的语言元素，同时也是语言使用的基石。无论是在英文或中文中，句子的构造都是相当繁复且各有特色。所以，深入探讨英汉两种语言必定需要关注它们的句子特性，并且对于句子本身的研究也必须涉及它的构建方式。在此，我们将详细讨论英汉两者的句子架构及其对应的翻译问题。

一、英语的形合法与汉语的意合法

句子的构造方式中，英文和中文的最根本且关键性的不同在于形合

（hypotaxis）和意合（parataxis）的对比。同样地，奈达（Nida）强调了从语言学的视角来看，英汉两语之间最为显著且重要的区分就是这两种结合模式的对立。此外，刘宓庆（1992）还认为，意合和形合构成了汉英语言间的"异质特性"。

形合与意合构成了语言组织的核心原则，它们为构建语言结构提供了深层次的基础。这两个概念可以从宽泛或严格的角度来理解。广泛来说，形合涵盖了两个方面：一是通过明显的语法形状标识和词汇元素实现的，它涉及所有的依赖于语言的形式和形状特征以形成句子的方法，例如单词类别标签、短语标签、语法领域标签、句法项目标签、子句间的句法等级标签、句型标签、句式标签等等。另一方面，狭义上讲，形合只包含词汇元素，也就是利用关系词和其他明确的关系建立方式来使单词之间或者句子之间产生联系（宋志平，2008）。

在广义上，意合是指不依赖于形式手段来表达词语或句子间的含义和逻辑联系，而在狭义上，它仅涉及句子层面的语义或逻辑关联。（宋志平，2008）

然而，从自然语言的角度来看，并不存在完全的形式语言和意义语言，只是某一种语言更偏向于特定方面。许多国内外学者通过研究得出结论，英语具有明显的形式合成特征，而汉语则具有明显的意义合成特征。

（一）英语的形合法

英语属于注重形合的语言，"造句注重形式接应，要求结构完整，句子以形寓意，以法摄神，因而严密规范，采用的是焦点句法"。也正是由于英语的这一形合特征，所以其连接手段和形式非常丰富，具体包括介词、连词、关系代词、关系副词、连接代词、连接副词等。此外，英语的形合特点也使其句子结构犹如大树一般，主干分明、枝繁叶茂，句子也呈现出以形驭意、以形统神的特点。

例如：

Ragged and wild, his children seemed to belong to no one.

他的几个孩子都穿得破旧不堪，粗鲁无礼，仿佛没有父亲或母亲。

The response of Peggotty soon came, and was, as usual, overflowing with tender devotion.

培果提迅速地给我回了信。在这封信中，他的话语依旧如同往日一般，充满了对我的关爱和全心全意为我着想。

The tapping of nascent chicks filled the rooms where, in dozens of infants' cries for nursing, now resounded.

在这些房间里，过去有很多正在吃奶的小孩儿在哭泣，但如今传来了小鸡啄食的声音。

The enemy, boasting of its ability to seize the strategic point in a matter of hours, has yet to capture even the farthest reaches due to the formidable opposition that obstructs them; this gives me great comfort.

由于遭遇了强大的对抗，那些自称能在几小时内攻占战略要地的敌军甚至于还没有攻陷外围区域，这一事实让我更加坚信不疑。

The shadows of the fishing boats, almost asleep upon the water, quivered softly, suggesting that it was not a full slumber, but rather a dream-like state. Just before us, they had become becalmed.

船只几艘，在眼前停泊，桅杆的影子反射出水面，仿佛已经沉睡，偶尔有些微微颤抖，好像还没有真正入睡，就像是梦境一般。

Had she been aware of his mother, the birthplace, and the people he was born among, he would have been filled with shame.

他的母亲就是这样，她生活在如此的环境和人群中，如果她知道了这些事情，那他将会感到多么的丢脸。

（二）汉语的意合法

与英文相较而言，中文更具明显的意义结合特性，"其构造强调思维的一致性和连续性而不追求形式上的完整统一；用思想驾驭语言的形式而不是被规则束缚"。在中国话里，隐藏式的语法占据了较大的比例并且很少运用明确的方式或词汇去衔接各个部分，而是通过上下文的文字环境及事物的发展次序等非直接方式展现它们之间的事实联系。因此说，中国的话就像一棵树一样——地面之上枝叶分明，地底下却交织在一起形成紧密的关系网，展示着外表分散内在凝聚力的特点。比如：

上梁不正下梁歪。

Should the upper beam be not straight, then the lower ones will be inclined.

跑得了和尚，跑不了庙。

The monk may run away, but never his temple.

当我们抵达南京时，有朋友邀请我们去游玩，逗留了一天；第二天的早上，我们需要渡过江流到达浦口，然后在下午乘坐车辆向北方驶去。（朱自清《背影》）

My friend had kept me in Nanjing for a day, so I could take in the sights; then, the following morning, I was to traverse the Yangtze and reach Pukou, whereupon I would board an afternoon train heading north.

自那时起，我就一直待在柜台内，专注于我的职责。尽管没有出现任何疏忽，但我仍然感到些许枯燥和无趣。老板总是面带怒容，顾客也毫不客气地说话，这让人无法保持活力。唯有当孔乙己光临店铺时，我们才能开怀大笑一番，因此直到现在我还对这段记忆念念不忘。

For the entire day, I stood behind the counter, diligently fulfilling my obligations. Although I found pleasure in this task, it was tedious and fruitless. Our boss was a stern-faced person, and the patrons were dispirited, so it was impossible to be effeminate. It wasn't until Kung I-chi visited the tavern that I could find some amusement – which is why I still recall him fondly.（杨宪益、戴乃迭译）

二、英汉语序对比

作为一种文化的承载者和思考方式的表现形式，语言往往能揭示一个民族的文化和思维特征。以英语为例，他们重视"个体独立"，热衷于形式化的推理和逻辑分析，倡导自我思考，他们的思维模式表现为"主语—行动—动作对象—动作标记"的形式，因此他们的语言表述通常遵循这样的结构：主语＋动词＋受词＋副词。另外，英语是一种综合性的语言，它的句式排列较为稳定但也有一定程度的变化。另一方面，中国人倾向于追求"万物一体""天人和谐"，看重个体的体验，尊重主观思考，他们的思维模式则呈现在"主体—动作标记—行动—动作对象"的形态，因此他们在言辞中的基本架构就是：主语＋副词＋动词＋受词。汉语被视为一种解析型语言，它们的句式布局基本上保持恒定。由此可见，形容词和副词的位置变动是英汉语言在语法体系上的显著区别所在。下面我们来详细阐述这一观点。

（一）定语位置对比

在英语中，定语的地位相对较为灵活，通常存在两种情形：当以词汇作为定语时，通常会放到名称前面；而如果是用短语和从句来做定语，则需要放到名称后。然而在汉语里，定语的位置比较稳固，通常会出现在修辞词之前，而后置的状态非常罕见。例如：

The doctors have tried every way possible.（后置）

医生们已经尝试了各种可能的解决方案。（前置）

He told me something important.（后置）

他告诉了我一件重要的事情。（前置）

It was a conference fruitful of results.（后置）

那是一个硕果累累的会议。（前置）

The acquisition of English is a simple task, yet its mastery is far from straightforward.。（前置）

虽然学习英语相对简单，但要想真正掌握并非易事。（前置）

He no longer could bear the sorrow of losing his last offspring, so he altered his stance and refrained from urging him to become a hero.

老人做出了改变，他决定不让自己的儿子成为一个英勇善战的角色，

因为他无法再忍受那种对孩子造成伤害的痛苦。(前置)

Cupid wielded two varieties of arrows: the gold-triggered ones to quicken the ardor of love, and the lead-triggered ones to dull it. Moreover, he had a torch to ignite his heart.

丘比特拥有两把神箭：一把能够加速爱情的产生，另一把则是终止爱情的。此外，他还持有一把能照亮内心世界的火炬。

(二) 状语位置对比

在英文里，副词的位置是多变且复杂的。通常情况下，由单一词汇组成的副词会出现在句子的开头，紧跟在动词的前面或是介词与动词中间，也有可能是在句子的结尾处出现。若副词过长，往往会被置于句子的开始或结束位置，而不是插入到句子内部。相比之下，中文中的副词位置相对固定，它们常常跟随在主语后面并领先于动词前方，有时候也会被放置在主语前面以增强表达效果，甚至有可能出现在句子的最后部分。举例来说：

The flight was canceled due to the heavy fog.

班机因大雾停航。

Given bad weather, I will stay at home.

假使天气不好，我就待在家里。

I will never agree to their demand.

我决不同意他们的要求。

No matter how hard he tries, English is a language in which he will inevitably commit major errors.

不管他如何努力，说英语他总是出大错。

Yesterday morning, Room 201 was the site of a news briefing at approximately 8 o'clock.

昨天早上大约在8点201会议室举行了新闻发布会。

有时候，一句子可能包含不止一种修饰词，比如时间和地点或方法和条件等。对于这种情况下的多重修饰词，英文的排序规则为先说方式再谈地点最后提到时间；然而，中文却正好反过来，按照时间的先后次序来描述地点和方式。举个例子来说明这个问题：

The bank will not change the cheek unless you can identify yourself.

只有当你能证实自己的身份时，银行才会支付你的支票。

In Beihai Park, the fresh morning air brings to mind the joys of fishing and Chinese chess for numerous elderly men each day.

许多长者都热衷于在北海公园清新的晨光里钓鱼和下棋。

我的诞生地是肯塔基州柏定市，位于阿帕拉契山脉煤矿区的核心地带。

Burdine, Kentucky, the epicenter of Appalachia's coal-mining region, was where I was birthed.

"神舟三号"的宇宙飞船将于今日晚间10点15分在中国甘肃省的酒泉卫星发射基地顺利进入太空。

At 22 : 15 pm today, the Jiuquan Satellite Launch Center in Northwest China's Gansu province witnessed a successful launch of Shenzhou Ⅲ spacecraft.

另外，当一个句子包含两个较长的状语时，英文通常会将它们放在句首或者句尾，而中文则更倾向于把它们置于句末。比如：

In April 1961, the China Ocean Shipping Corporation was founded; and, with the backing of the state, over the past 28 years it has strived to expand its shipping business and augment its fleet.

自1961年4月成立以来，中国远洋运输公司现已度过了28年的历史。在这段时间里，凭借着国家的大力扶持和不断努力，该公司的业务规模和船只数量得到了快速扩展和增长。

三、英汉语态对比

语态方面的不同也构成了英汉语言间的显著差别之一。就语态而言，英文更倾向于采用被动态。在英文句子里，动词的使用率相当高，并且许多直接或间接带宾语的动词或者与之相似的短语都有可能呈现出被动的形式。如果句子的主题不需要提及主体，或是主要讨论的是动作的目标而非执行者，又或者是行动者的身份未明朗的话，那么就会运用到被动态。举例来说：

This rubbish is being disposed of.

正在处理这些垃圾。

The audiences are requested to keep silent.

请听众保持肃静。

Clinton is expected to give his testimony by videotape.

以录像带的方式，克林顿将会陈述证词。

The audiences gave him a warm welcome as he stepped onto the stage.

他出现在台上，观众热烈鼓掌欢迎。

英语中主动和被动语态的使用频率相差甚远，而这同样也体现在了汉语之中。不仅如此，两者在语言表述上的差别也非常明显。通常情况下，汉语会通过一些特定的词汇如"被""受""让""遭""给""叫""由""加以""予以""为……所"等来暗示被动语态的存在。举例来说：

他的建议被否决了。

His suggestion is rejected.

四、英汉句子重心对比

英语通常会把主要的信息放在句子的开头，特别是关于重点问题。具体来说，他们倾向于先评估事情或者首先表达出发言人的感受和立场，然后再详细描述事件的全过程。比如：

In communities where some have obtained more than they require and others lack the necessary resources, thievery is a frequent occurrence.

只有在某些人物质充裕，而其他人却物质不足的情况下，偷窃行为才会出现。

A microwave's line-of-sight path, limited by the curvature of the earth to approximately 30 miles, necessitates a series of relay towers spaced every 30 miles for optimal reception.

由于地球的弯曲程度，微波发送的视线路径局限在 30 英里；为了获得优质的收听效率，必须设立一个距离大约 30 英里的转播塔。

It is our conviction that individuals of varying political and social backgrounds should coexist, not in a passive manner but as dynamic companions.

我们主张，在各种政治和社会体制中生活的人民应该和睦相处，而不只是消极对立。积极友好的互动是必要且正确的行为。

汉语的句子结构与英语有所不同：它习惯将关键信息放置在句子的末尾。更具体地说，汉语通常会先按照时间、因果等顺序进行一个长篇叙述，然后再简洁明了地阐述说话人的观点和立场。例如：

有朋自远方来，不亦乐乎。

假如你有紧急任务需要处理，请不要去寻找那些明显没什么事情可做的人。

我坚信，只要老年人对非自身的事物保持热情，并且适时参与一些活动，他们的晚年生活就会充实而愉快。

五、句子翻译的技巧

（一）被动句的翻译技巧

1. 译为汉语被动句

通常，一些在汉语中有相应被动表达的形式较为简洁且相对应的被动句子可以翻译成汉语的被动句。例如：

In ancient China, women were looked down upon.

在中国古代，妇女受到歧视。

He was attacked by a lot of bees.

他遭到了大批蜜蜂的攻击。

Firing him for his refusal to comply with directives from the head office was his fate.

他因不遵守总公司的指示而被解雇了。

2. 译为汉语主动句

英文的被动句可以通过转换成中文的主动句来表达。此种策略维持了英文原始文本的主语部分，但并未翻译出"be"一词，以便更精确地传递原文的信息，并防止可能出现的误读。举例来说：

The whole country was armed in a few days.

几天之内全国就武装起来了。

Transformation of energy from one form to another occurs daily.

每一刻，能量都在从一种方式转变为另一种。

For two decades, I was in a destitute mountain region.

在我的前二十年中，我都是生活在一个贫穷山区。

3. 译为汉语无主句

英语是一种形式主义的语言，它在表达上往往受到主、谓、宾结构的约束；相比之下，汉语则更倾向于意合型的语言，其表达方式较为多样化且不存在太大的限制，句子甚至可以省略主语。因此，在许多场景中，被动的英语句子能够被翻译成主动的汉语句子。例如：

The unpleasant noise must be immediately put to an end.

必须立刻终止这种讨厌的噪音。

The new measures to stave off corrosion have been given due consideration.

已经注意到这种防腐的新措施。

4. 译为汉语的"把""使""由"字句

有时候英文的一些被动态可以转换为中文中"让""拿""通过"等动词形式表达出来

Your promotion will be decided by Mr. Caro.

你的升迁将由卡罗先生决定。

This letter was written by the president himself.

这封信是由总统本人写的。

Traffic in that city was completely paralyzed by the flood.

洪水使那座城市的交通彻底瘫痪。

The devastating fire that engulfed my house has left me homeless and without a home.

我现在已经失去了家园，因为一场大火将我的住宅彻底烧毁了。

5. 增加主语

某些英文被动句可能会遗漏主语词汇或者短语，当遇到这样的情况时，为确保中文表述的一致性和流畅度，需要添加一些模糊的主语，比如"某人""大众""咱们"等等。举例来说：

The issue has not yet been thoroughly explored.

迄今为止，人们还没有对这个问题进行过深入的研究。

At the moment of the offense, she was observed entering the edifice.

有人观察到她在案发时大概进入了那栋建筑物。

（二）从句的翻译技巧

1. 名词性从句的翻译技巧

（1）主语从句。

①如果主语从句由 what、whatever、whoever 等代词引领，那么在译文步骤中就应该使用次序译文法，也就是按照原文的次序完成。比如：

What he told me was half-true.

他告诉我的是半真半假的东西而已。

Whoever did this job must be rewarded.

无论谁干了这件工作，一定要得到酬谢。

His journey left an indelible impression on him, from the sights and sounds he encountered.

他此行的见闻给了他深深的记忆。

②在翻译主语从句时，如果 it 作为主语形式的话，就需要依据实际情况选择适当的方法。可以先将主语从句提前，也可以不进行这样的处理。例如：

The pilot's survival in the crash seemed inconceivable.

在航班坠毁以后，飞行员竟然还能存活，这简直是难以置信的。

Evident it was that I had been pawned in some kind of power struggle for gratification.

明显的是，有些高级官员在利用权力，而我却变成了他们的工具。

（2）宾语从句

①如果宾语从句是由 what, that, how 等引导的，那么在翻译过程中就可以使用顺序法。比如：

Can you hear what I say ?

你能听到我所讲的话吗？

Mr. Smith replied that he was sorry.

史密斯先生回答说，他感到遗憾。

Again and again, he reminded people that the decision was not solely his own, but rather a collective one.

他再次提醒大家说，决定这件事的不只是他一个人，还有其他许多人。

②如果宾语从句以 it 为主要形式，并由 that 作为诱导词，那么在翻译过程中就可以根据原来的次序加以翻译，而不要求译 it。例如：

It is an honor that I have been selected to attend the gathering.

被选参加会议，我感到光荣。

It is assumed that you will come and converse with him regarding the issue.

我想你会来跟他谈这件事情的。

（3）在译文表语从句时，我们可以使用排序法来根据原文的排列加以译文。例如：

This is what he is eager to do.

这就是他所渴望做的事情。

A small nation triumphed over a great power, thusly.

就这样，小国战胜了大国。

2.定语从句的翻译技巧

上述所述，定语在英文和汉文中的位置存在差异，并且发展趋势也各不相同：英文的方向是右斜，而汉文则是左斜。因此，我们可以考虑使用下列翻译技巧来应对这种差别。

（1）译为汉语中的"的"字结构。例如：

For all his life in the mountains, an aged man hunted wild creatures.

他是个终生在山区狩猎野兽的长者。

My early education in conquering impediments gave me the assurance to chart my own course.

我在早期所获取的战胜各种难题的经验教训也赋予了我对自己人生道路的信心。

（2）译为状语从句。例如：

She proclaimed me to be a jovial, luminous individual who could accomplish whatever I set my heart on.

她表示我非常有趣和聪明，只要投入全力就能完成任何事情。

The plan's originality, autonomy, and practicality filled all of them with delight.

这个计划充满了创新性，独特的设计和强大的实施能力，因此他们都非常满意。

（3）译为并列分句。例如：

As a manager, his uniqueness was evident in the fact that he had several waiters who trailed him from one establishment to another.

他是个独特的领导者，有几名服务员一直在跟随他从一家餐厅转移到另一家餐馆。

3.状语从句的翻译技巧

（1）时间状语从句。

①译为表时间的状语从句。例如：

When she spoke, the tears were running down.

她说话时，泪流满面。

Why do you want a new job when you've got such a good one already?

你已经获得了一份如此优秀的工作，那么为何还要寻找新的工作呢？

②译为并列句。例如：

He shouted when he ran.

他一边跑，一边喊。

They set him free when his ransom had not been paid.

他还未支付赎金，就被释放了。

③译为"每当……""每逢……"结构。例如：

When you look at the moon, you may have many questions to ask.

当你凝视着月亮时，总会有许多疑问。

When you meet a word you don't know, consult the dictionary.

每逢遇到不认识的词，你就查词典。

④译为"刚……就……""一……就……"结构。例如：

I went to see him immediately I heard from him.

我一收到他的信就去看他了。

Hardly had we arrived when it began to rain.

我们一到就下雨了。

⑤译为"在……之前""在……之后"结构。例如：

Upon arriving, the fire in their factory had already been extinguished by the firemen.

在消防员赶到之前，他们工厂的火已被扑灭了。

The decomposition of the plants caused organic materials to form as they died.

在植物死亡并腐烂后，便形成有机物。

（2）条件状语从句。

①译为表"条件"的状语分句。例如：

Should you apprise me of it, I shall be able to come to a conclusion.

如果你告诉我实情，那么我就能做出决定。

The texts can be studied independently by the readers, provided that they have been given meticulous notes.

假如有详尽的教材注释，读者就能够独立学习了。

②译为表示"假设"的状语分句。例如：

It is intended that a ministerial session in December be arranged if the negotiations between affluent northerly countries and destitute southerlies make progress.

如果北方的富裕国家和南方的贫穷国家的谈判取得了进步，我们计划在12月份举行一次部长级会议。

（3）目的状语从句

①译为表"目的"的前置状语分句。例如：

To arrive before noon, we should commence early.

为了在午后到达目的地，我们必须尽快出发。

The leader, climbing into the helicopter, soared aloft in search of a bird's eye view of the city.

那位领导为了俯瞰这座城市，决定驾驶直升机在空中翱翔。

②译为表"目的"的后置状语分句。例如：

Man does not live that he may eat, but eats that he may live.

人类的存在并不仅仅是为了生存，而是为了生活。

He commanded us to remain quiet, so as not to disrupt the peace of others.

他叫我们保持安静,以免打扰别人。

(4)原因状语从句

①译为表原因的分句。例如:

The book is unsatisfactory in that it lacks a good index.

这本书的不足之处在于缺乏一个完备的索引。

The crops failed because the season was dry.

因为气候干旱,农作物歉收。

②译为因果偏正句的主句。例如:

Convinced of the veracity of this fact, he remained steadfast in his belief.

他坚定地相信这件事情的正确性和可靠性,因此始终保持自己的观点。

He slightly embarrasses himself due to the perspiration on his brow and chin, making him appear more tense than he truly is.

他的额头和下巴出汗过多,这让他看起来比实际情况更为紧张,因为流汗常常让他感到有些不适。

(5)让步状语从句

①译为表"让步"的分句。例如:

Clever as he is, he doesn't study well.

尽管他聪明,但他学习不太好。

Mr. Smith, though appearing vigorous and outgoing in public, is actually a person of introversion and shyness.

尽管史密斯先生在公众场合表现得热情和开朗,但他实际上是一个性格内向、孤僻的人。

②译为表"无条件"的分句。例如:

No matter how late it is, mother will remain patient for him to join her in a meal.

无论时间多晚,母亲总是等他回来一起吃晚饭。

He is evidently navigating an extremely precarious tightrope, no matter what combination of military and diplomatic measures are taken.

无论他如何同时实施军事和外交策略,他明显必须选择一条极其危险的道路。

(三)否定句的翻译技巧

英文中的反问式构造相当繁复,有时尽管从表面看是一个负面陈述但实际上表达了正面观点;相反地,也有一些情况是在表象为积极描述的前提下传达出消极的信息。因此,我们在对这些词组做转换的时候需要深入理解它们的深层意义,并且运用各种变通的方式来完成这个任务,同时确保我们的中文版本能够流畅自然。

1. 全部否定句的翻译技巧

全面的否定语是指对句子中的所有元素都进行了完全的否认。这种类型的否定通常包含一些常见的否定词汇,如 no、none、never、nobody、nothing、nowhere、neither... nor 和 not at all 等等。对于这样的否定表达,可以使用直接翻译的方法来处理。比如:

He is no writer.

他根本不是作家。

None of the answers are right.

这些答案都不对。

Never have we been daunted by difficulties.

我们任何时候都没有被困难吓倒过。

He has nothing to do with this case.

他和这个案子一点儿关系都没有。

Searching everywhere, she was nowhere to be seen.

我们到处找她,可哪儿也找不到。

2. 部分否定句的翻译技巧

一部分的否定语句是指其整体意义中既含有部分否定的元素,又包括了部分肯定的内容。这类语言表达方式往往是由代名词或副词(如全部、两者、总是、所有、所有人、每天、每个人、一切事物、完全地、总共、绝对、全然、完整地、到处都是、经常等等）和否定词汇 not 共同构建而成，常被翻译成"并不完全是""并不是所有的"。比如：

Both the doors are not open.

两扇门并不都是开着的。

All that glitters is not gold.

闪光的不全是金子。

I do not want everything.

我并不是什么都想要。

The situation is not necessarily so.

情况未必如此。

The manager is not always in the office.

经理不一定每天都在办公室。

Not everybody was invited.

并不是每个人都受到了邀请。

3. 双重否定句的翻译技巧

"双重否定词"是指一个语句中包含两个否决词，但它的意义表现为确定，并且其语调比常规的确定句更为明显。在翻译这种类型的否定句时，可以使用两种方式进行处理：一种是将其转化为汉语的肯定句，另一种则是将之转换为汉语的双重否定句。例如：

There is nothing unusual there.

那里的一切都很正常。

No task is so difficult but we can accomplish it.

再困难的任务，我们也能完成。

There is no smoke without fire.

无风不起浪。

She did not work any the less for her illness.

她没有因为生病而少做一些工作。

You will never succeed unless you work hard.

如果你不努力，就绝不能成功。

4.含蓄否定句的翻译技巧

尽管含蓄否定句并不包括所有的和部分否定句中都使用了否定或否定词缀，但它们实际上是表示了否定。在译出这种类型的否定句时，首要任务就是明确其否定意义。具体来说，含蓄否定句可以分为以下几种情况。

（1）一些英文单词，像 neglect、absence、failure、refusal、shortage、reluctance、negation 和 ignorance，其本身就带有强烈的不利意义，它们构成了隐晦表达负面意思的方式；因此当这些词汇被用来构建这种类型的语言结构的时候，我们可以把它们直接转换为中文中明确表示负面的说法来处理。比如

English literature is Greek to her.

她对英语文学一无所知。

The exclusion of Tom from the committee makes him angry.

汤姆因被逐出委员会而很生气。

In the absence of these conditions, completing the task is impossible.

在不具备这些条件的情况下，我们不能完成这项工作。

（2）一些英文词汇像 miss、fail、doubt、lack、reject、escape 和 protect from，在其构造中具有消极或负面的意思，因此当这些单词被用作构建隐晦性的负面陈述的时候，可以将其转换为中文的形式来表达出同样的效果。举例来说：

Please keep the news dark.

请不要把这个消息说出去。

They failed to arrive the meeting on time.

他们没能按时赶到会场。

All the people here doubt or reject the story.

这儿的所有人都不相信你这番话。

Having missed the final bus, we had to make our way back home on foot.

我们没能赶上最后一班公交,所以只得徒步回来。

The error in calculation escaped the accountant.

会计没有注意到这个计算上的错误。

It is necessary to project trees from the frost.

必须保护树木免受霜冻。

（3）许多英文单词和短语,比如 deficient、the last、far from、free from、short of、few and far between、different from、devoid of 等等都具备明显的反面意义,因此当这些词汇构成了隐晦的反向陈述时,我们可以将其转换为中文的负面表述。举例如下：

He is the last man she wants to meet.

她最不想见到的人就是他。

Holidays are few and far between.

放假的时候并不多。

The newspaper accounts are far from being true.

报纸的报道远非事实。

Present supplies of food are short of requirements.

目前食品供不应求。

（4）英语中的一些介词如 but、above、beside、beyond、past、without、instead of、in vain 等也含有明显的否定意义,在翻译由这类词构成的否定句时,亦可以直接译成汉语否定句。例如：

Her beauty is beyond comparison.

她的美丽是无与伦比的。

Your speech was a bit above my head.

您的演讲比较深奥,我不大理解。

What you said yesterday is beside the point.

你昨天说的离题太远了。

The public people's behavior should be above reproach.

公众人物的行为应当是无法被谴责的。

(四) 长难句的翻译技巧

英文强调语句表述的一致与精确度，通常通过接续手法来串联起各部分元素以形成紧密联系并确保每个要素都互相关联着，所以我们经常看到的是冗长的且繁杂的英文句子。这种现象也给我们的翻译工作带来了挑战——如何把那些又长又有难度的长难句翻成中文呢？首先需要理解原始语言的基本构造模式及其核心内容及各种层面所包含的信息量，接着要对这些信息间的连贯性的推理过程加深认识（例如原因—结果或按时间的先后次序排列等等）；最后根据目标语言的特点去选择合适的措辞方法以便恰当地传达原本的内容意义出来即可。总的说就是：处理这类问题的时候可以运用到一些特定的策略，如下边提到的这几种办法。

1. 顺序法

如果英语长句的内容是按照时间先后顺序或逻辑关系安排的，所叙述的层次亦与汉语的表达方式一致，此时就可以采用顺序法进行翻译，也就按照原文顺序译成汉语。但是，采用顺序法进行翻译，并不等于将每个词都按照原句的顺序死译，也需要进行灵活的变通。例如：

The feeling of superiority held by Londoners engenders immense resentment in the regions, yet it is undeniable that the city has a special aura of exhilaration and accomplishment – if you want to succeed in most aspects of British life, then you must first settle down in London.

虽然伦敦人的傲慢感让这些地区的居民产生了强烈的反抗情绪，但是不可否认的是，首都有一种特别的刺激和成功的环境——在英国大部分领域中，如果你想取得进展，那么你必须去伦敦展示自己。

Pausing at the trees, I was delighted to feel the warmth of their shade. Its brilliance shone brightly on my wide-hued hilly terrain and in the translucent foliage above me, making it a perfect place for me to savor its magnificence.

我一踏入树林，便立刻从车上跳下来，沉醉在这片浓密的荫庇带来的愉悦之中：借助它的力量，我能够尽情享受那灼热的阳光，它照耀着广袤而起伏不定的山峦，还有我头顶闪烁的翠绿叶子。

At forty-three, a comely and faithful companion with cheeks mottled by family and grey-blue eyes that had acquired a certain fullness, she still retained the charm of her blue-eyed, flower-like beauty – the cool slim purity of face and form, and apple-blossom coloring which had so suddenly and oddly affected Ashurst twenty-six years ago.

如果她的面庞与身材曾经拥有如玉般纯净无瑕的美感和优雅曼妙的曲线，如同盛开的苹果花一般美丽动人，这要追溯到二十六年前的艾舍斯特时代，那么现在四十三岁的时候，尽管她依然是位迷人的且忠诚的伙伴，然而双颊上略微显现出些许暗沉色块，眼眸中也有点儿泛黄。

From a childlike fascination with the grand spectacle and thrilling occurrence, it develops into a more mature curiosity in the intricacy of the drama, its remarkable successes and calamitous failures. Ultimately, it culminates in an understanding of the enigma of mankind's existence, including all the deceased, both great and obscure, who once roamed this planet, as well as the marvelous and dreadful potentials of being human.

我们对历史的爱好起源于我们最初仅对一些历史上的宏伟场面和激动人心的事件感到孩童般的兴趣；其后，这种爱好变得成熟起来，我们开始对历史这出"戏剧"的多样性和复杂性，对历史上的辉煌成就和悲壮失败也感兴趣；对历史的爱好，最终以我们对人类生命的一种深沉的神秘感而告结束。对死去的，无论是伟大与平凡，所有在这个地球上走过而已逝的人，都有能取得伟大奇迹或制造可怕事件的潜力。

2. 逆序法

在大多数情况下，当表达相同的含义时，英文和汉语的句子在表达顺序上有很大的区别，有时甚至会完全相反。这种情况下，就不能使用顺序法，而需要采取逆序法来进行翻译，也就是按照原文的顺序从后面向前面翻译。例如：

No consensus exists as to whether methodology pertains to the ideas exclusive to historical research or to the methods suitable for the different areas of historical exploration.

方法论的定义在一般历史研究中是否具有独特性，或者在各个具体领域中应用的研究策略，人们对此持有不同看法。

In the West, it is a natural inclination of humanity that many are ready to give up higher wages for the opportunity to become white collar employees.

在西方，许多人愿意以较高的薪资来换取成为白领的社会地位，这是常态。

In the late 1950s, a great many graduate students were thrust into an intellectual slum when the American poor, who had been romanticized as the beat generation, became the classic poor.

在美国20世纪50年代后期，一种无法忽视的事实开始显现：贫困的知识分子们以"垮掉一代"这个充满诗意的形象出现在公众视野中，并成为美国的典型贫困群体。正是在这一时期，大量的大学毕业生被迫进入了知识分子的贫困区。

As more people rely on mobile phones for everyday communication, safety worries have grown ; yet the evidence to date has provided a glowing endorsement of the technology in regards to serious illnesses like brain cancer.

尽管现有的证据都表明手机不会引发如脑癌等严重疾病，但随着越来越多人使用手机进行日常交流，手机安全问题也变得愈发受到重视。

3. 分译法

分译法又称"拆译法"，是指在翻译过程中将句子中的某些成分（如词、词组或从句）单独拆分出来另行翻译，这样不仅有利于突出重点，还便于译文句子的总体安排。例如：

At the commencement of today's Republican national convention, Vice-President George Bush is enticed by President Ronald Reagan – a star attraction – to inject some vibrancy into his presidential campaign.

布什副总统期待里根当选总统能为其竞选行动增添一点儿活力。在今天举行的共和党全国代表大会上，里根是最吸引人的角色之一。

Often, television is said to provide an education and amusement in the form of a never-ending array of programs that keep one abreast of current affairs, as well as providing access to the most recent scientific and political advancements.

常言道，透过电视节目我们能够把握最近的科学技术和政策变化动态，把握时事。同时，我们还能观赏到各种既富有教育意义又充满娱乐性质的新节目。

For many years, the separation of living, working, traffic and recreation in town-and-country planning has been a theoretical concept; however, I believe it has caused an overabundance of focus on recreational activities away from home while there was comparatively little consideration for enhancing recreational opportunities within the immediate vicinity of one's residence.

在城市和农村的规划过程中，长期以来，居住、工作、交通和娱乐一直被理论上隔离。我认为这种情况导致了对于远离居民区的各种娱乐方式的过度关注，而对于居民区附近娱乐设施的改善却相对忽视。

On a sun-kissed June morning, the present century in its prime, two large family coaches pulled up to Miss Pinkerton's academy for young ladies on Chiswick Mall. The coachman, clad in three-cornered hat and wig, drove at an impressive four miles per hour with two hefty horses in blazing harness.

那个时代才刚刚过去不到二十年。在一个阳光明媚的六月的清晨，两辆豪华的私家马车停在了契息克林荫道的女校大门口前。这辆马车上装饰华丽，有两匹健壮的马拉着锃亮的高级装备，一位身材臃肿的车夫则头戴假发、身穿三角礼帽,以每小时四英里的速度驾驭着车辆。

4.综合法

在实际的翻译过程中,有时候单一的翻译手段很难准确地对原文进行适当的解读,反而更多的是采用综合性的翻译策略,这样可以让翻译结果更加精确和流畅。比如:

The poetic mind of her mother, untutored yet instinctive, had a hand in creating her; the gravity and poise of her father, however, were what made her so special.

原来,尽管她的母亲没有接受过教育,但却拥有一种富有诗意的情感,充满了幻想、情感和天生的善良;而她的父亲则特别具备一种沉稳和稳健的性格,这两者共同构成了她这样的人格。

Rebecca, a young lady of great resolve and vigor, refused to let her sorrow for the irrevocable past be wasted on useless and unbecoming; thus, she devoted only the right amount of grief to it and focused her entire attention on the future, which was now of paramount importance. She contemplated her situation, its aspirations, hesitations, and prospects.

幸运的是,尽管面临着困难和挑战,但丽贝卡的决心坚定且个性坚强,认为过去的经历无法挽回,徒增无谓的忧虑并不会带来任何好处,这只会让她看起来更加尴尬。所以,她决定放下心中的怨恨,专注于思考未来的事情。她的智慧在于能够集中精力去评估自己所处的状况,包括可能的机会、需要解决的问题等。

第三节 英汉篇章与翻译

由于语言使用方式、风俗习惯等因素的影响,英汉在篇章上存在着很大差异。对英汉篇章进行对比与翻译研究,能够提高语言学习者的语篇运用能力和英语习得能力。鉴于此，这里就对英汉篇章对比与翻译进行研究，主要从英汉衔接手段、段落结构、语篇模式三方面进行对比分析，并介绍篇章翻译的技巧。

一、英汉衔接手段对比

在语言学的视角下，语篇是指一个任意长度、含义完整的口头或书面文字段落。换句话说，语篇就是由一连串的对话片段或句子组成的语言全貌。

尽管语篇由句子构建，但并非所有句子都能被随意选取。这些句子必须具备一定的逻辑联系，以推动展示段落或者文章的主旨。这凸显出语篇间连贯性的关键性。为了使文章主题明确且句意流畅，运用恰当的接续方法至关紧要。接续手法为句子构成了框架，也成为表达文章核心观点的关键工具。鉴于英语与汉语在语法接续方式上的显著区别，本章节重点比较并解析两者间的语法接续方式，特别是通过照应、省略、替换及链接四个角度来展开讨论。

（一）照应

1. 英汉照应的现象

在句子里的词语无法自我阐述的情况下，需要其他词汇或句子来解释它们，这种情况就是照应。换言之，所谓的照应，就是指在文章中一个语言元素和另一个语言元素相互解读和说明的情况。比如：

Searching for the themes of sentences to elucidate a passage's purpose, readers can sense that if its sequence of topics concentrates on a restricted set of related topics, then they will experience the passage from an overall cohesive perspective.

在此案例里，我们必须解读出他们具体的意思。这需要我们深入了解他们代表的实体。我们可以通过研究文章中的他们对应词汇来确认他们的意义和指向。透过阅读，我们可以发现他们与读者之间存在着相互呼应的关系，由此明确了他们具体的定义和目标。

2. 英汉照应的对比

尽管在英文与中文的文章里都有大量的呼应情况出现，但其中英文的人称代词应用率明显超过了中文。这一状况主要由英汉两者的文章构造特性来确定。英文强调句子构架的完备性和语法的一贯性，为了防止重复，需要用到人称代词。然而，中文句子通常的主语能管理多个子句、甚至是多句话或者整个段落，所以人称代词的使用次数较少。

因为这种对应方法的不同，在译作英汉语言时就需要翻译家去分析和了解原文，找出合适的译文翻译方法，并对原文加以必要的修改，以此来翻译出符合译入语表述惯例的译本。例如：

He crept from the bed, not wanting to disturb the mother of the child. His hand reached down and he tenderly clasped the warm bundle onto his shoulder. With a faint whisper, he left the bedroom. The girl opened her eyes and smiled at him with her daily dose of enchantment.

原文：他没有惊扰到他的妻子的睡眠，谨慎地从床上下来后，缓步走向了他女儿的婴儿床旁。他低身向前，用双臂轻柔地把孩子和她的襁褓一同揽入怀中，紧紧拥住她。然后，他无声无息地离开了房间。在他怀里的女儿微微转过脸，眼睛刚才还闭合着，现在却已然张开了，露出的笑容模糊不清，但依然能触动这位做父亲的心弦。每天都是这样。

翻译如下：为了避免吵醒他的老婆，他在地上轻手轻脚地移动脚步，然后缓步走向孩子的房间。他低身向前，用双臂温柔地把孩子和他的毯子一同揽入怀中，接着以足尖行走离开卧房。在他怀里的女孩儿微微转过脸，张开了眼睛，露出了模糊的一抹笑容。这种微笑触动了他作为一位爸爸的内心深处，每天重复这样的动作。

在前述的实例中，代词 he 和 his 起到了相应的联系。通过对两个翻译的分析，我们可以发现，修改后的翻译更符合汉语的表达方式，使得文章

第五章 英汉词汇、句子、篇章翻译

更加流畅和清晰。例如：

老栓正在专注地行走，突然感到惊讶，远远望去看见一条丁字形的街道，清晰可见。他便后退了几步，寻找一家关着门的店铺，钻进屋檐下，靠近门口停下来。

Old Shuan, so absorbed in his stroll that he had not noticed the crossroads ahead of him until it was too late. He hastened back a few steps and stood beneath the eaves of an establishment before its shuttered entrance.

原文中"老栓"和"他"进行了照应，因此译文抓住了句子的特点，将主体老栓的形象翻译得十分准确到位。译者在分析句子结构和词汇照应关系的基础之上进行翻译，不仅准确表现出了原文想表达的思想，同时也符合译入语国家的语言表达习惯，便于读者的阅读和理解。

在实际的翻译过程中，如果遇到文章内部存在呼应关系，翻译者首先需要对文章进行分析和整合，接着根据各种语言的特性做出适当调整。具体来说，可以分为两类。

（1）在翻译成英文时，我们能够采用"省略法则"，即将频繁出现在文本中的用于保持一致性的个人称呼的替代词语予以删除。

（2）在将中文翻译成英语时，必须增加适当的人称代词以达到其对应关系。

（二）省略

所谓的省略，是指在文章或句子中舍弃某些部分的连接方式。然而，在文章中不能随便进行省略，必须在符合文意的前提下实施。利用省略的连接方式，可以防止文章中的重复，使得句子表达更为简洁和紧凑。

1. 省略的分类

省略一般有以下三种类别。

（1）名词性省略（nominal ellipsis）是一种在语句中省去名称的连接方式。例如，

Jack was apparently indignant, and ( ) left the room at once.

这个示例是名词性的省略，没有包含作为主语的 he。

（2）动词性省略（verbal ellipsis）是一种在语句中省去动词的方式。例如，

A man who reads is a complete one; a conferenceer is prepared, and a writer is precise.

这个句子是动词性的省略，没有使用动词 makes。

（3）clausal ellipsis 是指分句性省略。这种方法主要用于在句子中省去连接分句的部分，如：

A: What does she mean by saying that?

B: I don't know for sure.

原句的内容是分句式的，后面省略了 what she means by saying that 这一部分。

2. 英汉省略的对比

比较英文和汉语后，我们可以看出它们在省略方面存在一些不同。简单来说，英文通常会省去谓语或动词，而汉语则更偏向于省略主语或名称。例如：

We don't retreat, we never have ( ) and never will ( ).

我们从未退缩，也不会在未来继续前行。

在原文中，括号内的部分被省略了：have 和 will 后面各自省去了 retreated 和 retreat。为了准确地呈现原文的含义，翻译时需要适当地补充和增加这些省略。例如：

作为一位出生于 1909 年的浙江绍兴籍的中国当代文学家和诗人，他就是著名的柯灵先生。他在 1926 年首次展示了自己的才华，以一篇名为 *The Weaving Woman* 的故事诗歌开始他的创作生涯；并在同一年加入了 *Children's Time* 杂志担任编者职位，直至 20 世纪 30 年代末期为止。在此期间他还参与到了戏剧与影视领域的工作中去并且表现出色：直到中华人民共和国成立之前一直活跃在大都市——上海市，负责各类媒体工作的管

理及运营任务，同时还热衷投身到这些领域的实践活动中来。新中国成立后，他也依然是位重要的文化工作者之一，目前正任职于一家名叫 Wenhui Newspaper 的新闻机构，在高级主管职务上发挥着自己的作用。

In 1909, KeLing was born in Shaoxing, Zhejiang Province and is a contemporary Chinese scribe. His inaugural composition, The Woman Weaver – a narrative poem – came out in 1926. From 1930 to 1949, he was a prominent editor of Children's Times. Prior to that time, his editorial work had been in newspaper offices and he actively participated in the film and modern drama activities of Shanghai. After liberation, he held the position of deputy editor-in-chief for Wenhui Newspaper for some time. Currently, he is an advisor to the Shanghai Film Bureau.

在这段中文文章里，"柯灵"这个主题只被提及了一次，而后续的内容则没有再提到。然而，由于读者可以从前后文推断出缺失的部分，因此这种省略并不会对阅读造成困扰。相反地，英文版本却把所有未明示的主语用"he"这个人称代词填满了。

(三) 替代

在文章结构中，我们经常会遇到需要重复的部分，但这种内容的重复可能导致文章显得冗长和复杂，因此，我们通常采用替代性的连接方式。

替换指的是在文章中用代词或动词替换不愿再次出现的部分。替换能够有效地防止重复，并使得上下文更为流畅。对应表示的是平等的关系，而替换则表达的是相似的关系。

1. 替代的分类

通常来说，置换可以被区分为名称性置换（Nominal Substitution）、动词性置换（Verbal Substitution）和分句性置换（Clausal Substitution）。例如：

Jane has determined to purchase a new bicycle, necessitating the purchase.

简急切地想要一辆新的自行车，因此她决定购买一辆。

这个示例是名词性的替代。

甲：请问您想要哪种饮料？

乙：无论是红色还是白色，我们都应该达成一致的观点。（用名词代替）

这个对话同样是使用了名词替换的方式，用"红色"和"白色"来代替"饮料"。

2.英汉替代的对比

尽管英汉两种语言都有相互替代的连接方式，但是在应用频次和手段上，英文显然超过了汉语。

（1）对比使用替代方法的频率。在汉语中，替换手段的运用次数远少于英文，这主要是由于汉语通常采取原词重现的策略以实现文章的连贯性和流畅性。例如：

Darcy took up a book; Miss Bingleg did the same.

达西拿起一本书，而彬格莱小姐也同样拿出一本。

（2）比较两种语言中的替换方式。相较而言，英语中使用的替换方法比中文要丰富得多。就名词性的替换来说，英文中有如 this、that、one、ones 和 the same 等等词汇，然而汉语可能只包含"的"字结构。理解这些区别对于翻译工作具有重要意义，可以借助英汉两者的替换特性来有效地引导翻译过程。比如：

Developing nations must certainly strive to make progress, and a restructuring of priorities should be implemented to prioritize agriculture over all other resources.

毫无疑问，发展中国家的努力是必要的。重新定位关键点，使得国家资源优先满足农业需求，这也是不可或缺的。

中文翻译中对于"是必要的"这一概念进行了等效复述，这是为了迎合读者的阅读喜好。

（四）连接

连接是一种表达各类逻辑含义的语句连贯方式。通过运用多样化的连结词，语句之间的基本语义和逻辑联系能够清晰地呈现出来，或者能够从

第五章　英汉词汇、句子、篇章翻译

前面的语句中推测出后继句型的基本语义。

1. 英语关系连接词

英国语言学家韩礼德将英语中的连接词根据其功能分为以下四类。

（1）增加和深入阐述。增加和深化描述通常是通过在句子的后面提供额外的细节或进一步的解释来实现的。常用的关联词汇有"and"，"furthermore"，"what is more"，和"in addition"等等。比如：

The world is becoming increasingly overcrowded, and its resources are being depleted in a gradual manner.

（2）转折。所谓的转折，就是指上下句子的意思截然不同。一些常用的连接词如 but, however, conversely, on the other hand 等。例如：

In a typical life, the motions of these cycles are alike ; however, the music must be supplied by the individual.

（3）"因果"是指在前后句中存在着原因和结果的联系。常用的连接词有 because, since, as, for, for this reason, consequently 等，如：

Encompass the wealth of what you possess ; I am certain they are there, though buried. Take them in as if they were your own breath, for they are yours.

（4）时序。这个概念是指文章中事件发生的时间顺序。常见的连接词有：首先、其次、然后、最后、结束、形状和终止等等。

2. 汉语关系连接词

就像英语一样，汉语也包含了用来描述上述四种关系的连接词。

（1）用于表达增加或深化含义的连接词汇包括"并且""更进一步地说""除此之外""另一种方式"等等。

（2）表转折意义的连接词有"但是""然而""可是"等。

（3）"因此""由此""基于""从而""结果是"等等都是用来表达原因和后果关系的连词。

（4）"随后""最终""最初""之前""接下来""之后"等等都是表示时间顺序的连词。

3. 英汉连接的对比

尽管英汉两者的连词均具有清晰的含义并能准确传达句与句、段与段间的语义联系及逻辑关联，在实际应用中却展现了各自独特的特性。更确切地说，英文连词是明显的，而中文连词则是隐藏的。

经过前文的探讨，我们发现英语中的连接词使用了相当显著的方式来将句子串联起来。然而，汉语里的连接词有些并未出现，有些则看上去比较松散，但其实质含义仍然是连续不断的，这充分展示了它隐性链接的特点。

二、英汉段落结构对比

段落（paragraph）是一种语篇结构，它具备明确的开始和结束标记，语义相对完整且交流功能较为独立。一个完整的段落必须包含明确的主题、合理的结构以及完整的统一性。

由于英汉两种语言在思维模式和表达方式上的差异，他们的段落结构和内容安排也有所不同。接下来我们将详细探讨这两种语言的段落结构特性。

（一）直线推理段落结构

英美人的思维方式常常是直线性的，他们通常会按照逻辑推理的方法来进行，并且每一段都必须包含一个主题。因此，英语的段落通常由以下三部分组成。

（1）主题句（topic sentence）：明确指出整个段落的核心观点或主题。

（2）扩展性句子（支持细节）：通过具体情况来阐述主题。

（3）结语性的句子：强调了这段话的主要中心思维，并且与主旨句在开头和结尾相照应。

（二）螺旋形段落结构

中国的思考方式偏向于曲折型，倾向于通过波动、转弯和循环来处理问题，这也使得中文的段落具有了螺旋式的特征。详细来看，中文段落通常采用一种重复且持续演进的螺旋结构去阐述某个观点，其中所做的总结部分会被继续扩展，或成为新主题的基本元素。

三、英汉语篇模式对比

语篇模式是对于语篇的发展规划和信息分布进行的策略设计。由于各民族在思维、语言使用习性等方面存在差异，所以他们的语篇发展方式也会有所不同。本文将重点比较英汉语篇教学模式。

（一）英语语篇模式

1. 叙事模式

描述事件是通过记录人物及其行为来展示社会环境中人类或物体发展演变的过程，这是一种常见的写作方式。这种方法常常使用的是第一或者第二视角的讲述，并且需要详细阐明"5W1H"：何时（When）、何地（Where）、什么内容（What）、谁（Who）、为什么（Why）以及如何发生（How）。

2. 匹配比较模式

比较匹配模式是用来对比两个事物的相似和不同之处，常被用于解释或讨论。这种比较模式的运用方法有两种，一种是全局性的比较，另一种是单独的点对点的比较。

3. 问题－解决模式

问题－解决方案模型的使用领域相当广阔，它不仅仅存在于科学研究和新闻发布里，也同样可见于文学作品之中。完整的方案包含了四部分：环境、难题、回应及评估（成果），然而，在实践操作过程中，这些步骤可能会有所变动或者缺失某个阶段。

4. 概括－具体模式

"预览－详细模式"（preview-detailed pattern）也被称为"综合实例模

式"（general-example pattern）或者"普遍－特定模式"（general-particular pattern）。这种模式的具体实施步骤包括：首先对主题进行总体描述，接着通过一系列案例来详尽阐释这个描述的正确性。

5. 主张－反主张模式

在主张与反对的模式中，作者常常首先提出一个被广泛接受的观点，然后对这个观点进行质疑并阐述自己的看法，这通常在具有辩论性质的文章中出现。

(二) 汉语语篇模式

1. 横向模式

在汉语语篇中，各部分之间并无主次关系，而是以平等的方式呈现出来。比如，陈小手的名字来源于其手指非常纤细，甚至超过了女性的手指，并且比普通女性更为柔和且细致。他是专门处理困难分娩的专业人士。无论是顺产还是逆产，他都能够应对自如。据传闻，由于他的指头很小，因此操作起来更加精确，这有助于减轻母亲们的疼痛感。对于富裕家庭来说，除非迫不得已，否则他们通常不愿意找他帮忙；而对中等收入的家庭而言，他们的顾虑相对较少，当面临母体位置异常或接生者无法解决的问题时，他们会推荐"去找陈小手"。（引用自汪曾祺的《陈小手》一文）

这个例子从正面描绘了陈小手的医术，同时也揭示了大家对他的看法。整篇文章的层次关系是通过语义自然连接起来的，它们是平行的，并且具有横向模式的特性。

2. 纵向模式

汉语的文章结构需要各个部分之间有连贯性，并且逐层深入。比如：

听到有人说道"已经进入海洋市场！"然后看到大海与天空交接之处原本存在的岛礁瞬间消失无踪迹，取而代之的是从未见过的一片壮丽的群峰耸峙于前方，其色泽深沉如泼洒的水彩绘画一般。整座山区遍布千年老树和参天的巨木，而在这些地方偶尔会显现一些零星分布的小村庄。这座山的形状不断变幻莫测，有时会在顶部出现一尊佛寺式的建筑物，有时候则能在低洼地带发现一处城镇景象，其中人流涌动的黑色斑块若即若离、模糊不清仿佛是熙攘的人群或车队穿梭往返在这城市的街道中。再经过一段时间后，那些高大的山脉及城池逐渐变得愈发虚渺直至完全看不见为止。不久之后那曾经存在的大小岛屿再次出现在广袤浩淼的汪洋之上。

这个例子详细地描述了一个海市蜃楼自显现至消逝的过程，通过三个步骤来实现这一过程：首先是按照由远及近的方法展示群山、其间的古树与村庄；接着是以从高向低的角度展现群山、都市与人流；最后则是以深度逐渐减弱的手法呈现出海市蜃楼的隐没。总而言之，整个部分逐层深入，使得海市蜃楼的诞生与灭亡被生动而真实地再现出来。

3. 总—分—总模式

"总—分—总"的结构也经常出现在汉语的文章里。简而言之，它会首先明确提出文章的主旨，然后通过详细阐述和解释来进一步描述或者证明这个主旨，最后再以总结的方式重新强调一下主题。举例如下：

（1）期待着，期待着，东风的到来使得春天的步伐更加接近。

（2）所有事物都像刚刚醒来的样子，欢快地睁开了眼睛。山峰变得湿润了，水位升高了，太阳的脸色也红润了。

（3）草木悄然从土壤中钻出，嫩黄色的，翠绿色的……

（4）你不让我，我也不让你，桃树、杏树、梨树都盛开了花儿……

（5）"春风拂面无凉意，恰似母爱轻柔手。"确实如此，仿佛是妈妈的爱轻轻触碰你的脸颊……小鸟们把窝筑在了盛开的花朵和新绿的树叶之间，它们兴奋不已……放牛娃骑在牛背上的短笛声此起彼伏，整天都那么悠扬动听。

（6）雨是最寻常的，一下就是三两天……

（7）随着天空中的风筝数量逐渐增多，地面上的孩子也越来越多……

（8）春天就像刚出生的宝宝，无论是哪个部位都是崭新的，它正在茁壮成长。

（9）春天就像一位小姑娘，她的花儿盛开，笑容满面，步履轻快。

（10）如同充满活力的年轻人一样，春季拥有钢铁般坚韧的手臂与腿足，引领我们在前进之路上不断前行。

这个案例展示的是《春》的各个部分的核心信息。首先，我们看到了对春天的期待；然后，从植物、树木、降雨和风筝等视角展现出了春日的美丽画卷；最后，以三组象征性的隐喻来赞美春季并总结全篇。这整个过程完美地诠释了"总—分—总"结构的特性。

经过上述研究和探讨，我们可以明确地看到，英汉语言在文章发展的路径上有各自独特的特征。总而言之，英文的文章更倾向于使用明显的联系方法，各类关联元素使得文章形成了一个可见的网状结构。此外，英文文章通常会运用推理式的思考方式，遵循自普遍至特定的步骤，即首先进行整合，然后进行剖析。然而，中文文章较少应用明显的关系技巧，而且文章的核心意义并不显著，许多时候需要读者自行理解和领悟。

四、篇章翻译的技巧

英语和汉语存在多种形式的区别，所以在执行段落翻译时，若按词组或单个单词来翻译可能会导致译作僵化且缺乏流畅感。而在真实的段落转换过程里，因为中文与英文连接方式的不同，译者必须依据语言特性去整理文章架构，以生成适应目标国语言风格的译稿。下面分别通过段内衔接、段际连贯、语域一致三方面对英汉语篇的翻译技巧进行介绍。

（一）保证段内衔接

鉴于英汉语言的差异，翻译者在翻译原文时不能盲目地翻译或硬性翻译。这可能导致文章的逻辑混淆、线索模糊，最终对整篇文章的构造和思想表达产生影响。

当作家撰写一篇文章的时候，他们首先要考虑的是整篇文章的架构，确保它具有一致性和连续性。每个有条理的文章都包含着内部的逻辑构造。所以，在翻译过程中，译者也必须深入理解文章的主线，把其中的观念串

第五章　英汉词汇、句子、篇章翻译

联起来并加以整理，从而使得译作能呈现出明晰且有序的逻辑关系。

在实际的文章翻译过程中，翻译者有能力运用特定的翻译技巧来连接和整合文章的段落。

1. 替代与重复的翻译技巧

一般来说，英文文章中的连贯主要依赖于词汇的转换以达到句子和句子之间的一致性，这包括利用代词、同义词、相似意义的词以及相应的句式去替换之前出现的单词；然而，中文文章里的这种一致性则常常是由相同的字眼所构成的。所以，在从英文到中文的翻译过程当中，那些被替换掉的内容一般需要采用复述的方式来表达，也就是借助重复的方法使译文保持内部的连接。比如：

Iron crafted from the finest of materials is almost indistinguishable from its purest form. Unfortunately, due to its high price tag, it is rarely encountered in the school shop. However, it can be forged with great skill, bent either hot or cold, and welded.

纯铁的熟铁在学校办工厂中并不常见，因为它的价格相对较高。然而，熟铁具有良好的锻造性能，可以轻松进行热弯和冷弯，同时也具备焊接的能力。

在这篇英文文章里，我们以"it"这个代名词取代了"wrought iron"，从而使句子的连接更加顺畅。而在汉语翻译版本里，译者采用了复述的方式来实现句子的连贯，也就是反复地运用"熟铁"这个词汇。

在进行汉语与英文的翻译时，由于汉语原文中有大量重复词汇，因此需要采用替换的策略。

2. 省略部分的翻译技巧

无论是英文还是中文，都存在大量的省略情况。通常来说，英文字面上的表达会遵循一定的规则来实现省略操作，例如对名词、动词或者形容词的主观判断；然而对于中文而言，其主要依据的是文章整体的意思去决定是否需要做一些必要的删减，这其中可能涉及主体部分（即被删除的部分)、动作描述或者是相关联词汇等等内容。

在之前的部分中，我们已经提到过，英语是注重形式结构的语言，而汉语则更看重意义的表达。从英汉对比的视角来看，许多在英译汉时被忽略的部分，在相应的汉语翻译中就不能被省略。例如：

One's reputation is often determined by the books they read, as well as the people they surround themselves with; for there is a bond between books and people, and one should always be surrounded by the best of both worlds.

了解一个人，可以通过他的朋友圈和阅读书籍来判断。虽然有些人会选择与人交往，有些人则会选择与书籍结缘，但不论是与人还是与书籍结缘，都应该保持良好的友谊。

在这篇英文文章里，存在着四个缺失的元素。首先是动词"be known"被遗漏了，其次是一个名词片段"a companionship"也被忽略，接着是两个名词片段"the best company"也未出现在翻译版本中。总而言之，所有这些缺失的部分都是在语法层面上的。然而，当我们在中文版的文章中把它们补全后，使得整个翻译看起来更加连贯且易于理解。

3.连接性词语或词组的翻译技巧

在对英汉篇章进行翻译的实践中，能够发现很多连接性词语或词组。对这些具有连接作用的词汇或词组进行准确翻译，不仅能够促进读者对文章结构和脉络的理解，同时还能加深读者对文章中心的感知。鉴于此，对具有连接性词语或词组的翻译进行掌握十分有必要。例如：

（1）for example, for instance, in particular, specially 等都是用来举例的。

（2）表示转折的 but, however, nevertheless 等。

（3）often, frequently, day after day 等，都是用来描述频率的。

（4）forwards, backwards, in front of, behind 等都是用来表示方向的。

利用这些连接词或组合，可以使段落和段内的衔接更为顺畅。然而，对于这类词汇的翻译方式并没有一致的规则，常常会出现多个词语同时译文的情况，因此在完成译文时，作者需要根据上下文及原句表达习惯来做出灵活性的译文。比如：

Awakening the following morning, I was filled with immense pride to comprehend that not only had I composed so much in one go, but I'd also composed words that were unknown to me. Moreover, with a little exertion, Recalling the words that had been forgotten, I was surprised to find aardvark on the dictionary's opening page. It is an African mammal with long tails and ears, burrowing in search of termites which it consumes by sticking out its tongue like an anteater does for ants – a picture of this creature immediately came to mind.

当我在第二天的清晨苏醒过来的时候，我仍然沉浸于对之前学过的词汇的思考之中。令我感到骄傲和惊讶的是，我竟然能够迅速地记忆下如此多的新词汇，而这对我来说是前所未有的经历。此外，通过一些额外的努力，我也成功理解并掌握了一些新的词汇含义。接下来，我又重新温习了一遍那些难以记忆的新词汇。令人费解的是，在我回顾的过程中，一幅关于 aardvark（土豚）的图片突然浮现在我的眼前——它是一只生活在非洲的大型哺乳类动物，拥有长长的尾巴和耳朵，主要依靠挖掘洞穴来生存，同时它们也喜欢吃白蚁。就像其他类似的食蚁兽那样，它们会用长长的舌头去捕捉蚂蚁。

在这篇英文文章里，我们看到了"the following morning"这个词语，它代表着时间，被翻译成"第二天早晨"。同时，我们也发现了"Moreover"这个词汇，它的含义是进一步说明或补充，对应于中文就是"而且"。再有，根据全文的内容需求，我们在翻译过程中加入了一个新的词汇——"then"，用来连接各个句子的顺序关系。

相比于英文，中文对连接词与连词性的词组的使用率较低。事实上，一些英文中的连接词及相应的汉化版本也常常被用作中文里的连接词和词组。然而，对于"尽管"这样的词语，其对应的英文翻译并不固定，可能包括 although、though、yet、and yet、despite、notwithstanding 等多种选择。所以，译者必须依据文章的逻辑结构来决定如何翻译这些词语。

(二) 注意段际连贯

"段际连贯"是指由语篇意图主导而产生的语义和逻辑上的连续性。与同一段落内的接续方式类似，它可以通过替换、复述、使用关联词汇或省略等方式达成，同时也能借助特定的时空和逻辑关系贯穿起来。

所以，翻译人员在进行翻译时，必须把每个单词和每句话都置于语篇背景之下去思考，准确地推断上下文的逻辑联系，理解作者的意图，适当地使用词汇，从而确保翻译文章的含义清晰、明了。例如：

Exploring the source of the emblem, I queried a Turk regarding their flag's past.

As an explanation, however, this is at odds with astronomical data...

The astronomical evidence strongly affirms the dismissal of this hypothesis, as evidenced by past data.

Tracing back in time, the following trio of suppositions pertain to Constantinople's downfall on 29 May, 1453.

No astronomical explanation can be found to link the star and crescent with the downfall of Constantinople; however, there is strong proof that the symbol has been used in the Middle East since Islam's inception. As an example...

当我初次探索星月图形的来源时，我曾询问一位来自土耳其的学员关于他旗帜上星月图形的来源……

然而，这位土耳其学生的观点与天文资料中的描述并不相符。根据天文资料的记载……

根据天文数据的记载，这个土耳其人的观点是站不住脚的……

追溯到历史，对于星月图案的三个解释都与1453年5月29日君士坦丁堡的沦陷有所关联……

把星月图案的产生和君士坦丁堡的沦陷联系在一起完全是无稽之谈。有确切的依据显示，星月图纹在中东地区的产生起码应该追溯到伊斯兰教产生前。比如……

在这篇英文文献里,作者通过替换的方式实现了各个章节间的连接,例如以 symbol 代替 star 和 cresent,并用了 this、this hypothesis 等词取代 the origins of the symbol。而在中文翻译版本上主要依赖于反复的方法保持文本的一致性和连续感。

需要强调的是,为了让翻译文本更加清晰易懂,使得读者能够轻松理解,翻译人员需要对原文的结构进行改动,并适当地分割和整合原文的部分。

(三)保持语域一致

语域涵盖了因不同的使用环境、交际关系和目标等而形成的语言变化,包括口头和书面表达、正式和非正式表达、礼貌和非礼貌表达等各个领域。

在篇章翻译过程中,语言环境(即语域)是一个不容忽略的关键因素。优秀的翻译作品不仅需要精确且完整的传达原始信息,还需要适当反映出其语言环境的特点。比如,针对不同的对象撰写的书信,其表达方式也会有所差异,从而可以从中看出作者和接收者之间的亲密程度。所以,在执行翻译任务的时候,我们必须理解并掌握这些语言环境的差别,以便让我们的翻译成果能有效地体现原文的目的。举例来说:

Dear Peter,

I'm sorry to cause you any difficulty, but I've got a bit of a dilemma with the necklace I misplaced. They have located it, yet they don't want to return it – they expect me to come and get it if you would. I wrote to their headquarters in London, but do you think there is any chance of your coming to pick it up for me when you're in Brighton on business? If so, please phone me ahead of time to give them permission to give it to you! It's almost as though they're stealing the Crown Jewels!

Best wishes,

Mary

译文

彼得：

有个事情需要你的帮忙，我的项链丢失了，现在找到了，但是他们不愿意邮寄回来，而是要求我自己过去拿。这是什么情况！我已经在伦敦总部发了邮件，不过我不确定你在下一次来布莱顿的时候能否帮我把这个东西带回来了？如果可以的话，请在出发前通知我一声，这样我就能够授权给他们让你接收它。他们看起来很正式，所以你会觉得像是戴着皇冠和披肩一样吧！

安好

玛丽

上述信函原文使用的是一种非正式的格式。对原文通读可以发现其语气平易亲切，句法口语化，简单易懂。因此，可以推知这封信是写给朋友的。掌握了这种信息，在译文中也需要对原文的口语化特点进行忠实反映，从而更好地实现原文想要表达的效果。

指出的是，如果原文是正式的公函，那么在翻译过程中就需要采用正规的语言表达方式。

第六章　英汉修辞、语用、语义翻译

第一节　英汉修辞与翻译

从修辞的角度来看，英文和中文都拥有许多类似或者一致的修辞技巧。大多数常用的英文修辞方法都可以在中文里找到与其相对应或是相似的修辞手段；反过来，中国的修辞方式也可以在英文中发现其主要的对等表现形式。然而，由于这两个语言属于完全不同的语族，所以它们的修辞必然会有些差异。这包括各自的历史演变、文化习俗及生活环境的影响，甚至是审美观点上的区别，这些都会导致同一个概念以不同的隐喻或者是不同的修辞风格来呈现。另外，两者的词语组合规模也有所不同，并且他们的发音模式也不尽相同，这也影响到他们各自的选择修辞方式。

对于翻译人员而言，处理不同文化和语境之间的差异是一个极具挑战性的任务。首先需要对中西方文化的深层含义有深刻理解并能充分把握其差别。其中，修辞技巧的精确解释和传达被视为衡量翻译水平的关键因素之一。如果无法恰当地展示原文的修辞手段，那么就不可能真实地传递出原文的信息、理念及风貌。即便大致意思相近，也可能会降低原文的语言吸引力。因此，我们必须研究两者的修辞方式的相似性和差异性，探究他们所使用的比喻形象是否能够被另一方接纳，同时也要考虑他们的词语组合是否适应于另一个群体的习惯。所以，在本节我们将讨论英汉修辞方法的区别，揭示造成这些差异的主要原因，探索他们在运用上的相同点和差异之处，以便为翻译工作提供一些指导方向。

对于新手而言，经常会遇到这个问题：为何我们的翻译总是显得有些不足呢？也就是说，为何我们的中文或者英文表达似乎没有达到标准呢？这背后的因素有很多，可能最关键的一点就是我们尚未充分理解并熟练应用目标语言的修辞规则。显而易见的是，无论是英语还是汉语，它们不仅在词汇使用、语法结构甚至措辞技巧上存在着诸多区别，而且也各有独特的修辞方式和特性。深入研究和理解这些特性和规律，特别是对比它们的主要异同之处，无疑会对提升我们的翻译水平有所裨益。接下来，我们会从英汉两个角度来探讨修辞对其影响的问题，希望通过解析各种修辞手段的选择依据，能更深层次地理解东西方文化的内涵，从而实现精准传达的目的。

一、什么是修辞

修辞这个词常常被我们提及，并且在日常生活中也是随处可见的。无需多说，只要你在网上稍微搜索一下，就能找到很多关于修辞的文章。那么，修辞究竟是什么呢？

陈介白于1936年对修辞学进行了如下界定："修辞学主要关注的是如何通过优美的语言来传达作家的丰富情感，从而激发读者的共鸣，形成一种学术探讨的领域。"在这个定义里，我们能够明确地看到，修辞包括三个关键因素：首先是对文字表现的要求，即追求形式的美感；其次是对内容的期待，即寻求内涵之美；最后则是对于产生影响力的期望，也就是追求效果上的完美。这个解释是从美学视角出发，诠释了什么是修辞这一观念。

虽然"美化文辞"确实是修辞的重要且明显的特性之一，但当我们深入观察修辞的使用及其影响时，我们会发现在这个领域中无法涵盖所有关于修辞与修辞学的知识。举例来说，尽管科技语体和公务用词并未寻求任何形式的美化文辞，但在其相关的文章、报告或书籍中仍然会出现修辞的问题，这需要我们予以重视并进行深度研究。因此，这也是修辞学必须关注的一部分，它应该被包含在这个定义之中。所以，出现了这样一个全面的定义，如胡裕树（1995年）编写的《现代汉语》书中所述："修辞是为了满足特定主题环境的需求，利用适当的言语技巧来实现预期的表达效果的一种规则。修辞学则是对这类规则的研究学科。"

因此可以看出，修辞不仅仅是追求适当的言语表述来实现"美化"，它也依赖于特定主题与环境，即所谓的"规则性"。这个定义已经超越了以往修辞学的审美限制，站在更高的角度上全面地理解并观察，寻求相似之处并在不同之中找出规律，无论内容、语言或文化如何变化，所以对翻译研究来说有其重要的参考价值。

二、修辞与文化

在前述对"修辞"一词下的界定里提及了"为了满足特定主题和环境的需求，使用适当的话语技巧"，由此可知，"修辞"会因应某些具体的环境条件被限制住，这是人类美学观念通过话语方式的表现形式而不是任意无序地累积词汇的过程；不同族群有着各自独特的价值观与表达习惯，这必然导致他们有别于其他群体的言谈风格。总而言之，我们可以把"修辞"看作一种文化的反映。由于它深受社会影响并能在其中找到自己的位置，因此两者之间存在着无法割裂的关系。在这里我们要讨论的三种类型的社会因素分别是物质文化、规则化的生活模式和社会心态等方面的内容。

（一）物质文化

作为文化的底层结构，物质文化对人类的言辞行为产生深远且直接的影响。比如在使用隐喻或者替代词的过程中，它会决定我们选取的具体对象。以"像老黄牛一样工作"为例，这是中文中常见的说法，然而英文则更倾向于描述成"work like a horse"（如同一匹马般辛勤劳作），这主要是因为中国传统上依赖耕牛犁田，而英国早期的农业生产方式是利用马力。由此可见，物质文化在英汉两种语言的选择隐喻方面起到了关键作用。由于生活环境不同导致了各种观念文化的差异，正如前述例子展示的那样；反之亦然，如果外部物质条件相近，那么它们往往也会共享一致的思想体系。尽管英国与日本分别位于西方及东方，并且都被称为典型的小型岛屿，但是他们也同样拥有类似的"海岛文化和渔业文化"，所以他们的语言里存在大量的关于海洋或鱼类的隐喻。举例来说，"严守秘密就像把嘴巴闭得紧紧的"这个概念在英语中可以理解为"as close as an oyster"，而在日文中也有相应的对应词汇。这就说明，修辞受到物质文化的影响，有时甚至是完全由其引导。

（二）制度文化

"制度文化"是指所有书面或者非书面的社会规范，涵盖了习俗、惯例等内容。各个种族的制度文化通常会在隐喻与象征中留下了其印记。例如，中文常使用"皇亲国戚"来形容那些权力极大的人物，但在西文中则有一个诙谐的说法叫作"could do no wrong like a king"（如同国王一般无误），原因在于西方式的政治体制下，国家大事都需经过议会的审定，而国王并无任何决断力，因此自然不可能出错。同样的，用"皇帝"或"国王"作为比喻对象，意义却是截然不同，这正是由各自的社会政治体系造成的。

（三）心理文化

"心理文化"，也被称为"思想文化和精神文化的总称"，是深藏在我们内心的最基础和最多样化的部分之一。每个族群都有自己独特的内心世界，反映到他们的行为上并通过象征性的语言表现出来。比如英文中的这个独特隐喻短句"as merry as a cricket /a grig"就是由于 Shakespeare 在他的作品 Henry IV 中使用了'merrily like crickets'这个说法所产生的结果。但另一方面，"Cricket（蟋蟀）"在中国传统文学当中一直被赋予悲伤与忧愁的意思。比如，"蟋蟀鸣叫声不断，岁月已近年末时分"；又如，"夜半听见虫儿啼哭不停,一年又要过去啦!"(出自《诗经·国风·唐风》)"所以对于中国人而言,"merrily like crickets"这样的表述是不符合他们的心灵世界的理解方式的——对应的是中文里的另一个词组叫作"快乐如同喜鹊"。同样地,如果从英国人的角度来看的话这种描述也不太可能成立——因为在美国人和英国人眼里面,喜鹊并不是一种代表欢乐的存在物,而是一种令人讨厌并且话多烦扰他人的生物,所以这就产生了两种截然不同的思维模式之间的碰撞和交融。

三、修辞与语言

众所周知,所有的修辞活动都是借助于特定的语言材料。语言是修辞得以实现的基础和载体,修辞受语言材料的制约和主导。一般而言,修辞材料来自于语言的三个层面,即语音、词汇和句法。由于各种语言的语音系统、词汇形态和句法结构各不相同,其修辞手法必然有所区别。

第一,从语音与文本的形式来看,"语音构成了语言的外部表现,字形则是用来记录口头表达的视觉标志,它们共同支撑着语言的存在并成为一种主要的修辞工具。"(李国南)东方和西方语言的发音体系及书写模式存在显著区别,每种语言中均有一些独特的修辞手法。比如,无论东、西方语言中的任何一种,都会运用到"拟声法",然而因两种语言在音韵上的重大差距,无论是拟声词(汉语称为"象声词")的数量或类型都各异。汉语是一种以单一发音为基础的语言,使用的是表示意义的字体,因此在描述物体形象时具有无可匹敌的能力;但在模仿声音方面,我们不得不承认它略显不足;相反,西方语言拥有丰富的多样化发音,并且采用了拼音的方式来书写,这使得他们在模拟自然之声上有无与伦比的优势,从而产生了大量的拟声词。

第二,我们需要关注的是词形变化的重要性。其中,词汇被视为一种主要的修辞工具,它为修辞的发展与应用提供了基础条件。尤其在"借代"

这一技巧上，词汇对修辞的影响尤为显著。例如，中文中有用"八斤半"来表示头部的情况，然而英文并无类似表述。另外，中文的复数形式也难以直接翻译成英文。比如："仅仅围绕着那段短小的泥墙边，就充满了无数乐趣。这里有油蛉的歌声，还有蟋蟀们的音乐演奏。"（出自鲁迅的《从百草园到三味书屋》）如果把"蟋蟀们"直译成英文就是"crickets"，但是这个单词本身并不具备拟人的特性。

第三，表现于句法构造之中。修辞行为是一种言语行动，无法脱离句法构建。所以，修辞行为通常会受限于特定句法架构。汉语属于"意合"（Parataxis）类型的语言，其联结元素相对稀缺；但相反，英语则是典型"形合"（Hypotaxis）类型，拥有大量的联结元素，这导致了这两种语言在句法作用上的显著差异。以上述提到过的拟声词翻译作为例子，虽然汉语中的拟声词可以在英文中有相应的单词来表示，但它们的句法角色有很大的不同。所有的英文拟声词都在英文词典里有明确定义的词性标签，大多数被定义成名词或者动词，因此它们经常用作主语、宾语和谓语。英文拟声词的词性已经非常清晰，但在中文中，拟声词依然没有固定的家。关于它们的词性分类及其语法位置，一直是一个众说纷纭的问题。尽管观点各异，但与英文拟声词的名词性和动词特性相比，中文拟声词更明显地呈现出形容词属性，主要用于充当副词、定语和补充部分。（李国南，1999年）另外，中文的"对偶"并不等同于英文的"Antithesis"，两者实际上不能混淆在一起。可以说，"对偶"是自然的均衡对称规则与汉字语言完美融合的结果。汉语结构上重意合，连接成分少，顺来倒去皆成文章；构词上又以单音节词为基本表意单位，轻便灵活。可以说"对偶"是汉语结构所决定的，是汉语言文化的特有产物。（李国南，1991/1997）

修辞方法在语言中的应用，而建立这样的话语又离不开音调、词汇和句型。因此，一种语言的音调系统、词汇形态以及句型结构都会对修辞方式的产生、运作和进步产生影响。

四、修辞与翻译

著名的译者、学者费道罗夫曾经阐述过:"翻译是一种具有高度专业的语言科学,其主要任务在于探究两类语言间的比较法则……无论何种类型的翻译……都必须依赖于这两种语言之间的相互比对。"这表明,对照分析是翻译学的核心部分。而翻译的理念、策略与技能均基于英语和汉语之间存在的相似性和差异性的基础之上。对于英语和汉语来说,因为它们各自的历史背景、文化和社会环境有所区别,所以两者间有很多显著的差异点,这对翻译人员构成了一定的难题。

通过实际操作我们可以发现,对于两种语言的研究愈加深入,对其原始文本的解读就更加精确,这会使得我们的写作变得更为自然且富有灵感,最终实现心中有数、挥毫自如的状态。因此,我们可以断言,词句修饰尤其是其间的对比分析,构成了翻译科学的重要研究领域之一。熟悉并把握英语与汉语之间的共同点及差异能有效提升翻译水平,它既有利于翻译人员恰当地领悟原文中的修辞手法,也有利于译者依据内容,融合目的语的环境和文化背景,或者直接转述或创新创作,生成相似的表现形式,以达成含义与形态的和谐一致,进而优化翻译效果,引发读者的心声共振。

五、英汉具体修辞手法对比与翻译

为了有效且精确地使用言词并且充分利用它们作为交流媒介的功能,我们需要去学习和重视修辞艺术。尽管英语与汉语的许多修辞方式相似或者相近,但对其做进一步的研究和比较是很有价值的。接下来,我们将讨论几类常见于英汉之间的修辞方法,同时尝试给出相应的翻译策略,以供初级译员借鉴。

(一) 明喻 (Simile)

根据剑桥高级学习词典解释,"Simile 是(使用)一种表达方式,它把一件事物与另一件相比较,总是包含'as'或'like'等词汇",也就是说,明喻是一种借助比喻词来联结拥有相似特性的两个独立事物的修辞技巧。通常包括以下三部分:主体、象征体和比喻词。

具体例子,例如:

1.Beauty, sweet love, is like the morning dew.

美丽、甜蜜的爱,犹如清晨的露珠。

2.My love is like a red, red rose.

我的爱人像一朵红玫瑰。

3.My heart is like a singing bird.

我的心像一只歌唱的鸟。

4.Rise, like lions after slumber,

In unvanquishable number,

Shake your chains to earth like dew,

Which in sleep had fallen on you–

You are many–they are few.

(Shelly)

像睡醒的雄狮一样站起来吧,

你们的人数多得不可征服;

抖掉你们身上的锁链,

像抖掉沉睡时落在身上的霜露;

你们是多数,他们是少数。

(雪莱)

同样,中文里也存在大量的类比词汇,比如"像、似乎、类似于、好似、正像是、就像是、和普通的一样"等等。

例如:

第六章　英汉修辞、语用、语义翻译

1. 过去的事，一切都如同梦幻一般消失。

2. 她微笑着，就像微风轻拂湖面带来的涟漪。

3. 在新雨过后，山峦翠绿如灌，云雾缭绕，仿佛一位身着轻纱的少女，显得那么忧郁，沉默。

4. 她们自幼就与小船相伴，行驶的速度犹如织布穿梭缝衣针一般迅捷。

显然，英汉的明喻修辞方式大致相同，可以总结为以下的公式：

A+ 比喻词 +B

大多数情况下，我们可以采用直接翻译的方法来处理原文。但如同所有事情都有其特殊之处一样，并不是每个隐喻都能完全地从源头语言复制过来。因为东西方文化间的差距，一些形象可能传达出迥异的信息。在此种情境下，单纯使用直译方法显然无法解决问题，我们必须调整这些图像以实现更贴近本土化的效果，从而使信息更加准确和生动。比如"他壮实得像头牛"这句话，如果直接翻译为"He is as strong as a cow."就是错误的。虽然中国人的观念里认为牛代表着力量与健康，但在英文世界里并没有类似的说法，反而是马被视为强壮的标志。因此，在对这句句子进行翻译时，译者应深刻了解中西文化的不同点，并以此作为基础，重新选择合适的形象，以便更好地传达原文的意思。

对于英文到中文或反之亦然的情况来说，我们需要考虑到文化的元素影响着我们的语言选择与理解能力。例如"饥肠辘辘（hungry like a wolf）"不能被直白地翻为"very hunger"，而是应该将其解释作"极度渴望食物"；又例如有时我们会遇到一些词语无法直接用字面意思来准确传达其含意的时候，这时就需要对这些词汇加深了解并运用适当的方法对其做出合理的诠释；另外一种情况是有些单词如果按照原文逐个音节去拼写的话会显得很生硬、拗口甚至让人感觉莫名其妙，这时候就需要我们根据实际情况灵活变换一下措辞或者采用更为贴切的方式把这个句子的意义给完整无误地表现出来。

因此，对于明喻的翻译来说，了解和掌握中国与西方文化的精髓是至关重要的。当两个意象相似或者接近时，如果可以准确地直接转述，那么就应该保持原文的忠实度；但是，若是在一些文化和含义存在差异的情况里，我们需要根据对文章内容的理解来调整我们的语言方式，选择使用目标读者熟悉且能够接受的形象，以便实现更生动的、清晰的表现力。

（二）暗喻（Metaphor）

暗喻就是对明确的比喻的一种深化，它以一种掩饰的方式呈现出来，并不需要用到任何比拟词汇，也不会显现出其比拟的特征。主体和客体会在同一时间被展示出来，而主体则会被藏匿于其中。例如："She is a woman with a stony heart."（她是个冷酷无情的女性）或者"I am mom's precious gem."（我乃母亲眼中的珍宝）

显然，在暗喻这种修辞技巧中，比喻是通过整个句子的象征意义来传达的，而非仅依赖于比喻词。请进行对比分析：

He is as stubborn as a mute.

He is a mute.

首句通过使用"as...as"这个修辞手法构建了暗喻结构，而接下来的句子则采用了直白的表达方式，把人或物和形象相提并论，这便是象征性的表述。

暗喻表达可以是名词，如：

Failure is the mother of success.

失败乃成功之母。

可以是宾语：

He still has a ray of hope.

他仍抱有一丝希望。

可以是谓语：

His mind swept easily over the world.

他对世上各方面的情况了如指掌。

可以是定语：

A heavy purse makes a light heart.

有钱一身轻。

所以，无论是明示或暗示的修辞方式，都触发了审美参与者——读者的思考、反思和感受，从而产生了美感。

暗喻的翻译准则大体上与明喻相同，可以使用：

1. 保留差异，等值再现

Our state to be disjoint and out of frame.

我们的国家突然脱了节，错了位。

frame（结构、框架）在英国伊丽莎白时代常用来指社会的秩序，不懂原文的人虽对这个形象不熟悉，但也能理解其喻义：一个政通人和的国家就如同一个很好的框架，而当政体有了恶变岂不就好像这个框架错了位、脱了节？

这种译法可谓"形神兼备"，可最大限度地再现源语风貌，还可以借此丰富本民族语，体验一下异族情调的"美"。

2. 代换比喻，去异求同

Mr. Smith could be an excellent secretary, for he is as close to the sea as an oyster.

史密斯先生有能力担任优秀的秘书，因为他对待事情总是保持沉默。

"像牡蛎一样近"这样的表述方式对中国人的理解而言可能较为陌生，难以引发相似的联系与情感反应，因此，我们需要将其转化，以便更适应中文的表现形式。

从审美的视角来看，这种翻译手法并没有对原文的接受性产生负面影响，反而带来了相似的审美效果。

3. 放弃比喻，动态对等

The ship plows the sea.

船在乘风破浪地前进。

在这里，我们选择抛开"plow"这个比拟的手法，转而用"乘风破浪"

来表达。这是因为原本的比拟无法保持，也没有找到适当的替代品。不过，值得注意的是，虽然丢掉了比拟，但原文的美感依然得到了很好的保护。

（三）借代（Metonymy）

代表是在说话或写作时，不直接表达想要传达的信息。

1. 以部分代替整体

On the stage, we can see a sea of faces.

在舞台上我们可以看到一片人海。

Great minds think alike.

英雄所见略同。

一群蓝眼睛推开门，走了进来。

The door swung open, revealing a cluster of azure orbs that stepped into the chamber.

2. 以整体代替部分

In the match England has won.

在这场比赛中，英国队赢了。

3. 以种类代替属类

He sets a good table.

他摆了一桌好菜。

She is a good girl at her needle.

她针线活儿很好。

4. 以属类代替种类

A sorrowful state of affairs is that the nation has a greater lack of knowledge than awareness.

知识储备不足的人数居多，这是一个令人遗憾的现象。

5. 以物质代替所制成的东西

He was bound in irons for three months.

他被戴上脚镣关了三个月。

6. 以个别代替种类

Shanghai is the Paris of the East.

上海是东方巴黎。

总的来说，替换就是用一个独特且具体的标志去替代某一物品或部分。这是英语和汉语共有的一种修辞方式。在翻译时，可以根据实际情况选择直接翻译或者意向翻译。

（1）直译法

直接翻译方法主要用于处理那些和目的语言"无意中相符"或者不会对理解造成太大困扰的原文替代词。

例如：

① The Patriot successfully cracked the Scud.

飞毛腿导弹被爱国者成功地拦截。

② At a great cost to both his health and finances, he had to divest himself of all the acquisitions he had made in recent times.

他近期购置的所有物品都被迫用于偿还债务，这对他的健康和财务造成了损害。

The whole village rejoiced over the victory.

全村（人）都为这一胜利而欢欣鼓舞。

（2）意译法

主要针对那些在目标语言中无法找到等价替代或直译与目标语言表达习惯不一致的替代。比如：

① He drained the bitter cup of life to the bottom.

他饮尽了生活的苦酒。

② I have, to me, triumphed in my bet and regained my glove.

看来我已赌赢，有可能参加拳击比赛了。

③ He has never earned an honest penny in his life.

他一生中从未用正当手段赚过钱。

④ He chose a gun instead of a cap and a gown.

他选择了当兵,而没有选择上大学。

⑤ The cat laughed and talked loudly.

这个包藏祸心的女人大声说笑着。

(四)拟人(Personification)

拟人化的方法是把无生命的事物转化为有生命的事物,赋予它人类的行动或情感,这是一种修辞技巧。例如:

He once said to me, "Oxford is always unique; I'm constantly struck by the beauty of these hills."

"Oxford 总是在不断变化着。"曾经有次他对我这样说过,"站在那边的山头望过去,每当观察到她的美时,总会感受到一股全新的、独特的魅力。"

Ah, how quickly time has stolen the innocence of youth, my three and twentieth years, from its wings! Milton's words ring true.

时间,你这个偷窃年华的小贼,竟然如此迅捷地用你的双翼带走了我的二十三岁!米尔顿的话应验了。

在汉语中,拟人法用得也很多。例如:

珠峰哟,你雄伟,你峻峭,

珠峰哟,你幸福,你自豪。(《珠峰石》)

拟人可以是:

1. 把非生物当作人来描写

The thirsty soil drank in the rain.

干渴的土壤吸吮雨水。

Wall has ears.

隔墙有耳。

2. 把动物当作人来描写

The lamb nodded as I came home.

回家时，小羊向我点头示意。

The tortoise, moving at a snail's pace, elicited a hearty chuckle from the hare.

野兔对乌龟的讥讽源于他行动缓慢。

3. 把抽象概念当作人来描写

Truth never grows old.

真理长青不老。

Pride goes before a fall.

骄傲必败。

4. 把人当作动物描写

He is a bookworm.

他是个书呆子。

He is a wolf in sheep's clothing.

他是个披着羊皮的狼。

显然，无论是在英语或汉语中，使用拟人的方式作为一种常见修辞技巧都十分普遍。一般情况下，我们采取直接翻译的方式，即将词句按其表面含义来处理。这种方法不仅保持了原文的意思，也使得修辞手段得以保存，实现了形式与内容的完美融合。然而，有时单纯地用直译是不够的。为了实现真正的意义对应，往往需要我们做出一些调整。这些调整来源于两类语言中的拟人表述差异。

按照邵志洪对于拟人手法的分类方法，英汉拟人修辞均包含两种：词汇化拟人（lexicalized personification）和修辞性拟人（rhetorical personification）。

一种被称为词汇化拟人的语言现象是指那些已经成为惯例并被收录到字典中的特定使用方式，如"the arms（of a chair）"或"the legs（of a table）"和"the head（of a party）"。这些通常都是简单且容易理解的。在汉语里，我们能找到许多这样的例子，比如：山的头部、山的最高点、山的上部、山的下半部分以及山脚等等；还有像兄弟工厂、姐妹工作场所、母校、母语、子公司之类的名称，它们大多数情况下都属于名词拟人化的范畴。然而，在英文中，拟人表现得尤为明显的是在英文的动词体系中，就拿"head"这个单词来说，它既具有与中文相似的使用方法，即代表着"头"的意思，同时也可以作为一个动作来解释它的延伸含义。具体的展示情况如下：

His name heads the list.

他是名单上的第一名（头）。

head off a quarrel

阻止一场争执（头部下滑，进一步解释为阻止，终止）

head for Tianjin

朝天津驶去（头伸往，引申为朝向）

The cabbages are heading up nicely.

卷心菜长势很好（头部直立，向上生长，进一步解释为生长势头强劲）。

In the initial year of their growth, peach trees were head-down.

栽桃树的第一年，应该剪去树梢（头部向下，进一步理解为剪除）。

不难发现，英语多动词拟人，中文多名词化拟人；汉语多复合词，英语多单纯词。英语动词的拟人表达在汉语中基本无法对应，汉语对应的表达通常不用拟人。因而，在翻译此类表达的时候，以"迭意"为主，将"形似"置于次要的位置，甚至牺牲"形"的要求。

修辞性的拟人是通过运用拟人的技巧来达到一种修辞效果，这是一种常见的修辞手段，主要出现在文学创作里。虽然修辞的翻译方式在英文和中文里很普遍，但由于二者的语法结构存在差异：英文是明显的，而中文则是隐藏的；它们的句法也各有所长：英文更偏向"主题突出的语言"，而中文则侧重于"主题强调的语言"；另外，两者之间的思维模式也有所区别：中文更加关注对主体的描绘，而英文既考虑主体又考虑到客体的表现，更多地趋向于客体的描写。因此，在进行英文到中文或中文到英文的翻译时，需要格外重视这种转变，并注意两者的差别，选取适当的表述方法，以便能够传达出原文的意思同时保持其形式。尤其是要注意下面这两种转化：

①显隐转换

He is the head of the team.

他是队长。

在这个语句里，"head"原本是一个比喻词语，但在转换为汉语时，我们选择使用"队长"来替换"head"，把潜在的比喻表达方式转变为了明确的信息传输。

②主语转换

His good temper often brought him many friends.

他为人和善，因而朋友很多。

首先，我们注意到英文原句的主语是一个事物——"his temper"，但在将其转换为中文之后，这个角色变成了一个人，也就是人作为主体。这种转变主要是基于中英两种语言在表述方式上存在差异。同样的，在第二个例子中，原始的人类主体在英文版本里使用了被动式来描述，但用的是物品作为主题。因为英语正从复合型逐渐转向解析型，拥有丰富且复杂的形态与语法工具，所以在英语中有许多反转的情况发生。相比之下，汉语更倾向于解析型，其语序较为稳定，极少出现语序颠倒的现象，而且主动—被动式的句子更多地出现在口头交流之中。因此，当我们将英语的倒置句子转化为汉语时，通常会采用正常的语序（"主+状+谓+宾"），有时候需要视实际情况添加一些拟声词或者副词（如"only"，"just"，"all"等），以此增强句子的活力，比如：

Long live the People's Republic of China！

中华人民共和国万岁！

Up went the rocket into the space in an instant.

瞬间，"咻"的一声响起，火箭直冲天际。

So fast did she walk that none of us was her equal.

她走路非常快，谁都赶不上她。

Only in this way can you succeed.

只有这样，才能成功。

Never in my life have I encountered such an odd occurrence！

我这一生都未曾见过如此离奇的事情！

（五）反语（Irony）

反语是指用相反的话语，或者正面的话语反过来说。它可以通过赞扬的方式隐含讽刺和嘲笑，也可以用批评的方式暗示保护和救赎。反语大多数时候代表讽刺和嘲笑，如果使用得当，通常比直接陈述更有力量。

英语中的反语就是说反话。例如：

The sidewalk was littered with shingle-shavings, revealing the cause of their collapse；a sow and her litter of pigs were leisurely strolling along, making good money from watermelon rinds and seeds.

周围堆积如山的刨花，足以证明是什么工作让他们疲惫不堪；一只母猪带着一群小猪在街道上消磨时间，贪婪地咀嚼西瓜皮和瓜子，做尽了好事。

在中文里，反语也可以是正话反说的形式，例如：

那时候的我确实过于聪颖，总是感觉他的言辞不够完美，必须由我自己来补充才行……唉，现在回想起来，那时的确是太过机智了！

My intelligence was so great that I could not help but be amused by my father's haggling and the possibility of me adding a few words…Ah, now that I reflect on it, I can see how clever I was in those days！

也可以是反话正说，体现出角色间的亲近感。例如：

这些女性感到有些失落，也有些悲伤，她们内心都在谴责自己的恶人。

The women, disheartened and distressed, were covertly attributing the fault to their heartless husband.

在翻译反语时，理解是最关键的一环。这需要译者在整个翻译过程中，深入阅读全篇文章，结合实际情况，领悟其中蕴含的意义。只有在理解的基础上，才能准确传达信息。

（六）双关（Pun）

双关是一种词汇或文本同时具有两种含义的情况，其中一个是直接解读，另一个则是在表述之外所蕴藏的意思。这类文字通常会采用"一石二鸟"的手法，表面上的解释往往被视为辅助性的元素，而深层次的理解才是其核心所在。依据各类英文字典对于双关的阐释，我们可以得出结论，英文中的双关涵盖了多种形式，除了通过单一明显线索触发两级甚至更多级别不同的含义的双关以外，还包含着利用至少两个明确线索来传达两级以上不同含义的双关。我国的研究者们普遍认同，中文中双关的主要类型主要是基于单个明晰线索激发两类及以上含义的双关，然而也存在一些特例，即使用同一个明晰线索引发多维度差异化的内涵或是运用两个明显的线索去表达两类以上的含义。

1. 英语双关

双关词在英语中是一种修辞技巧，表面上看似在讲述同一个事件，但实际上可能指代另一件事情。它可以表示音同而意不同（homonym），例如：

An honest man, an ambassador, who lies abroad for the benefit of his nation.

大使在国外对本国利益的忠诚程度之高，可见一斑。

句中 lie 有两个意思，既可以理解为"住在"，又可以理解为"说谎"。

也可以是同音异形异义词（homophone），如：

On the first day of this week he became very weak.

这个星期他身体变得虚弱了。

On Sunday, they beseech you; yet, come Monday, they take advantage of you.

他们在星期日为你祷告，而在周一却利用了你。

还可以是同形异音异义词（homograph），如：

Finding tears on her coat, she burst into tears.

发觉外衣破了,她放声大哭起来。

2. 汉语双关

双关汉语主要是通过词汇的多重含义或同音(或近音)特性来构建,可以分为语义双关和谐音双关两种类型。

双重含义,是通过使用多个词语来阐述的,表面上所说的和实际上要传达的意思是两种不同的概念。比如:

对于这许多年的痛苦煎熬,我想我是已经受尽了折磨。

谐音双关,是指通过使用相同或近似的音素来形成的双关。例如:

东边日出西边雨,道是无晴还有晴。

The west is shrouded in rain, while the east basks in sunshine. My brave one is as passionate about love as day is of comfort.

或一词两义的构造的修辞手段。

此外,汉语中还存在一些用谐音来表达的歇后语,例如:

外甥打灯笼——照舅(旧)

孔夫子搬家——净是书(输)

显然,双关语的表达方式多种多样,其含义和内涵也十分丰富。有些双关语是中西共享的,可以找到相应的表述方式。例如:

No pallid hue will do for you, particularly the green around your gills.

你的肤色与浅蓝色并不搭配,尤其是当你面色苍白的时候。

green around the gills 是一个常用的表达方式,其含义为(被吓得)脸色发青。这里的 green 可以通过汉语的双关语来解释,并且,英文的这个表述与汉语的四字成语相吻合,实属巧妙。

尽管对英语和汉语而言,这类相对应的双关词句并不常见,但更常见的现象是在目标语中无法找到与之相应的表述方式。因此,译者往往能理解其深层含义的一部分,却难以准确复现原文中的所有信息,或者无法在译文里呈现原文双关词的修辞手法。在此种情况之下,若过于坚持"忠实"的原则,则很难继续推进翻译工作。所以,译者需要把焦点转移到传达意图上。如此一来，就能为双关词翻译提供新的视角。

在处理文学作品翻译的过程中，翻译者可以通过添加注释来进行解释，例如：

对于电影和电视剧的翻译，注释显然无效，但是翻译者可以选择重新编写或改动的策略来保持双关语所带来的幽默感。例如：

Principal：Does any of you know martial art？

One teacher：I know Martial Schwartz.

译文一：校长：你们有谁懂得武术？

某教师：我认识马歇尔·施瓦茨。

译文二：校长：你们有谁懂得武术？

某教师：我懂得点巫术。

尽管第一个译文使用了直译方法，但其幽默性并未得到充分体现；而相对的，第二个译文虽然在字词表达上有些许差异，但仍保留了原文的幽默风格。

再如：

"What flowers does everybody have？"

"Tulips."（Tulips=two lips）

"人人都有的花是什么花？"

"Tulip."（Tulip 这个词和嘴唇的发声相近似。）

改译："泪花。"（马红军译）

"What part of the fish weighs the most？"

"The scales."

"鱼身上哪部分最重？"

"鱼的皮肤层"（skin layer of fish，也可以理解为"秤"）

改译："鱼舌头（石头）。"

显然，对于双关语的翻译来说，关键在于保持其原本的修辞效应与文章结构的连贯性，而非必须保存原始双关词句的外观及含义，也不必确保它们出现在文字链条中的同一处，我们可以对上下文做出调整来保证原文的效果，因此，我们有许多方法去应对双关词句，使我们的翻译更加自由且富有创意，从而大幅度提高双关词句的可译程度。

第二节 英汉语用与翻译

当人类利用言辞传达资讯的时候，他们通常不会仅仅局限于文字的直接解读，而会关注到特定交流环境中的沟通讯息。由于不同的语境会导致词汇的理解有所差异，这便成为了语用学的核心课题之一。在本节中，我们将先通过两部分对英语和汉语的语用特性进行比较分析，接着讨论语用转换的问题。

一、英汉语用的对比

（一）英汉语用语言对比

语用语言的研究主要关注的是语言形式与实际应用之间如何相互影响。虽然英汉两者的语义一致且构造类似的一些词组或者句子，但它们在不同环境下的解读可能会产生差异。比如，"of course"这个词汇在英汉语言里都具有同样的意义，而且它在中文里的使用并不会带有负面色彩，然而在英文交流时，有时候会暗示提问的人很无知。接下来我们看一下这两个例子。

A：Would you like something to eat？

你要吃点儿什么吗？

B：Of course.

怎么会不要呢？（cf. 当然。）

A：Is there a party on Sunday evening？

星期日晚上有个晚会吗?

B：Of course.

怎么会没有呢？（cf. 当然。）

尽管某种语言行为可能通过多种方式被表述，然而一般而言，这些方法并不能互换使用。这意味着，在一个语言环境下常用的手段并不总是能在另一个语言背景里适用。举例来说，在中国话里，我们常常以"给我一个……"的方式购买商品，而在英文里，我们会选择采用"Can I have...please？"这种谦逊有礼的态度来传达同样的意思。

此外，同一语言表达方式在各种文化的应用范畴也有差异。比如，使用英文交流的人群在请求他人完成某项任务的时候，他们会频繁地运用各类动词，而这些动词的特点并不一致，并且它们代表了讲话人与听话人的权力关系也不尽相同，可能一方是在接受服务或享受利益，另一方则未必如此。

当前的跨文化语用语言学研究主题往往涉及"礼貌"这一关键元素，例如道歉、回绝、赞美和需求等等。一般情况下，对言语行为的研究涵盖了以下几大领域。

（1）在各种文化背景下，同一种语言行为的使用范围和频率有所不同。

（2）对于语言行为的理解，各种文化存在差异。

（3）各种文化在阐述相同的言论行动时所采用的语言方式存在差异。

（4）在各种文化背景下，最常用的表达同一种语言行为的不同语言形式之间存在差异。

（5）当我们描述某一种语言行为时，通常需要采用相应的语言策略，例如缓和语、尊重语、礼节语等。

接下来，我们将以否定句的语法作用为例来详细阐述。

在英语中，如果一个命题本身是否定形式，即话语内容是（~P），那么再对这一命题进行否定就是"确认"（confirmation）。例如：

A：You are sure that I can't come with you.

B：(She shook her head.)

尽管 B 并未以语言回应，但是"摇头"这种身体动作和 No 有着同样的含义，表示他认同了"I can't come with you"这一观点。接下来我们看一下其他案例。

（1）A：She would not have believed it possible.

B：No, no, of course not.

（2）A：He would hardly be a friend of hers.

B：No, he wouldn't.

（3）A：He is not at all happy working here.

B：No. He isn't.

对于示例（3）来说，"He is not at all happy working here."的确定是由 B 完成的。

然而，当我们在汉语里需要"确定"某个论断时，通常会以积极的方式呈现出来。比如：

（1）A：她今天没来上班。

B：是。她感冒了。

（2）A：这一带没有图书馆。

B：是的，没有。

当我们在英文里对某个原本就带有否定意义的陈述（~P）做出反驳时，也就是"~（~P）"的情况，这时双重的否定会互相抵消，这等同于以积极的态度去确认对应的事实（P）。然而，当我们试图在中文环境下对某一观点（~P）提出质疑时，我们通常选择直截了当地使用否定形式来表述。比如：

（1）A：You've not changed much, Peter.

B：Yes, I have. I've changed enormously.

A：彼得，你没有变多少。

B：不，我变了。我变多了。

（2）A：You don't like Italy food？

　　　B：Oh, yes. I do！ I do like it very much！

　　　A：你不喜欢意大利菜？

B：噢，不，我喜欢，我确实喜欢意大利菜。

总结来看，我们发现，如果需要"确定"某个负面陈述，英文倾向于采用反面形式，然而中文更可能采取正面表述；与此相对应的，当我们试图"拒绝"某一负面的论断时，也就是对该负面论断提出质疑，英文会使用正向的方式去传达，但中文则选择以反面方式呈现。

（二）英汉礼貌策略对比

1.言语行为礼貌

语言使用的基础元素是表达行为，在截然不同的文化背景下，相同的表达可能会有所差异。接下来，我们将对几种常见的交流表达进行一个简单的英汉比较分析。

（1）问候。在现代社会中，它是人们维护和保持人际关系的一种方式或调节剂。由于文化背景的差异，我们使用的问候语也各不相同。

（2）名称的使用是在语言交流过程中不可忽视的一部分。很多信息的传达并非依赖于词句本身，而更多的是由名称去体现。通常来说，名称是我们沟通的第一步。合适的名称对于顺畅的对话至关重要，而不适当的名称可能会导致对方的不适或者让谈话陷入僵局，甚至可能带来负面效果。比如，如果你的一位朋友忽然使用敬称对你说话，你会觉得非常陌生和疏远。

（3）感激之情。当他人提供协助时，为了表达我们的感激和敬意，我们通常会说出一些话来向他们道谢。然而，英语与汉语的这种行为有着显著的差异。在美国等西方社会，"thank you"是一个常用的词汇，它可以被用于各种场景和人际交往之中，以示尊重和谦逊。相比之下，中文里的"谢谢"并不像英文那样经常出现，它的应用范围相对有限。

（4）通常，当对方表示感谢后，英语国家的人们会用这样的话来回应。

You're welcome.

不用谢。

Not at all.

别客气。

Don't mention it.

不用客气。

It's my pleasure.

很荣幸。

值得注意的是，尽管英美两国都用以表示感谢的表达方式，但他们在实际应用中仍有细微差别。英国人在回应感激之情时常说"Not at all"或者"Don't mention it"又或者是"It's my pleasure"；而美国的习惯则是直接回复"You're welcome"。

在回答感谢的话题时，我们常用以下几种表达方式。

不用谢。

别客气。

没什么。

别这么说。

过奖了。

这是我应该做的。

当我们在汉语里使用"这是我应该做的"或是"这是我的职责"这样的表述，对应的英文翻译则是"That's what I should do"或"That's my duty"从语言学视角来看，这些英文回答表示的是一种被动的、义务性的回应，即他们并不愿意这样做，但出于责任感必须完成任务。这种理解和中文的实际意义有很大出入，因为在中国文化中，如果事情属于你的职责范畴内，那么就不需要道谢了，因此说出此话意味着："这是我的工作职责所在，无须过分客套"，这就是中国独特的感恩方式。

（5）表扬是对于他人的品德、技能和外貌等方面的一种肯定性的行为，适当的表扬能够激励别人，平息冲突，改善社交环境等等。在美国人的日常对话里，他们经常使用如"nice"，"good"，"beautiful"，"pretty"，"great"等形容词来表达他们的赞美之情，而最常见的动词则包括"like"和"love"等。其中，以下这些句型被频繁地用于美国的表扬语言之中。

You look really good.

I real like it.

That's really a nice...

That's great!

对于赞扬的回应，英美人通常表示感激，即是积极地接纳赞扬。然而，并不总是积极接受，有时也会出现拒绝的情况。比如：

① A：That's a nice outfit.

B：What? Are you kidding?

② A：That's a nice watch.

B：It's all scratched up and I'm getting a new one.

值得注意的是，英美人士拒绝称赞并非出于谦逊，而只是因为他们的观点有所不同。

相比于英国和美国人的直接回应方式，中国人更倾向于通过自我批评的态度对别人的表扬做出反应。比如，当一位中国的研究员做了一场具有高度学术性的演讲后，尽管所有听众都对其表示了肯定，但他在最后阶段往往会对自己的成就表现出一种谦逊态度。

My limited knowledge and research have likely caused me to make many errors in my work. I implore you to provide me with the necessary corrections and direction.

我的知识和研究能力有限，所以错误是难免的，希望大家能给予批评和指导。

二、英汉语用的翻译

(一) 直译——保持语词的文化内涵

尽管英语与汉语并非同属一种语系,然而它们的使用者却可能共享类似或者相近的理解环境、体验及过往事件,这使得他们的言辞表达可能会呈现出一致或相似的特点。因此,当面对这些一致或相似的表现手法,翻译人员可以在转换过程中予以保持,也就是采取直接转述的方式(literal translation)。

换句话说,直接翻译就是指在符合目标语言规则下,保持原始文章的修辞风格、文化特征和地域特性,从而使得翻译作品能够达到与原文相近或者一致的效果。这种翻译方式是在理解了源头语言、原作者、目标语言及阅读者的认知背景后所采用的方法。所以,对于翻译工作者来说,他们需要深入理解原文作者、译者、目标读者三方的关系,这样才能避免沟通上的失误。

即使在不同的认知背景下,某些文化词汇依然能被理解,而且直译可以完整地保留源语的语言形态和文化气息,也就是说,这些词汇包含了文化内涵。例如:

pie in the sky 天上的馅儿饼

这个词组"pie in the sky"来自于一首名为《传教士与奴隶》的著名歌曲,由美国的音乐家乔·希尔创作于1911年,中文读者并不了解。但是,它在中国语言里的含义非常相似于"天上不会掉馅儿饼",所以中国读者能轻松地领会到"pie in the sky"的意思是指那些无法达成的事物,可被解读成暗喻"遥不可及的梦想""难以达成的幻想""虚假承诺""美丽的假象"等。

英汉两种语言中的有些习语在语言表层,即用词、语义和句法上存在相似或相同之处，而且这些习语隐含的意义很容易被目的语读者理解。另言之，目的语读者与源语读者有着共同的生态文化的认知环境，如大自然的规律无论在世界哪个角落都是一样，翻译这类习语时宜采用直译的方法。例如：

If you run after two hares, you will catch neither.

同时追两兔，全都抓不住。

The hen must heed the fox's declaration of vegetarianism; it is time to take precaution.

当狐狸宣布要吃素的那一天，也应该是母鸡增强警惕的时刻。

Come April, the cuckoo arrives and lingers through May; a melody of summer is sung at midsummer, before departing.

布谷鸟，四月来临，五月停留；仲夏时节歌唱一番，然后便会离去。

初生牛犊不怕虎。

New-born calves make little of tigers.

值得注意的是，此种转换方法不仅应用于惯用短语的转化，对严谨文本里的暗喻也可以采用直接的方式处理。比如，当把"一切帝国主义反动派都是纸老虎"这句话中的"纸老虎"这部分内容翻为英文的时候，考虑到西方读者可能对此类表述感到陌生，首先选择将"纸老虎"转化为 scarecrow（稻草人），但该方案被毛主席拒绝，最后选择了直译方式，即 paper tiger，这样一来，其比喻效果非常生动，成功地传递出原文的意思及思考，并能有效地向西方广而告之。所以，如果源语言文化的特色不会跟目标阅读者理解的环境发生冲突的话，那么可以使用直接的方法去处理，以保持源语言丰富多彩的文化元素。

（二）意译——语用含义的全面嵌入

因为每个族群都拥有独特的思考模式，所以语言表述的方式也会产生巨大的差别。因此，对翻译者来说，他们必须能够揭示原文在特定的情景下隐藏着的语用意义，也就是把原文中的语用信息以完整的和精确的形式转换成目标文字,这就是我们常称之为"意译"的方法。然而,如果从语用的视角来审视,这实际上就变成了一种语用型的翻译。

有时候,当我们完全理解了讲话者的意思并深入研究了原文的环境时,为达到语用的同等效果,译者可能会适当地添加一些描述性的词汇。比如:

希望你今天好运!

I will cross my fingers for you today!

虽然西方人将基督教信仰中的标志——十字架,用于祝福和驱魔,但是他们并不总是将其戴在身上。因此,当需要传递这个信息时,他们会通过手指交错的方式形成一个类似于十字形状的手势,以此达到同样的效果。如今,这种手势已经成为了一种普遍使用的语言符号,即"保持双手交叉"或者"交叉手指",用来表示希望获得好运气。翻译过程中,我们选择了一个被广泛接受的英文短语,使原本复杂而难以理解的词句变得形象且易懂。

(三)对译——弥补文化之间的差异

每种语言都拥有众多独特的成语。因为理解的环境有所差别,所以各种语言中的成语使用方法也各自独特。然而,尽管如此,人们的大脑运作模式往往有许多相似之处,因此,有时候某一语言的成语可以在其他语言中寻得与其对应的表现手法,虽然可能喻体的选择略有不同,但在实际运用上具有类似甚至一致的意思,这种情况下可以采取翻译的方式,即把原文的表述方式以目标语言相应的表现手段来呈现,同时保持文化的深层意义不变。比如:

to have the ball at one's feet 胸有成竹

这些例子中英文原本描述的是一位足球选手已牢牢掌握住球,他能立即进球并取得胜利的可能性极大,现在被用来表达"信心满满""极有可能获得成功"的意思,这种解释和中文成语"胸有成竹"非常相似,所以我们可以把它们翻译成"胸有成竹"。

to shed crocodile tears 猫哭老鼠

to laugh off one's head 笑掉大牙

to spend money like water 挥金如土

a drop in the ocean 沧海一粟

wait for gains without pains 守株待兔

需要强调的是，在使用翻译方法时，译者不能随心所欲。他们应该尽可能地避免由于对文化差异估计不足而引发误解。因为英汉语言中的一些习惯性词汇虽然表面上看起来相互匹配，但实际上它们隐含的意思大相径庭。例如：

说曹操，曹操就到。

Talk of the devil and he will appear.

"Devil"这个词汇在英文里具有负面的含义，然而在中文里，"曹操"并没有负面意义，若依照上述方式翻译，无法准确传达原文的文化底蕴。

（四）移译——保留语词的文化外壳

"Transference"指的是一种将源文的部分或者整体转移至目标文的过程，也就是在译文中保持了源文的写作模式，这即是文化的保护层。现在的生活环境里，这样的翻译无处不在，例如 Karaoke、VCD、DVD、E-mail 和 Internet 等等。通常来说，这类词汇被视为是社会语言学的范畴内的文化词汇，它们都有着鲜明的时代特征。

就译者的视角来看，尽管此种保存原始文字形态的文化传播包含大量文化和时代特色的信息，并且其本身并不等同于真正意义上的翻译，而更像是一种词汇借用方式（也就是通过"外来词"的形式呈现出来）。但是，因为这种翻译模式在极度压缩的过程中仅保留了文化的表层含义，摒除了原始语言完整的单词表达或者对话形式，因此它成功地达成了"翻译"的目的并展示出一种有效的语用技巧。比如：

I'd like to have Jiaozi.

我喜欢吃饺子。

I practice Chinese Kongfu everyday.

我每天练习中国功夫。

我们靠 E-mail 联络，既方便又快捷。

我们一家人都身着 Nike 装备，准备出发去度假了。

随着全球社会和文化交流的不断加强，各个民族将拥有更多共享的认知环境。同时，全球通用的名称和符号也会越来越多。移译因其简洁易操作的特性，将得到更广泛的应用。

总结来看，要想实现英语与汉语之间的有效语言使用转化，译者需要精确理解并掌握两种语言间的文化元素，而非仅仅停留在字面含义上的传递。无论是选择适应当地文化的同化方式，或是保持外国特色的异化方法；无论是在形象描述中巧妙调整手法，或是在描绘过程中创新添加细节，如果能够满足作者的创作目标及原文的环境需求，并且展现出原文的语言应用效果，那么译者完全有理由运用各类实际有效的语言使用手段。

第三节　英汉语义与翻译

依据《韦氏新世界词典》，词汇的定义可以被划归为两大部分：直接含义或表面意思（denotation）和深层含义或暗示含义（connotation）。大量的单词，通常都具有这两方面的含义。换句话说，它们同时包含了表面的含义和潜在的含义。从意义关联的角度来看，英语与中文之间的词汇关系呈现出如下四个特征：词义相对一致；词义平行；词义矛盾；词义空缺。其中，前两种属于英汉语的共同点，后两种则属于两种语言的异质点。译者在翻译时一定要注意上述异同，只有这样才能做到准确理解与表达。

一、词义基本吻合

无可争议的是，英语和汉语的词汇在意义上有着一致性的对应关系，主要涵盖了一些特定的名词、专业术语，以及用来描述日常生活中事物的词汇等。例如：

the Tropic of Cancer 北回归线

general post office 邮政总局

octopus 章鱼

然而，总的来看，由于这两种语言都属于不同的语言和文化系统，基本上词义相符的情况并不常见。

所谓词义基本吻合，是指英汉语词语所指意义（字面意义）与内涵意义（隐含意义）基本一致。从词汇数量比例来说，词义基本吻合的词汇主要存在于实词。人类在同一个物质世界中生活，面对相似的现实环境时，自然会有类似的生活体验和理解，因此，不同民族在词汇选择和使用上存在共性。

当遇到意义相近的词汇，我们主要采取直接翻译的方式，同时辅助使用间接解释的方法。例如，"心"和"heart"两个单词，它们在英语和中文中的科学含义是相似的，而且也有很多类似的表述方式，所以一般情况下我们会选择直接翻译的方式来处理这两者的英文到中文或中文到英文的转换。例如：

白菜心 the heart of Chinese cabbage

心毒 evil ／ wicked heart

善心的 kind-hearted

全心全意 heart and soul

心里有数 know very well in one's heart

心情愉快 have a light heart

to lose one's heart 灰心

to give one's heart at ease 放心

to take to heart 关心

to break one's heart 伤心

heart-felt 衷心的

black-hearted 黑心的

hard-hearted 硬心肠的

有时汉语"心"所携带的文化信息不能或不易为英语读者所接受，也可采用意译、直译＋意译或"套译法"。例如：

胆战心惊 be deeply alarmed（意译）

A capering monkey's heart and a galloping horse's mind, both restless – such is the state of 心猿意马

二、词义并行

当两种语言中的某个对象或者理念被认可时，它们的表述方法可能有所差异，这种现象尤为明显于词汇量大于1个单词的情况。通常情况下，我们可以运用"套译法"，即将具有类似含义或是相近意义的形式不同的译文替换原始文字。

瘦得像猴子 as thin as a shadow

穷得像叫花子 as poor as a church mouse

水底捞月 fishing in the air

画蛇添足 A fifth wheel to the coach

过着牛马生活 to lead a dog's life

乱七八糟 at sixes and sevens

三、词义冲突

因为生活的经历与文化的传承各异，对于某些现实事物的主观理解也会有所差异。而这种主观认知同样会影响到那些描述这类实体的词汇所蕴含的意思上——这导致了一些矛盾存在于其中。以"红色"为例，"中国人的'红'通常意味着好运气'繁荣'"或"幸福的颜色"，而'美女们被称

为 红色的脸颊'，'红房子则是指女性的卧室'；而在英文里，"Red"常常被用来表达"极度危急"，"紧迫感"，或者是一种情绪化的反应，像是在看到信号时产生的紧张状态（Red Light District），或是发出警告时的警示标志（Red Alert）等等；另外还有一种情况就是当某人感到非常生气的时候他们可能会形容自己感觉就像看到了血一样的感觉（Seeing Red），这里的意思也是一样的。此外还存在着其他类似的情况，比如说"old dog"——这个单词可以翻译成为年长的犬类动物或者是已经很熟悉某种技能的老手——在美国俚语里面也可以解释为一个有丰富知识并且能够熟练运用各种技巧的专业人士。然而，在美国社会当中这样的说法并不常见，更多地用于贬低别人并暗示其缺乏能力。

　　翻译这些貌合神离、看似相对应的"假朋友"，直译往往会导致误读或无法理解。例如，将 mountain lion 译为"山狮"，中国读者一定想不到 mountain lion 其实是美洲豹而非狮子；而"吹牛"也不能译成"talk bull"，要翻译为"talk horse"，否则西方人也许真的会以为讲话者说的是"谈论与牛相关的事情"。对于词义冲突的词，通常情况下采用直译或直译加注释都不能有效传递原语的内涵意义，因此不妨使用意译法或"套译法"来翻译。如当"红豆""鸳鸯"用来表达爱意时，可意译为"love bean""love bird"；"Every dog has its（his）day."也翻译为"凡人都有得意之日"。例如，当我们在美国街头看到一辆涂有"I am yellow"的红色或者黑色的轿车时，我们可能只会把它理解为一种交通工具；然而，若有人用同样的方式表达自己，那么我们就需要放弃它的表面意思，把它解读为"我是个胆怯的人"。

　　当然，倘若译者期望译文能如原文一般生动、形象，"套译法"也是比较妥帖的选择。

　　比如，把"他患上了'气管炎'"转换为"He is a hen-pecked man."对比一下：如果我们只是按照字面的意思来理解，那么我们可以将其翻译为"He suffers from tracheitis."（这并没有传达出"气管炎"这个词语中所包含的对妻子的惧怕和顺从）；如果我们选择放弃形象化表达，而直接揭示其深层含义的话,那就是"He is an obedient husband."虽然这种方式更简洁明快,但是缺乏生动的表现力。请再看其他例证:

Love me, love my dog. 爱屋及乌。

as stupid as a goose 蠢猪

老黄牛 work like a horse

像蜜蜂一样勤劳 as industrious as all ant

简而言之,对于那些拿不准的词汇,我们必须格外小心谨慎。在翻译过程中,要经常查阅词典,以提升自己的语言基本功和水平,避免出现错误或不恰当的翻译。

四、词义缺位

词义缺位就是两种语言相互缺乏对应词语。因其文化背景和生活经历的迥异,东西方的生活习俗、信仰体系及对于现实世界的理解也各具特色,同时还包括了语言与非语言层面的影响,导致英汉两语中的词汇意义空缺成为一种常见的现象。例如,中文形容人的勇敢使用"虎口拔牙"这个词,而在英文则对应的是"beard the lion"。中国人崇拜老虎作为百兽之首,主要原因是我们认为狮子并非本土所特有的,因此在汉语里有很多关于老虎的描述,比如英雄虎胆、虎背熊腰等。古代把勇士称为"虎贲",把勇将叫作"虎将",并把兵符命名为"虎符"。然而,西方并没有老虎的存在,所以英国人和美国人都尊重狮子为百兽之首,于是有了"beard the lion""majestic as a lion"这样的说法来表示他们的敬意。

在英汉语中,词义的缺失是常见的问题,这对翻译工作者来说也是一个挑战。当遇到词义上的不足时,翻译人员通常都能够选择音译或者音译加上直译、意译或直译或直译加注解、意译等方式进行处理。

(一)音译或音译+直译、意译

音译法主要运用于人名、地名翻译上,介绍新概念时,一般也可采用音译。比如，英文中由中文翻译而来的词汇数量已经过千种，根据它们的发音来源可以归纳为五类：起源于古代中国的语言，像 China 和 silk；来自广东方言的发音，如 typhoon；福建方言的影响，如 tea；来源于北方口音，包括 kaoliang 的高粱酒和 yangko 的秧歌；最后是基于现代标准普通话的词汇，如 dinghao 的好极了、putonghua 的标准普通话和 tuhao 的地主阶级。汉语中成功的音译英语借词也不少，如幽默（humor）、浪漫（romance）、马达（motor）、休克（shock）等。

译音+直接翻译或译音也是一种有效的解决词义不足的方式。其优势在于，既能尽可能地保留原文的语言和文化特性，又能让本国读者理解并接受原文的语义；同时，当处理词义缺失问题时，还常常会为本国引入新的表达形式。例如：

1）Pandora's box 潘多拉盒子（音译+直译）

2）南柯一梦 Nanke dream（音译+直译）

3）beer 啤酒（音译+意译）

4）楚 Chu kingdom（音译+意译）

(二) 直译或直译加注释

一般来说，原始语言中的文化和讯息能够被目标读者的理解和接收，因此常用的方法是直接转述原文内容的方式来实现这种传达方式——也就是所谓的"直译法"。除了有效地传播出源文的所有相关资讯外，它还能进一步提升并充实到目的文字与文化的深度及广度上去；比如像中文里的一些词汇就来自于英文，包括"show one's cards"，"blueprint"，"blackmarket"，"Braintrust"，"Die hard"，"Tower of Ivory"，"Golden Age"等等都是这样的例子。由于相较于对意义空洞或缺乏明确定义的部分用其他办法来说明会更恰当些，所以我们普遍认同那些负责且认真的翻译人员应该优先选择运用这个策略应对这些问题出现的情况。然而，若是在碰到一些需要解释才能让阅读的人们清楚其含义的单词的时候，强行采取直译可能会导致他们产生困惑感甚至无法领悟句子的真正意思。针对这种情况下的某些特定字眼而言,我们可以尝试利用一种结合直译加上说明的形式予以解决这个问题——也就是说添加相关的解说能让读者了解到该词语原本的意思是什么即可。举个例来说,对于那句话 "The study had a Spartan look" 的正确解读应该是这样子:"This room has some spartan features。(note:Sparta was famous for its simplicity)" 这样的翻译方式使得阅读者能够理解词汇含义的同时,也能增加他们的学识和对东西方文化的了解。例如,"child's play" 可以被解释为 "a trivial or easy matter",而"班门弄斧"则意味着 "to show skill in front of someone who excels at it"。

(三) 意译

实际上,意译是在处理词义缺失时不得已的选择。也就是说,如果所有的方法都不适合翻译语言,那么可以选择意译,以实现双语交流的目标。

Born with a silver spoon in her mouth, Cherry believes she is capable of doing whatever she desires.

雪莉出身于富贵之家,认为凡事都可以随心所欲。

如果你到我的家乡来玩儿,我可以毛遂自荐给你做导游。

If you come to my hometown, I'll volunteer to be your guide.

对于任何一种文字来说,其基础构成元素就是单词或者说是一系列具有特定含义的声音符号组合而成的一组信息单元。无论是英文还是中文都拥有庞大的字汇库来满足各种表达需求;而在这个过程中如果能有效处理好与之相关的意义关联的问题则会极大地提升最终产出的品质水平。这些情况表明:人们对事物的理解方式及他们的文化和历史背景都会通过他们所使用的言辞中得到体现出来——即我们所谓的"同义"关系"parallelism","absence of meaning"和"conflict in meanings";为了确保这种信息的准确无误且流畅传输到其他种类的语文当中去,必须采取适当的方式对其加以解释。

第七章　英汉数字、色彩词、亲属称谓与翻译

不论是数字或颜色，都在人际交流和表达中具有关键作用。尽管它们的应用不受种族和国籍限制，但因各种文化和历史背景的影响，这些元素已经发展出独特的含义。本章首要比较了英语和汉语中的数字及颜色的文化特征，并进一步讨论其对应的译文难题。

第一节　英汉数字与翻译

一、英汉数字文化对比

（一）英汉数字习语结构对比

数字词汇涵盖了数字元素（n）和其他元素（m）两个方面。在这里，我们将根据数字的数量和位置来分别阐述英文和汉语中的数字词汇的构造类型。

1.英语数字习语的结构类型

结合英语数字习语本身的结构特点，其结构可分为以下几种情况。

（1）这个表达式包括了两位数的词汇，它们由并列连词相接，但是也存在超过两位数的例子，它们的形式可以被概括成 e=n1+and/or+n2 的形式。比如，half a pound 和 five days 就是这样的例子。

（2）与第一种情况相似，虽然也包含两个数字，但是它们之间通过介词连接，大致上可以总结为 e = n1 + p + n2。比如，one in thousand（万里挑一）和 ten to one（十有八九）等。

（3）习语是由动词和数字构成的，其形式是 e = v + n。比如，获得最大成功，平分等。

（4）数词习语的构成通常由修饰词或限定词组合，其形式可以简单地表述为 e=m/d+n。这种习语通常只包含一组数值。比如，a fast one（诡计），a deep six（海葬）等。

（5）当介词后面加上数字时，其结构可以简单地总结为 e=p+n1+n2。比如说，by twos and threes（三三两两地）和 to the nines（完美地）等情况。

2.汉语数字习语的结构类型

通常，汉语的数字习惯用词包含了 0 至 9 和十、百、千、万等几个数值。根据这些数值出现的频率，可以分为五种类别。

（1）数字习语中包含一个数字的模式有三种，而这类数字习语的数量最多。

第一，c1（1）= n1 + m1 + m2 + m3 + m4 +……，就像八面风、一言以蔽之等。

第二，c2（2）=m1+m2+n1+m3，如目空一切、莫衷一是等。

第三，c1（3）=m1+m2+m3+n1，如忠贞不贰、表里如一等。

（2）数字习语中包含两个数字，其模式有三种。

首先，c2（1）= n1 + m1 + n2 + m2 这样的数学表达方式十分普遍，其中 n1 和 n2 可以是一致的，例如百依百顺；也可以有所差异，比如四面八方等。

其次，c2（2）= m1 + n1 + m2 + n2 这样的数学术语经常被使用，例如横七竖八、朝三暮四等。

再次、$c_2(3) = m_1 + m_2 + n_1 + n_2$，这个模式的数学术语有气象万千和略知一二等。

（3）数字习语模式中包含三个数字的情况是：$c_3 = n_1 + n_1 + m_1 + n_2$。例如，九九归一等等。

（4）数字习语中包含四个数字，其模式有两种。

首先，$c_4(1) = n_1 + n_1 + n_2 + n_2$。比如说，无数的数量，分为三、四、五等。

其次，$c_4(2)$ 等于 $n_1 + n_2 + n_1 + n_3$。比如，一五一十。

（5）数字习语中包含五个数字的公式可以概括为：$c_5 = m_1 + m_2 + n_1 + n_2 + n_3 + n_4 + n_5$，或者 $n_1 + n_2 + n_3 + n_4 + n_5 + m_1$。比如，不论三七二十一、九九八十一难等，这种类型的数字习语相对较少见。

（二）英汉数字宗教渊源对比

1. 英语数字的宗教渊源

在第六章的阐述中，我们可以明白西方宗教对人们的生活和工作产生了深远影响。同样，语言也不能忽视其影响力，其中的数字受到了宗教的巨大冲击。因此，可以肯定的是，宗教与西方的数字使用之间存在着深远的历史联系。

西方国家人们多以英语为母语，且多信奉基督教，而《圣经》作为基督教的经典，在西方社会中具有举足轻重的作用。《圣经》不仅仅是一部关于西方宗教的史书，还是一部关于西方社会的经典。西方人对于数字的喜好在很大程度上受基督教的影响。基督教往往认为上帝是由三个互相独立的神构成的，即圣父、圣子、圣灵。因此在西方 three 就是一个吉祥的数字。人们往往把事物存在的量或其发展过程一分为三，以示吉利。又如，由于上帝正好花了七天时间创造世界万物，因此"七天"表示一周，变成了世界通用的计时方法之一。

2. 汉语数字的宗教渊源

在中国，数字的运用也受到了诸如佛教、道教等主流宗教的影响。

首先，道教文化的影子深深地影响了数字的使用。作为道教创立者的老子曾在他的主要作品《道德经》里阐述道："道生一，一生二，二生三，三生万物。"基于老子的观点，他相信所有事物都是源自于五行的存在，任何事情的发生都被视为包含了五行相互作用和制衡的哲理观念。所以，人们普遍把数字"一"看作"全体""统一""开端""完满"的标志。同时，道教也强调数字"九"为五行中最强的阳性数字，它意味着"天空"，被视作一种极好的数字。

其次，佛教的理念在中国数字运用中产生了深远影响。比如，"三生有幸"。再者，"道高一尺，魔高一丈"这一说法同样揭示了佛教对于数字运用的深刻影响。

（三）英汉数字文化内涵对比

1. 英汉基本数字的文化内涵比较

（1）英语数字 one 与汉语数字"一"

在英语中，与 one 有关的习语有很多。例如：

quick one 干一杯

for one 举例来说

one and all 大家，所有的人

one for the road 最后一杯

rolled up into one 集……于一身

on the one hand 一方面

looking out for number 谋求自身的利益

one in a million 百万中挑一

one of those days 一段倒霉的日子

one of those things 命中注定的事

number would have been up 节数就要尽了

one lie makes for many 说一谎须百谎圆

"一"作为所有的数字中的第一位，被认为是最重要的数字，这一观念可以在道教及佛教的历史上寻得根源。自古以来，中华文明历经多次分离与合并的过程，由不断分裂到不断融合的过程中，每次的结合不仅仅代表着某种势力的重新凝聚，也象征了人类日益增长的团结力和决心。

在当今世界，"一"的理念在人们的日常生活中有着显著的表现。大量的成语是由"一"组成的。比如，一次性解决所有问题、勇往直前、全神贯注、从一片树叶就能看出秋天、一次投资就赚取巨额利润、始终保持不变等等。此外，还有许多其他例子：

一失足成千古恨。

一唱雄鸡天下白。

救人一命，胜造七级浮屠。

一年之计在于春，一天之计在于晨。

（2）英语数字 two 与汉语数字"二"

在英语文化中，冥王（pluto）对每年的第二个月的第二天有着极高的重视，因此 two 常常并不被看作是一个吉利的数字。总体而言，在英语里，two 既包含了正面的意义也带有负面的影响。例如：

two can play at the game 这一套你会我也会

two of a trade never agree 同行是冤家

it takes two to tango 双方都有责任

be of two minds 三心二意

be in two minds about something 决定不了

在汉语中，数字"二"为偶数之首，受道教和佛教的影响，中国人自古就喜欢偶数，人们认为偶数是一种圆满的象征。偶数虽然受到中国人的喜爱，但是数字"二"在汉语中的使用并不多见，数字"二"多以其他形式出现，如"两""双"等。例如，成双成对、两面三刀、两全其美、两情相悦、两小无猜、两袖清风等。

（3）英语数字 three 与汉语数字"三"

在英文数字文化的背景下，"three"占据了关键的位置，它被视为完整的代表，其含义包括"起点、过程及终点"等。这种对于"three"的态度与中文中的"三生万物"理念存在一定的共通之处。他们相信宇宙是由三种元素组成，分别是地球、海水和大气；人类身体也具备三大特性，分别为肉身、灵魂和精神。英文中有许多关于"three"的成语。比如：

three-ring circus 热闹非凡

three in one 三位一体

three times three 连续三次三欢呼

three sheets in the wind 飘飘欲仙

three sheets in the wind 酩酊大醉

three score years and ten 一辈子

give three cheers for 为……欢呼三声

When three know it, all know it.

三人知，天下晓。

All good things go by threes.

一切好事以三为标准。

It is the third occasion: I fervently wish fortune lies in odd figures.

这是第三次，我希望好运气在单数。

The third time's the charm.

第三次准灵。

The wickedness of a woman and the evil are three-quarters more severe than one another.

一个坏老婆和一件坏事情比坏事情还要坏。

Three's a crowd.

当两个人想要在一起时，第三者就会显得困扰。

Never shall he be worth two pence, born on a planet of three and fifty cents.

人们如果生活在财运行星的三个半便士之内，那么他们绝对不会有两个便士。

与英语中 three 的重要地位一样，汉语中的数字"三"在中国文化中也具有悠久的历史，备受推崇。在中国传统文化中，"三"一直是一个极具代表性的数字，老子认为"三生万物"。在中华文化中，"三分法"原则在很多方面都有体现。例如，道教中的三清指"玉清、太清、上清"；三灵为"天、地、人"；古代三纲五常中的三纲指"君臣、父子、夫妇"。汉语中有关"三"的习语数量也很多，涉及很多领域，且含义褒贬不一。例如，三令五申、三思而行、举一反三、三顾茅庐、三户亡秦、狡兔三窟等成语。此外，还有很多和"三"相关的习语。例如：

三年橡材六年柱，九年变成栋梁树

一二不过三

冰冻三尺非一日之寒

无事不登三宝殿

三脚踹不出个屁来

不孝有三，无后为大

三更半夜出世——害死人（亥时人）

三个鼻孔——多股子气

三个指头捉田螺——稳拿了

三张纸画个驴头——好大的脸

三间屋里两头住——谁还不知道谁

三九天种小麦——不是时候

三九天穿单褂——抖起来

三人两根胡子——须少

三伏天的太阳——人人害怕

（4）英语数字 four 与汉语数字"四"

在英语里，four 这个数字在历史上有多种解释，但其最根本的意义通常是描述物质世界的元素。比如：

the four corner of the earth 四个角落

"四大自由"指的是四个基本权利：表达意见的自由、宗教信仰的选择权、满足需求的能力和避免恐慌的安全感。然而，在中国文化背景下，对这个词有不同的理解。由于"四"字发音同"死"相似，所以它被视为一种不幸的象征。这导致了许多人尽可能地回避任何可能包含"四"字的事情，比如购买汽车或住宅，或者挑选电话号码等。

事实上，古代中国人并不像我们现在这样对"四"产生反感。相反的是，在中国的文化传统里，"四"所代表的全是正面的含义。比如，在道家的观念中，"道、天、帝、王"被视为四个重要的概念；而在佛学上，他们把构成世界的四大基本要素定义为：水、土、火和风；至于儒家思想，他们的道德标准是"孝、悌、忠、信"这四个方面。此外，无论是从自然的角度看还是从空间的角度讲，汉字中的"四"总是频繁出现。同时，在汉语里面，"四"也是一种稳定性的象征，比如说有四只脚的桌子或椅子就非常稳定，也就是所谓的"四平八稳"。但是，当我们在俚语当中看到这个数字的时候，它往往带有负面的色彩。举例来说，我们会用"说三道四"来形容一个人爱多嘴，或者会用"七个铜钱放在两个地方"——"不三不四"这样的说法来描述一个人的行为举止不够规矩。

（5）英语数字 five 与汉语数字"五"

由于西方文化对 five 有负面的看法，所以其在英语中的词汇构建能力相对较弱。然而值得注意的是，尽管如此，英文中的 Friday（即星期五）因其与基督教的关系而具有丰富的含义和应用场景。许多人都信奉基督教，其中耶稣于周五被处以极刑，故此，他们视之为耶稣的受难之日。与此相关的英语表达方式也相当丰富。

Friday face 神色不佳之人

Pal Friday 极受信赖的女秘书

Girl Friday 得力助手（尤指女秘书）

Man Friday 男忠仆

在耶稣受难的那一天，也就是复活节前夕的星期五。

在中国传统文化里,"五"这个词占据了重要的位置并产生了广泛的影响力。古时候的中国把宇宙分为五个基本要素——金、木、水、火、土——被称为五大元气或五大属性(也称作"five elements")。这些属性和它们之间的相互作用关系是这样的:金能制服木头而生长于其上;土地可以控制水的流动;流水能够熄灭火焰但也能被土壤所吸收;烈火会熔化金属,但是也可以由它产生出来;还有就是"铁器可锻造出钢材却又从钢铁得到它的原料"。这种阴阳平衡的关系反映了一种中国人特有的世界观,并且也是一种辩证思考的表现形式之一。同时,这一理论对于我们国家的哲理也有着一定程度上的影响力。此外,中文中有许多关于"五"的表达方式,如以下例子:

五德:温、良、恭、俭、让

五谷:黍、稷、麦、菽、稻

五味:酸、甜、苦、辣、咸

五色:青、赤、白、黑、黄

五音:宫、商、角、徵、羽

五度:分、寸、尺、丈、引

五服:斩衰、齐衰、大功、小功、缌麻

五经:《周易》《尚书》《诗经》《礼记》《春秋》

五官:耳、眉、眼、鼻、口

五脏:心、肝、脾、肺、肾

五刃:刀、剑、矛、戟、矢

五毒:蛇、蜈蚣、蝎子、壁虎、蟾蜍

除了和其他数值一起使用的情况外,例如一群人、世界各地、三位皇帝和五个部落等,"五"这个数字通常被赋予积极的含义。然而,有些人可能由于其读音类似于"无"和"乌"而对它产生反感。

实际上,对数字"五"的不满早在古代就有所体现。一句古老的成语可以作为证据:"善正月,恶五月"。从周朝开始,民间便有关于"五月五日出生的孩子不能抚养"的观念,所以"五月五日"被视为一个禁忌的日子。然而,随着时代的发展,人类对数字"五"的恐惧正在逐步消退。

(6)英语数字 six 与汉语数字"六"

英文国家的居民通常对数字六持有消极的态度,他们相信所有包含这个数的数字都带有不幸的含义。比如,"666"在基督教信仰里代表了恶魔;而耶稣殉道的那天是星期五,其字母总和恰好等于六。因此,我们可以看出,在英美文化的背景下,"6"是一个负面的象征。这一观点可以从下列惯用短语中得到证实。

six penny 不值钱的

six of best 一顿毒打

six and two three 不相上下

hit for six 彻底打败,完全击败

at sixes and sevens 混乱无序、迷失方向、困惑不解

six of one and half a dozen of the other 两者差别微乎其微

six to one 六对一(意味着极其有把握),结果十分接近,差距巨大

the six – foot way 铁路(两条轨道间的距离 six – foot)

相较于英文里的"six",数词"六"在中文里拥有许多正向且协调的意思象征,并有大量以其为基础构建的习惯用语存在。比如:顺利无阻(Six Six Double)、完美齐备(Double Fullness of Liù)等。

再看下面的说法。

六亲:父、母、妻、子、兄、弟

六行:孝、友、睦、姻、任、恤

六神:日、月、雷、风、山、泽

六畜:牛、羊、马、鸡、狗、猪

"六"这个数字在人们的日常生活里备受宠爱,尤其是在乡村地区,他们更倾向于选定农历里的初六、十六和廿六作为结婚的日子。中国人在许多领域都表现出对数字"六"的热爱,例如他们在挑选电话号码或车辆登

记编号的时候，往往会偏向那些以"六"结尾或者包含"六"字的组合。他们的目的是借助这样的号码来祈求幸运，期待所有事情都能顺风顺水。

（7）英语数字 seven 与汉语数字"七"

在西式文明里，seven 具有丰富的象征意义。它代表着人类所追求的七项品质，也暗示人生的七大阶段和对七种恶行的定义。此外，英文单词"seven"与"heaven"有着相似的字形和发音，这使得它们深受英国人和美国人的青睐。

依据毕达哥拉斯学派的理论，seven 代表着一种吉祥。在古代，西洋人将日、月、金星、木星、水星、火星和土星这七个天体与神紧密联系在一起，对于西洋人以及全球文化产生了深远影响。

此外，众多英国民众坚信人类的身体和心理状态会在每个七年的周期内经历显著的变化，而儿童在他们第七个生日的时候，其思维方式与个性也会产生巨大的转变，并且还存在着所谓的"七岁定终身"这一说法。

"七"作为一种具有深厚文化的数字，常常与重大事件如时间和命运联系在一起。比如，《黄帝内经》就提到了这样一个规律："当孩子出生时，他们的第一颗牙齿会在农历七月份开始生长；而到他们七岁的时候，所有的牙齿都已经完全发育好；十四岁左右，女孩子会迎来月经初潮；女性的生育能力将在四十九岁这一年彻底消失。"此外，中国传统文化也将"七"看作女性的生命周期的标记。在中国的传统丧葬仪式上，人们认为死亡后的第七个日子被称为"头七"，之后每隔七日举行一次祭拜活动，直到完成整个七七四十九天的哀悼期才算结束。

在汉语文化中，"七"还经常与"八"连用。例如，七零八落、七拼八凑、乱七八糟、七手八脚，这些说法多含贬义，比喻杂乱、无序。

此外，关于七的神秘说法还有很多，如天有"七星"，人有"七窍"，神话有"七仙女""七夕节"，古诗有"七律""七言""七绝"等。

（8）英语数字 eight 与汉语数字"八"

对于西方人来说，他们普遍喜欢用一种流行的方式来解读数字 8，即它看起来就像两只手环相互紧贴并垂直放置，这象征着快乐和永恒的结合，而如果将其水平排列则表示无限大，这两种含义合二为一便意味着"永远充满幸福的时光"。

在《圣经·马太福音》中，eight 是个福音数字。其中记载了耶稣曾经在给弟子布道时谈及的八件幸事，继创世六日及安息日而来的第八日，象征复活，它宣告未来永恒时代的到来。同时，eight 还意味着幸运之意，在上帝惩罚人类的大洪水中，只有八个人靠诺亚方舟（Noah's ark）逃生。

然而，在花式撞球爱好者眼中，eight 是一个不吉祥的数字。这款游戏里的 8 号黑球通常代表着危险，例如在英语里，behind the eight ball 意味着处于困境或不利的位置。

在中国传统文化里，"八"这个数字备受青睐，原因在于它的读音同"发（财）"相似，象征了富有、幸福及满足的生活状态。无论是门牌号、房号、手机号或是日期等等，一旦包含"八"就会被认为是非常吉祥如意的。比如"518"由于其与"我要发"谐音，成为抢手的电话号码、汽车牌照、手机号码等。任何日期中的月份或者具体的日期若含有一个"八"字都被视为极好的日子。另外，"八"字也常常用以为物品命名。举例来说，食物名字包括"八宝粥""八珍"；地理位置词包括"八方"；家居用品名为"八仙桌"；算卦时会提到"八卦"；战术上也有"八卦阵"；文学作品里有"八股文"；军事组织则被称为"八旗"。

（9）英语数字 nine 与汉语数字"九"

在西式文化的语境下，九这个数字被赋予了深厚的含义，这主要归功于毕达哥拉斯学派对"3"的解读——它象征着三一神圣之力，三个连续的"3"构成了一个完整的整数，因此，九也具备丰富的文化底蕴。传统上，西方文化倾向于把九看作快乐、完善、永恒和繁多等意义的体现。比如：

be dressed up to the nines 打扮得很华丽

on cloud nine 得意扬扬，心情非常舒畅

A cat has nine lives. 猫有九条命。

第七章　英汉数字、色彩词、亲属称谓与翻译

在西方的神话传说和宗教仪式里，nine 的出现频率相当高。比如，天空有九重，地狱分为九层。再者，北欧神话故事中的奥丁神在世界树上悬挂了九天九夜，从而揭示了古代文字的秘密。

然而，在历史长河中，盎格鲁-撒克逊人常把 nine 视为一个不吉利的数字，他们经常使用它来治疗疾病、占卜或驱逐魔鬼。

在中国传统文化里，"九"这个数字常常象征着"天数"。由于与"久"字发音相似，所以古代君主经常利用"九"去表达他们对权力的永恒延续及国土的长存无疆之意。最明显的例子就是位于北京的故宫，它拥有 9000 多间房屋，三大主要厅堂都设有一个九龙宝座，而宫门则分为九层，宫殿和大中小型城门的黄色门钉均呈横向九列纵向九列分布，总计为九九八十一个。此外，故宫内的宫殿楼梯数量均为九步或者九的倍数。作为皇帝祈祷天地神明的圣地——天坛，它的圆形祭坛、护栏以及祭坛上的石头数量也都以九或九的倍数呈现。而在民间习俗方面，"九"同样代表了吉祥如意。比如，每年的农历九月初九，两个九叠加在一起，皆为阳性数字，于是被称为"重阳节"。

再者，在中国传统思想里，常常把最为崇高、最为久远、最多的、最远的、最深入的和最大的事物赋予"九"这个数字来命名。

（10）英语数字 ten 与汉语数字"十"

在西式文明里，"十"通常带有积极意义。依据毕达哥拉斯理论体系，10 是由最初四位整数相加得出（即 1 + 2 + 3 + 4 = 10），象征全然与完善。这是从 9 到 1 的回溯过程，暗示了所有事物都源自此处并终归至此。此外，英文中也存在许多以"ten"为基础的词语。

ten to one 十之八九

the upper ten 社会精英

feel ten feet high 趾高气扬

"十"这个数值在中国传统文化里被视为幸运和受欢迎的象征，深得大众的青睐。

自古以来，学者们如语言专家兼历史研究者许慎就在其著作《说文解字》里对数字"十"的书写方式做了详细解析：他认为"一横代表东方与西方；而垂直线表示北方及南方——这样一来便涵盖了整个世界四个方向加上中心点都包含其中"。同时他也常常把这个数目看作完美无瑕的存在，并由此产生了许多以它为主题的相关词汇比如完全美好（ten perfect）或者非常充足（full ten）等等这些表达式都是基于此而来。

（11）英语数字 thirteen 与汉语数字"十三"

在英文语境里，十三是一个被认为是不幸与厄运的代表，它常常暗示着"不幸"，"恶兆"。这个观念有着悠久且深刻的社会历史根源。在欧洲的中世纪时期，行刑架共有十三级楼梯，吊索上分布了十三个套环，而刽子手的工资则为十三枚硬币。时至今日，高楼大厦会隐藏掉第十三层的标识号；电影院、航空公司、铁路系统等等都不设置第十三排位置，公交车路线也没有十三号线，部分图书也跳过第十三章节。由此可知，西方社会对于十三的厌恶情绪非常强烈，所以衍生出了许多关于十三的相关表达方式。比如：

the thirteen superstition 十三的迷信

unlucky thirteen 不吉利的十三

在基督教经典里，有关 number thirteen 有着许多解释。比如，夏娃和亚当违背上帝命令的那一天就是第十三天；最后一次共进晚餐时，叛徒犹大——也就是那位第十三个座位的客人——正是他出卖了耶稣。同样的，耶稣被钉死的日子恰好也是十三号。因此，大多数西方人都相信，如果某件事发生在这一天，那么它可能会带来不幸。在他们的日常生活里，他们对于数字十三的态度就如同我们中国人在面对四这个数时的态度一般。

从整体上来说，汉语中的数字"十三"不像英语中的 thirteen 那样具有文化凶义，有时甚至还具有积极的文化内涵。例如：

明朝皇帝的陵墓有十三座，被统称"十三陵"；清代京腔有"十三绝"。

"十三辙"是北派戏剧的韵律标准；而儒家学说的主要著作则被命名为

《十三经》。

"十三妹"是晚清作家文康笔下的传奇女性角色。

"十三太保"是北京同仁堂药店的十三种最著名的中药制剂的总称。

2. 比较英汉基数词和序数词的历史文化意义

在英汉两种语言中，有许多关于基数词和序数词的习惯用语表达，它们在数量和文化含义方面也存在很大的差异。

（1）大量的英文习语由基础词汇（如基数词）与顺序词汇组成，而这些组合中的大部分是由顺序词汇构建而成，占据了总体比例的42%。在这组数据中，仅有 thirteen, fourteen, sixteen, seventeen 等的基数词未被使用来构造新的习语：

one and only 唯一

be at one 意见一致

on all fours 匍匐着

one or two 一两个

take fives 休息一会儿

seventy times seven 很大的数目

at sixes and sevens 乱七八糟、杂乱无章

在英语里，序数词的习惯用语主要集中在 first、second、third、fifth 这四个数字上。例如：

take the fifth 拒绝回答

second birth 精神上重生

first and last 总而言之

the third degree 刑讯，逼供

（2）在汉语中，大部分数字习惯用词都是基数词，而序数词则相对较少。比如，"一蹶不振"、"知之甚少"、"一言一行"、"一时半刻"和"一鳞半爪"等。

二、英汉数字文化翻译

（一）保留数字直译法

通过使用保留数字的直译方法来翻译英汉的数字习语，这不仅有助于保持数字的文化象征意义，还能在很大程度上填补英语中汉语数字习语典故的语义缺口，让译文更易于理解。例如：

七嘴八舌 with seven mouths and eight tongues

十年树木，百年树人。

A century is all that it takes to nurture people, yet a decade is necessary to cultivate trees.

（二）保留数字套用法

保留数字套用法是通过利用人类思维认知的一致性，将中文中的部分习惯用语与英语中相同的部分进行对应。这种翻译方式有两个主要情况。

（1）数字的大小可能会发生改变。例如：

一个巴掌拍不响。It takes two to make a quarrel.

（2）采用套用的方式也可以完全忽视数字所代表的文化象征，而是利用译入语中原有的含义进行翻译。例如：

五十步笑百步。

The pot calling the kettle black.

不管三七二十一。

Throwing cautions to the wind.

根据以上两个条件，翻译者应当考虑是否在习语中保留数字或替换其。

（三）通俗共用翻译法

对于英汉数码习语中内涵和形态相似的同义数词，通俗易懂的译文方案一般被采用。这些翻译方法不但能够最大限度地体现原作在内涵、形态以及色彩上的特点，还能适应译文在这些领域的独特风格，从而实现普遍适用性。比如：

in twos and threes 三三两两

kill two birds with one stone 一举两得

（四）舍弃数字意译法

抛弃数字翻译法是指保留数字词汇所代表的含义，可以适度地超越形式的束缚。这种翻译策略在许多场合都能应用，但可能会舍弃原文的形象描述。比如：

过五关斩六将 to experience many hardships

你在商界享有极高的声望，人脉广泛，真是无所不通。

Your standing in the corporate world is of a lofty stature.

第二节　英汉色彩词与翻译

一、英汉色彩文化对比

（一）英语 white 与汉语"白"

1. 英语中的 white

在西方文化中，white 的文化含义非常丰富，主要体现在以下几个方面。

（1）白色被视为纯净、清晰和明亮等的标志。在英语国家，新娘通常会穿上这种颜色的婚纱，以此来表达她们的无瑕美丽。另外，white 也是爱情坚贞不渝的标志，比如说白玫瑰。

（2）象征幸运、善意。例如：

a white day 吉日

days marked with a white stone 幸福的日子

a white lie 善意的谎言

（3）象征着诚实和合规。英文单词"white"可以进一步解释为"诚实"

之类的意义。比如：

  a white man 忠实可靠的人

  a white spirit 正直的精神

  stand in a white sheet 忏悔

  white hope 被寄予厚望的人或事

  white light 公正无私的裁判

  white-handed 正直的

（4）尽管白色通常代表美好和纯洁，但在某些情况下，也可能被视为负面的标志或者引发消极情感。比如，战败者可能会通过展示白旗（white flag）向敌人表明他们愿意投降；而在竞技场上的斗鸡比赛里，如果某只鸡放弃了战斗并竖起了脖子顶端那根带有少许白色的羽毛，那么就会有"show white feather"这个说法出现。又例如下面这些例子：

  white trash 是指那些缺乏教育、生活贫困的美国白人。

  white night 不眠之夜

2. 汉语中的"白"

在中国的文化背景下，白色具备深厚的文化含义，主要体现在以下几点。

（1）象征着纯粹、清澈和无杂质。比如，《增韵》里提到过："白就是单纯的，也是干净的。"而白色同时也有表示没有其他任何附加物的含义。举例来说，白色的肉类，白色的汤品，还有白开水。

（2）在中国古代，普通百姓日常穿着的是未经任何装饰的白色衣物。"白衣"象征着无文化与地位的贫困阶层。

（3）在中国的传统文化里，丧事需要穿上白色的孝服，因为这代表着悲伤和死亡。

（4）代表着滞后和对立的态度。

（5）在当今世界里，对于女性的美丽与婴儿的健康状况，我们通常以是否为白色作为衡量准则。大众普遍觉得漂亮的女人应该是皮肤白皙，所以中国有着"一白遮百丑"的谚语,同时,我们也把婴儿健康的标志看作"又白又胖"。

(6)诠释狡猾和隐蔽。比如,那些背信弃义者被称作"白眼狼";而在京剧脸谱里,白色象征着诡计多端,像是在戏曲表演中的反派人物就被称为"唱白脸"。

(二)英语 yellow 与汉语"黄"

1. 英语中的 yellow

在西方文化里,yellow 这个常见的颜色有两种含义,一种是褒义,另一种则为贬损。在英语中,yellow 的贬义主要体现在以下几个部分。

(1)黄色象征着胆怯和懦弱。在英文里,黄色可以带给人们欢乐和激动的情绪,但有时候它也可能导致情绪波动,常常与懦弱和胆小相关联。例如:

yellow dog 懦夫,胆小鬼

yellow livered 胆小鬼

yellow streak 性格中的怯懦

(2)表示警告、危险。例如:

yellow line 黄色警戒线

yellow flag 黄色检疫旗

yellow warning 黄色警告

(3)因此,秋天的落叶萧条、死去或枯黄可能是病情的象征。

yellow blight 枯黄病

yellow leaf 枯叶

yellow fever 黄热病

(4)表示用低俗的语言吸引读者的报纸或新闻。例如:

yellow journalism 黄色新闻

yellow press 色情出版

(5)yellow covered 是指由法国出版的以黄色为主色调或者封面的低价

小说。这个词汇代表着不值钱、廉价且无用的东西。

（6）表示非法契约或组织的名称。例如：

yellow-dog contract 是美国劳资关系中，雇员不参与工会的协议。

黄色工会在 yellow union 中，经常随时准备发起罢工行动。

（7）表示种族歧视。例如：

希特勒在 yellow peril 中宣扬了黄种人对西洋文明的威胁，这对于东方文化来说是一个危险。

Yellow badge 是纳粹德军让犹太人佩戴的标记。

在西方文化中，yellow 的褒义含义主要表现在以下两个部分。

（1）象征财富。例如：

yellow 金币

（2）表示荣誉或竞技。例如：

获得 yellow jersey 环法自行车赛夺冠奖励的物品

将士们在 yellow ribbon 的战斗中展现出了团结统一的精神。

另外，在美国，黄色也代表着对亲人的思念、回忆和期望。比如说，yellow ribbon 不仅代表战斗精神，还被用来指示我们在书本、汽车或任何时候挂上的黄丝带，以此希望正处于海外困境中的亲人能尽快回家。

2. 汉语中的"黄"

在中华文化的背景下，黄色被视为一种独特且复杂的象征色彩。可以理解的是，自远古时代起，黄色便已深深地融入中国的传统文明之中。然而，无论是在过去还是现在，人类都为黄色赋予了许多独特的文化和心理含义。概括而言，黄色的文化底蕴可归纳为如下几点：

（1）代表帝王权威和高尚身份的中国，通常会用黄色来表示其崇高的位置。尤其在中国传统的封建制度里，黄色被视为权力的重要标志。比如，"黄袍"就是专为君主设计的服装，而"黄榜"则指代由皇帝发布的通告。另外，古时建筑只允许皇家宫殿和墓地采用黄色琉璃瓦。因此，我们可以看出，黄色具有至上的含义。

（2）"黄色"在中国传统文化里也具有一种特殊的含义，代表着神圣的力量。比如，"黄道吉日"指的是适合办事的好日子；"黄表纸"是在向神明祈祷时焚化的纸张；而"黄泉"则意味着地下的幽冥世界。

（3）黄色象征着富饶。中华民族起源于黄河流域，由于金子与成熟的谷物呈现出黄色，所以黄色也被视为富饶的标志。在过去，大户人家常常使用各式各样的黄金器皿，并佩戴各种黄金首饰，这是为了展示他们的财富或者尊贵的地位。

（4）因为婴孩的发丝柔软且呈淡黄色，因此"黄"字常常被用作对儿童的描述，例如"黄童白叟"这个词语。此外，"黄"字也被用于讽刺那些未曾经历过世界磨炼和缺乏经验的年轻人的愚蠢行为，比如"黄口小儿""黄毛丫头"等等。

（5）"黄色"在当代中文文化里被赋予了一种与色情和淫荡相关的含义，例如"黄色书籍""黄色照片""黄色杂志""黄色歌曲""黄色影片""黄色笑话"等等。

（6）在中国的戏剧艺术里，黄色的面部特征象征着凶残和暴力。

（三）英语 red 与汉语"红"

1. 英语中的 red

在西方文化里，red 的消极含义更为突出，主要体现在以下几点。

（1）在西方，假如账单或亏损表中的净营业收入金额为负数，我们通常会用红字笔来强调表示。因此，red 可以被用于描述负债和亏损。例如：

red ink 赤字

red figure 赤字

in the red 亏本

red balance 赤字差额

（2）红色象征着狂暴和流血。所以，西洋人经常把 red 与流血、狂暴、危险以及激进的概念联系在一起。例如：

red alert 空袭报警

a red battle 血战

red revenge 血腥复仇

（3）红色象征着放荡和淫秽。由于它的鲜明度极高，因此在西方人文化中还蕴含了欺骗、罪恶之美等暗喻含义。例如：

paint the town red 花天酒地地玩乐

a red light district 红灯区（花街柳巷）

（4）red 通常用来表示愤怒和羞愧。人在生气或害羞的时候，会脸红，因此 red 也常被用来描述这种情绪。例如：

to see red 使人生气

become red-faced 难为情或困窘

waving a red flag 做惹别人生气的事

（5）另外，red 在西方文化中也常被用作褒义词，代表着尊贵、荣耀和敬仰。比如，在电影节的开幕式或欢迎其他国家领导人的活动中，主办方通常会铺设红毯来欢迎来宾。

2. 汉语中的"红"

中国人民极度钟爱的喜庆色彩就是红色，这是一种受到广大人群尊崇的颜色，通常都蕴含着积极的文化意义，主要体现在以下几个方面。

（1）中国人对于红色的理解主要体现在热情、欢乐、喜悦和祥瑞等方面，同时也代表了好运气和财富。古时候，皇室成员通常会选择把他们府邸的大门涂成红色，以此来彰显他们的高贵身份。而今，无论是在庆祝节日或是举行婚礼的时候，我们都会使用红色作为主导色彩。比如，我们会张贴红色的对联，悬挂红色的横幅，还会剪裁红色的丝绸。当新生儿出生时，我们会赠送红鸡蛋；而在举办婚礼时，我们会粘贴红色的囍字，并铺设红色的床单和枕套等等。甚至于，每逢本命年，无论是成人或儿童，我们都习惯佩戴一条红色的腰带，相信这能带来幸运和避免厄运。

再者，象征繁荣与进步的词汇包括"开门大吉""脸色红润""太阳当空照""盈利""红包""分红"等等；而代表着成就与完美的词汇则包含

"一炮打响""演出火爆""红到极致""一度炙手可热"等等。

（2）中国文化的象征色调之一就是红色，它代表着忠诚与正直。特别是在戏曲表演里，红色通常用于描绘那些具有高尚品质和坚定信念的人物形象。比如，关羽这个角色常常以其鲜艳的红润面容出现在舞台上，他被视作一位无私奉献、英勇果敢的战士。同时，人们也经常使用"一颗炽热的心""纯洁的孩子""勇敢的决心"等等词汇来形容这些英勇之士，并以此激发自己的斗志。

（3）因为红色和血液、烈焰紧密相关，所以它也象征着战斗，从而赋予了这个颜色更多的进步的革命含义。比如"红军""红旗""红区"等。

（4）在当代的中文里，红色代表了活力、健壮与乐观进取的精神。比如"红光满面""红润"等等。

总而言之，无论是东方还是西方人士都对中国的代表色彩——红色有着浓厚的兴趣和欣赏态度；同时它也被视为一种独特的中华文化的标志元素。然而在中国语言里，"红"也可能被赋予负面含意：比如用以描述某些负面的情感状态时会使用到诸如"脸红""面色潮红"，或者"红眼"等等词汇来形容人的面部表情或眼神呈现出的状态。

（四）英语 black 与汉语"黑"

1. 英语中的 black

黑色的含义在西方文化的语境下通常与"死神"联系在一起，这表明它具有更强烈的负面意义。英文中的黑色文化底蕴可以从以下几方面来理解。

（1）悲伤、死亡和困苦是黑色的象征。在欧美国家，人们认为黑色能够营造出庄重而神圣的气氛，使人感到敬畏，因此它成为了丧礼上的专门颜色。比如，黑色的面纱、黑色的眼睛和黑色的围巾都被用来表达对逝者的哀痛之情。

（2）常被用来描述情绪低落、心境恶劣、脸色不佳或者状况未知。例如：

black-browned 愁眉苦脸的

to be in a black mood 生气，发脾气

be/go black in the face 非常生气

再如，Black Tuesday 指的是 1987 年 10 月 19 日星期二那天华尔街股市崩溃，进而引起世界各地股市的接连崩溃这一特定的历史事件。black economy（黑色经济）指国家经济的一部分，但是建立在未申报收入的基础上，且无法估计税额，实际上属于非法收入。

（3）表示耻辱、不光彩、邪恶、犯罪。例如：

Black Man 邪恶的恶魔

a black eye 丢脸、坏名声

black guard 恶棍、流氓、坏蛋

black deeds 卑劣的行为

black lie 阴险的谎言

blackleg 骗子、工贼

black magic 邪恶的魔力

（4）象征着庄重、严谨和谦逊。black 的色彩深沉且朴素，是西方传统服饰的主要颜色。例如：

black suit 黑色西装

black dress 黑色礼服

（5）black 的含义是盈利，与 red 形成鲜明对比。在西方社会中，人们通常用记账时使用的黑体字来标识盈利数值，因此就产生了 in the black（盈利、有剩余）的表述。

（6）在基督教的经典里，黑色代表着罪孽、鬼怪与阴暗面。比如：

black box 黑匣子（意味着灾难或不幸）

Black Mass 黑弥撒

（7）表示没有希望。例如：

black news 坏消息

the future looked black 前景黯淡

此外，black 还有许多引申义。例如：

black tea 红茶

black mouth 诽谤者

黑手党，也就是 black hand，是一种进行罪恶行动的黑帮组织。

black humor 黑色幽默

a black-letter day 倒霉的一天

2. 汉语中的"黑"

黑色的文化底蕴相当丰富且包含了正反两面评价。首先，由于它代表着黑暗与光亮的对比元素，所以通常不受人喜爱；然而，它的中性和稳重的特性也常常受到人们的尊敬。更深入地讲，中国语言里的黑色具有多种深厚的文化意涵。

（1）代表着高尚和严肃。在春秋时代，黑色的服装被视为官吏们出席会议时的标准装束，这可以从古籍《毛诗故训传》中找到证据："缁，即为深色调，它正是用于描述高级官员参加早会的标准制服。"此处提及的是一种由黑色丝绸制作而成的礼服，以此来彰显它的崇高与肃穆氛围。由此可知，黑色在古代的角色并非微不足道。即便是在现代社会，黑色依然具备"庄严、显赫、正规"的意义。举例来说，大众普遍觉得黑色车辆给人感觉稳定且厚实，能够塑造出富有权威感的形象。

（2）象征着坚定不移、公正无私。在戏剧舞台上，人们通常使用黑色或以黑色为主色调来描绘刚毅、严肃和忠诚的角色特性，例如包拯、李逵、尉迟恭、张飞等角色的脸谱颜色都是黑色。

（3）因为通常与黑暗联系在一起的颜色为黑色，所以它具有基本负面的象征意义。每当我们想到夜晚的时候，我们可能会感受到恐惧和孤独，而一旦看见那些以黑色为主体的生物，比如乌鸦、猫头鹰或者猪等等，我们会对其产生一种反感和排斥的感觉。另外，在中国人的观念中，黑色代表着地下的阴间世界，被视为鬼神的颜色。

（4）黑色还象征着反动、邪恶等。在现代汉语中，有很多用黑色来表示的词语都说明了"黑"不受欢迎的一面。例如，黑手、黑话、黑幕、黑市、黑人、黑户、黑店、黑心、黑帮、黑货、黑会、黑枪、黑金、黑账、黑交易、黑道、黑车、抹黑、黑社会、黑势力、背黑锅、黑爪牙、黑干将、黑名单、黑色收入等。

（五）英语 blue 与汉语"蓝"

1. 英语中的 blue

blue 的文化含义在英语中主要体现在以下几个方面。

（1）blue 象征着尊严和对美好事业的渴望，被认为是选举者或领导人的标志。例如：

blue book 蓝皮书（用于刊载知名人士）

blue ribbon 蓝带（象征荣誉）

（2）blue 象征着宽广、力量和永恒。常常让人想到如天空和海洋等宽广的事物。比如，我们常常把天空和海洋称为 the blue。

（3）蓝色也被用于暗示负面的意义，例如哀伤、虚无、寒冷和抑郁等。比如：

In blue mood/having the blues 情绪低落，感到压抑，忧郁

blue devils 蓝鬼（沮丧、忧郁的代名词）

a blue Monday 倒霉的星期一

blue about the gills 脸色阴郁，垂头丧气

blues 曲调忧伤而缓慢的布鲁斯

此外，还有一些带有 blue 的英语短语。

blue chip 热门股票，蓝筹股

a blue-collar worker 体力劳动者

a bolt from the blue 晴天霹雳

blue-pencil 校对，删改

to be blue with cold 冻得发青

till all is blue 彻底地

into the blue 无影无踪，遥远的

a blue film 黄色电影

blue revolution 性解放

2. 汉语中的"蓝"

在自然的颜色里，我们常常感受到的是清新的蓝天和广阔的大海所带来的愉悦感。然而，在中文词汇中，"蓝"这个字并没有太多的延伸含义。无论是古文或是现今的文章，"蓝"字往往只是针对特定的事物使用，缺乏其他更广泛的意义。例如，在《荀子·劝学》一文中，有句诗"青出于蓝而胜于蓝"；而在白居易的《忆江南》这首诗中也有这样的描述："日出江花红似火，春来江水绿如蓝。"

如果说象征意义的话，在现代，蓝色的一个比较常见的代表意义是"依据"。例如，"蓝本"原本是指书籍正式付印之前为校稿审订而印制的蓝色字体的初印本，后来专指撰著、改编等所依据的底本、原稿。又如，"蓝图"一词源自英语单词 blueprint，原指设计图纸，因其为蓝色而得名，现在也用以喻指建设所依据的设计、规划以及人们对未来的宏大设想等。

此外，在中国文化里，蓝色也被视为稳定、冷静、勇敢以及纯净的象征。比如，在古老的戏剧中，蓝色的面部特征象征着坚韧和勇气。

（六）英语 purple 与汉语"紫"

1. 英语中的 purple

在英语文化里，purple 被看作尊贵的颜色，其文化含义主要体现在以下几个方面。

（1）紫袍象征着尊贵、高尚、优雅，以及权力和荣誉。古代的皇帝和有影响力的官员都身着紫袍。purple 也可以用来指代那些拥有高级官职的人，甚至是皇室或贵族。例如：

marry into the purple 嫁到显贵人家

purple passion 暗中被爱着的人

（2）表示华丽、智慧。例如：

purple prose 风格华丽的散文

raised to the purple 升为主教

在文学作品中，词藻华美的句子被称为 purple passages/patches。

此外，purple 也有用于描绘情绪的功能。比如，be purple with rage（气得脸色发紫）。

2. 汉语中的"紫"

尽管在中国文化里，紫色并非基本颜色，而是由红色和蓝色组合而成，但它同样蕴含着丰富的文化意义。

在中国历史中，紫色的地位一直被视为尊贵与吉祥的代表符号，所以它常常出现在皇帝和高级官员的生活中。古时的皇家建筑被称为"紫禁城"。据神话传闻，上天的统治者居住于名为"紫微宫"的天文星象之中，因此凡人中的君主便以此命名并视之为吉兆。此外，人们还把"紫气"看作是一种吉祥的气息。因此，即使到了现代，紫色依然保有着其寓意吉祥的历史含义。

（七）英语与汉语"绿"

1. 英语中的 green

（1）在英语文化中，绿色象征着植物的国度，同时也寓意着青春、生命力和希望，是春天的标志。例如：

a green age 老当益壮

in the green 血气方刚

在青春活力四溢的年代，green tree / wood 正处于理想的状态。

例如，中世纪的艺术家们常常将十字架描绘为绿色，这代表着基督教所带来的新生和人类在死后重返天堂的期待。

（2）表示新鲜。例如：

green meat 鲜肉

a green wound 新伤口

（3）表示年轻、初级、缺乏经验、未成熟、缺少培训等。比如：

green hand 新手

as green as grass 幼稚

to be green as grass 幼稚，无经验

Do you see any green in my eye？

你以为我是幼稚可欺的吗？

（4）表示妒忌。例如：

green with envy 眼红

green-eyed 害了红眼病；妒忌

在汉语中，表示这一意义用的则是"红"字。

（5）代表货币和财富。因为美国纸币的主要颜色是绿色，所以这个颜色被赋予了与美元相关的含义。"绿背"一词用来形容"美金"，并且从这里衍生出了"绿色力量"（指的是金融集团的影响力）这种表达方式。

现今，由于对环保理念的深刻理解，无论是东方还是西方，均已接受了"绿色"作为生态环境保育的关键词，比如：

green and luxuriant 郁郁葱葱

make green by planting 绿化

green food 绿色食品

greenish 呈绿色的

green consumerism 绿色消费

the Green Revolution 绿色革命

the Greens 保护环境的政治团体

Green Peace Organization 绿色和平组织

2. 汉语中的"绿"

从古至今，翠绿一直被视作植株健康的代表，常常代表着生命力。同时，在光谱中，它位于中心区域，是一种平衡颜色。在我国，绿色被赋予了生存、期望、安全、和谐与安宁等涵义。

（1）古籍《楚辞·九章》中的"橘颂"篇章有这样一句描述："绿叶素荣，纷其可喜兮。"

（2）如今，"绿色"一词通常代表无污染的状态，例如：绿色能源、绿色旅行、绿色食物、绿色技术、绿色制造等等。而"绿"字既可表示色彩又可以诠释为环境保护的意思，与英语中的含义基本一致。

（3）绿色代表着和平。最具代表性的是翠绿橄榄枝与白鸽相伴的图形。

（4）中文中对"绿色"也有负面含义。比如，戴绿帽子，形容人妻子有外遇。

二、英汉色彩文化翻译

（一）直接翻译法

在英汉两种语言中，具有相似联想含义的颜色词汇，通常可以保持其原始形态并直接进行翻译。例如：

red rose 红玫瑰

red carpet 红地毯

a dark red blouse 一件深红的罩衫

black market 黑市

black hearted 黑心肠

black list 黑名单

yellow brass 黄铜

grey uniform 灰制服

green tea 绿茶

white flag 白旗

White House 白宫

white terror 白色恐怖

white-collar workers 白领阶层

blue-collar workers 蓝领阶层

The boy flushed red with shame.

这个男孩儿羞红了脸。

A sudden departure of grey-black clouds caused a brilliant array of hues to ascend at the westernmost point in the heavens.

灰黑的云突然遁去，西天边烧起一片云彩。

(二) 变色翻译法

这种翻译策略主要适用于英汉两种语言经常采用不同颜色的词汇来传达相同的含义。简单地说，就是将原文中的颜色词汇转化为目标文中对应的颜色词汇，使其与读者的文化环境和语言习惯相匹配的翻译方式。比如：

My finger, ensnared in the crevice of the door, was painfully pinched black and blue.

我的手指被夹在门缝里，变得又青又紫。

在这个案例里，英文的惯常表述是"black and blue"用来描绘身体上布满瘀伤和创口的状态。然而，中文则使用了"又青又紫""青一块、紫一块"这样的词汇来形容这种情况。因此，这种转变后的译法更加贴切。

red sky 彩霞

blue talk 黄色段子

brown bread 黑面包

红糖 brown sugar

红葡萄酒 purple wine

(三) 增色翻译法

增色翻译法是指，如果源语中并未包含色彩词汇，那么译者可以根据目标语言的表达方式添加一个或多个色彩词来使其与源语更接近或相似。例如：

重要的日子/节日 red-letter day

大怒 see red

繁文缛节 red tape

黯淡的前途 black future

make a good start 开门红

wedding and funeral 红白喜事

His eyes became moist.

他眼圈红了。

(四) 删色翻译法

在某些情况下，英汉语中的一些颜色词不能直接译作或者替代它们加以译文。这时候我们可以选择去掉颜色词来做意译，这样就能更精确地阐述原文含义。例如：

黑心肠 evil mind

红榜 honor roll

红运 good luck

a black look 怒目

red ruin 火灾

She is green with jealousy.

她醋意大发。

I dislike John, for he is a yellow dog.

我讨厌约翰，他是个卑鄙小人。

He has white hands.

他是无辜的。

He is a white-haired boy of the general manager.

他是总经理面前的大红人。

第三节　英汉亲属称谓与翻译

在特殊的社会交流环境下，各类称号不仅用于指示对话者本人或者其他人的名称，也常常包含亲密关系、压力感、普遍使用、幽默调侃、嘲笑讥讽等多种潜在信息，或是展示尊重、发出要求、传递好恶等等。比如，在英美家庭里，孩子们小时候会叫爸爸妈妈为 Daddy 和 Mummy；长大后改为 Dad 和 Mum，而更大一些的孩子就会喊父亲母亲了。这表明，不同类型的谈话场景下，各式各样的称号不仅仅代表明确定义的人物身份，同时也反映出了深厚的情感内涵。有些人主张只把名字按照字面意思翻出来就够了，但这样的做法经常会导致错误的解读。正确地把握并表述称号在特定社会交往情景下的语用含义一直以来都是翻译过程中的挑战。实际上，同样的称号在原文和目标语言之间可能存在差异化的语用意义，换句话来说，翻译的过程其实就是在比较两者的语用价值是否一致，寻找两者之间的共通之处，最后转化为目标语言相应的称号。所以，我们做英文到中文的称号翻译的时候需要考虑到英语和中文称号的语用翻译特性，以此作为依据才能找到合适的翻译策略。

一、英汉称谓语的语用翻译因素

"语用翻译"被视为一种等价转换方式，这是由 Nida 所阐释的"功能等同"（functional equivalence）理论。他强调道：通常情况下，我们应该使用"功能等同"来界定翻译内容的适当范畴，原因在于没有绝对意义上的完美对应翻译。最起码且符合现实情况下的"功能等同"可描述为：读者的阅读体验需要能使他们设身处地地模拟原始作者是如何解读与理解原文的，否则这样的等同标准是不合理的。至于最佳状态下满足期望的标准则表达为：读者需以类似于原始作者如何理解及解释原文的方法去理解并诠释原文。实现这个目标非常困难。为了达成此种"功能等同"，我们有必要全面权衡文化和关联性以及语境这三项要素。

（一）文化习惯

作为一种表现了文化和礼仪的风貌及语言方式的表现形式——尊敬地

对待传统文化并遵守其交流规则是非常重要的原则之一；如果忽略这一点而犯错的话就会导致翻译错误的发生。比如："Sir William and Lady Lucas are determine to go," only on that account(出自简·奥斯汀的小说《傲慢与偏见》)。这个短句被许多初级学习英语的学生直接理解为"威廉先生及其妻子卢克斯女士决定去那里"；然而实际上应该将其解读为"因为那个原因，所以他们决心前往"；只有了解并且掌握到这种对上层社会人士称号的使用规范才能正确无误地完成此项任务。

作为礼仪的发源地，中国人通常使用尊敬的方式与他人交流，同时用谦逊的态度描述自我。举例来说，当被询问姓名的时候，我们应该回答："May I know your name, please?"而不是直接翻译成"What's your noble name?"这样的方式，既表达了尊重又避免了误解。同样的情况还出现在对别人名字的提问上，如若回答者回答的是"敝姓王"，那么正确的翻译应该是"My surname is Wang."而非"My lowly last name is Wang"。在中文里，有很多种方法来形容自己的谦虚，包括"在下""小弟""小可""愚弟""不才""敝下""下官"等等，这些都可以简化为"I"的形式，甚至对于皇帝而言，他们也会以"朕""寡人"为代号，但仍然需要翻译成"I"。

(二) 关系因素

人际关系包括人与人之间的角色、权力和亲近程度。在翻译过程中，我们需要明确各个角色的关系，并根据其亲近程度进行等级翻译。例如：

"Man, come and aid! Are you truly mad to squander your sole opportunity?"

译文：来帮忙吧，伙伴！你是在疯狂吗？你想放弃唯一的机会吗？

My heart was heavy as I spoke to him, "dear boy", and he added the words "old man" in a barely audible gesture of appreciation, as if his daring venture against my age had made us more equal in both years and emotions.

翻译如下：我认为我曾称呼他为"优秀的小孩儿"，而他在表达感激之情时使用了"年长的家伙"这个词语，仿佛他的冒险行为弥补了我与他的差距，使得我们在年纪和情感方面更加平衡。

这两个例子都来自著名的英国作家约瑟夫·康拉德的经典之作《吉姆爷》。第一个示例描述的是当轮机长需要离开船只以求生存的时候,他召集了他的团队成员前来协助,"man"被翻译为"伙计",这与当时的情境和他们之间的关系相符。而在第二个示例里,马罗和吉姆已经建立了深厚的友谊,他们的关系就像老友一般,所以把"man"理解为"家伙",而"old man"则可以解读为"老家伙",这样反而能够展示出两人的平行地位、亲切无间且毫无约束的老友关系。

(三) 语境因素

"语境"指的是使用言语交流的社会成员之间的特定情景。这个"特定情景"包含了社会交往的环境、地点、时间和对话背景等元素。同样的名字在不同的情况下可能有完全不一样的含义,所以在做名称翻译时需要全面考虑到这些影响因素,以便理解讲话者对某人的评价和态度,如喜爱或厌恶程度、亲密关系或者敌意等等,并据此选择合适的翻译词句。

比如,在 A.A.Milne 的一部单幕戏剧《男孩儿回家》中,有一个场景描述的是一位叔叔与他的侄子交谈,气氛变得紧张起来,这位叔叔拍打着桌面并大声说道:"也许我有必要明确告诉你,先生,我不打算容忍任何无礼的行为来自那个傲慢的小家伙。"同时,他还用"sir"来称呼对方,这使得我们无法确定如何准确地翻译出这个词。如果忽略掉语言环境因素,单纯把"sir"理解为"先生"则不能充分传达出叔叔的嘲讽和怒意。经过深思熟虑后,将其译成了"少爷"。在英语中,"sir"既可用于表现尊敬和有礼貌,也可以展示愤怒和嘲笑,而中文却找不到一种统一的翻译方式。许多情况下可以用"老爷"来翻译,但有些情况只适合翻译成"您哪"。还有一些情况需要保持沉默,例如"Yes, sir."只能被翻译成"是的"或者"喳"。同样的"sir",采用哪种翻译策略取决于其所处的语言环境。

二、英汉称谓语的翻译策略

(一) 语义等值法

在翻译过程中,我们致力于实现深度的语义等价,这需要先确保表面上的对等已经达成,例如格式的匹配、音韵的协调、词汇的选择及句法结构等等。而语义等价则要求译文能够准确反映出原文中的深刻意义,包括作者试图传达的情绪及其引发读者的共鸣,使两国的读者都能体验到作品的精神内涵,如同一首曲子可以为来自不同国家的听众带来相同感受,这就是跨越了文化和国界的理解与交流。

某些词汇在英汉两种语言中的含义与交流价值是相似的,因此在翻译过程中可直接对应使用。例如,父、母这类词在英语和中文里都有相对应的表述,即 father 和 dad 分别代表了父亲,而 mother 和 Mom 则表示母亲。此外,一些类似于"姓氏 + 先生 / 太太 / 小姐"的表达方法也能够被识别并用相应的英文单词替换,例如 Mr./Mrs./Miss + 姓氏。举例来说:

"听到这话后,小伙计只是嘲讽地一笑说:'您所说的确实是真知灼见啊!'"(出自《红楼梦》的第一章节)

在此前的例子里,"老爷"代表的是贾雨村,他被委派担任新的应天府职位。而由杨宪益等人翻译的"Your Honor"则准确地传达了原文的意思,同时也适应了英语的使用习惯,所以这个中文和英文之间的对应关系是相当恰当且合适的。

(二) 语义增减法

因英汉称呼体系中的众多称呼并无法找到直接对应的部分,导致了无法"按图索骥"的情况出现,所以在相互转换的过程中需要依据具体情况作出相应的增补或者削减,以便适应不同的文化背景。比如,对于《红楼梦》里的"哥哥"和"妹妹"这样的词汇,如果使用"Cousin"去表达的话就会显得过于宽泛且模糊不清。原因在于英文中的"Cousin"这一类别的名称并不区分年龄大小，也不论性别差异，更不会涉及家族等级的问题。然而在中国传统的社会结构下，年龄与地位的关系被划分得很明确，这也使得翻译变得相当复杂。

"三姐，现在已经晚了，如果我们要去参观动物园的话必须马上出发。"蕙芳四小姐正在一株柳树旁用手绢擦拭着她的眼角。她问："大哥，他是想要投湖吗？他的表情看起来非常相似。"（出自茅盾的小说《子夜》）

He called out to Huei-fang, "It's getting late. We must hurry if you wish to view the zoo." She was leaning against a willow and dabbing her eyes with a handkerchief; Chih-sheng wondered if he would plunge into the pond, as it seemed like he might be doing.

翻译人员勇敢且自信地把"四妹""九哥"转换成角色名称"Huei-fang"和"Chih-sheng"。在这个地方，他们采取了一种适应性的方法并进行了弥补，使用英文惯例中姓名替代中文的排名称号，从而实现了目标语言和原始语言之间的最大匹配度，使得目标语言看起来更自然。

（三）语用等效法

在翻译英汉称谓时，许多称谓既无法找到形式上的等价译入语，也难以找到适当的意义相同的词汇。这就需要我们理解交流双方之间的关系、身份、语气、背景和可能的文本含义。例如：

王夫人悲泣着说："尽管宝玉确实应该受到惩罚，但父亲也必须注意自己的形象……"（出自《红楼梦》第三十三章）

Lady Wang wept, her voice trembling as she uttered the words, "I know Pao-Yu deserves a beating; however, you mustn't let yourself become exhausted."

在这个例子里，"老爷"这个词是由王夫人口中的。她用"老爷"来指代她的丈夫，主要是为了向他人展示她对贾政的尊敬并表达她对自己儿子被他殴打的不满情绪。在这类情况下，若直接翻译成"You"则会显得太过随意，而使用"Sir"更能精确传达原文作者的意图。

三、英汉亲属称谓语的具体翻译问题

由于语言间的含义及应用方式存在着显著不同,使得英文中的"parent in law"无法直接对应到中文里的"亲家",即便是将其硬生生地直翻过来也是仅能提供字面的意义描述而不是真正的词汇表达;同样的情况还出现在了对于单词"wife",在不同的情境下它可以有诸多的名称:比如称为自己的配偶、伴侣或是爱侣等等这些都具有各自独特的风格特征,并且其中一些还会产生误解(例如当作恋爱的对象),因此选择合适的措辞就成为一项挑战性的任务。这种类型的难点主要源于两种语言之间的理解偏差所导致的矛盾之处。此外,因为文化背景的影响导致了一些特定的习惯或者惯例的使用方法也有可能成为困扰我们的一项因素——比如说像是在英国文学作品里常常会看到人们会在名字前面加上形容词来表示亲切的关系,并以此作为他们彼此之间相互交流的方式之一(就像书本里面提到的那位叫作马克西姆的人物他曾经这样称呼自己同父异母的大姐贝蒂·布莱克说亲爱的旧贝蒂),而这种情况在中国却很少出现,反而是另外一类更为常见的做法即通过添加上类似于××先生/女士之类的后缀去完成这一过程,从而达到同样的目的效果——也就是为了强调出他们的亲密程度而已并不一定需要把对方看作一个年纪很大的人。

例如,在老舍的作品《骆驼祥子》中,主人公辞职时的自我激励是"此地不留爷,自有留爷处",这里所指的"爷"并不是对年长的尊重,反倒是对自己的敬意,带有浓厚的"老子"风格,这种情感表达无法直接以英文呈现。因此,由于英汉亲属称谓语言在这几个方面存在显著差别,使得翻译方法变得丰富多元,我们必须依据不同的情景环境运用各种策略去处理这些差异引发的翻译挑战。

无论是在传统的普通翻译方法上(例如:口头转述、逐字照搬、添加说明解释或者改写),都可以被总结成两个主要方向——即"异化"与"归

化"。前者强调吸收外来语言的方式并引进全新的表现手法，提倡将译文视为原始语或是原作者的目的所在；而后者的目标则是利用本地化的词汇与句式来达到更自然的转换效果，认为译文中应该把目标读者当作终点。汉语中的惯例通常会采取"排序称谓"的形式，而在英语中则习惯于选择"姓名称呼"这种形式。因此，对于中文而言可以简单明了地使用英文版的"suffix naming"，反之亦然。有时候为了让译入语的阅读者能够清晰明白两人间复杂的人际关系，也可能需要采取一些异化式的翻译策略，如清楚显示二人的亲属关系及角色定位等等。总结起来说，异化与归化是一组相互依存且相辅相成的矛盾体。

以下分别对异化法和归化法进行了详细的解释。

"My dear, you are an optimist." said Beatrice. (*Rebecca*)

原文：她对他说道："我的爱人啊，你对这事的看法未免过于简单了些吧？！"(《蝴蝶梦》)

分析：译文中比阿特丽斯面称的对象是自己弟弟的新婚妻子，即故事的叙述者德温特夫人。随着大量的西方影视文艺作品译成汉语，英语中用"dear"面称亲属的表达法早已为中国的观众和读者所熟悉。汉语里"亲爱的"称谓是异化而来的，一直保有浓厚的西方情调。

又如，贾宝玉说："当我提到鞋子时，我突然想起了这个故事：那次我穿上了它，碰巧遇到了父亲大人，他对我的行为并不满意，并询问这是谁的创作……"(出自《红楼梦》)

Gleaming, Pao-yu recalled the day when she encountered her father in his disapproving gaze while donning her slippers. "Ah," she said with a smile, "that reminds me."

解析："老爷"这个词在中国家族中代表着父亲，而对话的主角则是与他同父异母的姊妹——探春。根据英文的习惯，翻译成"father"就是采用归化的方式。这种方法适应并推动文化的融合，使得不同文化间的交流变得更加便捷。但是，是否能广泛接纳由异化带来的翻译结果，往往需要时间和实际应用来验证，而且它的可接受程度仅在一个特定时期内有效。相比之下，归化能够完全解决这一问题，同时也能充分利用目标语言的特点，提升阅读体验，但只停留在坚守自身语言传统的层面上，对于文化融合的发展缺乏敏感度，无法给予跨文化交流有效的支持。因此，异化和归化之间的冲突显得非常尖锐，我们应该如何在这二者间做出选择呢？再来看一下关于亲缘关系用语的翻译问题，例如，当比阿特丽斯向她丈夫的弟弟喊他的妻子时，她是该按照英文惯例说"dear"，还是遵循中文习惯直接说出妻子的姓名？同样，在处理"father"这个日常生活中普遍使用的称呼时，是否有必要考虑它可能包含的、来自中国的封建大家庭的阶级差别？

异化及归化之间的互动使得一方的问题成为另一方的机会，从而实现了优势互补，使其难以区分优劣。这两者构成了同一议题中的两面，彼此依赖并互相支持。成功地完成翻译任务意味着寻找两者间的均衡点而非走向任一极限。过度的异化或归化都不可能达成翻译的目标，也无法有效推动跨文化的交流。因此，解决冲突的核心就在于"适当"这个词。基于这一辩证思维的翻译观念可以协助解答包含亲属称谓语翻译在内的一系列翻译难题，更有效地指引翻译行为。由于亲属称谓语具有强烈的沟通作用，这要求它必须紧密联系到语境中。评估英文和中文亲属称谓语之间异化和归化的适宜程度，需要根据这些词汇所处的具体情景、整篇文章的环境以及更大的文化和社会背景等多方面的因素综合考虑。接下来我们将通过探讨英语和中文亲属称谓语在意义和应用层面的不同之处来做进一步深入的研究。

语义上的差异：

The mottled face and sailor's pigtail of someone laughed, jabbing Maxim in the ribs. "Damn shame," they said, "I should sue the shop for fraud – that same thing happened to my wife's cousin once." Rebecca nodded sadly.

一个有着深浅交错皱纹、戴着船员帽的访客轻轻触碰了一下迈克西姆的胸部并微笑道。"这真是太糟糕了，不是吗？如果我是你，我会向那个商店提起诉讼，控诉他们欺诈行为。曾经有次我也遇到类似的情况。(《蝴蝶梦》)"

第七章　英汉数字、色彩词、亲属称谓与翻译

"my wife's cousin"首要理解为是和自身同一辈分的女方亲戚。把原本字面的意思"我妻子的表/堂姊妹"具体到某个人身上，变为了"我的表姨"，这与原文有所差异：一方面排除掉了"妻子堂姊妹"；另一方面，"我的表姐"存在歧义，既有可能指的是作者自己的亲友，也有可能指的是他的长辈，仅仅从词汇层面考虑的话，这个过程过于细化了。然而，考虑到整部小说中的人物关系，此人和其他角色并无任何关联，而且这部书中只有这一处提到他，无论他是"我的表姐"或是"我妻子的堂妹"都不会影响主题思想，因此这种细化的处理方式是可以被接纳的。

她从小就被当作男孩抚养长大，名字叫王熙凤，而林黛玉则急切地向其行礼并称之为"姐姐"。

Tai-yu, with a smile of greeting as "cousin", was swift to recognize the schoolroom name His-feng, given to her by her father, who had educated her like a boy.

尽管都是"cousin"一词，其间的关系和上一例句有所差异。作为林黛玉的表嫂，王熙凤被称为她的"cousin"，这是因为依照中文的习惯，省略掉"表"这个前缀来表示亲密。翻译并没有受到词汇本身的影响，而是依据她们的真实亲戚关系，将其中的"嫂"替换成了"cousin"，虽然不能完全表达她们之间的姻亲关系，但在英文中已经是最贴切的叫法了。这种程度的归化是合适的，但是如果有人忽略了语言的环境，直接用"cousin"代替"sister-in-law"，那么这就是过度归化的表现，也就是错误的翻译了。

"更何况她整个气质都与贾母的外甥女截然不同，反而像个正统的孙女一样……"（出自《红楼梦》）

"Her air is so distinguished！ Not resembling her father, son-in-law of our Old Ancestress, but more like a Chia..."（*A Dream of Red Mansions*）

"我们的旧先人"并非英文中的常规家庭关系用词，而是由"老祖宗"衍生而来，它揭示出贾母在家族内的最高权力位置的信息。与其他例子相似的是，"老爷"也是一种让人尊崇的家庭长辈角色象征，因此翻译时需要采取相应的策略。同时，此处的原文特别突出了"正室所生的孙女"及"非

正室所生的孙女"之间的差异，然而英文原本并没有这种区分，但这明显的矛盾被翻译人员巧妙解决了。翻译员对于整个句子的处理都是归化的手法，通过强调家庭的"贾"姓来避免使用"孙女"或"外孙女"这样的词汇，以此凸显王熙凤向贾母献媚的心机，这些依然在翻译文中得以精确体现。

使用上的差异：

"My dearest," I uttered, after a brief pause, "I am deeply sorry for my lack of care. It was inexcusable of me..."

Rebecca implored, "My dearest offspring, forget it. What is the consequence?"

翻译："亲爱的人儿啊，实在抱歉，"稍后，我回应道，"我的疏忽实在是太多了……"

"不要再去思考这个问题了，我的孩子。那又如何呢？

这部分内容描述的是《无人生还》中主角德温特夫妻之间的互动。妻子伤心地说出了家中瓷雕是由她破坏的事实，而丈夫（迈克西姆）则是给予了她支持与鼓励。翻译过程中，我们选择用"亲爱的"和"宝贝儿"来替代原本的"darling"和"My sweet child"以保持语言的专业性和准确度。虽然现在中国的家庭并不常用这些亲昵的称呼，但在国际交往中它们依然是一种常见的表达方式，并且正逐步为国人所熟知并接纳。同样的情况也出现在下例当中。

"Maxim had to go to London," Beatrice, impatiently, declared. "We told you, darling." Rebecca added, "Giles went too – some dinner, you know!"

译文："好奶奶，我们对你说过啦，迈克西姆有事上伦敦去了，"比阿特丽丝不耐烦地说，"你知道，是去赴个什么宴会。加尔斯也去了。"（《蝴蝶梦》）

解读：当比阿特丽斯陪同她的侄女看望她那位年事已高的祖母时，她们一碰面就开始向老人家说明为什么没有和丈夫一起来看她。然而没过多久，这位记忆力逐渐衰退的祖母又开始询问关于他的情况，这让比阿特丽斯感到非常困扰，因此不得不重复回答这个问题。在这段对话里，"darling"这个词被翻译成了中文中的"好奶奶"，这样的选择既符合了原文的意思，也恰当地传达出了一种对比阿特丽斯来说有点儿厌倦却又无法避免的情况下的情绪。

同是"奶奶"，下例却没有一个指"祖母"：

红玉说道："我们的祖母向你们祖母问候。尽管我的叔父不在身边，但已经过了两天的时间，所以请您不必担心。等到五婶恢复健康后，我们会再次拜访您并看望您的。上周她派遣使者询问情况时，提到了要与这边的姑娘们寻找一些可以延长寿命的神奇药丸。如果找到了的话，麻烦告诉他们把东西送到我们这边。明天有个人会过去，也会顺便为那位亲戚带来这些药物。"（出自《红楼梦》）

"Our lady sends her compliments to her ladyship," she declared. "The second master is away from home, so there should be no concern for a couple of days' delay." When the fifth mistress recovers, our lady will accompany them to visit their beloved. The fifth mistress dispatched a servant the other day to inform that our lady's sister-in-law had written an inquiry concerning her, and implored her sister-in-law to provide two longevitypills. If she has any left over, kindly dispatch them to us, and the next person to travel in that direction will deliver them to her sibling.

可以说，英语和汉语中的亲属名称语义之间的区别是其应用方式不同的一种体现，这种不同的应用方式则源于文化的元素。当面临着需要把有文化差别的语言素材相互转换的时候，我们不能忽视的是选择异化或归化这个问题。通过上述例子我们可以看到，无论是异化或是归化都能够成为有效的翻译方法，它们之间的冲突并不是无法解决的，关键是在于如何平衡这两种策略的关系，并找到合适的"适当"程度。至于是否合适，这取决于具体的文化和语言背景。除了像数字意义和性别表达这些具有文化差异的其他类型的语言资料之外，我们也同样适用这一辩证的翻译观念去处理他们的互相转化问题。

第八章 英语教学的原则与目的

第一节 英语教学原则综述

一、中国英语教学的原则

教学原则是人们根据一定的教学目的，遵循教学规律而制定的指导教学工作的基本要求，是指导教学工作有效进行的指导性原理和行为准则。教学原则的制定首先要和教学目的相结合。教学活动永远是按照一定的教育教学目的进行的，教学原则要能够指导教学工作，必须与国家所规定的教育教学目的一致，必须有利于这些目的的实现。其次，教学原则的制定要遵循教学内在的规律性。教学规律是客观存在于教学活动中的，需要通过人们的认识活动才能获得，而人们在认识规律时，并不总是能够得到与之相符的结果，由人们提出的教学原则既可能是符合规律的，也可能是不符合规律甚至完全与规律相悖的。只有那些经过长期实践证明确实能给予教学工作正确指导的原则，才可能是真正反映教学规律的原则。另外，教学原则不是普世真理，其适用范围各不相同。例如，比较而言，直观性原则更适用于中小学而不太适合大学英语教学；使用图片、模型、幻灯片等直观手段教学生记英文单词显然不太现实。因此，通过对教学目的、教学规律和适用范围三个方面的系统研究，再经过长期实践反复论证，这样所产生的教学原则才有可能是真正适用的教学原则。

教导经验构成了教育教学准则的基础与环境，同时它还是这些规则持续更迭、进化及丰富唯一的源头所在。从20世纪80年代开始，中国的英语教学领域取得显著进展，英语授课方式也在不断地创新优化中。各种不同的教授技巧及其相关理念应运而出且各自有独到之处。然而有些共同点已通过长时间的教育指导被验证为可行策略并在现实中的课程实施时加以遵循。以下我们对英文学术教育的行政管理工作、讲堂内的授业过程以及课后辅导环节进行了深入探讨分析。

（一）英语教学的管理原则

英文教育的管理涵盖了在学校中实施的教育规划及安排。这里的"管理"并非仅特指对人力的具体协调，而是在于整个语言学习的系统化操作和调控。英文课程的学习存在着深层次且复杂的内部逻辑，这不仅仅受到学习目标、任务和内容的限制，同时也受到了国家的外语教育策略、校园组织的氛围、文化和教职员工的影响等多方面外部条件的影响。为了提升英文授课的效果，我们需要采用更先进的教育方式和管理手段。

基础在于学校英文教育组织的构建，也可以被称为英文教育的运作体系。该运作体系主要包括三项元素：教师的教育、学生的学习以及对于教育教学管理的监督。这三项元素各自具备独特的属性及职能，并在此互动的过程中互相依赖，互为影响。此体系包含了三大主导角色，分别是教师、学生以及管理人员。其中，教师和学生作为教学工作的核心，这点相对易于理解，但管理人员的存在常常被忽略。整体而言，教学活动是一个集体行为的结果。制定培训目标、确定学期制度、规划教学方案以及设定课程内容等都属于管理工作范畴，或更具体地说是由管理部门负责的工作。若管理层出现错误认知，即使教师和学生付出了最大的努力且拥有正确的观念也无法保证优质的教学成果。因此，我们需要根据实际情况来执行教学管理，并且要坚持如下几个重要准则。

1. 全面性原则

教育的管理工作应致力于达成全部教导的目标与使命，为了实践此理念，需要制定一致性的教学方案，例如课程纲领、教学活动安排、教材撰写计划等等，并采用计划化的管理方式。通过运用最佳化的方式对各学科教室及各部门进行科学整合，使各项教学流程相互衔接，产生协同效应，这正是达到总体优化，顺利达成教学目的的关键保障。

2. 反馈性原则

管理的核心在于对信息的掌控与调整，这依赖于有效的通信网络来实现。无论是从教育工作的垂直层级结构还是水平上的各单元及部门间的联系看，都需要确保消息传递快速且有效率地流动着；同时也要保证适当的信息交流方式以满足需求。只有这样我们才能够通过精确的管理手段达成预期效果。相反的情况则是：若通讯速度慢下来了或者出现了堵塞或延迟反应的现象，那么它会严重影响到整体的教育体系的功能发挥，甚至导致它无法正常运作下去。所以我们要高度重视所有的教育教学工作，尤其是重点关注规划设计阶段（包括制定方案）及实际操作过程中的监控、检测、评估结果汇总等关键步骤中是否实现了顺畅无碍的消息传输，并且有足够的反映能力，以便让领导们可以立即察觉出问题所在并对症采取相应的措施加以调控处理。

3. 阶段性原则

遵循阶段性的准则需要我们在英语教育的执行过程中同时关注全程和每个阶段的管理。我们必须清晰地设定全程管理的宗旨并强化对全程的管理措施，以便引导所有阶段的活动向总体目标迈进。只有确保每一个阶段都达到预期的效果，我们的总目标才有可能实现。过程由多个阶段构成，如果任何一个阶段的管理出现问题，整个流程都会受到影响，因此实行阶段性原则对于教育教学管理至关重要。根据实际情况来看，把管理任务划分为不同的阶段是有必要的。比如，我们可以依据每一学年学生的全部学习经历来划分：包括招收新生、开展新生的入门培训、教授基础知识、传授专业知识、完成毕业论文等等；也可以从学科的角度出发，如不同科目间的过渡期或特定的学习步骤；还可以依照学校的日程安排，如学期开始、课堂授课、期末测验及寒暑假等。

4. 外向性原则

实施英语教育的核心在于遵循对外导向的原则。这就要求我们明确英语教育是服务于中国 21 世纪社会主义发展的关键策略，并强化与社会的互动以及全球各个领域的合作关系，增强对国内经济发展、社会变迁和社会科技进步需求的积极响应能力，构建独具特色且面向世界的英语教育系统。在教育教学改革过程中，应保持知识传递与智力提升相融合；在教学规划和内容设计方面，需新增或调整专业设置，修订教科书的内容以满足学科多元化和整合的需求；同时，在教学制度层面，应推动教学、研究和生产的紧密联合。

5. 评估性原则

为了优化英文授课的管理，我们需要坚守评测准则，并在英文课程中设定多元化和多样化的教学品质评价标准。根据国家的教育政策、学校的发展方向、专业的学习规划、学科的学习要求来制定全面性的、校级别的、同级别间的和个人层面的（教师和学生）教学品质评分系统，并定时对这些标准进行审查。通过全方位、精确度量的方式去衡量教学水平的高低，从而实现机构内部，各部门之间的沟通和调控。

(二) 英语课堂教学原则

1. 教学法和教学模式的综合性原则

已有的英语教育经验证实，过分倚赖或者过于重视某种教导方式可能导致具体教育的误解，这对英语教育的发展和提升是不利的。在语言学习的过程中，老师不能过度倾向于某个教授策略并且无视其他方式。我们应当广泛借鉴各种优秀的方法，筛选出精华部分，同时运用到教学中来。因此，英语课上的教学模式应该是尝试吸纳所有的优质方案和技巧，将其应用于课程实施当中，以便达到教学目标的要求，从而增强课堂教学的效果。

2. 以学生为中心

语言学习的历程不仅涉及语言知识与技巧的习得，也涵盖了深层次的思维心理活动。基于构建主义的学习理念，我们理解学生作为认识的主导力量，他们积极地参与知识的构造；而老师的作用仅限于协助并推动他们的理解进程。所以，构建主义教育观念主张以学生为主体，期望从被动的吸收者及知识输入方转变成信息的处理中心和知识含义的自主创立者；同时，它还期待着教师角色发生变化，即从单纯的信息传递者和灌输者变身为助力学生自我创造知识含义的支持者和推进者。获取知识的多寡主要依赖于学生利用个人经历来建立相关知识含义的能力，而不是依靠其记住或复述老师的讲解内容的能耐。

（三）英语课外教学原则

英文的外部教育活动（又称之为二类教室授课）作为课程教育的有力辅助手段，对提升英语教育品质至关重要。老师在常规课堂上所能教授和引导的内容仅限于基础理论知识，部分初级语言技能练习，并提供学习独立性的建议。然而，对于语言运用能力和社交互动能力的培育，以及语言技艺的发展，都需经历大量的实际操作才能完成，这无法仅仅依赖有限的课堂时间来达成。所以，有效地执行外部教育任务被视为提升教学水平的关键因素之一。

1. 以教师为指导，以学生为主体的原则

对教师来说，有效的引导是至关重要的。大部分的学生都渴望掌握英语，但是他们并不清楚如何去学或应该学些什么，这正是老师能发挥作用的地方。许多刚刚开始的活动很快就会消失不见，其主要原因就是缺乏老师的适时介入与指引。老师们必须细致策划每一次的课后活动，并且对于这些活动的主题、方式、目标及规模做出详细规划。此外，老师还需协助学生处理他们在课后活动中所面临的问题。不过，古语有言："授人以鱼不如授人以渔。"即课堂外的学习效果最终还是由主导者决定，也就是学生本身，而不是老师。所以，我们应当重视并强调学生的主动性，以此来推动他们的个性化学习策略的建立以及自我学习能力的提升。学生们的大部分课余时间都是在独立学习中度过的。为了给他们创造更好的自学条件，学校可以采取各种措施，激发他们的自学热情，提高他们的自学能力。

2. 课外教学与课堂教学相结合的原则

课外教学应是课堂教学的继续和重要补充，不管采用何种方式，其任务都是把英语作为交际工具来掌握，其活动内容都应与课堂内容相匹配，以提高英语运用能力，巩固和发展课堂教学效果。心理学中的艾宾浩斯曲线告诉我们，遗忘呈现先快后慢的规律，必须及时复习。课内教学内容如能在一段时间内进行复习巩固，它能使神经联系有巩固的机会，使知识得到积累，保持系统和巩固，将课外大量的语言实践与课堂上的随时记忆结合起来。

3. 课外教学的多样性、趣味性原则

英文的教学具有高度的灵活性和多元化特性，这使得它可以在任何时间和场所被使用，我们应该积极运用这个优势来营造出良好的英文学习环境，让学生能够在学校或校外的生活、休闲及娱乐活动中接触并应用英文。为了优化学生的课后学习体验，我们可以借助如英语广播站、语音教室、电影等方式提升他们的学习环境质量，同时鼓励他们参与各类丰富的课余活动。比如，设立以读经典文学作品为主体的读书俱乐部，或者专注于提高口头表达能力的演讲团队等等，这类活动的策划和实施都应由学生自主完成，老师则提供必要的引导和支持。

二、英语教学方法与教学原则

在这个全球化的时代，任何个人或者国家的封闭自我都无法避免被排除在外的事实。英语作为一种重要的语言工具，其重要性已经深入到国际政治领域中。目前，国内对国外的先进英语教育理念和策略有着积极且深刻的研究。尽管如此，我们在这一领域的进展仍然滞后于其他发达国家。因此，深入探讨并理解英语的教育方式及其原理是极其有价值的，这可以显著提升中国的英语教育水平，从而为社会输送更多优秀的学生、高校毕业者、跨文化交流人员以及具备英语能力的专业人士。

1. 目前我国英语教育的现状及面临的任务

中国地理广袤且人丁兴旺，这意味着我们的英文教导责任重大而复杂。由于地区间的不同特性导致了各地方的教育差距较大。尽管近些年中国的英文学术进步显著，但我们也需正视的是：全国范围内的英文学识仍旧停留在较低层次上，如沉默式外语、效率不高的问题仍然广泛出现。此外，对专业的学科知识没有连续性的教授方式也让 English learning 成为一种独立的学习手段，其本源应为人与人之间的交流媒介；然而若将其从实际应用中剥离出来并使之成为唯一的授课内容的话，则会逐渐远离真正的人类沟通实践。因此我们要明确意识到中文学习的挑战巨大无比，需要实施全方位、系统化的策略来满足社会的成长需求及学生的个人提升要求。同时也要明白 English study 虽只是 education 的一部分却要具备真实的含义并且能赋予生活更多的深远影响和社会效益。

2. 英语教学方法的研究

不管采用哪种方法，我们都应该遵循以下几点：

（1）改革英文教育观念，即将"学生为本，老师主控"的教育思想融入课堂授课过程中。

（2）在刚开始学习阶段，我们应尽量减少对学生犯错的过多干预。无论谁用英文交流，其所犯的错误数量与他们使用的词汇量成正比，即使用词越多，出错的可能性越大；反之亦然，如果什么都不说，那么就不会有错误产生。这是一种外来语言的学习过程，而非母语环境下的自然习得。所以，评价学生是否掌握了该语言的标准不能仅看他们的正确率。

（3）采用先进的教育技术，例如我们经常使用的多媒体教学。首要的是能够实现人与机器之间的对话，这就代表着大量的老师正在向学生授课。

其次，它可以激发学生的学习热情，鼓励他们勇敢地开口说英语。

（4）鼓励教师根据学生的个性和特长进行教育，并采用灵活且适应不同水平的方法来教授他们。

（5）我们需要对学生充满关爱和责任感。对于成绩不佳的学生，我们应该加大辅导力度，并愿意投入时间和精力去帮助他们。

如果我们能够遵守前述的教学准则，并灵活地运用上述的教学策略，那么我们的英语教育必定会取得新的进步。

3. 英语教学原则的研究

我们需要认识语言本质的特性，并且从其特性上来说，语言有以下四个本质特征：

（1）人类最重要的交际工具就是语言。人类只有在运用语言的过程中才能够真正地掌握语言。

（2）语言承载着人类的思维与文化。

（3）语言的学习有着独特的生理基础。即便是智力超群的动物也无法掌握人类的语言，甚至在语言学习的高峰期，孩子们也不能轻松掌握一种语言。这些现象都揭示了人类对于语言学习有自己独特的方式。

（4）实际上，语言体系是一个符号关联的结构，也就是说，语言是由形式和含义两部分组合而成。

4. 掌握英语文化知识，提升英语的教学和学习水平

为了顺应全球化趋势，我们要学会利用这门跨文化交流的工具——英语来实现我们的目标。然而，若一个人被深厚的母语文化影响过大，即使他的学识再渊博，也无法完全消除这种母语的影响。所以，我们在教授或学习英语的过程中，一定要重视对英语的学习理解。

第二节 翻译与交流是英语学习的目的

一、英语教学的最终目的

交流技巧指的是个体使用言辞方式（口头或书面表达）及非言辞方式（如身体动作、脸部表情等等）以实现某个特定的沟通目标的能力。中国的英文教育并未充分关注到语言交流技能的发展，导致很多学生虽然学到了大量的语法规则与单词，但在现实社会互动时无法应用这些知识，这种现象不符合我们国家日益国际化的趋势。

英语教学应该根据学生的交际需求和认知发展水平，着重培养学生在人际交往中得体地使用英语的能力、获取和处理信息的能力、用英语分析问题和解决问题的能力。因此，英语教师在设计和开展英语课堂活动时，不仅要注重语言的形式和技能，而且要让学生了解英语语言文化，提高用英语进行交际的能力。要切实培养学生的英语交际能力，首要任务就是帮助学生掌握一套英语交际语言。那么，人们如何学习语言，学习语言的目的是什么，语言与交际又是一种什么关系呢？

（一）语言学习的目的

语言作为一种交流手段，尽管并非唯一的途径，但是无疑是其中最为关键的方式之一。我们的所有社会构造都依赖于语言去调整。如果缺乏口语与之后的书面语，我们就无法构建如此繁复的社会互动体系。因此，人们学习语言的目的在于沟通而非展示他们的记忆能力，包括各种语法及发音规范。这从日常对话中就能得到证实。

对于信息的渴求是语言沟通的关键元素，这包括清晰地传达一个人的想法，而不受限于发音、声调及语法规范。尽管说话的声调或许并不准确，但是提问仍然可以被理解，并且已经达成了交流的目标。当你与一位亲密

第八章 英语教学的原则与目的

的朋友聊天时，如果他突然打断说："我觉得你对这个问题的讨论方式不对，更应该是……"你可能会对他的无礼行为感到愤怒。原因在于你在对话过程中专注于内容的传递，而非言辞的形式。极少有人能够同时关注自然的交流和精确的语言构造。在交谈的过程中，最重要的任务是要确保内容明确易懂，以便双方能够有效地沟通。大多数人都不会希望对方过于关注他们的语言组织。毕竟，我们用语言的主要目标是为了建立人与人之间的联系，实现某个具体的目的，例如获得某种信息，共享幽默故事，解答疑问或者阐释某些流程。语言为我们提供了各种生活的社交需求。实际上，我们在生活中会遇到许多挑战，如处理各类问题等。若我们将自身局限于老师教授的内容和教材中的知识点，或是仅依赖现有的语法规则，那该如何面对如此庞杂的世界呢？所以，学习语言的根本目的是沟通，且唯有透过实际应用语言才能掌握它。只有视语言为一种有效的沟通手段，学生们才会有所收益。

（二）语法和交际的关系

尽管成年人中的部分人可能无法对句子进行深入理解和解析，但是他们的口头表达能力相当出色。最初，新的知识或概念会在他们的思维里形成一片空洞，然后才会开始理性思考。同样的情况也适用于学习第二种语言的过程，无疑的是，当刚开始接触一门全新语言的时候，与他人交流可能会让学生面临巨大的挑战，从而导致大量的语法错误或误解出现。不过，这些问题都是自然的并且难以避免的。在此情况下，教育者应该关注到，即使学生犯了错，也要积极鼓励他们在新学到的语言中尝试沟通。学校的某些老师担忧如果不对语言错误立即予以修正，那么未来就很难正确运用该语言，这个忧虑并非没有根据。由于未被改正的错误将会引发更严重的后果，因此必须明确何时、如何去改正它们。但在初级模仿阶段，过度频繁地修改确实有可能打击学生的自信心。只有确保学生的日常对话能够顺利进行，才需要修正。

总而言之，提升学生的英文交流技巧被视为外语教育的核心目标之一。

为了增强他们的这种技能，我们需要改革教育理念和策略以重新赋予他们学习的主导地位；让他们理解并掌握与语言相关的文化和历史知识来抵消中文对于其影响力的干扰。此外，老师应该尽力激起学子们的好奇心去探索新的领域，创造出一种愉悦且富有活力的工作环境，适当增加文化的融入度，鼓励他们在课外时间参与各种实践项目等措施，有效促进这些年轻人的成长发展及口语表达能力的进步。

二、让交流成为学生学习的动力

英语被视为全球通用的沟通手段，其影响力日益显著。然而，如何激发学生们主动使用这门语言并享受其中，却成为了困扰许多英语教育者的一个难题。尽管一些学习多年英语的学生可能在学校的测试中表现优秀，但他们仍然难以克服害羞和恐惧，无法流畅地与外籍人士对话。这一现象背后的主要原因在于他们的自我怀疑：他们并不确信能够掌握这项技能，所以宁愿保持沉默。正如一句名言所述，信心是一切成功的基础，它胜过天赋的重要性。因此，我们需要在教学过程中为学生建立自信，让他们勇敢地表达自己的想法，不必担心犯错。自信并非骄傲自满、狂妄自大或过度炫耀，而是一种驱使个人不断进步的精神力量。唯有拥有这样的品质，学生方能超越自我，消除内心的不安和焦虑。

三、英语教学的目标迁移

当我们审视课程改良前后的课程规划，特别是现实中的英语教育时，我们可以明显地看出，许多情况下，我们的思想层次仍旧局限于交流领域，换句话说，这是一种被广泛接受的观点。那么，何为交流呢？基于交流目的的英语教育又面临着什么样的问题呢？英语教育更加科学合理的目标应该是什么样的呢？

(一) 英语教学中的交际目标困境

英语教学的目的在于实现交际，这并非偶然现象。首先，随着基础教育的推进，学生的英文水平逐渐提高，使得他们在高年级时更倾向于通过口头交流来展示他们的能力。其次，英语是源自西方国家的第二语言，它所包含的信息和文化内涵丰富多样，这也为英语的学习提供了丰富的语境。此外，英语课程被视为中国对外开放的重要标志之一，它的引入也意味着人们开始尝试用英语沟通。这些因素共同促使交际成为了英语教学的核心内容。然而，如今的环境已与过去不同，现在的高中生可以在日常生活中频繁使用英语，不再局限于正式场合下的对话需求。因此，我们有必要对交际目标做出新的思考。

实际上，据研究者对课程的分析，"哪里""何人""交往内容"这三个要素在英语教育过程中并未被清晰界定为具体目标。部分情况下，英语课本里的场景无法准确解答这一问题。例如，参与聚会或拨电话的情况常常缺乏合理依据，它们是由于教学需求而刻意设计的场景。又或是把英语国家的日常生活进行了改编，然后将其引入教材和英语课上，这样的机械式迁移导致了实际教学过程中的交际目标很难实现。所以现在很多大学生在与老师沟通的时候，经常提到的一个观点是他们觉得高中的英语学习更像是应付考试，而非满足生活的需求。

(二) 英语教学中的交流目标设想

经过上述研究，我们得出结论：英语教育应从沟通转向对话，以更有效地满足当代大学生需求。这一转变的原因有二：首先是学习环境的变化；其次，英语教育的核心目标已不能全面反映英语母语者的言行举止和日常生活方式，它旨在借助这门语言来理解、接纳并吸收世界最新的文明成果。换句话说，学习英语的目的不仅在于与英语为母语者互动，还包括与任何会说英语的人群建立联系。这个扩大了的目标使英语教育重新聚焦于它的基本意义——对话。为了达到此目的，我们需要注意两个关键因素。

1.重新认识英语教学的目标与内容

当前的英文授课不仅需应对考试需求，还需要符合学生的全面发展需求。比如，我们要确保学生能理解作为一名全球化公民所需具备的基本素养——这使我们在英文课程中有许多实际应用的机会，例如向他们展示不同文化背景下的英语知识，以培养他们的跨文化交际能力；我们也应该教会他们在各种语言环境下如何有效地沟通和互动——掌握英文可以让他们接触到更广阔的人群，所以学会处理人际关系是英文学习的另一项核心任务；同时，我们也要引导他们在使用英文表达自己观点的过程中不断提升自我——人类间的对话主要依赖于思维的交换，而思维又是由语言所传达的，当我们要求学生用英文阐述其想法的时候，这也是对他们的考验。

2.重新认识英语教学的对象与要求

根据沟通的目的来设计和执行英语课程是必要的。那么，怎样让这种理念在真实的课堂环境里得到实践呢？它不仅仅指的是过去教育过程中经常采用的模拟英国或美国的日常行为习惯，也包含了学生的内心想法。这就是英语教育的权威人士所提倡的"用他们的语言，传达我们的意思"的意思。这应该被视为指导我们英语学习的核心观念，也就是说，英语的学习并不是学生去学英语，而是以中文为基础，实现两种语言之间的平等对话。英语的学习仅仅是为了找到能有效地传递我们信息的"第二种语言"罢了。

（三）影响因素从社交到交流目标转变

1.注意知识教学的要求

英文理解主要包括单词与句法等方面，根据沟通目的来看，当前的英文已产生了显著的变化，许多过去必须遵循的标准，如为了达到对话需求而设定的严苛规范，现在已经在适应于对话的需求时不再那么严格了。比如，使用单一动词描述多个主体的情况正逐渐成为人们日常对话中常见的现象。因此，基于此视角看，沟通的目标为英文教育赋予了一个更宽广的领域。

2.注意能力教学的要求

英文教育主要包括听力、口语、阅读和写作四个方面，而核心问题则是在交际目的导向下如何实施有效的英文教育。因为教育的最终目的是实现有效沟通，所以能达到这一目标的英文教育便可被视为成功的教育方式。基于此观点，英文老师需要更深入地了解并参与到与大学生日常生活紧密相连的英文环境中，如此一来才有可能明确哪种教法对他们来说是最合适的。

四、英语教学中的翻译教学

长期以来，我国的英语教学普遍强调提高学生语用交际能力的重要性，故将教学重点放在听、说方面，而对于翻译能力的培养很少提及。因此，翻译教学在英语教学中一直未能得到足够的重视，甚至被忽视，这样直接导致了学生的翻译能力及英语语言综合运用能力低下。从语言发展的内在规律来看，"听、说、读、写、译"五项语言基本技能是紧密相连的。实践也证明，如果把翻译教学适当地融入英语教学中去，那么在一定程度上，既可以培养学生"译"的能力，又可以使"听、说、读、写"四项语言基本技能得到有效的锻炼和提高，从而全面提高学生的语言综合运用能力。

在18世纪末期，翻译成为了教育的一种方式。该种模式主张使用母语教授英语，并在教学过程中依赖于翻译与机械性的训练，把学好语法视为入门的关键步骤，并且强调了语法在整个教学过程中的核心位置。随后，这一教学理念遭到了质疑。近些年，有些地方已经逐渐放弃了翻译式教学，转而采用诸如听力法或者沟通法等主要提升学生口语交际技巧的教育方式。虽然这些新的教学方法确实推动了英语教育的进步，但是没有任何一种教学方式可以做到完美无缺，我们不能让英语教学走向两个极端，而是应该融合多种教学方法，相互补充借鉴。实际上，无论是通过何种教学方式，即使经常应用到交际法或是听力法等方式来增强学生的语言综合素质，在实际操作中，学生们依然会在潜意识下使用中文思考，无法达到直接利用目标语言的能力。也就是说，表面上并未采取翻译的方式，在学生的脑海深处却进行了相应的翻译工作。所以，对于那些母语就是汉语的中国英语学习者特别是初级阶段的学生来说，借助汉语实现对英文的同等理解是一种必要且有效的教学方法和策略。"谓换易言语使相解也。"指的就是将一门语言转化为另一门语言的过程，以便于那些讲不同语言的人能够相互理解和领悟对方的意思。这个概念适用于专业的翻译工作。作为一项语言技能，它包括了翻译的原则与方法，是由熟练掌握英语的专业翻译者执行的活动。在本章节"翻译教学"中提到的"翻译"是用来辅助英语教学的一种方式。这其实就是教导的方式、资源和工具，也是有效学习英语的方法。老师借助学生的母语和其文化背景，通过翻译，将英语和英语文化融入课堂，使得学生意识到他们对英语知识的了解还不够深入，需要积极调动他们的文化背景去感受英语，创新性地探索英语，以实现更自如地使用英语的目标。这样的翻译教学已经超越了一直以来单纯关注单词和语法学习的阶段，进入了一个听力、口语、阅读、写作等全方位发展的新教学模式。所以，翻译教学在第二外语的学习过程中依然具有其他教学方法无法替代的重要性。在一些特定的学习场景里，适度地应用翻译技术，并且尽量通过实际案例来研究翻译技巧，不仅能提升学生的翻译水平，还能为英语教学带来显著效果。

五、跨文化交流与英语教学

语言与文化的联系紧密无间。实际上，学好一门语言的过程中也应该包含对相关文化的理解。

第三节　我国英语教学应遵循的几条原则

一、在我国的英语教学中，应当遵守哪些原则。

（一）了解学生，有的放矢

教育者需要对学生的英文根基有着全方位且深度的研究。学生们的英文水平相对较差，缺乏学习的热情，也未形成优秀的学习模式，甚至有些同学无法准确无误地书写大小写的 26 个字母。因此，英语老师应该具备足够的耐心和自信来引导他们学习。如果忽略这一点，学生可能会失去继续学习英语的决心。唯有充分理解并掌握他们的这一核心问题，我们才能够找到有针对性的合适的学习材料与方式。

（二）激发兴趣，永不言弃

兴趣是最优秀的导师。作为英语教育工作者，我们需要想尽一切办法激发学生对英语的热爱，只有当他们产生了这种兴趣，才能在英语课堂上保持积极主动的态度。

首先，教育者需要保持授课时的热情和活力。作为一名英文老师应视每节课为一场演说并将其中的每个学生视为关键观众。只有具备强大的课堂氛围才能够使学生活跃起来并且专注于学习内容上。优秀的教师往往能以饱满的精神面貌传授知识并将这种积极向上的情绪感染到他们的学子身上。观察显示，一些杰出的教授总是在讲课时展现出生机勃勃的一面，使得学生们也兴致盎然地聆听着课程的内容。因此可以看出，如何调动起学生学习的欲望对于提高教育的质量至关重要。反之若老师的态度消极，则很可能会导致学生分心走神或者昏沉欲睡，甚至可能拿出电子设备或翻阅其他书籍来分散注意力，完全丧失掉对外语学科的好奇与热爱之心。

其次，老师在讲课流程中也需要善于运用幽默。老师的幽默总是能让课堂气氛轻松愉快，促进师生关系的和谐。幽默可以使严肃的批评变得富有人情味且充满乐趣。

最终，我们需要确保所有学生都能参与到英语课程中来，并且不会放过任何一位学生。我们要密切观察每个学生的英语进步状况，并努力使每位学生始终保有一份对于英语学习的热忱。如果其中一名学生选择放弃，这可能会影响其他学生。每一年都会有一些学生在思维认知上有关于英语学习的误区，例如有些学生会说："我不出国，所以我没有必要学习英语。""既然不做翻译工作，为什么还要这么用功呢？"针对这些想法，老师不能听之任之,而应该激励他们坚持到底。实际上,并非所有的学生都不愿意学习英语,只不过他们在成长过程中已经适应了被忽视和遗忘的感觉,同时也感到英语的学习难度较大,所以产生了想要放弃英语的想法。此时,老师们应主动接近学生,为他们提供更深入的英语学习辅导,逐渐唤起他们的学习欲望,协助他们克服困难。

(三)选好助手,齐心协力

为了有效执行课程中的各项任务,仅依赖一位英语老师的力量显然不足以胜任。所以我们必须把班级成员划分为若干个小团队,并为每个团队指定一名组长作为老师的辅助者。有些同学虽然完成了整堂课的学习,却没有积极参加任何互动环节,他们的作业也都是空缺状态,他们表示自己无法解答问题。同样的问题对一些人而言轻而易举,可对那些英语水平较低的同学来说则显得困难无比。这正是为什么我们需要逐步引导和教导他们,让他们互相协助学习英语的原因所在。

(四)提升能力,精益求精

为了能够有效地教授英语课程,教师需要持续提升自身的专业知识技能。在进行教学时,他们应该充分发挥主导角色,合理运用多媒体教育工具,并积极参与专业知识培训,以便使得自身的英语教学更上一层楼。

二、在多媒体网络环境中的英语教学原则研究

结合了主导式自主学习规则、互动式授课准则及多元式评估标准的多媒体网络环境中英语教学的原则,实现了对学习的、教育的和评价的有效融合,构建了一个包含多种元素且相互协作的新颖的教育生态系统。该原则以目标一致为基础,利用其自身的引导特性,把主动思考和互动经验融入英语教学中,注重英语教学系统的内在和谐性和外部的网络环境的特殊优点之间的协同配合,全面推进英语教学流程的社会化和人际交流,最终达到在非母语的环境里提升英语教学效果和提高英语教育品质的目的。

英文授课是一种以有规律且规范化的语句构成的教育过程，其中包含了特定的文化和文化的导向元素。这个过程中需要找到"人文素养提升和人际交往能力发展之间的均衡关系"，这是个充满挑战性和创新性质的活动。所有成功的语文教习方法或者行动都依赖于相关的学习准则来实施并完成任务。这些不同类型的原则代表了一种独特的教育教学理念及期望目标。研究如何利用主要自我引导学习的规则、交流式的课堂模式还有多样化评估方式，构建出一种适合互联网背景的多媒介在线课程设计策略是我们对于当前社会中英文教育的理解深度探索的结果；这不仅是对现代科技影响到我们日常生活的一种反思结果，也是为了更好地适应新时代的需求，从而使我们的学生能够更有效地掌握这门学科并且将其运用自如的能力得到提高的过程中的重要环节之一。

（一）主导式自主学习原则

随着电脑及互联网技术广泛应用于教育环境中，我们看到了一种新的趋势：从传统的由老师主宰的教育方式转变到更重视学生的主体性和老师的引导作用的方式——这种新颖的方式不仅教授基本的英文技巧，还强调实际操作能力的学习和个人独立学习的培养。这一变革被视为当前外语教育的最新理念并得到了大力推崇，它推动了我国的外语教育教学的发展走向深入化进程。

从广泛的角度来看，"学生的核心角色是由老师引导"不仅是一个教育方法，也是一种思想观念——这不仅仅是指根据相关的教育教学原则及实际操作来实现特定的授课目的所形成的教育活动的架构或策略，更重要的是指对于如语词本源特性、受众群体需求等等这些深度问题的认知及其解读能力。第一方面是它的基础在于构造学派的主张上，即主张如下观点：第一点就是学员并非被动接受信息的个体，他们需要积极地选择并处理来自外部的资讯内容；第二则是关于知识点含义的来源问题并不取决于外界的信息输入自身具有什么价值或者内涵，因为真正的意思来自于学者在新老资料中不断互动交流的过程当中自我建立起来的概念体系里边去寻找答案（这里特别突出了学习的参与者的关键性和重要性的）；第三个方面则是对现代科技工具的支持，比如电脑互联网技术的应用，使得多样的媒介形式包括音频、视频、文本文字、图形都可以融合在一起，更加方便快捷高效，而且传输到网上后，更多的用户能够随时随地获取所需的相关资源，借助这个平台提供给人们更多样化的交互体验，使整个在线教育的质量得到提升，同时促进线上线下两种不同场景下的有效沟通协作，进而推动了整体学科的发展进步。

受到网络环境和创新教育模式的双重影响，主导性自我学习已经不再是可能的选择，反而成为了必需的选择；作为教学目标，也不再只是一种虚构的设想，而是一个无法避免的实际现象。

（二）多元互动教学原则

教育过程本质上是一个人类主体间的思维、情感和信息的传递环节。其成效并非由教师或学生的表现决定，而是在于他们彼此间的相互作用。这种影响主要源于他们在对话中产生的理解和沟通行为，并最终体现在他们的社交活动中。这是一种外部的干预和内在的心智体验相结合所产生的影响。

所谓的多样交互式教育理念是在互联网背景下的英语教育方式里涉及的老师—学生的关系、同学间的互相合作的关系、人与人机的联系等各方面的关联。这是一种旨在推动学员认识结构调整的教育方法——全面且深层地实现双方沟通交换理解的方式来构建含义的方法体系。这种模式使得传统教室里的主要元素：教授人员、受训对象、课程内容还有媒介设备能够建立起立体的信息传输网络并在多种形式的多媒体在线教育的共同效应之下让学生们处于真实的或者模拟的目的外语的学习场景之中，利用他们的词汇量和听说的能力去参与一些实际的活动，比如观看影片等等，以此获得他们能熟练应用这些词句的能力，并且在这个过程当中不断地尝试着实验、探究、修改直至最后成功获取了所学的单词或者是语法规则的意思为止。这样的"多个方面的人际交往"，其中就包含有言辞上的接受反馈，也即信息的接收发送等方面都非常重视其二元性的存在，而且也非常注重在这整个的过程中对于知识点意思的研究讨论，分析判断，从而形成了这样一种观念，那就是说口语表达能力的获得必须依赖在一个特定的外文的环境里面，也就是需要依靠积极思考的力量才能完成的一个由自身和其他相关条件一起配合起来的慢慢把已知的概念解析整理成型化的这样一个进程。因此我们可以说"多人协作"才是真正决定是否可以有效率地使用外语文本的关键所在，也是所有想学会如何正确地说出一门新的话的人必须要经历的一步。

（三）多元评价原则

教学评价是教学系统中一个主要的有机组成部分，也是实现教学目标的重要保证。对英语教学的评价必须充分考虑各种影响因素，如社会对英语能力的要求、英语教与学的条件、师资水平、教学目标、教学手段、学习者的智力和非智力因素等，才能充分发挥教学评价对教学的诊断、导向、激励、反思、改进、鉴定和咨询决策功能与反作用。现代信息技术的支持使多媒体网络环境下的英语教学呈现出信息资源丰富且更新及时、教学场景真实生动、教学时空无限拓展、个性化自主学习成为可能等特征，具体表现为：①教学活动从常规的课堂教学延伸到课外、网络及社会；②教学媒介从传统的黑板、纸质教材、模拟语音室拓展为多媒体课件、立体化教材、音视频网络化学习平台、校园网及互联网等；③原有的以教师讲授为主的、单一的课堂教学模式改进为新型的、既能发挥教师主导作用又能充分体现学习者主体地位的"主导－主体"教学模式；④教学目标从知识储备转变为智力开发。对此，Brown曾明确指出，"我们需要开发更真实的，具有内在激励作用的评价手段，这些评价手段应适合其所在的教学环境，并为学生提供建设性的反馈意见"。

由于现代信息技术的强力渗透所引发的新颖教育场景、特性、生态与形态必然会引起英语教育的评估系统需要进行内在的改动、升级和整合，例如评判方法、指标和流程等等，以便能够满足新型的教育形式，保证在新形势下的英语教育效果能持续提高并推动英语教育改革的顺利实施。

  总而言之，教学原则作为一种指引教师行动及课程运作有效的理论基础和规范标准，其重要性不容忽视。每个教学原则都代表了独特的教育观念和责任。对于在线英语教育的建设来说，它是在互联网信息社会的背景下，针对英语人才培育目标和英语学科进步的路径进行了深入探讨和评估后得出的结论，是对英语教学活动的本质及其表现规则的一种深刻认识和认同，体现了时代的特色。在这个以能力提升为中心的目的导向中，线上英语教学的原则旨在优化组合教学、学习和评价这三个不同类型的知识操作方式，并对它们给予全新的解释和定义，从而建立一个包含知识吸收、技巧应用和多维反馈的教育生态系统，利用连锁反应产生出相互支持、交互影响、紧密联系的一系列关联关系，把注意力集中于知识的自主创建和个体之间的交流经验之上，同时注重英语教学过程中社会性的恢复和体现，关心英语学习者的智力和品质的发展平衡，致力于在新形势下英语高级教育最终目的与其实施途径的有效衔接和整合，使英语教育的效果达到最佳状态。

第九章　21世纪我国英语教学面临的问题

第一节　新课程标准下的英语教学的目标与方向

一、英语教学实践与新课标的整合

自实行新课程标准后,我们都积极探索、学习、观察并且持续实践,旨在获取一种崭新的观念及技巧。但是,现有的测试题目类型、教育实践活动以及教育教学效果都揭示了一个真相:对于一线教师来说,他们被新课程标准的理论知识和实践操作弄得不知所措,因为新课程标准的实质教学需求与现实中的教学问题交织在一起。在新课程改革全线推广和深化的过程中,怎样才能有效地结合理论学习和实践经验呢?作为一名英语老师,必须重新理解新课程改革的精神,并对基于新课程指南的教育方式有更深刻的了解,然后尽力将这些思想和策略应用于自身的授课过程之中。

教材所展示的是一种思维和精神,它期望每位老师能明确新课程教学目标,然后根据这些目标进行有针对性的指导,从而向学生提供必要的信息和知识,在帮助他们掌握知识的同时也培养了他们实现语言目标的技巧。

(一)为何新课程的教学方式与旧教材没有任何区别?

部分教育工作者误解了新课程完全抛弃传统的教育方式,并预期会有巨大的变革发生，于是开始积极寻找适合的方法，期待寻觅到一种普遍适用的策略。然而实际上，拥有丰富教学经验的老师们都知道，教学并没有固定的方式。虽然我们要赞赏这些追求创新的精神，但是如果过于依赖固有的模式，可能会导致事倍功半的结果。如果没有深入研究这个方法的原理、理解其应用技巧，那在课堂实践中的效果必然会大打折扣。

（二）为何在设计教学活动时感到过于牵强，且缺乏实际应用价值。

英语教学注重引入部分的有趣性，以及介绍部分的情境构建。然而，一些情境内容与主题无关，违背了教育原则，既不明智又随意，这样做会导致浪费时间、遗忘主题，并增加学生理解新语言的困难度。

（三）课件千篇一律，无创新和思想

利用适当的多媒体教具能有效激发学生的学习热情并提升他们的参与度；同时也能展示出老师的指导理念。然而部分老师却过度依赖这些工具，他们从网络中获取素材而不做任何调整与理解，仅仅是为了应对课程审查或者为公开展示服务而已。另外一些人过于专注于创建高质量的视频内容，以至于忽视了解读课本的重要性及设计有效的授课方案——这完全无视了学员是学习的核心角色这一事实。

针对以上困扰，通过理论研究、师范学校的观察和讨论，结合自身的教学经验以及与他人的共享感悟，特此提出以下一些提升教学效果的策略。

1. 提升教师的全面能力，刷新课程理念和观点

为了应对新的学习环境带来的考验并提供优质的教育服务，老师需要全面提升自身的能力水平。其中最重要的是树立良好的职业品行——这对于学生的长期发展有着深远且持久的作用。所以首先我们应该重视自我品质塑造：保持崇高的精神境界及宽宏的心境；如此一来，受其尊重的学生会自然产生积极的学习态度并将所学的技能转化为内在的力量。接下来我们要增强专业的教导技巧，包括优秀的英文表达力，这是因老师的表现会影响到课上的效果。此外我们也需掌握大量的英美文化和相关学科，如心理和社会科学的基础理论（这些都包含于最新版的"English Curriculum

Standards"），以便更好地理解如何运用它们来引导我们的工作方向。最后一点就是拥有广泛的专业领域经验并且不断完善自己独特的授课方式。

2. 目标清晰，计划全面

设定清晰、详尽且全方位的教育目标是确保教学效果的关键环节。当规划教育目标的时候，建议首先依据班级学生的特性及个人的教学风格把学习材料细分为小而具体的任务，然后逐步实现这些任务后确定合适的单元目标，最后达成新的课程总的目标。因此，在授课过程中，老师需要保持教学目的明确，并引导学生的学习方向。

3. 优化活动、灵活驾驭方法

采纳恰当、合适且有效的英语教学策略可以达到事半功倍的成果。然而，不同班级和阶段的教育应使用各异的教学方法。即便在新课程中，传统的教学手段也能被接受，例如单词教育中的拼读、速记和默写技巧。

4. 优化课堂效率，有效利用创新课件

我们应该调整授课时长以增加课程信息的容量，并提升活动的频率与强度，使得学习进程更加紧凑且规律化。这会鼓励更多的学生积极参加到活动中来，进而实现提升课堂教育效果的目标。与此同时，使用多媒体课件也是非常关键的一环。制作课件的过程实际上就是对教案内容进一步完善的过程。在设计课件的过程中，我们要特别关注那些难以直接表达或阐述的部分，以便于学生能深入地领悟这些重要的概念和要点。此外，我们也需强化课件中的互动元素，以此充分发挥其作为辅助教学手段所具备的大量信息、高密度的知识点及高度概括性的优势。

总而言之，为了确实提升英文授课的效果，让日常的教育方式及成果能够满足新的要求，我们必须确保英文课的目的清晰明了，时间的分配恰当且有条理，架构严密，采用多种教导策略，强调重点难点的内容，并且保持创新的形式。这个过程并非一朝一夕就能达成，老师的知识水平并不是一次性的工作就能达到的标准，而是需要持续地学习、补充能量和长时间累积的结果，这是一个连续变化的过程。唯有始终处于英文教学的最前线，紧密关注最新的英文教学趋势，迅速调整教学理念，不断为课堂教学引入新鲜的视角和技巧，才有可能切实增强课堂教学的效果。

二、新课改下英语教学方法

作为一门涵盖广泛且复杂的学科，英语既需要严谨的思考方式又具备自由发挥的空间；它包含了记忆元素的同时也存在着一定的规则和模式。这是一种动态与静态相融合的学习过程，也是教师教授与学生学习的互动一体化结构。一种灵巧、多样化并富有成效的教育策略能协助学生理解所要学习的主题，设定学习目标，清晰地表达自己的观点，这是对听力、口语、阅读及写作能力的全面体现。

（一）教育要转变一成不变的观念

"通过听力、口语、阅读及写作的学习，让接受教育的人们掌握并使用英语技能"是英语教育的目标之一。为了达成这个目标，我们需要从传统的应试教育转向以全面贯彻教育理念，全方位提升教学品质的教育方式。比如，在大学的英语课程里，为了激发所有学生的求知欲望，我们应该采用各种有效且多样的教导策略，依据他们的年龄特征来制订吸引人的教学计划，以此增强他们对学英语的热情，扩大每个人接触英语的时间，确保每一个学生都能够积极地投入到课堂活动中去，这样就能让更多的学生体验到学习英语的快乐，更进一步营造出学校与家庭环境下良好的英语学习气氛。

（二）我们需要擅长激发和引导学生对英语的热情

教育心理学的研究揭示了，唯有激发学生的热情和好奇心，他们才能主动投入到深度思维中去。然而，一旦他们在开始接触英语的时候充满激情，随着学习的深入，可能会面临诸如记忆单词困难、发音与节奏难以把握等问题，从而导致他们的挫败感增强并影响其学业表现。因此，在此阶段，老师需要协助学生培养独立思考的能力，教授可以引发思考的内容，而非仅仅依赖机械式的记忆方式。

（三）增强学生的口头表达能力和听力

英语教学的目的是通过提高学生的听、说、读、写能力，从而让学生与外界交流，提高认知水平。有些学生怕说，或说的是"中国式"英语，不能脱离母语。因此，教师要把提高学生的口语表达能力作为一个关键。一些常用的口语，教师首先要带头说起，如平时交流、上课前后的问候、课堂的值日生汇报等，并且要做到字正腔圆，以免学生受到错误影响。

（四）创建优秀的英语学习环境和气氛

良好的英语训练包括听、说、读、写的训练。听，就是要求学生正确地发音，实现英语发音的标准化，提高学生的辨音、知音能力，使听者能理解说者所表达的中心意思，可以不定期地利用早读、课间、课堂播放英语磁带、英语电教片、英语歌曲等实现。说，就是在日常交流中注重英语口语表达的养成，且要营造一种氛围，做到教者带头说，学者跟着说，尽量消除英语课堂上的"汉语化"。这就要求教师不断加强学习，提高自身素质。读，就是要不断培养学生的阅读能力，通过阅读理解对话、课文，加强对单词、词组、语法的理解和记忆。写，就是要勤用笔写。俗话说"好记性不如烂笔头"，教师要经常组织学生默写单词、词组，并不定期地组织学生写一句话，或写一篇小短文，使学生对英语的学习掌握能力在日常训练中得到提高。在发展听、说能力的同时，注意对学生读、写能力的培养，以求四种技能同时提高。平时可结合使用练习册，开展多种活动、竞赛等笔头训练，这对培养写的技能无疑起着一定的促进作用。

（五）要提升教育方式，我们需要注重"深入讲解"和"深度练习"

"精讲"指的是在课程教育过程中强调关键点、难题与疑问的讲解。为了实现这一目标，我们需要明确哪些是重要的内容，识别那些难以理解的部分，并清晰了解可能存在的困惑之处。而"精练"则意味着准确、高效且优质的训练。这可以通过实践来扩展学生的思考范围，并将新的知识点融入到他们现有的认知结构中，持续解决问题。因此，教师必须仔细策划合适的题目以达到这个目的。具体来说，我们可以从如下几点出发：首先，充分运用课后的练习题,以此激发学生的智慧潜能,提升能力,塑造品质;其次,以有针对性的、富有启迪性和多元化的方式设计试题,确保所有学生都能从中受益,优秀的学生能够获得足够的挑战,中等水平的学生得到满足感,而学习困难的学生也能保持基本的水准;最后,鼓励学生自主设计题目,让他们更适应自己的学习环境。在整个练习过程当中,应注重实时反馈及调整,从而矫正错误观念并加强效果。

(六)根据具体情况,组织各种丰富多样的课外活动

教育课程需要根据实际情况来展示教导技巧,以提升学生的品质。现代的学生们对新颖的事物反应迅速,因此我们应该设计各种多元化的、富有内涵且主题明确的活动,让英语学习融入其中,这样可以使得他们在无形中学到知识并获得成长。这样的活动通常能带来双倍甚至更多的效果。

英语教育是一项深奥的领域,需要我们持续地探索和研究,以找到适合教师和学生特性的教学策略。

第二节 国内英语教学思维变革

一、英语教学要从"思维"开始

作为一种独特的存在,语言既承载着文化和精神,也用于记载历史及反映民族特性。然而,受限于长久以来的汉语思考方式,许多人在学英语的过程中容易产生"中国式的英语"习惯,这不但会对他们的英文学习造成负面效果,而且可能让他们陷入只懂解题而无法开口说话或理解听力的情况。每个地区都有其独特的历史背景和文化特色,因此,除了教授英语知识外,老师还需要激发他们的英语思维能力。

(一)对教学进行合理的规划,并对人文思想的不同进行比较

为了使学生能够掌握和理解英语,首先需要他们明确英语是什么,也

就是东方和西方思维方式和人文观念的区别。当教授常规课程的时候，老师不仅应传授基本知识，还需引导学生对比分析东西方文化的异同，以便于学生更深入地理解西方文化和英语，并学会恰当地应用英语。在英语里，有时会出现看似类似于汉语，实际上意义相差甚远的词汇，如果学生没有意识到这点，就可能产生误解。例如，对于"dog"这个单词，中国人的普遍印象是负面的，因为我们会通过"鸡飞狗跳"之类的成语来表达嘲讽之意。然而，由于文化价值观的不同，西方人反而把"dog"视为正面象征，如大家熟悉的"Love me, love my dog"。总体而言，帮助学生理解东、西方文化价值的差别，能使得他们在使用英语的过程中从根本上出发，避免因认知失误导致尴尬局面。

（二）通过日常的交流和互动，理解西方文化的特性

虽然英文并非我们的母语，但在使用它来和别人交谈时，很可能会出现"中国式的英语"的情况，这样就会导致对话产生困难。此外，如果对西方的地域特色和人文环境缺乏了解，也可能引发双方之间的重大误解。受制于传统的考试制度影响，许多学生只关注如何获得高分数以进入更优质的教育机构，而对于学习的真正意义及实际应用并不深究。因此，怎样才能转变这种现状，并且使学生能更加深入地认识到西方文化的特性呢？我们可以尝试着从礼仪用词开始。

（三）搜索资料信息，研究文化背景相关的信息

现阶段，我们的英文教科书包含了描述西方文化历史元素的文章及语句，这为我们提供了丰富的素材用于教学活动，以实现对学生的英语思考能力的提升。

（四）延伸课堂讲解，导入风俗人文历史

我们需要避免仅依靠课程与教材来传授知识，而应引导学生拓展学习范围至校外，大量阅读并搜集信息以激起其求知欲望，使他们更深入地理解西方文化的基础知识，从而提升他们在英语思考方面的能力。比如，我们可以建议学生在课后观看英文电影、电视剧等，以便他们体验西方人交

流的方式，提高他们对于英语语言感觉和英语思考技巧的掌握程度。

二、改革英语教学方法，激发高效的英语教育

作为一种学科与技能相结合的教育方式，教导的过程既是一种科技又是一种技艺。我们都明白，儿童们通常活力十足，通过说话、唱歌或舞蹈等行为模式表达自己想法及情感，并且善于模拟他人动作。他们的学习热情虽然广阔却并不持久，且易受影响而变化无常，因此具备很强的塑造力。其中一项英文教育的核心目的是通过有趣又充满活力的授课形式来提升学生们的听力理解、口语交流、阅读写作技巧的能力。全国中小学外语教育教学研究会提出"小学至高中各年级的外语课应以提高全体同学运用所学外文的基本能力和素质为主旨"，"老师应当尽可能地减少单一性的语法知识点讲解的方法，提倡老师们能够利用'乐趣+创意'"的策略去教授外国语文科目的内容，让孩子们更愿意接触到这门科目并在实际应用过程中不断增强自己的各项才能的发展水平。

（一）注重导入环节，把冰转化成水

谚语有云：凡事起始最艰难。这句话同样适用于引入环节。优质的引入如同一位出色的乐手，其首曲便令人陶醉其中，产生"一鸣惊人"的影响力。换句话说，如果引入策划得当且精细，就能让老师像磁石般吸引住学生的注意，立即激发他们的求知欲和自主性，让他们迅速聚焦于课程活动，全神贯注地参与学习。因此，将引入称为"英语教育中的催化剂"并不过分。

（二）动起来，让英语课堂充满活力

1. 在英文授课过程中，我们不能忽略使用非言语的沟通方式。通过恰当且自然的身体动作来辅助课堂管理和提升师生的关系可以激发学生的积极性和活跃度，同时强调课程的核心内容并增强其教育成果。所以，在教授英文时，老师应主动采用这些非言语的方式以最大化地为其提供支持。

2.英语歌谣是一种音乐，说唱能力是儿童语言技能的重要方面，在《全日制义务教育普通高级中学英语课程标准（实验稿）》分级目标中对学生说小诗、唱歌谣的数量提出了明确的要求，将诗歌引入英语课堂，不仅有利于教学，活跃课堂气氛，激发儿童学习英语的兴趣，还能开启心智，发展学生的音乐、节奏智能。

三、英语教学方法的改革

要提高教学质量，离不开教学方法、教学手段的改革。英语专业教学方法改革的总体思路是采用课堂教学、语言平台教学、多媒体教学、实验实训的方式，将教学的重心转移到学生听力、口语、翻译、写作语言技能和行业技能实践上。语言教学的最终目的是使学生借助这种语言实现交际功能。根据这一思想，结合目前英语教学条件和学生实际情况，进行授课方式的改革。

（一）情景教学法

教学环境受到教师和学生的互动影响，从而决定了教学成果。情景式教学法的核心目标是让学生能够看见、听到、触摸到所学内容，最大限度地激发他们运用嘴、耳朵、眼睛和大脑全面掌握英语。

1.课堂用语交际法

课堂用语交际法就是师生在课堂上用英语进行交际。教师要人为地创造语言环境，尽可能地用英语组织教学，做到师生间用英语交流，这样就能为课堂创造一种浓厚的英语气氛，更能使学生自始至终都用英语思维，巩固并提高英语学习效果。

2.多媒体情景演示

借助多元化的媒介手段，我们能够构建出真实且富有吸引力的英文环境。这种环境中，视觉与音频元素相互融合，能有效地刺激学生的思考能力并推动他们去深入了解和学习语言知识。同时，我们可以采用影视录制的方式来模拟实际对话场景。老师可以通过合适的播映策略，比如静音观赏、仅聆听而不观影、暂停观察或创建交流渠道等方式，然后搭配上其他的教育实践，以增强学生对于语言知识点的认识，教会他们在合适的环境下选择正确的表达方式。

3. 角色扮演

角色扮演能使学生身临其境。在此过程中，学生是主体，学生的听、说、读、写能力得到了极大的锻炼。由于学生的身份换成了英语学习材料中的人物，因此学生不仅能记住学习内容，还能很快地理解学习内容，感受到学习是轻松的。

4. 真实体验异国文化

通过实物或音频资料，教师展示其他国家的服装、餐具、礼节、生活习惯等，使学生能够近距离地观察和体验不同的文化。

（二）交际式教学

一堂课的开端，教师适当即兴地"寒暄"几句，既可以安定学生情绪，又可以吸引学生进入英语课堂情境。教师在进行对话时，态度要诚恳，要注意对学生的回答做出反应。应付了事的仪式性开端不能保证交际气氛的形成。教师以某一话题为主题，从最基本的提问形式开始，逐渐引导学生与教师、同学进行讨论，最后组织学生进行该话题的辩论。在这个过程中，学生的积极性被调动起来，学生会主动查找资料，组织语言，得到了英语听、说、读、写方面的锻炼。

（三）任务教学法

除了传统的练习、作业、背诵、朗读等，教师可以以解决某一实际问题为目标，为学生布置具体的任务。学生可以单独完成，也可以以小组的形式完成。例如，结合所学内容，完成一份某公司接待外国客人的方案，包括具体的行程安排等。最后，可以以小组的形式展示方案，评出最优方案。学生在这个过程中又可以相互学习。

第三节　21世纪跨文化交际大潮流下的中国英语教学

一、跨文化交际下的英语教学

(一) 跨文化交际下的语言与文化

语言作为社会中人类的交往手段存在着。正如列宁所说："语言是我们生活中最关键的社交媒介。"这句话简洁且精准地阐述了语言的核心特性。由于人们的需求产生了语言，其主要作用就是传递资讯并分享观点。讲话人利用这个工具传达讯息，聆听者同样使用它来接收消息，以此实现思想上的互动与理解。

语言是文化的体现，而文化则对语言的发展有着深远的影响。参与者必须遵循目标语言的文化语境规范。然而，我们也能观察到，随着多种力量共同作用，许多非母语人士开始广泛应用某一种语言，此时，语言和文化之间的关系变得相当复杂。同样，在利用这一语言作为沟通工具的跨文化对话过程中，参与者的语言运用规则也会有所差异。仅掌握了英语的发音、词语及句法规则并不能代表你对英语有深入了解，只能保证你能流畅地进行交流。此外，语言的变化趋势揭示了一个事实：即语言和文化始终处于持续发展的状态，它们并不是固定不变的一一对应关系。有时，几种文化可以同时影响同一种语言，推动它们的演化，创造新的变种，或是让一些具有文化共性的元素出现在不同的语言环境里。如果在跨文化交流中，双方无法共享相同的文化视角，那么他们就会出现理解障碍或误解，进而引发交流失效。

作为文化的一个组成部分，语言对它产生了关键的影响。一些社会学者主张，如果没有语言，就不可能存在任何形式的文化；同时，语言也受到文化的塑造与反射。通过语言，我们可以洞察到某个族群的特点，尤其是他们的价值观念及思考模式。然而，因为文化和语言之间的相互关联，即便使用了正确的词汇并进行了精确表述，仍有可能导致理解上的偏差。同样的，对于每个人来说，同样的字眼或者相同的措辞可能会被赋予截然不同的含义。

（二）地域文化对英语教学的影响

英文教育的核心目标是构建坚实的语言基础知识，并在此基础上实施严谨的听力、口语、阅读和写作练习，以提升初始阶段的交流应用技能。为了实现有效沟通，我们需要深入理解与所学语言相关的文化元素。所以，任何想要学习一门语言的人都应该同时学习这门语言背后的文化和历史。由此可见，学生们如果无法掌握相关的中西社会文化背景知识，那么他们实际上并没有真正的交流技巧，这也是自我教育核心理念的要求。

二、英语教学中的跨文化交际与其互动关系

跨文化交流是指个体在截然不同的背景下发生交互，也是说，各种背景的人类会形成相互影响。

（一）跨文化交际

首先，我们应该学会欣赏和尊重各种文化间的差异。

（二）跨文化交际与英语教学

英文授课的重点并不只是教授词汇和语法，而是要提升学生们的交流技巧并增强他们在使用英语进行跨国沟通时的技能。因此，我们应该把英文课程视为跨文化教育的组成部分更为合适。然而，在实际的跨文化对话中可能会出现一些困难。这反映了英文教学可能存在的某些不足之处。

对于中国大众来说，跨文化的认知水平仍然停留在初级阶段，许多人都只将其视作学好英文的关键问题。他们相信，一旦掌握了英语，凭借直觉和日常经验就能解决问题。但是，这种观点忽略了一个事实：并非所有人的常识都相同，它们受到各自文化环境的影响。在一个中国的文化框架

中看似理所当然的事情，到了另一个国家可能会变得难以理解；某些情况下，一些举动会被看作非常得体，而在另外的环境里却显得失礼；同一个人用中文表达出的尊重之言，另一方听起来可能是冒犯；有时按照中文的方式来解读英文确实正确，但有时候也会出现误解。

英文教育的核心目的是促进跨文化的沟通，即与来自各种文化背景的人群互动。大规模且全方位地提升英文教导的效果和品质，显著增强学生对英文的使用技巧，这不仅是我国经济发展的需求，也是我国高校面临的重要挑战。为达成此目标，我们必须准确理解英文教育作为跨文化学习的一部分的重要性，并视其为文化和社群紧密相连的部分，同时要在课程设置、教材编写、授课方式、语言评估以及英文的学习环境等各个环节体现出这一理念。

三、英语教学应该提高其目标性、科学性和适应性

德国思想家海德格尔曾经指出，语言就是存在之所。在这个全球化日益加剧的时代，语言已经成为了每个人生活与发展的必备工具。尤其是作为现代世界主要沟通方式之一的英语，其在国际交往（特别是在科学文化和技术领域）中的重要性无可置疑。因此，在我们的人才培育过程中，英语素养的教育绝对不能忽视。

（一）加强英语教学的目的性

学习的终极目标是让个体能在真实的交流环境中具备实质性的沟通技巧和知识。英语教育的主要任务就是塑造这样的技能与认知。所以，英语教育的核心目标应该包含两部分：一方面是对英语语言及其应用的研究与实践；另一方面则是深入了解英语语言文化。

作为一种实用的沟通方式，语言是人类思维与信息传递的关键媒介。所以，无论从哪个角度来看，英语教育都需要紧密联系实际生活。在整个教学过程中，老师需要始终关注并融合语言的使用功能，采用对话式的篇

章教学模式替代传统按句分割的方式,让语言的形式置于社交语境之中来教授,力求打破常规的英语学习习惯,使得学生能够将语言技能融汇到真实的日常环境里去。

作为文化的体现者,语言被越来越多的人们重视于语言学与语言教育领域中。全球各地的每种语言都蕴含着丰富的文化内涵,如果只学习了语言却对其背后的文化一无所知,那么就如同记忆了一些无实质意义的符号一样,难以将其应用自如。所以我们需要有目的地加强英语语言背后所包含的文化知识,并且对比它与我们母语所代表的文化,这样可以深化学生对于这两种截然不同的文化的理解和体验,拓展他们的思维深度、增强他们的心灵感受,提升他们的智慧能力,扩大他们的眼界,从而让学生在学习英语的过程中提升人文素养,同时也能够显著提升他们的英语技能。因此,在英语课程中融入文化元素,应贯穿整个教学过程及每个部分。

(二)加强英语教学的科学性

科学性的英文教育主要体现在对学习者如何掌握和理解语言知识的过程上,这需要遵循一些基本的学习原则,如教授语言的方式、针对不同学生的个性化教学方法,以及适应学生身体与心理发展阶段的原则等等。通过这些方式可以提高英文教育的效率并减少浪费的时间,从而实现一种既能满足个人需求又能促进社会进步的高质量语言学习模式。

(三)加强英语教学的适应性

人类学习一门外语,其主要目标是借助这一媒介获取并传递有关世界及社会的认知信息,以便实现自我价值的人生旅程。结合实际的内容和生活场景到英文教导之中成为了我们追求的目标之一。最新的研究成果显示:人在现实生活里会运用语言去分享他所了解的事物和他想要理解的东西,表达他的感受或期望等情绪状态。一旦明白习得外文的主要用途在于能在外部环境中有深远影响力的沟通活动后,这种形式的外语文法训练才是最富有成效的方式。因而在设定课程要求学员们专注于提高语法技能的时候,往往无法激发起足够的动力让同学们积极参与其中。然而如果我们将此任务转换成提升其他科目或者用作社交手段的话,那么对于这些同学来说就会产生完全不同的效果。故而强化对外语课的教育适配度的重要途径就是要在授课的过程中始终围绕着全体成员的发展需求为中心展开工作,由单一知识点扩展至多领域综合应用的能力培养模式应运而生;同时需要调整的是单纯注重数量积累向重视质量改进方向转移的过程;最后是从单调枯燥的说教式课堂转向鼓励自主探索能力的培育过程也是不可忽视的关键环节。唯有主动融合进去才会激发出学生们的求知欲望,从而使得我们的外语教学变得更加高效且具备更广阔的使用范围。

(四) 加强英语教学的个性化

作为教师应重视并利用好学生的个体认知能力与实际经历和生活背景等丰富的教育素材来开展课堂活动。同时需始终坚持把学生放在中心位置上,充分考虑他们的特殊感知及领悟力,积极激发他们独立思考的能力、热情参与的态度及其创新思维方式的发展潜力,赞赏他们在阅读教材时所展现出的个性化探索行为,支持其追求不同寻常的新颖想法或观点,并且珍视每个孩子的个体的情感反应和个人独到的看法,致力于寻找新的视角去观察问题或者解决问题的方式,让整个的学习进程充满着鲜明的特色和人性的光辉色彩。

在教育进程里,我们应重视并接纳学生的各种见解和观念,同时也要理解他们的个人特性,让每一个孩子都有机会根据他们自身的成长模式构建出具有深远影响力的知识结构。由于每个人的基础、能力、喜好及需求都各具特色,因此我们在授课时需全面考虑语言教育的方方面面,并且重点关注学生原本所掌握的知识,包括他们在过去的学习经历和日常生活中积累下来的经验,还有英语这门学科本身的一些特点。我们要针对不同的学生制定个性化的教学策略,让他们能从基本概念的教育中学会应用技能,这样才能满足各类孩子的特殊需求,激发他们的热情和兴趣,推动他们发挥各自的专业优势,最终达到英文教育的真实目的。

第十章　英语教学与翻译研究

第一节　英语教学内容的更新

作为教学观念的关键载体与执行学校政策及教学思路的核心手段，教材对于实现素质教育的目标至关重要。因此，为了适应这一需求，我们需要深入了解教材的设计特征并积极调整我们的教学思维方式，始终把学生放在首位，采用个性化的教学方法来调动他们的学习热情，同时培育他们独立思考的能力、创造力和实际操作技巧，从而提升课程效果和教学水平，推动中国英语教学的高效进步。

一、大学英语教材分析

为贯彻学校的办学方针和教学指导思想，教材内容新鲜生动，题材广泛，形式多样，实用性强，教材编写中力图体现任务性、实践性、应用性等特点。每一单元设计一个单元任务，要求学生集体合作，运用单元所学语言知识、文化知识、策略知识，通过协商、交流、合作完成板报，开展调查，设计生日宴会，组建兴趣小组，制作个人名片等。通过任务，学生不仅可以综合运用单元所学知识，感受英语在现实生活和职场中的应用，同时也通过任务的开展提高认知水平，培养合作意识。另外，将学习策略、文化、情感态度等内容纳入教材编写之中，通过一些话题活动培养学生的听、说、读、写等方面的能力。

二、英语教学方法的应用研究

自 2002 年起，教育部门陆续发布了多项有关校园教育的改革方案，阐述了新时代下学校的变革方向、主要目标及实施策略，并确定了"基于全人发展，立足于技能培养"的教育理念。接下来，我们对如何通过有效的手段提升英语课程品质，满足学生的长期学习需要做了一些探讨。

（一）根据教材的主题，改进课堂教学的架构

新的大学英语课程设计遵从"主题、功用、构造和任务"的基本原则，使学习材料更加贴近日常生活的实况并符合职场要求，从而缩短了与学生之间的差距。该教材采用了自由且多样的教材架构，强调其职业特性，以适应各类水平的学生的需求。此外，依据真实生活中的交流场景，这本教材采取了话题式的学习方式，使得繁杂的英文单词能与听力、口语、阅读和写作技巧相互融合。

（二）构建环境，增强学生的实际应用技能

学校的教育理念是以职业发展为主导方向，旨在提升并增强学员们的英文整体技能特别是听力和口语技巧，让他们能把所学的课本知识点应用于日常生活的各个方面。因此，这需要老师利用各种方法创建环境，精心设计及执行课程计划，转变传统的教与学模式，使得教室授课变得更贴近真实世界的生活场景；鼓励同学们热情投入到语言学习的活动中去，努力追求严谨且富有活力的方式来教授这些科目，激发他们的兴趣并且建立起独立思考的能力，从而自主探索外语并在必要时灵活使用它。这样一来就能确保我们达到预期的效果：既高效完成教材中的任务，同时也能保证我们的教育教学质量得以进一步优化。

(三) 依据学生的真实状况，执行分级教育

在实施英语教育的过程中，由于每个学生的语言基本功及理解吸收的能力存在差异，因此很多老师会采用针对性的个性化教学策略，以便更有效地提升他们的英语水平。这种方法强调了对学生的关注度，考虑到他们各自的特点和需求，并深入研究他们在实际中的英语学习状况，从而实现"向上无限制，向下有保障"的目标，激发他们的主动参与意识。此外，我们还需要营造出一种轻松愉悦且包容的环境，激励学生们互相协助，建立起师生间以及同学间的良好交流模式。

总结来看，教育机构肩负着培育实用技能者的关键角色。当前大学英语课程的目标设定、教导观念与教材的内容都反映了其对于学生的职业发展和生活持续学习的深远影响。因此，我们需要教师能够根据教材内容调整授课方式，改善课堂架构，利用各种方法创造环境，坚持层次化的教学策略以提升英语教育的品质。

第二节　英语教学手段的优化

多媒体作为英语课程中的重要辅助工具，其应用范围非常广。所以，我们在思考如何利用好这个工具以提高英语教育质量时，需要考虑以下几个方面：首先，选择合适的教学方法；其次，强调学生的主导地位；再次，根据实际情况制定策略；最后，教师需做好充足的前期准备工作。

教育方法对于教导流程至关重要，它们能为学习进程带来深远的影响。所以，精确挑选合适的教育方式能够更加有效地支持教学活动。传统的教育方法如使用教学图片和录音设备等，其作用相对有限且对学生的感觉刺激较低。然而，随着科技的发展，教师可以通过研究课程内容的特性来决定选用最适合的、最高效的教育工具：有些课程可能需要在语言实验室中进行，而其他课程则可以选择运用多媒体教学，还有些课程可以用幻灯片、视频

录制或者实际物品或模型等方式进行。那么，如何正确选取教育教学的方法以使得现代化教学手段发挥最大效益呢？在这里，我们也做了一些思考。

一、选择教学方法时，必须具有明确的目标性

多媒体教育环境构成了一种有秩序的管理流程，具有强大的教学指向性，其课程规划旨在服务特定的教导主题，并将其融入到乐趣中，以此来使学生更有效地理解语言规则，提升他们的听力和口语技能，让他们能够自如地利用英文交流。所以，多媒体可以在所有教学阶段被使用。特别是课程的设计非常关键，选择的素材应与教学目标相关联，并且需要对教学需求和材料做出合理的调整，确保每个知识点比例适当且时间分配合理。我们不能过分强调趣味性，也不能随意下载网络资源，忽略了教育的责任。有些老师误以为在英语课堂上使用的多媒体设备数量越多，学生的参与度就会更高，教学成果也会更好，实际上并非如此，每节课程都具备自身的特色，因而采取的教育方法也各异。有时可能需要借助多媒体工具，但也有时候不适合使用这些设备。虽然表面看来，学生们对此表现出强烈的热情，然而，实际操作时他们可能会过度关注无关紧要的信息，导致教学信息的传输受阻。同样重要的是，整堂课的内容也需要考虑是否适配，避免重复使用。利用多媒体技术协助教学培训，首先应该深入研究、彻底领悟训练和教材的目标，明晰教学的目的和重点难点。在此前提下，根据教学环境和训练目标，精准且有针对性地挑选课程内容，并适当使用多媒体技术。否则，仅仅依赖多媒体的应用，例如大量运用动画等方式，可能会导致学生注意力分散，与教育理念背道而驰。

二、选择的方法必须能够完全调动学习者的主体能力

对于教育的实施而言，把焦点放在学员身上并且最大化他们的主动参

与已经成为了众多老师追求的教育方式。无论是汉语的学习还是英文的研究都证明了这一点——即不是"我们要教授的内容",更应该是"有利于外语学习的环境因素有哪些?"多媒体技术的使用为我们的这一目标提供了很多方便之处。利用多种传媒工具来授课可以突出课程的关键点,增加言辞的信息含量,从多个角度全方位呈现教材主题;同时实现了视觉声音的同时传输,营造出真实的场景感官体验,使得语法结构能够更好地融入到实际应用当中去,使学生们能在接近现实的环境里深刻理解外文表达的方式,并在其中自由发挥他们掌握的技巧,以便于有效沟通思想感情或传递信息。

三、选择教学方法时,必须坚守以实际情况为基础的准则

作为一门以实际应用为主导的语言课程,只有通过大量的学生和老师之间的英文互动,才能够提升他们的英语沟通技巧。虽然电脑多媒体只是教育过程中的一项重要辅助设备,它并不能完全取代人类间的情感联系。我们应该避免过度依赖机器而导致的人类间感情疏远或被忽视的情况发生。

借助多元化技术的核心优点在于能够创造出类似于真实世界的情景体验,通过整合各种感知方式来激发学生活跃的学习兴趣并引导他们深度投入到教育活动中去。然而遗憾的是,一些老师过于依赖这种方法而忽略其他重要的因素:他们在制作课程材料的时候过度使用视像播放器或声音设备甚至是互联网工具;过多关注内容的表现形式,如在图像颜色与声效等等细节上花费太多精力以至于让原本应该被关注的重点变得模糊不清,且容易让人产生注意力转移的现象,从而影响到了学生们对于问题核心的理解及判断。因此我们必须根据实际情况选择合适的教导策略,而不是一味追求华丽的外表或者特效。

四、在上课前，我们需要做好充足的准备来选择教学方法

"凡事预则立，不预则废"，教师课前准备是否充分直接关系到课堂的教学效果。教师在正式上课前，要多次演示，注意动画、声音、图像、文本、链接等内容有无差错，以免在课堂上发生知识错误、动画混乱和技术操作失误。很多教师在使用多媒体教室上课前，对多媒体教室的教学设备并不是十分了解。多媒体教室大多数是由电教师管理并设置的，这样容易造成一个弊端，就是上课过程中如果出现硬软件问题，教师就会变得无所适从，难以处理，因此教师自己应能够掌握设备的基本操作。例如，打开设备的一般顺序是音响设备、投影仪、多媒体计算机；课件的播放、调节、中止等。所以，教师在上课之前，尤其是在新的教室上课之前，一定要试运行所设计的课件，检查软件的版本是否一致，展现出的效果和设计的效果是否一致。同时，还要看投影仪是否清晰，如果发现不清晰，应及时请人修理，或者调整字的大小和颜色。当然，最好是带上自己的计算机，将其连接到多媒体设备上。

五、选择适当的教学方法时机是必要的

现代教学中的多媒体作为一种辅助工具，应在适当的时机进行使用，而不是混淆主次，过度依赖多媒体来进行教学，这样会导致课堂内容过于华丽。因此，教师需要选择性地合理利用多媒体技术。

六、新时代翻译教学方式

教师需要将英语翻译技巧的培养融入到日常教学中。

1.将翻译训练渗透到阅读教学中

通过把英语阅读作为翻译学习的基石，我们可以让学生深入了解原始文本的内容，并在适当的时候运用到翻译的学习方法来比较英文和中文之间的异同点，教导他们如何去解读和阐述这些内容，这不仅能够激发出他们的思考能力和求知欲望，同时也能强化他们在英语方面的认知，提升他们的阅读技能。这种方式能让翻译练习和阅读教育相互融合并取得互利的结果。

2.在翻译教学中融入文化教授

英文教育中，文化的教授已经成为了其核心内容之一，同时，译者被视为跨越不同文化和交流的关键角色，因为他们负责把一种语言转化为另一种语言。所以，我们应该在单词讲解、听力训练与写作课程里，主动引入相关文化信息，以便让学生理解各种文化的深层含义，并且让他们通过语言的形式来连接、转变和传递这两种文化，以此提高他们的学习热情。

3.翻译教育区别于传统的语法翻译方法

尽管翻译教育在很多层面都与语法翻译方法有着类似之处，如重视语法、词语及句型构造等等，然而在我看来，语法翻译方法更为关注的是读解技巧——也就是理解力，而翻译课程除了对阅读能力的培养外，也同样侧重于语言的精确传输，也就是说表达。语法翻译方法主要聚焦于书面表达，而翻译教育同时涵盖了书面和口语的表达技巧。语法翻译方法过于看重语法架构，却忽略了文化和语言背景、文章类型等元素；过度强调语法构架；教学过程中偏向于教师主导。相比之下，翻译教育方法则是把学习者的需求放在首位，课堂上有各种互动形式；翻译实操更多采用解析法和总结法。所以，我们无法简化这两个概念之间的关系。

第三节　交互式英语教学与翻译

在最近几年里，由于教改的持续深入，英语也迎来了新的机遇和挑战。

交互式教学模式在英语教学实践中的使用，不仅有助于确保英语教学目标的达成，同时为提高英语教学效果带来了全新的方法和思考途径。

一、交互式教学模式在英语教学中的应用

旨在培育出具有良好语境理解能力的学生，并让他们能够有效地使用所学到的知识来实现有效的沟通——这就是我们对英文教育的主要目的所在。伴随着中国教育部对于英文学术教育的逐步优化，改革进程中的新版教科材料也随之推出。最新版的指导文件强调："本教程的目标在于通过教授听力和口语技巧让大学生们能在未来职业生涯或社交活动中更熟练地使用他们的外语技能，并且进一步强化他们自我学习的动力，从而达到全面提高自身文化和素养的目的，以便满足国内社会的快速发展的需求并在全球化背景下保持竞争力。"所以为了更好地达成这一使命，我们在日常课堂上应该积极引入互动式的授课策略，以此增加教师之间或者同学之间的对话机会，同时也为同学们提供更多的自学空间，鼓励大家采用主动探索的方式去获取新的认知。这样才能真正把理论转化为实践，最终使得这些年轻人在实际生活中更加自信从容地应对各种挑战。

二、交互自主学习模式概述

当前的教育观念主张，学习应是一个由学生自我驱动的过程，这不只是一个理解和构建的过程，也包括了交流和协作的过程。而互动式教学的课堂组织方式正好满足了这种现代教育观念的需求。

1.自20世纪70年代开始，交互式学习方式已经在欧美等地的教育界得到了广泛运用。这种教导理念旨在通过各种渠道来获取知识，这其中涵盖了教师与学生的交流、同学之间的互动等多层次的学习行为，目的是给学生创造出更多的实践机会，以此提升他们对于语言的实用技能和理解力，

并在此过程中掌握语言的使用技巧。

2. 基于互动式的教育方法背后的理念根源在于认识论及构造性的思想体系之中。这种观念始于20世纪50年代的中后期，并在欧美等国得到了广泛传播；它的核心的观点是对内化的思维活动及其如何影响人的行动的研究，并特别关注了知觉的重要性：他们坚信知识对于人来说是最重要的驱动力之一。著名的人类认知研究学者欧思贝尔主张"有意的学习"就是一种思考的过程，他指出要掌握新信息必须先对其基本原理、原则有所领悟，并且明白它们之间的关联才行。此外，构建型视角也同样来源于此种背景下的一种延伸拓展，由来自瑞士的Piaget提出来的这一想法表明人们通过与其周边世界持续交流来逐渐建立对外部事物的感知能力以促进自我认知的发展进步（也就是说，在这个过程中我们需要把学习的责任交给孩子们）。

3. "互动自发式学习方式"遵循着当前教育的核心思想——"人本主义"，它从传统的老师主导课堂活动转向强调学生中心的教育理念，确保学生的主动权得到保护，并促进他们在学习过程中更深入地协作及沟通。这种方式在整合教师、学生、教室和环境等多方面的资源中创造出一种宽容且充实的学境，通过团队式的对话和争论来让学生独立找寻问题、解析问题和解决问题，这使得他们对于语言学习的热情得以提升，同时也能增强他们对语言知识的掌握和运用。此种学习方式可以有效改善英文课程的授课效果，进而优化英文教学水平。

三、执行互动自主学习方式的重要性

在中国的高等院校里设置的英文课主要目的是提升学生的使用外语沟通信息的技巧——也就是他们的语境应用技能；这样一来他们就能在外部环境如职场或社交场合下更高效、流畅地使用英文学术或者日常对话来传递资讯了。而采用互动式自我学习的教法则可以更为有效地达成这些目的并为我们的大学课堂改良带来深远的影响力。

1. 实行互动式自我学习的策略，正顺应了教育的革新潮流。如今的教育目标已从仅仅传递信息转向了如何把知识传播和智能提升及能力的培育相结合。这种互动式的自学方式能有效地激发学生的求知欲望，让他们成为学习的核心角色，这正是当代教育理念所倡导的。

2. 实行交互自主学习方式能提升英文课程的教育效果，因为学生的实际操练环境就在教室里，所以教师授课的效果对整个英文教育的品质有着重要作用。这种新的教育方法可以替代传统的一对一传授的方式，增加老师和学生之间的沟通及互动，有助于增强学生使用外语的能力并促进其进步。

3. 互动式自我学习方法可以成功地将英文中的复杂知识转化为实际操作技能，例如通过班级内的团队研讨活动来模拟教科书里的人物角色，构建出真实的英语语境环境，使得学员们能感受到如同置身其中般的真实感，从而增加英语口语表达的学习经验，有助于他们更有效地运用英语交流。

四、一些意见，推动交互式自主性学习的开展

（一）创设交互自主学习情境

互动式自我学习的核心优势在于它能营造出一种自由、融洽且公平的教育环境，有助于培养学生的互相尊重、信赖和协作的能力。所以，为了实现有效的互动式自我学习，英语老师必须主动创造这种教学场景，可以通过提出疑问或模拟日常生活的各种方式来让学生在一个舒适的环境中提升他们的英语技能，并激起他们对学习的热情。

（二）优化教学手段，采用交互式学习方法

学生语言交际应用能力发展的重要途径就是小组互动学习形式。交互自主学习模式应用于英语课堂教学，其表现形式主要包括小组讨论（croup discussion）、口头演讲（oral presentation）、正式谈话（formal talk）、角色扮

演（role-play）和课堂辩论（class debate）等。

教师可以根据英语教学的实际内容，运用不同的组织形式，以提升课堂教学的效果。教师在进行上述几种课堂互动学习形式时，可以采用"全班活动法""小组活动法""个体活动法"。其中，"全班活动法"是英语课堂采用的最普遍的教学方法，教学过程一般是提问（stimulus）—回答（response）—反馈（feedback）—评价（evaluation）。"小组活动法"一般采用课堂辩论（class debate）、角色扮演（role-play）等。"个体活动法"一般采用口头演讲（oral presentation）的形式。教师根据英语教学的实际情况，科学、合理地运用互动学习形式，能够大幅提高英语教学的效率，提高学生的英语语言应用能力。

（三）整合英语教育资源，采用多媒体工具进行语言教学

最初由电脑科学引入并定义的人与机器之间的交流过程——也就是我们所说的"interaction"，已经逐渐被赋予了一种全新的教导意义：当今的教育领域普遍使用电子设备来辅助学习活动时，这个词汇也随之发生了变化。借助互联网平台可以创造出有利于学习的社交氛围获取大量相关信息以供参考及实时反馈给用户。这些优势使得这种方式成为了一种有效的工具，用于提升学生的积极性和增强他们的理解能力，从而优化英文课程的效果。

运用互动式自我学习的策略于英文教育过程中，对学生的语言沟通技巧的发展有积极影响，同时也给老师提供了新颖的教育素材与教法。借助此种方式，老师们可以在英文授课时采用这种模式，这不仅能为学生们提供良好的社交环境以应对未来社会的挑战，同时也能提升英文教育的整体水平。

五、"交互式"翻译教学模式的应用

没有任何教育方式可以被视为完全正确或合理，每个教育方法都只是某个特定的历史阶段的结果，不可避免地受到那个时代的认识程度和教导

环境的影响。所以，问题在于怎样结合各种教育的优点并弥补当前教育环境中存在的不足之处，这才是解决之道。

(一)"交互式"翻译教学模式的理论基础

"互动型"译文教育方法的基本原理基于构建性的学识理解理念。这是一种新兴且不断发展的知识体系，其对认知方式、学习的视角和教育的看法等各个方面都有独特的思考及主张，并已经在全球的教育实践中产生深远的影响力。

建构主义流派众多，但对知识、学习、教学等问题却不乏共同认识。通过建构主义对"知识""学习活动""教学活动"等问题的认识不难看出，该学习理论不免过于激进，甚至是对传统知识观、学习观、教学观的一种颠覆，但是，它阐释了认识的建构性原则，有力地揭示了认识的能动性，形成新的教学主体，真正认识到学习者的主体性，赋予学习与教学以发展性，深刻揭示出获取知识与学习过程中的非结构性和不确定性，重新解读教学过程的实质，指出教学过程是学习者在教师的帮助下，在原有知识经验背景、社会历史文化背景、动机及情感等多方面因素综合作用下主动建构意义的过程，注重对学生思维品质、思维能力，特别是创新能力的训练和培养。可见，建构主义学习理论有其积极的一面，而这一点正是传统教学思想所忽视或者缺乏的。

在传统的翻译教学中，建构主义学习理论所起到的引导作用是显而易见的。以下是对于翻译教学的一些启示：

1.学生是翻译教育的核心参与者，他们主动地构建翻译知识和技巧，而非被动接受教师的知识灌输；教师则是推动学生形成各类翻译技能的助力者。

2.教学的途径就是利用高等思考实践活动来分析和处理问题。因此，翻译教育能够培养学生在实践中解决翻译问题的技巧，找出其规律性，并持续加强这种意识，最终形成主观思考。

3.学问是相互支持的过程中完成的。在学校教育里边，老师跟同学们的交流沟通，同学们之间协作配合的情况可以加快对语言技巧及理论理解的发展进程；同时也能缓解学生们焦虑的心情状态并营造出舒适愉悦的研究氛围来激励他们更进一步地投入到学习的热情之中去发掘他们的创新能力。

（二）"交互式"翻译教学模式概述

"教学模式是基于特定的教育理念、教学原理及学识原理之上，并在特定的环境里开展的教学活动的固定形态。"换句话说，要构成一种有效的教学模式，必须包含两个关键因素：明确的教育观念及其所引导的较为稳固的教学流程。

"互动型"语言教育方法遵循的是构建性的学说理念，其详细的教育步骤可以被描绘成：老师并非向学生传授特定的译法或策略，而是在课堂上提出和文章相关的疑问供他们解答。在这个过程中，同学们会理解提问的目的并且对它们分类整理；这样持续下去后，他们的思考方式将会逐步固定化并在实际操作时自然应用出来。

这个教育方式有着显著的优势，其核心是围绕着学生展开学习，有效地激发了他们的求知欲望，形成了教导途径与实际应用相互交融、教师与学生间的交流以及目标导向下的教学行为。这有助于塑造出有独立思考能力和创新意识的学生，并能培育具备创新力和实践技能的专业人才。然而，这种方式也存在一些问题：首先，部分主题可能无法完全适应这一模式；其次，因为它是基于对传统的教学模式的颠覆而创建的，所以在具体的教育过程里执行起来有一定的挑战性，尤其需要构建一套全新的包含新颖的教学观念、课程设置、授课技巧及教材编排等方面的翻译教育框架。

参考文献

[1] 陈细竹，苏远芸. 大学英语教学模式的革新与发展研究 [M]. 长春：吉林人民出版社，2021.

[2] 陈艳，负楠，张倩倩. 现代英语教学方法研究 [M]. 广州：广东世界图书出版有限公司，2019.

[3] 丁睿. 大学英语教学发展研究 [M]. 长春：吉林人民出版社，2019.

[4] 丁煜，等. 大学英语教学多维探究 [M]. 武汉：华中科技大学出版社，2021.

[5] 方燕芳. 英语思维与英语教学 [M]. 成都：电子科技大学出版社，2017.

[6] 高红梅，管艳郡，朱荣萍. 高校英语教学创新性研究 [M]. 吉林人民出版社，2021.

[7] 高雅平. 实用英语教学 [M]. 北京：中国纺织出版社，2018.

[8] 霍瑛. 多元文化视域下的大学英语教学 [M]. 长春：吉林人民出版社，2021.

[9] 孔雪飞，张美香，王楠. 文化融合思维与英语教学研究 [M]. 长春：吉林人民出版社，2020.

[10] 邝增乾. 大学英语教学的情感因素研究 [M]. 长春：吉林人民出版社，2020.

[11] 李红霞.大学英语教学研究[M].天津：天津科学技术出版社，2017.

[12] 李晓玲.大学英语教学方法研究[M].西安：陕西科学技术出版社，2020.

[13] 刘红，刘英，潘幸.英语核心素养与英语教学[M].长春：吉林人民出版社，2021.

[14] 曲琳琳.跨文化视野下英语教学研究[M].天津：天津科学技术出版社，2020.

[15] 孙婕.高校英语教学理论及实务研究[M].长春：吉林人民出版社，2022.

[16] 王春霞.英语教学模式改革与创新研究[M].长春：吉林人民出版社，2021.

[17] 王二丽.英语教学论[M].北京：新华出版社，2018.

[18] 王九程.信息化时代高职英语教学研究[M].长春：吉林人民出版社，2020.

[19] 王岚，王洋.英语教学与英语思维[M].长春：吉林人民出版社，2019.

[20] 魏微.大学英语教学基础理论与实践研究[M].长春：吉林人民出版社，2020.

[21] 夏珺.高校英语教学设计优化与模式创新研究[M].长春：吉林人民出版社，2022.

[22] 杨公建.英语教学与第二语言学习[M].长春：吉林人民出版社，2019.

[23] 杨艳.英语教学创新研究[M].长春：吉林人民出版社，2019.

[24] 杨阳.英语理论与英语教学[M].成都：电子科技大学出版社，2017.

[25] 于明波.基于现代教育技术的大学英语教学改革路径探析[M].中国纺织出版社，2022.

[26] 张喜华，等.有效的基础英语教学[M].北京：旅游教育出版社，

2021.

[27] 赵盛. 高职英语教学方法与改革研究 [M]. 长春：吉林人民出版社，2020.

[28] 周保群. 大学英语教学模式与课程建设研究 [M]. 重庆：重庆大学出版社，2020.

[29] 资灿. 高职英语教学的发展与创新研究 [M]. 成都：西南交通大学出版社，2020.